中国社会科学院创新工程项目《中国农村组织研究》成果

国家自然科学基金项目"农业产业组织体系与农民合作社发展：以农民合作组织发展为中心的农业产业组织体系创新与优化研究"（项目号：71333011）成果

中国社会科学院创新工程学术出版资助项目

中国农民合作社的发展与作用研究

——基于对3省121家农民合作社的调研

孙同全 苑 鹏 陈 洁 崔红志 等著

Development and Role of
Farmers' Cooperatives in China

Based on Surveys of 121 Farmers' Cooperatives in 3 Provinces

中国社会科学出版社

图书在版编目（CIP）数据

中国农民合作社的发展与作用研究：基于对3省121家农民合作社的调研/孙同全等著 . —北京：中国社会科学出版社，2016.10

ISBN 978 – 7 – 5161 – 8327 – 4

Ⅰ.①中… Ⅱ.①孙 Ⅲ.①农业合作社—研究—中国 Ⅳ.①F321.42

中国版本图书馆 CIP 数据核字（2016）第 123982 号

出 版 人	赵剑英
责任编辑	侯苗苗
特约编辑	谢欣露
责任校对	周晓东
责任印制	王 超

出 版	中国社会科学出版社
社 址	北京鼓楼西大街甲 158 号
邮 编	100720
网 址	http：//www.csspw.cn
发 行 部	010 – 84083685
门 市 部	010 – 84029450
经 销	新华书店及其他书店
印 刷	北京明恒达印务有限公司
装 订	廊坊市广阳区广增装订厂
版 次	2016 年 10 月第 1 版
印 次	2016 年 10 月第 1 次印刷
开 本	710×1000 1/16
印 张	24.5
插 页	2
字 数	428 千字
定 价	92.00 元

凡购买中国社会科学出版社图书，如有质量问题请与本社营销中心联系调换

电话：010 – 84083683

前　言

与国际流行的合作社法律规定不同，中国的农民合作社可以由服务的提供者和服务的利用者共同组成。2014 年年底，全国取得工商注册登记的农民专业合作社突破 128.9 万家，实际入社农户超过 9227 万户，占农户总量的 35.5%。随着合作社的发展，合作社的成员异质性变得日益突出，很多合作社中存在不同类型的成员，如提供土地的离地农户，提供农产品营销服务的经纪人、运输大户，提供技术服务的专业大户和技术能手，提供资本的投资人，以及普通的农户生产者等，而且农民合作社的所有权趋向集中，即合作社的绝大部分资本来自少数成员，并且合作社的管理由这些少数成员控制，合作社的大部分收益也由他们分享。结果是，合作社作为农民谋求共同利益的手段的功能大大弱化，尤其是小农户在合作社中的地位和利益难以得到有效保障。这种状况与《中华人民共和国农民专业合作社法》（以下简称《农民专业合作社法》）立法的初衷和政府扶持农民合作社发展的政策初衷产生了一定程度的背离。

本书试图在对农民合作社的实际运行状况和发展态势的深入调查基础上，分析农民合作社治理和利益分配中各利益相关方之间的关系及其形成原因，并对现行《农民专业合作社法》和相关促进政策进行分析评价，为政府修改相关法律和政策提供建议，以推动农民合作社更好地促进农村经济社会健康发展，扶助小农户成员公平参与社会进步，并分享经济增长利益。为此，本书将重点研究以下几个问题：

（1）了解现状，包括当前农民合作社的产权和治理结构、决策机制、资金和成员数量规模、业务范围和开展状况、利益分配与风险承担、政府扶持状况、发展动向，等等。

（2）分析农民合作社发挥的作用和存在的问题，包括农业生产、农民组织化程度、农民家庭生活以及农村社会生活等方面。

（3）对合作社实际运行中制度安排的成因进行分析，研究其合理性和不足之所在，并据此解释当前中国农民合作社制度与传统经典的合作社理论与观念（尤其是 ICA 原则）相背离的原因。重新审视经典合作社理论形成的历史条件（政治、经济、社会和人文等），并结合当代国际农民合作组织发展现状与趋势，探寻现实中中国农民合作社制度的合理性，以及存在的问题和需要调整的方向。

（4）在以上分析的基础上，总结中国农民合作社制度的合理之处和需要调整改进的方面，为政府提出具体可行的兼具现实性和前瞻指导性的修法和政策调整建议。

本书的基本思路就是，以了解和理解农民合作社发展现状为起点，收集相关的基本素材，总结和分析其形成和存续的内在原因，并把现状与公共政策目标以及基本理论相对比，探求其间差异的理论解释，进而提出政策调整和修法建议。研究方法主要是规范研究与实证研究相结合、定量研究与定性研究相结合，使用文献回顾、问卷调查和案例分析等方法，其中对问卷的分析主要采用了描述性统计分析。

问卷调查于 2015 年 1—2 月在山东、江西和四川 3 省 9 个县市 109 个农民合作社中进行，其中，山东省 5 个县 36 家合作社，江西省 2 个县 36 家合作社，四川省 2 个县 37 家合作社。在每一个合作社，问卷调查对象包括理事长、出资成员和非出资成员。这样，共有 109 名理事长和 363 名成员参与了问卷调查。案例调查与问卷调查同期进行，调查对象是从上述问卷调查的合作社中抽取，此外，还在四川省彭州市和崇州市对 12 家合作社进行了专门的案例调研。问卷和案例调查的合作社共有 121 家。因此，本书对中国农民合作社发展状况的判断是基于对这些合作社的调查。

案例调研的主要方法是焦点小组座谈（Focused Group Discussion）和关键知情人访谈（Key Informant Interview），座谈参加者和访谈对象包括政府主管部门官员、村"两委"人员、农民合作社的理事长和普通成员等。这样形成了 34 个案例报告。案例中的合作社类型包括最普遍的生产合作社，还有近年来新出现的几类，如农机合作社、土地股份合作社、资金互助社以及合作社联合社等。

本书分为三大部分，上篇是主报告，中篇是专题报告，下篇是案例调研报告。主报告中包括三章：一是导言，介绍了研究背景、目的及内容，以及研究方法和报告结构；二是文献回顾，梳理了中国近几年来有关农民合作社治理与制度变异，以及对《农民专业合作社法》和相关政策的研究成果；三是概括了问卷调查和案例研究中所了解的中国农民合作社发展现状，包括合作社发展的互联网应用策略特点、在促进农业现代化和农民增收中的作用、发展中存在的主要问题，以及初步结论和建议。在专题报告中，包括4个基于调查问卷分析的报告，分别分析了中国农民合作社的治理现状、生产经营现状、作用和存在的问题，以及内外部环境和发展动向，此外，还包括一个土地股份合作社专题研究报告。案例调研报告中包含了34个合作社的调研报告。本书的最后是参考文献。

经过问卷调查和案例分析，本书发现当前中国农民合作社发展状况呈现以下几个特点：

（1）合作社发展呈现快速增长与扩张势头。与成立之初相比，2014年年底合作社的社均注册资本和社均注册成员数量增幅都在100%以上。但是增幅主要来自少数合作社的贡献，这一小部分合作社已经开始加速发展，资本实力增长较快。这意味着合作社发展的分化可能会逐步突出，一部分合作社将脱颖而出。

（2）农民精英是合作社的领办主体，并且农村政治精英往往同时也是经济精英，如很多村"两委"干部本身就是生产营销大户；另外，以龙头企业、投资商为主体的外部资本正在成为领办合作社不容忽视的一支重要力量。

（3）合作社的基本制度安排开始走向规范。首先，成员制度不断完善，大多数合作社对吸纳新成员采取开放政策，特别是农民身份领办的合作社开放程度更高；对成员入社要求缴纳股金或入社费、要求填写书面的入社申请书、为成员建立了个人的生产信息档案和要求成员与合作社签订服务或交易合同的合作社数量都超过一半，这表明合作社成员制度建设不仅体现在股权方面的逐步完善，而且体现在对成员个人信用和基本信息的管理也走向规范，成员与合作社利益的关联度增强。其次，合作社治理机制不断完善，多数合作社"三会"制度趋于健全，一些合作社引入理事差额选举制度，平均每个合作社理事会都有女性代表成员，这对于发展初期的农民合作社是一个进步；大多数合作社财务信息公开，获得了成员认可；合作社的重大投资和盈余分配主要由理事会决策，但是在理事会人员构成上，示范社中普通农民理事数量略低于非示范社，企业家领办合作社和理事长绝对控股合作社的农民理事代表以及女性理事人数均低于农民领办和理事长不绝对控股的合作社。

（4）合作社服务业务广泛，服务功能普遍多样化，服务质量在提升，但是服务层次仍然主要停留在初级产品生产，产业链增值服务不普遍。开展农产品初加工、资金互助的合作社都比较少，但开展土地流转服务的合作社较为普遍。一些合作社还利用"互联网＋"进行流通渠道建设和品牌宣传。相比一般的合作社，农民专业合作社示范社在"互联网＋"中相对走在了前面。

（5）部分合作社之间发展为紧密联合体，以增强市场竞争力。现阶段合作社参加联合社的主要目的是拓展市场流通渠道、共享信息资源和提升集体谈判力，以解决分散合作社仍然存在的单打独斗、势单力薄、形不成规模的问题。而整合各自品牌、利用政府资源并不是推动联合的主要因素。另外，鉴于当前农资市场的充分竞争和独家代理经营并存的现状，合作社联合购买农资以降低成本的空间有限，因此在这方面采取集体行动的动力明显不足。

通过问卷调查和案例分析，可以看到农民合作社在促进农业现代化和农民增收等方面发挥了重要的促进作用，主要表现在以下几个方面：

（1）促进了农业规模化经营。多数合作社开展了土地流转服务，使合作社成为土地流转服务的重要平台。理事长绝对控股的合作社土地流转比例达到78.4%，明显高出理事长不绝对控股的水平（64.1%）。它暗示，合作社开展的土地流转主要是以向大户成员集中的方式开展，生产规模化经营主要发生在培育专业大户方面。

（2）促进了农业技术推广和农业社会化服务体系建设。大多数合作社都开展了农业技术培训、推广新技术和新品种。合作社已经成为开展农业技术推广，促进新技术、新品种开发的一个平台和中介。但是，企业家领办的合作社开展的技术培训略少于农民能人和村组干部领办的合作社；理事长个人不绝对控股的合作社开展的技术培训明显多于理事长绝对控股的合作社，后者不及前者的一半；示范社的技术培训频次明显多于非示范社，高出近一倍。这种现象反映出农民自我领办的合作社以及股权相对平均的合作社可能会更加关注农民成员生产素质的提升。

（3）促进了农产品品牌化建设和农产品质量安全建设。一半以上的合作社进行了商标注册，并获得了无公害、绿色食品或有机产品等认证，多数合作社对成员产品进行分级收购。但是，在农产品品牌化建设中，企业家领办的合作社略优于农民领办的合作社；理事长个人绝对控股的合作社明显优于理事长不绝对控股的合作社，两者相差15个以上的百分点；示范社的注册商标比例最高，达到2/3，大大优于非示范社略高于1/3的比例。这说明资本导向的合作社的农产品品牌化建设总体水平高于农民自我领办的合作社，示范社的水平明显高于非示范社。

（4）延长了农产品增值链条。有效回答显示，开展农产品初加工的合作社占1/3强。农产品初加工的情况与农产品品牌建设的情况非常相近，企业家领办的合作社明显优于农民领办的合作社；理事长绝对控股的合作社明显优于非理事长绝对控股的合作社；示范社大大高于非示范社的平均水平。这表明资本导向的合作社的农产品初加工水平相对高于农民自我领办的合作社。农民合作社示范社的农产品初加工水平高于非示范社。

（5）带动农民参与市场竞争，降低了农户经营风险，促进了农民增收。大多数合作社收购成员产品，并且以优惠价（高于市场价）收购为主，同时，多数合作社分级收购，优质优价，其中，农民自我领办的合作社以及农民合作社示范社更多采取优质优价，让农民利益最大化。免费或以低于市场价格提供服务的合作社数量约占合作社的80%。此外，多数合作社还与非成员进行交易，带动非成员进入市场。通过对成员对于合作社增收作用评价的回归分析，可以发现，理事长是专业大户/能手、村组干部还是企业家（企业人员），与成员评价合作社的增收效果有显著的相关关系，合作社的理事长从专业大户/能手，到村组干部再到企业家，其成员对合作社增收作用的评价越来越差；与理事长不绝对控股的合作社相比，理事长绝对控股（出资比例≥50%）的合作社成员认为带动其家庭经营收入增收的效果更差。

本书发现，当前中国农民合作社存在一些影响其发展的问题，主要包括以下诸方面：

（1）综合服务能力弱，整体水平有待提升。主要集中在农产品的销售和农资采购、技术提供等服务，围绕农产品增值链建设的农产品加工和农产品贮藏的比例不高，品牌化建设也在初级阶段，成员规模和资金规模都比较小。

（2）股权结构不合理，大股东控股普遍，合作社民主治理尚未形成。少数大股东控股、理事长一股独大现象在合作社中较为普遍。这种状况直接影响到合作社民主制度的贯彻落实以及盈余返还原则的实施。成员（代表）大会的内容多为生产经营情况的信息通报；其职能发挥主要体现在"程序性"而非"实质性"。成员的参与方式是被告知，而涉及分配和重大决策的内容较少。

（3）按股分配导向突出。合作社二次返利比例低，以按资分配为主的情况居多，成员对分配方式的认可度高，但归属感不强，普通成员视合作社为成员股东的合作社，而不是初级农产品生产者的合作社。

（4）成员重视合作社的经济属性，对合作社的社会属性认同感弱。无论是理事长，还是普通成员，对于合作社是弱者自我联合的互助组织的认同感均不强，普通成员尤为突出。对大多数成员而言，成员间的"合作"主要体现在市场主体之间的经济合作，而非基于特定的合作理念。多数成员认为合作社的经营风险主要由出资成员承担。这说明，虽然当前农民合作社的分配方式与法律不相符，但是，由于合作社的经营收益与风险承担是基本匹配的，农民成员也接受这样的分配方式。

基于以上分析，本书得出以下基本结论：

（1）农民合作社整体快速持续发展，但呈现非均衡增长态势。农民合作社近年来在成员规模、资本规模总量均保持了较高增长速度，增长贡献主要来自一小部分合作社几何级的规模扩张，形成初具一定实力的规模经营主体。农民精英是带动合作社发展的主要力量，同时，以龙头企业为主体的社会资本正在成为合作社发展不容忽视的一支重要力量。合作社的增长呈现一种非均衡性的增长，它意味着合作社群体的分化将有可能进一步加快。

（2）农民合作社服务领域和内容多样化，但整体服务水平有待提高。当前，服务范围和经营业务多样化在农民合作社中已经较为普遍。其中，合作社开展服务最多的业务是农产品销售、技术服务、农资提供及信息服务。部分合作社已经自发形成联合社，其主要动因是实现合作社之间的流通渠道和市场信息的资源共享以及提升市场谈判力。部分合作社开始建立网站，启动"互联网＋"，进行品牌建设，拓展销售渠道。其中，示范社在此方面走在前面。但是，合作社整体综合服务能力仍然较弱，以围绕初级产品生产和销售的服务为主，以开展农产品价值链增值的实体性经营服务水平还较低。

（3）农民合作社在促进农业现代化中发挥着重要作用，但还没有成为主力军。一些农民合作社已经成为土地流转的重要平台，促进了农业规模经营。同时，合作社普遍积极引进新技术、新品种，定期为成员开展技术培训，成为农业技术推广的一支重要力量。许多合作社较广泛地开展农产品认证和农产品商标注册，促进农产品品牌化和农产品质量安全建设，提升农产品的市场竞争力。一些合作社初步进入农产品初加工领域，建设农产品价值链，提升农产品附加值。许多合作社以优惠方式发展订单农业、合同服务，帮助农户建立稳定的市场渠道，从而降低了农户经营风险和成本，使合作社成为增加农民收入的重要工具。但是从总体水平看，受到自身覆盖农户面有限、经营实力弱、综合服务水平低等因素的限制，农民合作社目前还没有成为引导农户发展现代农业的主力军。

（4）农民合作社规范化建设成效显著，但内部治理的股份化导向依旧突出。合作社成员制度日益完善，合作社的治理机制不断完善，多数合作社实行财务公开，并获得了成员的认可，成员的满意度高。但是，合作社治理面临股份化导向突出的挑战。第一，因股权结构存在个别或少数大股东控股的严重问题，导致合作社的民主决策制度和盈余返还原则没有得到有效的贯彻落实。理事长一个人说了算、按资分配情况较为普遍。无论是农民领办的合作社还是非农民领办的合作社，按交易额返还的合作社比例均很低。第二，普通农民成员的所有者主体意识和合作精神不强，对合作社股份化运行认同度高，被动参与合作社事务的现象突出。

（5）成员对合作社的满意度高，对生产效率改进程度的重视明显高于民主参与。绝大多数成员认为，他们加入合作社后的受益主要是有效市场信息量增加和个人社会交往半径扩大，那些家庭经营收入依赖合作社程度高的合作社成员对合作社的满意度更高；那些农民领办的合作社，并且理事长年富力强的合作社的成员的满意度更高；那些合作社成员合同管理完善、财务公开、建立生产示范基地的合作社成员的满意度更高。

（6）领办人类型不同的合作社的运行差异大，示范社是合作社发展的"领头羊"。企业家领办的或理事长控股的合作社开展现代农业建设的水平明显高于农民领办或非理事长控股的合作社，但为农民提供技术服务的水平以及在保护农民利益方面采取的做法等弱于农民自我领办的合作社；无论农民合作社示范社在技术推广、农产品质量安全和品牌化建设、农产品加工中为成员提供服务的层次和水平，还是在规范化建设、完善成员制度、规范"三会"制度、开展盈余返还等方面均优于非示范社，发挥了"领头羊"作用。但是与《农民专业合作社法》的规定相比，还存在明显的差距。尤其是在分配制度方面，按照股份分配的比例普遍偏高。

基于以上结论，本书得出以下几项政策建议：

（1）完善成员制度。鼓励合作社建立更加开放式的成员制度，吸引更多的农户加入合作社。一方面瞄准本社区以农业生产经营为主的规模农户作为重点发展对象，培育合作社的骨干力量；另一方面积极吸纳有经济实力，但是与本社没有经济业务往来的社区农户，作为合作社的投资成员，不断做实做强合作社的组织基础。应引导合作社逐步建立成员入社最低出资制度，与交易成员建立服务合同制，并通过章程制度化，以强化成员的责任意识，同时也稳定合作社的经营服务规模。

（2）优化股权结构。可以首先在当地的示范社中开展试点。参照《农民专业合作社法》对单个成员最高拥有20%附加表决权的有关条款，对单个成员的最高出资比例做限制性规定，如不得超过合作社总股本的20%，以防止个别大股东控股，以及将合作社蜕变为私人（合伙）企业；而对生产者成员群体的出资比例建立最低出资制度，如生产者成员群体的出资总额比例不得低于总股本的50%。鉴于生产者成员普遍存在资金短缺问题，其出资方式可以采取以土地承包经营权（或林权、水面养殖权等）入股、农机具折价或与成员提交产品或购买服务量挂钩的认缴资本方式等。同时，鼓励合作社的技术人员、营销人员、管理人员以及投资人员以自身的人力资本或资金入股，以实现合作社股权结构的优化。

（3）健全民主治理机制。首先，落实以成员（代表）大会为最高权力机构的合作社治理体系。其次，优化理事会人员构成，生产者成员应占据多数席位，以保障生产者成员在合作社决策中的主体地位。最后，完善内外部监督机制。引导合作社强化监事会为代表的内部监督制度，增强合作社财务的公开透明，落实《农民专业合作社法》关于政府财政扶持资金量化到成员账户的使用制度。同时，要求那些凡是获得政府合作社专项扶持资金或合作社税收优惠的农民专业合作社，必须接受政府有关部门的审计和监督，按照规定提供相关财务数据，同时向社会成员公开披露有关信息。

（4）提升服务能力。通过将财政扶持农民合作社的专项资金向下列方面倾斜，引导农民合作社不断提升服务成员的能力。一是鼓励农民合作社建设生产示范基地，并按照示范基地的经营规模或投资规模给予一定比例的财政补贴或贷款贴息。二是鼓励农民合作社开展新品种、新技术、新方法的推广应用，与优化政府农技推广工作相结合，购买合作社的技术推广服务。三是对于农民合作社获得的绿色、无公害或有机产品认证，给予补助或奖励。四是鼓励农民合作社发展订单生产、合同农业和"互联网＋"新型业态，发展多种形态的产销对接，建立稳定的营销渠道。五是对于合作社开展延伸农产品价值链条、发展农产品加工、品牌建设等农产品增值活动给予财政补贴或贷款贴息。

（5）强化成员的合作理念，人才培养向重视农民领办人倾斜。强化成员的合作理念，在成员中间普及合作社与投资者所有企业区别的基本知识，帮助广大成员理解合作社的社会属性，提升农民成员的所有者主体意识。人才培养向专业大户、能人、村组干部等合作社领办人倾斜，并逐步走向制度化，将其纳入新型职业农民培训计划；尝试与有关著名商学院合作，创设农民理事长 MBA 短期培训班，全面提升合作社领办人的综合素质和经营能力。同时，积极吸引外出务工的农民和大专院校毕业生返乡创业，带领农民发展合作社。尝试创建优秀理事长年度奖励制度，为获奖理事长提供在短期 MBA 培训班系统深造和赴国外合作社参观学习的机会，鼓励他们更好地为成员服务。

（6）完善示范社建设项目，转变扶持方式。加大示范社建设项目的力度，扩大扶持面，惠及更多符合条件的合作社。在同等条件下，示范社项目向农民大户领办的合作社倾斜，以更多地让普通农户受益；转变示范社的扶持方式，从一次性扶持向重复性、连续性扶持转型，以更加有效地帮助合作社培育起核心竞争力。同时，健全示范社跟踪监测机制，强化示范社资金使用状况的监测力度，把是否落实《农民专业合作社法》关于财政扶持资金形成的财产平均量化到成员账户作为成员分红依据，作为示范社获得连续性财政扶持资金的一票否决性指标。

目 录

上篇　主报告

第一章　导言 ………………………………………………………… 3

　第一节　研究背景、目的及内容 ………………………………… 3

　第二节　研究方法 ………………………………………………… 6

第二章　中国农民合作社研究文献综述 ………………………… 14

　第一节　关于农民合作社的治理与制度变异的研究文献 …… 14

　第二节　关于《农民专业合作社法》的研究文献 …………… 17

第三章　中国农民合作社发展现状 ……………………………… 21

　第一节　当前中国农民合作社发展的特点 …………………… 21

　第二节　中国农民合作社在促进农业现代化和

　　　　　农民增收中的作用 ……………………………………… 34

　第三节　当前中国农民合作社存在的主要问题 …………… 46

　第四节　初步结论与建议 ……………………………………… 50

中篇　专题报告

第四章　中国农民合作社的治理现状

　　　　——基于问卷调查的分析 …………………………… 59

　第一节　合作社的发起与设立 ………………………………… 59

　第二节　成员制度 ……………………………………………… 61

　第三节　治理结构与决策 ……………………………………… 65

第四节　利益分配与风险承担 ……………………………………… 77

第五章　中国农民合作社的生产经营状况
　　　　——基于问卷调查的分析 …………………………………… 81

　　第一节　规模 …………………………………………………… 81
　　第二节　生产经营与服务 ……………………………………… 88

第六章　中国农民合作社的作用和主要问题
　　　　——基于问卷调查的分析 …………………………………… 97

　　第一节　中国农民合作社的作用　……………………………… 97
　　第二节　存在的主要问题 ……………………………………… 105
　　第三节　对中国农民合作社与国际合作社原则
　　　　　　不一致的解释 ………………………………………… 109

第七章　中国农民合作社的内外部环境与发展动向
　　　　——基于问卷调查的分析 ………………………………… 111

　　第一节　理事长与成员对合作社的认知和期待 ……………… 111
　　第二节　政府扶持 ……………………………………………… 116
　　第三节　发展动向 ……………………………………………… 119

第八章　农村土地股份合作社的专题研究报告 ………………… 121

　　第一节　土地股份合作社的发展现状和特点 ………………… 121
　　第二节　土地股份合作社的作用　……………………………… 130
　　第三节　土地股份合作社发展面临的主要问题 ……………… 133
　　第四节　土地股份合作社相关理论问题的辨析 ……………… 137
　　第五节　政策建议 ……………………………………………… 141

下篇　案例调研报告

案例 1　村"两委"推进工作的载体：四川省彭州市通济镇
　　　　黄村天一花木种植专业合作社 ……………………………… 147

案例 2　让群众说了算的综合性合作社：山东省寿光市洛城街
　　　　道斟都果菜专业合作社 ………………………………………… 152

案例 3　核心成员的合作社：四川省彭州市百思特肉牛养殖产销
　　　　农民合作社 …………………………………………………… 161

案例 4　股权多元、一人一票、分配方式多样：四川省彭州市
　　　　三界镇丰碑蔬菜产销专业合作社 …………………………… 172

案例 5　公开账务，与成员共享收益：山东省潍坊寿光市士强
　　　　蔬菜专业合作社 ……………………………………………… 180

案例 6　公司和合作社，哪个更有优势：江西会昌右水
　　　　硕果脐橙专业合作社 ………………………………………… 185

案例 7　能人带动了发展：江西省泰和县马市镇农民
　　　　稻业专业合作社 ……………………………………………… 190

案例 8　嵌入到农村社会关系中的合作社：江西省泰和县家稼
　　　　水稻种植专业合作社 ………………………………………… 194

案例 9　内因促动，外因牵引：江西省泰和县万合镇
　　　　肉牛养殖专业合作社 ………………………………………… 198

案例 10　由经营联合体发展而来：临沂市费县鑫鑫西红柿
　　　　 种植专业合作社 ……………………………………………… 204

案例 11　品牌＋网络＋直供：四川省崇州市白头乡土而
　　　　 奇禽业专业合作社 …………………………………………… 210

案例 12　品种创新，特色桃产业：山东省临沂市平邑县沂蒙
　　　　 霜红桃专业合作社 …………………………………………… 217

案例 13　品质提升与品牌建设推动发展：四川省广汉市新绿
　　　　 家禽专业合作社 ……………………………………………… 222

案例 14　以技术为核心的轻资产快速发展模式：四川省广汉市一品
　　　　 田园葡萄专业合作社 ………………………………………… 225

案例 15　合作社对接市场的多元化收益：四川省安岳县富民

　　　　养猪专业合作社 ……………………………………… 228

案例 16　走向国际市场：山东省寿光市顺意蔬菜

　　　　专业合作社 ………………………………………… 233

案例 17　集群众性、非营利性、为农业服务为一体：四川省崇州市

　　　　农民合作社联合会 …………………………………… 241

案例 18　合作社与农业企业抱团发展：四川省彭州市蔬乡大地菜

　　　　种植专业合作社联合社 ……………………………… 250

案例 19　跨省联合，做大做强：山东省寿光市鑫盟果蔬

　　　　专业合作社联合社 …………………………………… 260

案例 20　农业产业结构优化与联合社：山东省临沂市费县

　　　　鲁兴畜禽专业合作社 ………………………………… 264

案例 21　农村经营体制创新的有效载体：四川省崇州市杨柳农村土地

　　　　承包经营权股份合作社 ……………………………… 270

案例 22　"进退自由"、"风险共担"都很难实现：四川省崇州市

　　　　桤泉镇千丰土地股份合作社 ………………………… 278

案例 23　土地流转中介：四川省崇州市隆兴镇黎坝土地股份

　　　　合作社调查报告 ……………………………………… 286

案例 24　从分散到联合的土地股份合作社：四川省崇州市青桥

　　　　种植专业合作社 ……………………………………… 298

案例 25　土地入股、利益联结：四川省崇州市江源镇邓公村

　　　　邓辕土地股份合作社 ………………………………… 306

案例 26　农地流转，农业转型：江西会昌欧亚提子

　　　　专业合作社 …………………………………………… 316

案例 27　信用互助：四川省彭州市旭力农村资金互助合作社 …… 320

案例 28　大学生回乡创业，探索合作社发展新模式：江西省会昌县

　　　　磊石菌业专业合作社 ………………………………… 329

案例 29　胶东半岛城郊的"菜篮子"：青岛郝家蔬菜

　　　　专业合作社 …………………………………………… 334

案例 30　稳定粮食生产，保障粮食安全：四川省安岳县金谷

　　　　粮食专业合作社 ……………………………………… 339

案例 31　新型农机服务主体——四川省崇州市耘丰农机

　　　　专业合作社 …………………………………………… 342

案例 32　职业农机人，利益最大化——广汉市连山镇惠民农机
　　　　　专业合作社案例 ·················· 349

案例 33　绿水青山就是金山银山：江西省会昌县紫云山休闲观光
　　　　　农业专业合作社 ·················· 354

案例 34　延伸产业链，增加农民收入：江西省泰和县
　　　　　丰颖稻业专业合作社 ················· 361

参考文献 ····························· 366

后　记 ····························· 371

上篇 主报告

第一章 导言

第一节 研究背景、目的及内容

一 研究背景

中国改革开放以来，随着经济社会发展和人民生活水平的提高，社会对农产品的需求持续快速增长，而中国农业自然资源相对稀缺、农业生产条件和生产手段总体上还比较落后等因素对农业可持续稳定发展带来严峻挑战。同时，化肥、农药、兽药等投入品的大量使用还带来了农产品质量安全和农业面源污染等严重问题。因此，必须开展农业科技创新，加大现代科学技术在农业中的应用，提高资源和投入品的利用效率，以提高农业综合生产能力，提高农产品质量，实现农业现代化和可持续增长。

为了实现上述目标，需要建立健全农村市场体系和完善农业社会化服务体系，并需要培育与之相适应的现代化农业经营主体。由于工业化和城镇化的加快，中国农村青壮年人口大量外出打工，农业兼业化和农民老龄化趋势明显，农业经营主体弱化严重。因此，推动新型农业经营主体的发展成为中国农业现代化的必然选择。

西方农业现代化的基本经验是大资本进入农业以实现农业的资本主义化。但是，在中国农村人口众多以及土地集体所有制、农民土地承办经营权稳定并长久不变的基本制度框架内，大量小规模兼业农户和少数专业农户将长期并存。因此，中国政府鼓励新型农业经营主体的政策从这一基本事实出发，采取了兼容性较强的措施。正如中共十八届三中全会文件指出的，要坚持家庭经营在农业中的基础性地位，鼓励承包经营权在公开市场上向专业大户、家庭农场、农民合作社、农业企业流转，发展多种形式规模经营。在多种新型经营主体中，该文件尤其强调要鼓励农村发展合作经济，扶持发展规模化、专业化、现代化经营，允许财政项目资金直接投向符合条件的合作社，允许财政补助形成的资产转交合作社持有和管护，等等。

事实上，从 20 世纪 80 年代的 5 个一号文件到 21 世纪的 12 个一号文件，从中共十六大报告到十八届三中全会文件，中国政府一直鼓励农民经济合作组织的发展。进入 21 世纪以来，各种类型的农民合作组织出现了增速发展的态势。中国政府日益意识到农民经济合作组织在推进农业现代化、提升小农户进入市场能力、促进农产品安全、减缓城市化进程中的城乡分化和促进社会融合等方面的重要作用。2006 年 10 月，中国颁布了《中华人民共和国农民专业合作社法》（以下简称《农民专业合作社法》），从此中国农民合作社的发展进入"爆炸式"增长阶段。按照国家工商总局的最新统计显示，截至 2014 年年底，全国取得工商注册登记的农民合作社突破 128.9 万户。据农业部的粗略估计，实际入社农户超过 9227 万户，约占农户总量的 35.5%。①

与国际流行的合作社法律基本定义不同，中国《农民专业合作社法》第二条规定，"农民合作社是在农村家庭承包经营基础上，同类农产品的生产经营者或者同类农业生产经营服务的提供者、利用者，自愿联合、民主管理的互助性经济组织"。即农民合作社成员可以由服务的提供者和服务的利用者共同组成。该法第十四条进一步明确，"具有民事行为能力的公民，以及从事与农民合作社业务直接有关的生产经营活动的企业、事业单位或者社会团体，能够利用农民合作社提供的服务，承认并遵守农民合作社章程，履行章程规定的入社手续的，可以成为农民合作社的成员"。第十五条规定，"农民合作社的成员中，农民至少应当占成员总数的百分之八十"。

在该法律下注册登记的农民合作社，形成了小农户自我组成的合作社，以及小农户和为其提供服务者共同组成的合作社两大基本类型，其中，后者以农产品加工企业、农资供应商、农产品经销商、农技（机）服务商以及农业投资商等领办的合作社为典型代表。现实中大量存在的

---

① 中国社会科学院农村发展研究所、国家统计局农村社会调查司：《中国农村经济形势分析与预测（2014—2015）》，社会科学文献出版社 2015 年版，第 133 页。

并且占据主流形态的合作社是第二类合作社。它们共同的一个特点是这些非农民领办人扮演了合作社企业家的角色，为小农提供产前、产中、产后多个环节或单个环节的服务。而且，随着合作社的发展，合作社的成员异质性变得日益复杂，很多合作社中存在不同类型的成员，即利益相关者，如提供土地的离地农户，提供农产品营销服务的经纪人、运输大户，提供技术服务的专业大户和技术能手，提供资本的投资人，以及普通的农户生产者等，农民合作社成为由这些利益相关者组成的一个联合体。

按照利益相关者理论，政府的目标是要使服务的提供者与服务的利用者——农户两大类成员之间形成利益共享、风险同担的互助性经济组织。但是，现实发展和相关研究文献表明农民合作社的所有权趋向集中，即合作社的绝大部分资本来自少数成员，并且合作社的管理由这些少数成员控制，合作社的大部分收益也由他们分享。结果是，合作社作为农民谋求共同利益的手段的功能大大弱化，尤其是小农户在合作社中的地位和利益难以得到有效保障。这种状况与《农民专业合作社法》的立法初衷和政府扶持农民合作社发展的政策初衷产生了一定程度的背离。

二　研究目的

本书试图通过对农民合作社的实际运行状况和发展态势的深入调查，分析农民合作社治理和利益分配中各利益相关方之间的关系及其形成原因，并对现行《农民专业合作社法》和相关促进政策进行分析评价，为政府修改相关法律和政策提供建议，以推动农民合作社更好地促进农村经济社会健康发展，扶助小农户成员公平参与社会进步，并分享经济增长利益。

三　研究内容

为了实现研究目的，本书将重点研究以下几个问题：

（1）了解现状，包括当前农民合作社的产权和治理结构、决策机制、资金和成员数量规模、业务范围和开展状况、利益分配与风险承担、政府扶持状况、发展动向，等等。

（2）分析农民合作社发挥的作用和存在的问题，包括对农业生产、农民组织化程度、农民家庭生活以及农村社会生活等方面产生的作用。

（3）对合作社实际运行中制度安排的成因进行分析，研究其合理

性和不足之处，并据此解释当前中国农民合作社制度与传统经典的合作
社理论与观念（尤其是 ICA 原则）相背离的原因。重新审视经典合作
社理论形成的历史条件（政治、经济、社会和人文等），并结合当代国
际农民合作组织发展现状与趋势，探寻现实中中国农民合作社制度的合
理性，以及存在的问题和需要调整的方向。

（4）在以上分析的基础上，总结中国农民合作社制度的合理之处
和需要调整改进的方面，提出兼具现实性和前瞻指导性的修法和政策调
整建议。

四　报告结构

本书分为三大部分，上篇是主报告，中篇是专题报告，下篇是案例
调研报告。主报告中包括三章：一是导言，介绍了研究背景、目的、内
容和方法以及报告结构；二是文献回顾，梳理了中国近几年来有关农民
合作社治理与制度变异，以及对《农民专业合作社法》和相关政策的
研究成果；三是概括了问卷调查和案例研究中所考察的中国农民合作社
发展现状，总结了农民合作社在促进农业现代化和农民增收中的作用，
归纳了农民合作社发展中存在的主要问题。在专题报告中，包括 4 个基
于调查问卷分析的报告，分别分析了中国农民合作社的治理现状、生产
经营状况、作用和主要问题，以及内外部环境与发展动向；此外，还有
1 个土地股份合作社专题研究报告。案例调研报告中包含了 34 个合作
社的调研报告。报告的最后是参考文献。

第二节　研究方法

一　基本思路

本书的基本假设前提是：现实中存在的制度安排一定有其形成和存
续的理由。那么，研究的基本思路就是以了解和理解农民合作社发展现
状为起点，收集相关的基本素材，总结和分析其形成和存续的内在原
因，并把现状与公共政策目标以及基本理论相对比，探求其间差异的理
论解释，进而提出政策调整和修法建议。

本书主要采用了规范研究与实证研究相结合、定量研究与定性研究
相结合的方法，使用问卷调查和案例分析，其中对问卷的分析主要采用

了描述性统计分析和回归计量分析。本书采用的理论涉及法学和制度经济学等。

二 文献回顾

本书着重回顾与分析了近几年针对中国农民合作社治理问题以及对《农民专业合作社法》和促进政策的研究成果，这为本书的研究重点、理论分析工具的选取，以及问卷设计和后续的分析提供借鉴。

选取的文献主要涉及两个方面的内容：一是关于合作社治理与制度变异的研究，其中包括合作社的治理结构及其效率，合作社制度变异产生和存在的合理性阐释；二是关于《农民专业合作社法》的研究，其中包括该法的覆盖范围、成员资格与权利、盈余分配以及该法与其他法律的衔接与法制环境问题。

三 问卷调查

本书所用调查问卷分为两种：一种是针对合作社理事长和主要出资成员的，另一种是针对合作社普通成员的。两种问卷中含有基本相同的结构和问题，目的是分析不同身份成员对于同一问题是否有相同的了解和认知。问卷中的主要问题包括合作社的产业类型、注册资本、生产经营规模、业务范围、发起人身份、成立原因、成员制度、治理结构与机制、经营服务内容及开展情况、经营收入、财务制度、盈余分配等。通过对这些问题的调查，分析合作社治理、运行和分配等方面的状况、问题及其原因。

（一）合作社样本的地区分布

综合考虑了东、中、西部经济发展水平以及农民合作社发展程度，课题组选取了山东、江西和四川3省共9个县市作为调查地点。这9个县市共安排调查了109家农民合作社，其中山东省5个县36家合作社，江西省2个县36家合作社，四川省2个县37家合作社（见表1-1）。由于合作社样本不是随机抽取，其中绝大多数是由地方政府推荐，这影响了样本的代表性，因为地方政府推荐的合作社一般都是在当地管理相对规范、运行状况相对较好、对农业发展和农民增收作用相对较大的。因此，本书中样本的情况更多地反映了中国经营状况较好的农民合作社的发展情况。但是，本书所展示的合作社样本是中国农民合作社主流的一部分，其运行情况也具有一定的普遍性和代表性，在很大程度上也可提供中国农民合作社发展现状的信息。因此，本书的合作社样本也极具价值。

表 1-1　　　　　　　　　合作社样本的地区分布　　　　　　单位：家

省份	县市	各县市样本数量	各省样本数量
山东省	寿光	18	36
	平邑	6	
	费县	5	
	平度	2	
	青岛	5	
江西省	泰和	18	36
	会昌	18	
四川省	广汉	19	37
	安岳	18	
合计		109	109

　　合作社中运营时间最久的成立于 2007 年，即在《农民专业合作社法》生效后就注册成立；运营时间最短的成立于 2014 年。在 2007—2014 年，各年份成立的合作社数量分布比较均匀，基本上在 9%—18%（见表 1-2）。

表 1-2　　　　　　　　合作社的成立年份及数量　　　　　单位：家、%

年份	数量	比例
2007	14	12.84
2008	19	17.43
2009	16	14.68
2010	15	13.76
2011	18	16.51
2012	12	11.02
2013	10	9.17
2014	5	4.59
合计	109	100.00

　　本次问卷调查将合作社经营产业的类型分为粮食、果蔬、加工业、养殖、服务业和其他。在 109 家合作社中，从事果蔬种植的最多，有

69 家；其次是粮食种植和养殖，各有 16 家；再次的是加工业，有 5 家
（见表 1 - 3）。一些合作社的产业是复合型的，例如，有些粮食合作社
同时从事粮食加工，果蔬合作社也开展果蔬初加工，有的合作社从事粮
食或果蔬种植的同时进行土地流转或资金互助服务等。在 109 家合作社
中，开展两项业务的合作社有 10 家，有三项业务的有 5 家。这些复合
型业务大致可以分为五种组合方式（见表 1 - 4），每种组合都是以某类
农产品的种植或养殖为基础而开展的。

表 1 - 3　　　　　　　　　合作社的产业类型　　　　　　　　单位：家

产业类型	数量
果蔬	69
粮食	16
养殖	16
服务业	10
加工业	5
其他	13

表 1 - 4　　　　　　　　　合作社业务的组合方式

两项组合（10 家）	三项组合（5 家）
果蔬 + 初加工	果蔬 + 服务 + 花卉
果蔬 + 休闲	粮食 + 养殖 + 服务
粮食 + 加工	粮食 + 果蔬 + 加工
果蔬 + 绿化苗木	粮食 + 果蔬 + 养殖
果蔬 + 养殖	果蔬 + 土地流转 + 资金互助

（二）合作社理事长特征

在问卷调查中，调研人员对每家合作社访问了一位理事长，了解理
事长本人和合作社的情况。因此，理事长人数与合作社数量是一致的，
而且理事长问卷与合作社问卷内容是合一的。在 109 位理事长的回答
中，理事长的身份以生产大户为最多，其次是企业家，再次是营销大
户，最后是村组干部和技术能手（见表 1 - 5）。

表 1 - 5   合作社理事长的身份分布   单位：人、%

身份	人数	比例
生产大户	49	44.95
企业家	36	33.03
营销大户	29	26.61
村组干部	25	22.94
技术能手	21	19.27
其他身份	7	6.42

注：一个理事长可能有多重身份，所以比例之和超过100%。

关于理事长性别，在 107 个有效回答中，男性理事长 96 人，占 89.7%，女性理事长 11 人，占 10.3%；关于理事长年龄，在 108 个有效回答中，理事长年龄最小的 24 岁，最大的 70 岁，平均年龄 46.7 岁；关于理事长任职年限，在 107 个有效回答中，理事长任职时间最短的 0.5 年，最长的 8 年，平均任职时间 4.4 年。关于理事长的文化程度，在 108 个有效回答中，受过初中（含）以上教育的占 94.45%，受过大专及以上教育的占 25.93%（见表 1 - 6）。

表 1 - 6   合作社理事长的文化程度   单位：人、%

文化程度	人数	比例
未读书	2	1.85
小学	4	3.70
初中	38	35.19
高中/中专	36	33.33
大专及以上	28	25.93
合计	108	100.00

（三）合作社成员特征

除合作社理事长之外，本研究还对 363 名成员进行了问卷调查，其中山东 123 人，江西 136 人，四川 104 人（见表 1-7）。因为，受访成员基本上是由合作社的理事长挑选和安排的，因此，成员样本的代表性也受到影响，可能更多地反映其所在合作社"好"的一面，而对"不好"的一面可能反映得不够充分。在时限明确、经费有限的情况下，这种调研方法也是无奈之举。从成员出资情况看,包括出资成员和非出资成员;从家庭收入结构看,自评家庭收入为中等及以下的占比超过一半,而且调研人员也尽力在访谈中挖掘成员的真实想法和合作社的真实状况。这在一定程度上弥补了抽样的不足。从调研实际效果看,大多数成员都是从自身经历和感受来回答问题。所以,成员的回答在很大程度上反映了合作社的真实运行情况。

表1-7 合作社受访成员的地区分布 单位:人

省份	县市	各县市成员数	各省成员数
山东	平邑	21	123
	费县	17	
	平度	5	
	青岛	10	
	寿光	70	
江西	会昌	68	136
	泰和	68	
四川	安岳	52	104
	广汉	52	
合计		363	363

关于成员在合作社中的职务,在360个有效回答中,217人是无职务的普通成员,占60.28%;担任理事的有69人,占19.17%;担任监事的有25人,占6.94%;作为经营管理人员的有45人,占12.5%(见表1-8)。

表1-8 受访成员在合作社中的职务 单位:%

在合作社中的职务	人数	比例
理事	69	19.17
监事	25	6.94
经营管理人员	45	12.5
无职务	217	60.28
其他	4	1.11
合计	360	100.00

　　在 363 户合作社成员中，户均家庭人口为 4.66 人，户均劳动力为 2.8 人，其中务工的为 1.01 人，务农的为 2.26 人。受访成员中男性 293 人，占 82.54%；女性 62 人，占 17.46%。年龄最小的 18 岁，最大的 79 岁，平均年龄为 48 岁。文化程度集中在初中，其次是高中和小学，未上过学和大专（含）以上的很少，都不足 4%（见表 1 - 9）。虽然都是初中文化程度者居多，但是理事长的文化程度整体上明显高于普通成员，尤其是大专以上文化程度的占比相差 20 多个百分点。在这 363 人中，担任村组干部或村民代表的有 157 人，占 43.25%；未担任的有 206 人，占 56.75%。在 362 个有效回答中，有过外出打工经历的有 196 人，占 54.14%；没有此经历的有 166 人，占 45.86%。

表 1 - 9　　　　　　　受访合作社成员的文化程度　　　　　单位：人、%

文化程度	人数	比例
未读书	11	3.03
小学	63	17.35
初中	177	48.76
高中/中专	98	27.00
大专及以上	14	3.86
合计	363	100

　　363 户成员中，5 户成员的实际耕地面积数据缺失，所调查的 358 户成员中，家庭户均实际耕种土地面积 38 亩，最少的 0 亩，最多的 1409 亩。

　　家庭收入水平评价中，363 户成员中有 20 户家庭收入水平评价数据缺失。343 户成员中对自己的家庭收入水平评价为中等的占多数，有 200 户，占 58.31%；其次是中高收入水平的有 93 户，占 27.11%；排在第三位的是高收入成员，有 24 户，占 7%；中低收入户有 19 户，占 5.54%；最少的是低收入户，有 7 户，占 2.04%（见表 1 - 10）。考虑到一般受访人倾向于压低对自家收入水平的评价，有理由认为大多数受访成员家庭的收入水平在本村居于中或中高水平。

表 1 - 10　　　　　　　　受访成员对家庭收入水平的评价情况　　　　单位：户、%

评价程度	低	中低	中等	中高	高	合计
频数	7	19	200	93	24	343
比例	2.04	5.54	58.31	27.11	7	100

四　案例研究

为了弥补单一问卷调查信息封闭、无法全面深入的问题，课题组在问卷调查的基础上，找出经营不同农产品或提供不同服务的具有一定典型意义的合作社，继续搜集资料，进行案例研究，以更深入和全面地了解当前农民合作社的发展情况，以点带面地加深对农民合作社的理解。同时，为了较为全面地反映中国农民合作社发展的新动向、新问题，了解近年来不断涌现的新型农民合作社，如农机合作社、土地股份合作社、资金互助社、合作社联合社等，课题组还专门赴四川省彭州市和崇州市开展了新型农民合作社的案例研究。案例研究的主要方法是焦点小组座谈（Focused Group Discussion）和关键知情人访谈（Key Informant Interview）的方法。座谈参加者和访谈对象包括市（县）政府主管部门官员、村"两委"人员、农民合作社理事长和普通成员等。

本书共包括 34 个案例报告。其中，从地域分布来看，山东 8 个、江西 8 个、四川 18 个；从合作社类型看，农民专业合作社 32 个，合作社联合社（会）2 个。这 32 个农民专业合作社中，从主要经营内容看，蔬菜水果专业合作社 12 个、养殖合作社 6 个、土地股份合作社 5 个、粮食合作社 4 个、农机合作社 2 个、资金互助合作社 1 个、休闲农业合作社 1 个、花木合作社 1 个。

第二章 中国农民合作社研究文献综述

第一节 关于农民合作社的治理与制度
变异的研究文献

一 关于农民合作社的治理

应瑞瑶（2002）首先提出了资源禀赋决定资源所有者在合作社产权安排中的地位，以及制度环境决定组织治理结构选择的解释框架。黄祖辉、徐旭初（2006）构建了一个基于社员能力和关系的合作社治理结构解释框架，将不确定环境中的合作社治理问题转化为控制权分配问题，指出合作社内掌握控制权者应是那些资源禀赋最具环境合用性的要素所有者，也即关键性生产要素所有者。周春芳、包宗顺（2010）以实证研究支持了合作社产权安排股份化倾向这一普遍存在的观点。郑鹏、李崇光（2012）用中西部五省市的经验证据支持了合作社产权安排的股份化倾向与合作社成员异质性之间的关联性。孔祥智和蒋忱忱（2010）、周应恒和王爱芝（2011）、张晓山（2012）从合作社人力资本稀缺性的角度来解释合作社产权安排向核心成员倾斜的现象，并认为这种安排具有其现实合理性和必然性。崔宝玉、陈强（2011）从人力资本、社会资本等资源禀赋的报酬难以量化的角度来解释核心成员掌握合作社剩余索取权和剩余控制权的产权安排，并认为这种产权安排不必然导致合作社功能的弱化。

吴彬、徐旭初（2013）实证研究了合作社状态性质与合作社治理结构选择之间的关系，发现合作社产品的生产属性、交易属性、市场属性和自然属性等技术环境特征以及相关制度环境特征对合作社治理结构类型的选择具有显著影响，尤其是资产专用性、产品周期、产品风险、同行竞争、营销形态、市场距离、区位优势、经济水平、政策扶持等变量在模型中均呈现出较高的显著性水平。赵泉民（2013）研究了信任与合作社合作困境之间的关系。他指出，农民专业合作社组织数量在不断增加的同时，农民却越发陷入渴望合作而又难以走向真正合作的"困境"当中。其主因在于乡村社会转型中信任失调，体现为基层政府信任危机、合作社内部信任不足、合作社与乡村社会之间信任断裂等。

崔宝玉（2010）认为，合作社在组建和发展初期就需要资本的推动，这是由农民以及农业本身所具有的弱质性特征、农业风险高、农产品价格波动大所决定的。合作社资本控制有利于克服奥尔森的"集体行动困境"。因为只要少数几个实力雄厚的成员联合提供某项公共产品的收益大于成本，由于其协调成本很低，这项公共产品就倾向于被提供。

关于合作社成员的异质性，近年来开始出现定量分析，如赵凯（2012）、吴晨（2012）。何安华等（2012）提出了一种成员资源禀赋差异与合作社收益分配层级化二者相互强化、动态演变的理论分析框架。他们认为，在缺乏外部因素介入的情况下，资源禀赋的初始差异将导致合作社下层成员囿于原有要素合作而上层成员走向多要素合作的新的资源禀赋差异格局的出现。

二 关于农民合作社的效率

黄祖辉、扶玉枝（2013）对合作社效率的研究提出，合作社效率内涵应包含两层含义：一是合作社的投入产出效率，属于其内部效率；二是合作社对社会总福利的贡献度，是其外部效率。相同的目标函数是衡量合作社效率的前提条件。合作社效率的影响因素包括规模（理论上存在最优规模）；内部治理，其中成员结构及素质、经理（管理者）的人力资本是关键；制度环境、资源环境和市场环境等外部环境，通过作用于合作社的内部治理要素，影响合作社的资源配置与利用，进而影响合作社效率。吴晨（2013）基于对广东、安徽两省农民合作社的问卷调查，采用比较分析法综合分析了六种模式的农民合作社效率。结果表明，不同模式的农民合作社在帮助成员家庭实现收入、控制农产品价格波动幅度、成员利益需求及实现程度以及成员对合作社的满意度等方面存在显著差异，首先，以农产品加工营销企业型的合作社效率最高，其次为供销社型的合作社，而效率最低的为性质不明的合作社。崔宝玉、刘峰（2013）指出，在政府提出合作社发展至上战略选择和政府激进的推动方式下，我国农民专业合作社发展凸显出重规模轻规范、重效率轻公平的现实路径，合作社迅猛发展与失范发展并存，如果对此现象不加以纠正、任由其发展，必然会损害小农参与合作的信心，进而损害整个农村合作事业。

三　对合作社制度变异产生和存在的合理性阐释

徐旭初（2005）将农民合作社的产权在不同社员间的安排差异性归结为各自"所拥有的资源或能力的异质性以及专用性、合用性和价值差异性"，认为合作社产权安排的股份化是合作社关键性生产要素所有者保证其在合作社产权安排中优势地位的最佳方式。崔宝玉、李晓明（2008）则用核心社员与一般社员在资源禀赋上的"价值耦合性"来解释合作社产权安排短期内的稳定性。苑鹏（2008）从交易风险防范、交易成本节约等方面探讨了公司和农户在合作社制度框架下结成利益共同体所需要的条件和可能性。张晓山（2009）则指出，公司成为合作社社员，其实质是将原"公司＋农户"模式下的交易关系以及利益矛盾内化于合作社之中；为了防止公司对小农的剥夺，就要建立二者间紧密的利益联结机制，这取决于合作社所有权、控制权和收益权在利益相关者间的分配，也就是专业农户能否成为合作社资产的主要所有者、实际控制者和受益者。郭晓鸣、廖祖君（2010）认为，公司在合作社中掌握剩余控制权和剩余索取权是一种有效的治理方式，与传统的订单农业模式相比，这类组织的交易成本明显降低，使公司与农户双方的利益均得到改进。于会娟、韩立民（2013）认为，合作社利益分配倾向于稀缺要素所有者的合作社所有权安排是对效率的尊重。问题的关键在于，在保证稀缺要素所有者足够激励的同时提升普通成员的参与和监督能力，以实现对核心成员的约束和限制。任大鹏、于欣慧（2013）认为，惠顾返还是体现合作社公平正义目标的重要原则，具有提高成员的凝聚力、保护弱小成员利益、鼓励成员关注合作社的可持续经营和形成利益共享、风险共担的机制等重要价值。现实中"一次让利"替代"二次返利"的现象导致了惠顾返还价值的偏离。

国内学术界对于农民专业合作社的治理、效率以及制度变异等研究的背后，折射的是不同的研究立场：是公平优先，还是效率优先，抑或是二者兼顾？合作社应视为有独特属性的私营部门，还是既非私营部门又非公共部门的第三部门？其社会地位如何定位？从目前的研究状况看，不同的学者间各持一端，并未达成共识，但是研究主流已经初见端倪，即把合作社作为效率优先的一种特殊市场主体进行研究与定位。

第二节　关于《农民专业合作社法》的研究文献

2007年7月1日起正式施行的《农民专业合作社法》，首次以立法形式明确农民经济合作组织的市场主体地位，为农民经济合作提供基本法律框架和制度保障。这部法律的颁布实施，顺应中国农村经济改革和发展的迫切需要，得到普遍肯定。但是，随着合作社实践的展开和深入，法律与现实间的摩擦和不适日益凸显，修法之声日趋高涨。2013年中央一号文件（《中共中央国务院关于加快发展现代农业进一步增强农村发展活力的若干意见》）中，首次明确提出要"抓紧研究修订农民专业合作社法"；2015年中央一号文件（《中共中央国务院关于加大改革创新力度加快农业现代化建设的若干意见》），再次提出要"逐步完善覆盖农村各类生产经营主体方面的法律法规，适时修改农民专业合作社法"。

在中国知网以"合作社法"为关键词进行检索，2007年1月至2015年4月在法学和经济学两门学科大类下发表的相关文献共有3520篇。总体上看，学术界充分肯定了《农民专业合作社法》的积极意义。马跃进、孙晓红（2008）指出，《农民专业合作社法》顺应了中国农村经济改革和发展的迫切需要，而且确立了合作社的市场主体地位，其对合作社的定义、运行规则、治理结构、财产管理等的规定，与国际公认的合作社原则基本一致，获得了普遍肯定。因此，该法标志着我国合作社立法开始沿着正确的方向前进，将引领我国合作社的回归。景富生（2008）、刘小红（2009）认为该法通过对合作社治理结构、分配制度、责任制度等方面的规定，体现了国家的管理型干预；通过政府扶持责任法定，体现了国家的促进型干预。但同时《农民专业合作社法》也体现着这部法律的中国特色以及背后的政府考量。杜吟棠（2008）总结了《农民专业合作社法》的四大基本特色：（1）覆盖范围窄；（2）合作社标准宽松；（3）合作社设立门槛低，债务责任小；（4）政府扶持责任法定。

中国知网关于农民专业合作社法律修订问题的研究文献约 300 篇，核心代表性文献 23 篇，可归纳为以下四个方面的问题。

一　法律覆盖范围问题

马跃进、孙晓红（2008）认为，各种类型的合作社有其共同的本质属性，在组织形式上差异不大，因此应当制定合作社基本法来统一规范包括农业合作社在内的供应、运销、消费、信用、保险、生产等其他领域的合作社类型。苑鹏（2013）指出，法律的调整对象仅仅锁定在农民自我兴办并且开展经营活动的合作社。但是目前农民专业合作社的发展类型十分丰富，早已突破了法律的界定范围，部分地方政府试图在地方法律法规中对这些第二、第三产业的合作社予以承认，但又带来上位法与下位法之间的冲突。张晓山（2015）提出了扩大《农民专业合作社法》覆盖范围的具体建议，包括增加承包土地经营权作价出资入股合作社的内容，对联合社注册登记、合作社开展信用合作等相关问题做出相应规定等。

对于《农民专业合作社法》调整范围的分歧，争论激烈的问题是农地股份合作社的主体身份认定及其能否适用于《农民专业合作社法》。马跃进（2007）认为，股份合作企业是合作社的一个亚种，与合作社是种属关系。高海（2014）指出，农地入股的合作社仅仅是基于土地承包经营权的特殊社会功能，在出资与产权性质、利益分配和亏损承担等方面不得已突破《农民专业合作社法》的一种农民专业合作社变异，但是并没有超出传统合作制的基本范畴。但吴义茂（2011）持明确反对意见。他认为，土地承包经营权入股的资本化本质上与农民专业合作社的法律特性难以兼容；保证入股农民收益的"保底条款"与入股的法律特性明显冲突；农民专业合作社破产解散时，关于入股农民能否收回其土地承包经营权的问题，《农民专业合作社法》与《农村集体土地流转管理办法》存在明显冲突。

二　成员资格及权利问题

对合作社的成员资格，一种观点从增强合作社自身经济实力的角度出发，提出应当放低合作社成员资格的"准入门槛"。如宋刚和马俊驹（2007）、李继生（2010）等认为，那些未必从事与合作社有关的生产经营活动，但有资金或者技术并愿意投资于合作社的企业或团体成员，也应当获得法律认可的合作社成员资格。此举将有助于缓解合作社普遍面临的资金和技术上的短缺压力。此外，针对《农民专业合作社法》"具有民事行为能力人"才可称为合作社成员的有关规定，李继生（2010）提出，对农民成员，应允许非完全民事行为能力人成为合作社的成员。

曾文革和王热（2010）指出，《农民专业合作社法》对于实践中可能发生的纠纷以及成员和合作社权利的救济未做出明确规定，并且《农民专业合作社法》缺乏关于合作社不得拒绝符合条件的公民入社、成员权转让和出资、成员死亡时其继承人入社的规定。在成员权丧失方面，《农民专业合作社法》缺乏关于法定退社、成员除名的规定，而关于成员资格终止后"一刀切"的利益安排也有不妥之处。

三　盈余分配问题

郭富青（2007）认为，我国的《农民专业合作社法》承认农民专业合作社的营利性，这一点明显不同于欧洲传统经典合作社强调的合作社的非营利性。之所以抛弃合作社非营利性的传统观念，一方面是为了克服传统合作社效率低下、难以为继的困境，另一方面也是对北美新一代合作社"投资—利润"取向的市场化潮流的迎合。

米新丽（2008）认为，《农民专业合作社法》在公共积累分割问题上，还有需要完善之处，即要区分合作社存续期间社员退社与合作社终止时不同的公共积累分割原则。其认为，合作社存续期间的社员自愿退社，除程序限制外还应限制其对账户内公积金的分割，以保证合作社资本处于相对稳定状态。而合作社终止时，公共积累中由社员出资及社员与合作社交易形成的部分应允许在社员中进行完全分割。因为由社员出资及社员与合作社交易形成的部分属于社员权益，应归社员享有；并且，合作社公共积累的最主要目的在于弥补亏损和转增资本，以维持合作社持续发展的能力。在合作社终止之时，这种持续发展能力已经不需要继续存在，公共积累可以分配给社员。

孔祥智、周振（2014）认为，合作社的盈余分配首先应提取公益金，并强调合作社公积金中至少有一部分是不可分割的，并将合作社的分配依据——交易量（额）扩大至除资本以外的一切能对合作社起贡献作用的要素，如土地要素、技术要素、信息要素等，充分体现出各种要素的贡献。

四 与其他法律的衔接与法治环境问题

李胜利（2007）指出，《农民专业合作社法》与《反垄断法》存在着共同的目标和价值观，现行合作社法几乎没有涉及合作社的反垄断豁免，而《反垄断法》第五十六条、第二十八条的相关规定也过于简略，应对适用于反垄断豁免合作社的范围界定和如何豁免等问题做进一步研究。赵新龙（2008）认为，需要形成合作社法律支持体系，具体包括合作社的产业法律规范、金融法律规范、财税法律规范，以及科技、社会化服务等相关法律规范，形成"政府—法律规范—合作社"的双向运动、自足循环的系统，使政府干预合作经济的职权法律化，通过支持性法律规范发挥作用。

刘水林（2010）认为，《农民专业合作社法》存在法律创新与宪法、社团法相关条款不协调的问题，对"合作经济"和"集体经济"的界限没有做出明确法律规定，没有为社员提供政治参与、反映农民利益诉求的纵向组织机制和法律救济的横向组织机制。

总之，在修法过程中，解决现实需求的技术性问题是一个重要方面，但更加重要的是思考这样一个问题——《农民专业合作社法》该不该修订，我们的立足点在于合作社法要实现的立法目标，包括制度目标和价值目标是不是已经得到体现，以及这些目标实现的障碍是不是制度本身导致的（任大鹏，2014）。

第三章　中国农民合作社发展现状

第一节　当前中国农民合作社发展的特点

一　农民合作社发展保持快速增长与扩张势头

《农民专业合作社法》颁布近十年来，农民专业合作社数量、成员规模和注册资本呈现持续高速增长势头。截至 2014 年年底，在工商部门注册登记的农民专业合作社突破 128.9 万家，同比增长 31.2%（中国社会科学院农村发展研究所、国家统计局农村社会经济调查司，2015）。农民合作社成员数量及增长率变化如图 3-1 所示。

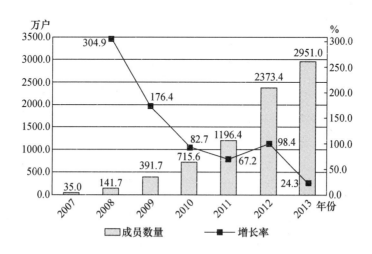

图 3-1　农民合作社成员数量及增长率变化

转引自中国社会科学院农村发展研究所、国家统计局农村社会经济调查司《农村经济形势分析与预测（2014—2015）》，社会科学文献出版社 2015 年版，第 134 页。

　　从调查的山东、四川、江西三省合作社发展的情况看，已经登记注册的合作社也呈现出继续快速发展态势。在调查的 109 家合作社中，104 家合作社的数据显示，合作社规模不断扩大。2014 年年底合作社的注册资本平均达到 435.34 万元，与成立之初相比，注册资本的平均增幅为 117%，其中现金出资增幅保持同幅度的增长，为 112%（见表 3 - 1）。与此同时，成员规模也快速扩张。注册成员的平均规模从成立之初的 34.4 人提高到 2014 年的 84.7 人，增幅达到 146.2%；出资成员保持了相近的增长幅度，为 125.2%。同期实有成员由成立之初的平均 87.5 人，增加到 2014 年的平均 152.5 人，增幅为 74.3%（见表 3 - 2），反映了出资成员的增长速度大大超过非出资成员的增长速度。

表 3 - 1　　　　　　　　　　合作社注册资本变化　　　　　　　　单位：万元、%

	成立之初的社均注册资本	2014 年年底的社均注册资本	
		金额	增幅
注册资本	200.62	435.34	117
其中：现金出资	150.07	318.60	112

　　注：1. 增幅 =（2014 年年底社均注册资本 - 成立之初社均注册资本）/成立之初社均注册资本 ×100%。

　　　　2. 增幅反映合作社成立以来注册资本增长的一般情况。

表 3 - 2　　　　　　　　　合作社社均成员数量及变化情况　　　　　　　单位：人、%

成员类别	成立之初的社均成员数量	2014 年年底的社均成员	
		数量	增幅
注册成员	34.4	84.7	146.2
实有成员	87.5	152.5	74.3
出资成员	36.1	81.3	125.2

　　注：1. 增幅 =（2014 年年底社均成员数量 - 成立之初社均成员数量）/各合作社成立之初社均成员数量 ×100%。

　　　　2. 增幅反映合作社成立以来成员数量增长的一般情况。

关于注册资本变化情况，理事长 107 个有效回答[①]显示，没有变化的有 65 家，占 60.7%；注册资本减少的有 2 家，占 1.8%；增加注册资本的有 40 家，占 37.38%。其中，注册资本增加额小于 100 万元的有 8 个，占 20%；增加额在 100 万元以上的占 80%，并且有 22 家增加额达到或超过 200 万元，占增加注册资本合作社的 68.75%。

上述状况反映出，尽管合作社的平均注册资本增幅较高，但是它主要来自少数合作社的贡献，这一小部分合作社已经开始加速发展，资本实力增长较快。这意味着合作社发展的分化可能会逐步突出，一些合作社将脱颖而出。

二　农民精英是合作社的领办主体，外部资本正在成为合作社重要的领办力量

有 108 位理事长充当了领办人身份。统计显示，农业生产大户、营销大户及村"两委"干部等农民领办的合作社有 65 家，占 60.19%；以龙头企业、投资商、农业服务商等非农民创办的合作社共 43 家，占 39.91%。

其中，在农民领办的合作社中，领办群体身份存在交叉状况，生产大户比例最高，占发起人的 46.8%；其次是村"两委"，占 40.4%；营销大户排第三，为 29.4%。

上述数据反映出，农民经济精英和政治精英是创办合作社的主要力量，并且农村政治精英往往同时也是经济精英，如很多村"两委"干部本身就是生产营销大户；同时，以龙头企业、投资商为主体的外部资本正在成为领办合作社不容忽视的一支重要力量。

三　合作社的基本制度安排开始走向规范

（一）成员制度不断完善

在理事长问卷中，108 个有效回答显示，实行开放性成员制度吸纳新成员的合作社有 100 家，占 92.59%；实行封闭性成员制度的合作社只有 7.41%。对不同理事长类型的合作社的成员制度进行统计分析，可以发现只有领办人身份不同的合作社的成员制度开放性之间有一定的差异，如企业家领办的合作社采用开放性成员制度的比例比农民领办的低，为 87.88%；而农民专业大户或生产能手领办的合作社采用成员开放制度的比

---

① 有效回答是指针对某一具体问题理事长成员给予了回答。下同。

例为 93.48% （见表 3-3）。它暗示企业家领办合作社可能因为对生产原料的稳定供应性更为重视，因此出现少量的封闭成员制度。

表 3-3　　　　　　　以开放性制度吸纳成员的合作社　　　　单位：家、%

划分标准	合作社类型	合作社数量	开放性制度吸纳成员的合作社	
			数量	比例
领办人身份	专业大户/能手	46	43	93.48
	村组干部	25	24	96.00
	企业家	33	29	87.88
股权结构	理事长绝对控股	39	36	92.31
	理事长不绝对控股	66	61	92.42
是否示范社	示范社	69	63	91.30
	非示范社	39	37	94.87

　　在理事长问卷中，108 个有效回答显示，60% 的合作社对成员出资提出要求，有 59 家要求入社成员缴纳股金或入社费，占 55%，另有 5家只要求核心成员出资，两者之和占 60%；而没有出资要求的为 43家，占 40%。并且，在有出资要求的 59 家合作社中，有 3/4 的合作社采取只设置最低出资要求，不设置最高出资限额，而设置最高出资限额的只有 8 家，占 13%。它反映出合作社成员制度的主流已经是要求成员出资，承担一定的责任，与合作社建立股权联结纽带。在加入程序上，需要填写书面申请书的合作社有 56 家，占 51.9%；为每个成员建立个人账户的有 49 家，占 45.8%。① 并且，有 56 家为成员建立生产管理记录档案，占 51.9%；47 家没有建立生产管理档案，占 43.5%；有5 家不适用，占 4.6%。② 这一统计结果显示，合作社成员制度建设不仅体现在股权方面的逐步完善，而且体现在对成员个人信用和基本信息的管理也走向规范。从课题组的调研看，合作社的入社申请书都有成员的权利和义务要求的内容，因此，填写书面申请书，不仅是一种程序、

---

　　① 成员问卷反映个人有成员账户的占成员总量的 38.66%，没有设立账户的有 186 人；不清楚是否有账户的有 29 人，占 8.12%，与理事长问卷反映的情况基本吻合。详见第四章第二节。

　　② 成员问卷统计显示，在 355 个有效回答中，回答有生产管理记录档案的有 152 人，占 42.82%，略低于理事长问卷的比例。

形式上的，也是成员对合作社行使权利和履行义务的一种事前的承诺。并且，统计显示，凡是要求成员填写入社申请书的合作社，同时也为成员建立了个人的生产信息档案，这为合作社开展进一步的规范化建设以及经营活动奠定了良好的基础。

从对成员入社股金或入社费要求的情况看，农民自我领办的合作社要求比例高于企业家领办的合作社3—9个百分点；理事长不绝对控股的合作社比绝对控股的合作社高出9个百分点；示范社有要求的比例约高出非示范社的16个百分点（见表3-4）。这表明农民自我领办的合作社、股权相对平均的合作社以及示范社可能更为重视农民作为所有者成员的主体性参与。

表3-4　　　　　对入社农民有缴纳股金或费用要求的合作社　　　单位：家、%

划分标准	合作社类型	合作社数量	入社要求缴纳股金或入社费的合作社	
			数量	比例
领办人身份	专业大户/能手	45	27	60.00
	村组干部	24	13	54.17
	企业家	33	17	51.52
股权结构	理事长绝对控股	38	19	50.00
	理事长不绝对控股	66	39	59.09
是否示范社	示范社	69	42	60.87
	非示范社	38	17	44.74

进一步地，从对入社农民最低生产经营规模是否有要求的情况看，只有企业家领办的合作社的理事长回答"是"的比例达到了50%，其他农民领办的合作社的比例明显低于该比例（见表3-5），这一结果与上面合作社的成员制度具有相对的一致性，企业从保障原料供应角度出发，希望入社农户初具生产规模。在另外两种分类中，示范社与非示范社没有区别。但是，理事长绝对控股的合作社对入社最低规模有要求的比例只有17.95%，而理事长不绝对控股的合作社近50%，后者可能与当前一般性合作社强调规模专业化生产的农户入社有利于形成合作社的凝聚力有关系。

表 3 - 5   对入社农民有最低生产经营规模
                          要求的合作社   单位：家、%

划分标准	合作社类型	合作社数量	入社要求最低规模的合作社	
			数量	比例
领办人身份	专业大户/能手	46	13	28.26
	村组干部	25	9	36.00
	企业家	34	17	50.00
股权结构	理事长绝对控股	39	7	17.95
	理事长不绝对控股	67	33	49.25
是否示范社	示范社	70	25	35.71
	非示范社	39	15	38.46

　　此外，在理事长问卷中，109 个有效回答显示，有 69 家要求成员需要与合作社签订服务或交易合同，占 63.30%；34 家没有要求，占 31.19%；其他 6 家合作社则视情况而定或者不适用这一问题。按照理事长类型对此问题的分类显示，企业家领办的合作社与成员签订服务或交易合同的比例为 78.13%，大大高于农民领办合作社的 20 个百分点以上；理事长不绝对控股的合作社领办的比例为 73.85%，同样高于理事长绝对控股合作社的 20 个百分点；示范社签订比例明显高于非示范社，前者为 69.57%，后者为 53.85%（见表 3 - 6）。该结果一方面显示出前面提到的企业家领办的合作社对与成员交易量稳定性的内在要求，并通过合同方式确定下来；另一方面可能反映出为农民服务意识强的合作社签订服务或交易合同的比例也高。

表 3 - 6   与成员签订服务和交易合同的合作社   单位：家、%

划分标准	合作社类型	合作社数量	与成员签订合同的合作社	
			数量	比例
领办人身份	专业大户/能手	46	27	58.70
	村组干部	25	14	56.00
	企业家	32	25	78.13
股权结构	理事长绝对控股	39	21	53.85
	理事长不绝对控股	65	48	73.85

划分标准	合作社类型	合作社数量	与成员签订合同的合作社	
			数量	比例
是否示范社	示范社	69	48	69.57
	非示范社	39	21	53.85

（二）合作社治理机制不断完善

1."三会"制度趋于健全、一些合作社引入理事差额选举制度

理事长问卷显示，有104家合作社设有成员大会、理事会与监事会"三权分立"的组织结构。理事会规模和人员构成相对合理，理事会平均人数为5.6人，其中生产者理事有4.4人，占78%，在理事会中保持了生产者农户的主体地位；理事会人员构成中女性1.2人，占17%，平均每个合作社理事会都有女性代表成员，这对于发展初期的农民专业合作社是一个进步。监事会平均成员2.6人，其中监事拥有财务监督基本知识的合作社有84家，占合作社的86.6%，拥有较高业务素质监事的合作社比例很高。

从不同类型合作社社均农民理事分布情况看，企业家领办的合作社中农民理事人数最少，低于农民领办合作社的一半；理事长绝对控股的合作社中农民理事少于理事长不绝对控股合作社，前者约4人，后者约5人；示范社农民理事低于非示范社（见表3-7）。这反映出示范社中理事长可能绝对控股。

从不同类型合作社女性理事的分布看，企业家领办的合作社中女性理事人数略低；示范社低于非示范社（见表3-7）。它反映出，在理事会人员构成上示范社中代表农民生产者利益的农民理事数量并不占据优势；相反，略低于非示范社；企业家领办的合作社和理事长绝对控股的合作社的农民理事代表以及女性理事人数均低于农民领办和理事长不绝对控股的合作社。这种理事构成情况对企业家领办合作社民主原则落实埋下了隐患。

对于理事长在合作社中的出资情况，106个理事长的有效回答显示，有84位理事长是出资额最大的成员，占79.25%，其中理事长出资比例超过注册资本50%的有38家，占35.85%；理事长出资占注册资本的比例小于20%的有32家，占30.18%。按照合作社类型的分类

表 3 - 7　　　　　不同类型合作社中农民理事与女性理事的分布　单位：家、人

划分标准	理事情况 合作社类型	农民理事			女性理事		
		合作社数量	农民理事数	社均农民理事	合作社数量	女性理事数	社均女性理事
领办人身份	专业大户/能手	45	245	5.44	43	43	1.00
	村组干部	25	132	5.28	22	22	1.00
	企业家	34	86	2.53	34	29	0.85
股权结构	理事长绝对控股	39	154	3.95	37	37	1.00
	理事长不绝对控股	66	316	4.79	64	59	0.92
是否示范社	示范社	69	278	4.03	67	53	0.79
	非示范社	39	200	5.13	36	44	1.22

分析可以看到，各类合作社的理事长是最大出资者的比例均很高，在76%—86%（见表3-8）；示范社理事长绝对控股①的占比情况明显低于非示范社。这也是为示范社的民主管理相对规范奠定了股权的基础。

表 3 - 8　　　　　　不同类型合作社的理事长出资情况　　　　单位：家、%

划分标准	合作社类型	合作社数量	理事长出资最多的合作社		理事长控股的合作社	
			数量	比例	数量	比例
领办人身份	专业大户/能手	46	35	76.09	16	34.78
	村组干部	21	18	85.71	7	33.33
	企业家	33	28	84.85	13	39.39
是否示范社	示范社	66	54	81.82	17	25.76
	非示范社	37	30	81.08	21	56.76

进一步地，在理事长问卷中，106 个有效回答显示，69 家合作社采取等额选举，占65.09%；33 家采取差额选举，占31.13%；4 家合作社不选举，占3.77%（见表3-9）。

———————

① 理事长绝对控股是指理事长出资比例≥50%，下同。

表3－9　　　　　　　　理事会成员产生方式　　　　　单位：家、%

产生方式	数量	比例
等额选举	69	65.09
差额选举	33	31.13
不选举	4	3.77
合计	106	99.99 *

＊：因四舍五入，比例之和不为100%。

对理事长问卷的统计显示，等额选举理事制度下的理事长产生以发起人和核心骨干成员提名的为主，两者占80%以上，而全体成员提名的比例仅约20%；但是在差额选举制度下，理事长产生主要依靠全体成员提名，近60%，反映出差额选举制度有利于全体成员的广泛参与（见表3－10）。

表3－10　　　　等差额选举情况下理事候选人的提名人情况　　　　单位：家、%

选举方式	提名人	发起人	全体成员	核心骨干成员	毛遂自荐的成员	其他
等额选举	数量	36	14	21	1	1
	比例	52.17	20.29	30.43	1.45	1.45
差额选举	数量	7	19	5	0	6
	比例	21.21	57.58	15.15	0	18.18

注：此题为多选题，比例之和超过100%。

理事长问卷中，107个有效回答显示，2014年召开过全体成员（代表）大会的合作社94家，占87.85%，平均召开3次。其中，78家合作社召开的成员（代表）大会有会议记录，占80.41%；而没有会议记录的只有19家合作社，占19.59%。召开过理事会的合作社共101家，占合作社的97.12%，年平均次数为5次。理事会会议有会议记录的81家，占合作社的76.4%。在成员问卷中有264名成员表示参加过成员（代表）大会，占有效回答成员数的73.33%。这些数据反映出大多数合作社"三会制度"运行正常。

2. 大多数合作社财务公开，获得成员认可

对于财务公开制度，309个成员的有效回答显示，回答本合作社财

务公开的成员有 241 人，占 77.99%；回答不公开的成员为 68 人，占 22.01%（见表 3-11）。对财务公示内容满意的成员占 95.02%，看不明白的占 3.48%，不满意的仅占 1.49%（见表 3-12）。反映出多数合作社实行财务公开，并获得了成员的认可。

表 3-11　　　　　成员反映的合作社财务公开情况　　　　单位：人、%

合作社财务是否公开	人数	比例
是	241	77.99
否	68	22.01
合计	309	100

表 3-12　　　　成员对合作社财务公开情况的满意情况　　　单位：人、%

对财务公开情况是否满意	人数	比例
是	191	95.02
否	3	1.49
看不明白	7	3.48
合计	201	100

注：因四舍五入，比例之和不为 100%。

进一步地，在成员问卷中，356 个有效回答显示，清楚"合作社是否得到过政府支持"的成员有 288 人，占 80.90%；不清楚的有 68 人，占 19.10%（见表 3-13）。说明绝大多数成员了解政府的财政扶持情况。

表 3-13　　　　成员对合作社是否得到过政府支持的知晓情况　　　单位：人、%

是否得到过政府支持	人数	比例
是	247	69.38
否	41	11.52
不清楚	68	19.10
合计	356	100

3. 理事会和成员（代表）大会是大多数合作社的主要决策者

在理事长问卷中，107 个有效回答显示，合作社的重大投资和盈余分配决策由理事会做出的比例最高，有 51 家，占 47.7%；还有 26.2% 的合作社是成员（代表）大会决策，两者合计73.9%（见表3-14）。在成员问卷中，141个有效回答显示，选择理事会和成员（代表）大会决策的共有97人，占68.8%（表3-14）。这说明理事长和成员对此问题的认知有较高的相似度，大多数合作社落实了民主决策的基本制度。

表3-14　　　　　　**理事长与成员对"谁是重大投资和**

盈余分配决策者"的回答　　　单位：人、%

决策者	理事长		成员	
	人数	比例	人数	比例
理事会	51	47.7	69	48.94
理事长	28	26.2	34	24.11
成员（代表）大会	28	26.2	28	19.86
经营管理层	5	4.7	3	2.13
多重决策/不清楚	6	5.6	7	4.96

注：此题为多选题，比例合计可能超过100%。

四　合作社经营服务业务广泛、服务内容普遍多样化

关于农民合作社的经营范围，在理事长问卷中，107个有效回答显示，80%以上的合作社为成员提供2—6项服务，60%以上的合作社为成员提供4项以上的服务，只提供1项服务的合作社只有9家，仅占8.41%（见表3-15），其中，业务内容最多的前4项分别是农产品销售、技术服务、农资购买和信息服务，其后的业务内容依次是农机服务、农产品加工、农产品贮藏、资金借贷服务和其他（见表3-16）。

在实际运行中，几乎所有的合作社都提供了农产品销售服务，占98%；其次是技术服务和农资统购服务，分别占83.18%和79.00%；此外，土地流转服务已经成为合作社新增的一项重要功能，占67.30%，这从一个侧面反映出合作社对于促进土地规模经营的促进作用。此外，少量合作社提供了资金互助和农产品仓储及加工服务，依次为15.00%、25.23%和35.20%（见表3-17）。对比表3-16能够发现，合作社实际提供给成员的服务与其经营业务范围基本是一致的，其中土地流转服务成为一项重要的内容。①

---

①　由于土地流转在农业产业化和现代化以及合作社发展中的重要作用，本书第五章专门分析了农村土地股份合作社的情况。

表3-15　　　　　　　　　合作社经营的业务数量　　　　单位：项、家、%

业务数量	合作社数量	比例
1	9	8.41
2	16	14.95
3	15	14.02
4	28	26.17
5	15	14.02
6	17	15.89
7	5	4.67
8	2	1.87
合计	107	100

表3-16　　　　　　　　　合作社的经营业务范围　　　　单位：家

业务范围	合作社数量
农产品销售	94
技术服务	86
农资购买	79
信息服务	66
农机服务	28
农产品加工	28
农产品贮藏	20
资金借贷服务	12
其他	13

表3-17　　　　　　　合作社实际运行中的业务开展情况　　　　单位：家、%

业务种类	合作社数量	开展业务的合作社	
		数量	比例
农产品销售	107	105	98.00
技术服务	107	89	83.18
农资统购	107	85	79.00
土地流转	107	72	67.30
农产品加工	108	38	35.20
农产品仓储	107	27	25.23
贷款担保	107	22	20.60
资金互助	107	16	15.00

一些合作社还利用"互联网＋"进行流通渠道建设和品牌宣传。109个理事长的有效回答显示，建立了网站的合作社有51家，占46.78%。相比一般的合作社，农民专业合作社示范社在"互联网＋"中相对走在了前面。在70家示范社中，有36家建立了网站，占示范社的一半以上；而39个非示范社中，建立网站的有14家，占非示范社的1/3强，明显低于示范社建设网站的比例。并且，越是示范社级别高的合作社，建立合作社网站的比例就越高。如12家县级示范社的网站比例为33.3%，低于普通合作社的平均水平；19家市级示范社建立网站的比例为57.9%；30家省级示范社的比例为50.0%；而9家国家级示范社建立网站的比例为66.7%。侧面反映出，在发展"互联网＋"中，国家、省、市合作社示范社走在了前面。

五 部分合作社之间发展紧密联合体，以增强市场竞争力

在理事长问卷中，对108个有效回答的统计显示，加入了联合社的有23家，占比为21.3%。其中，有22家合作社理事长回答了加入联合社的原因，第一是拓展营销渠道，占68.18%；第二是获取市场或行业信息，占45.45%；第三是提升市场谈判力，占40.91%；第四是响应政府号召，占31.82%。其他的几个选项依次是培育产品品牌，占27.27%；有利于获得政府项目，占18.18%；农资统购，占13.64%；改善基础设施，占9.09%（见表3－18）。因此，现阶段合作社参加联合社主要目的是拓展市场流通渠道、共享信息资源和提升集体谈判力，以解决分散合作社仍然存在单打独斗、势单力薄、形不成规模的问题。而整合各自品牌、利用政府资源并不是推动联合的主要因素。另外，鉴于当前农资市场的充分竞争和独家代理经营并存现状，合作社联合购买农资、降低成本的空间有限，因此，在此方面采取集体行动的动力不足。

表3－18	加入联合社的原因	单位：家、%
加入联合社的原因	合作社数量	比例
拓展营销渠道	15	68.18
获取市场或行业信息	10	45.45
提升市场谈判力	9	40.91

续表

加入联合社的原因	合作社数量	比例
响应政府号召	7	31.82
培育产品品牌	6	27.27
有利于获得政府项目	4	18.18
农资统购	3	13.64
改善基础设施	2	9.09

注：此题为多选题，比例合计可能超过100%。

第二节　中国农民合作社在促进农业现代化和农民增收中的作用

一　促进了农业规模化经营

在理事长问卷中，107个有效回答显示，有72家合作社开展了土地流转服务，占67.3%。其中，合作社累计流转土地面积最小的是5亩，最大的达7500亩。它反映出在通过土地流转促进农业规模经营中合作社已经成为一个重要的平台。

不同类型合作社的分类统计显示，按照不同领办人身份（专业大户/能手、村组干部和企业家）分类的合作社，以及按照示范社与否分类的合作社，其参与土地流转的比例差别不大，比较相近。只有在理事长绝对控股与否的合作社中，存在一定差别。其中，理事长绝对控股的合作社土地流转比例达到78.38%，明显高出理事长不绝对控股的水平（64.06%）（见表3-19）。它暗示合作社开展的土地流转可能主要是以向大户成员集中的方式开展。生产规模化经营主要发生在培育专业大户方面。

表 3 – 19　　　　　　　　不同类型合作社参与土地流转的情况　　　单位：家、%

	合作社类型	合作社数量	参与土地流转的合作社	
			数量	比例
领办人身份	专业大户/能手	46	32	69.57
	村组干部	25	17	68.00
	企业家	32	21	65.63
股权结构	理事长绝对控股	37	29	78.38
	理事长不绝对控股	64	41	64.06
是否示范社	示范社	65	44	67.69
	非示范社	38	25	65.79

二　促进了农业技术推广和农业社会化服务体系建设

在理事长问卷中，101 个有效回答显示，有 88 家合作社在 2014 年开展了技术培训，占比为 87.0%。其中，最少的培训 1 次，最多的达到 40 次。88 家合作社技术培训次数的均值为 5.4 次（方差为 35.26）。99 个有效回答显示，有 68 家合作社在 2014 年推广了至少 1 项新技术，其中推广新技术最多的为 8 项。68 家合作社新技术推广数量的均值为 2.51 项（方差为 2.34）；并且有 59 家在 2014 年开发或采用了至少 1 个新品种，开发或采用新品种数量的均值为 3.86 个（方差为 53.46）。以上数据可以反映出，合作社已经成为开展农业技术推广，促进新技术、新品种开发的一个平台和中介。

从不同类型合作社的技术培训情况看，首先，企业家领办的合作社开展的技术培训的次数略低于农民能人和村组干部领办的合作社；其次，理事长个人不绝对控股的合作社开展的技术培训明显多于理事长绝对控股的合作社，后者不及前者的一半；最后，示范社的技术培训频次明显多于非示范社，高出近一倍（见表 3 – 20）。

上述情况反映出，农民自我领办的合作社以及股权相对平均的合作社可能会更加关注农民成员生产素质的提升。同时，示范社的技术推广服务明显多于非示范社。

表 3 - 20　　　　　　　　不同类型合作社的技术培训情况　　　　单位：家、次

划分标准	合作社类型	合作社数量	技术培训次数	社均培训次数
领办人身份	专业大户/能手	44	238	5.4
	村组干部	23	130	5.7
	企业家	32	130	4.1
股权结构	理事长绝对控股	37	177	4.8
	理事长不绝对控股	62	622	10.0
是否示范性	示范社	63	658	9.6
	非示范社	35	177	5.0

三　促进了农产品品牌化建设和农产品质量安全建设

对理事长问卷的 108 个有效回答的统计显示，有一半以上的合作社进行了商标注册，并获得了无公害或绿色食品、有机产品等认证。其中，10 家合作社拥有省级以上著名商标，有 32 家合作社的产品全部使用品牌销售。

分级收购与品牌销售相关联，在 87 个有效回答中，对成员产品进行分级收购的合作社有 65 家，占 74.71%；不进行分级收购的合作社仅有 22 家，占 21.4%。这反映出品牌化销售产生倒逼机制，促进合作社开始注重提升产品品质，以保障品牌和品质的内在一致性。

在不同类型合作社中，村组干部领办的合作社的农产品认证水平略低于专业大户/能手和企业家领办的合作社；理事长绝对控股的合作社的农产品认证水平高于理事长不绝对控股的合作社近 15 个百分点；示范社的农产品认证比例高出非示范社约 28 个百分点（见表 3 - 21）。该统计结果反映出示范社的农产品生产水平相对较高，非农民领办的合作社的农产品生产水平优于农民领办的合作社。

不同类型合作社的分类显示，农产品品牌化建设中，企业家领办的合作社略优于农民领办的合作社；理事长个人绝对控股的合作社明显优于理事长不绝对控股的合作社，两者相差 15 个以上的百分点；示范社的注册商标比例最高，达到 2/3，大大优于非示范社略高于 1/3 的比例（见表 3 - 22）。这说明资本导向的合作社的农产品品牌化建设总体水平高于农民自我领办的合作社，但是示范社的水平明显高于非示范社。

表 3 - 21　　　　　不同类型合作社的农产品认证情况　　　单位：家、%

划分标准	合作社类型	合作社数量	有农产品认证的合作社	
			数量	比例
领办人身份	专业大户/能手	44	23	52.27
	村组干部	23	11	47.83
	企业家	33	18	54.55
股权结构	理事长绝对控股	35	22	62.86
	理事长不绝对控股	64	31	48.44
是否示范社	示范社	63	40	63.49
	非示范社	37	13	35.14

表 3 - 22　　　　不同类型合作社的农产品品牌化建设情况　　　单位：家、%

划分标准	合作社类型	合作社数量	有注册商标的合作社	
			数量	比例
领办人身份	专业大户/能手	46	23	50.00
	村组干部	25	13	52.00
	企业家	34	19	55.88
股权结构	理事长绝对控股	37	24	64.86
	理事长不绝对控股	65	32	49.23
是否示范社	示范社	66	44	66.67
	非示范社	38	13	34.21

四　延长了农产品增值链条

在理事长问卷中，104 个有效回答显示，开展农产品初加工的合作社有 38 家，占 35.2%。其中，25 家合作社在 2014 年有农产品初加工收入，平均 256 万元；有 20 家加工本社成员生产的产品，成员产品占加工总额的比例不等，占 100% 的合作社有 12 家，平均加工比例为 62.6%；小于 50% 的有 10 家，最少的为 20%。

农产品初加工的情况与农产品品牌化建设的情况非常相近，企业家领办的合作社明显优于农民领办的合作社；理事长绝对控股的合作社明显优于非理事长绝对控股的合作社；示范社大大高于非示范社的平均水平（见表 3 - 23）。它表明资本导向的合作社的农产品初加工水平相对高于农民领办的合作社，农民专业合作社示范社的农产品初加工程度高于非示范社。

表3-23　　　　　　不同类型合作社开展农产品初加工的情况　　　　单位：家、%

划分标准	合作社类型	合作社数量	开展初加工的合作社	
			数量	比例
领办人身份	专业大户/能手	46	15	32.61
	村组干部	25	6	24.00
	企业家	33	13	39.39
股权结构	理事长绝对控股	37	15	40.54
	理事长不绝对控股	65	22	33.85
是否示范社	示范社	66	27	40.91
	非示范社	38	10	26.32

五　带动农民参与市场竞争，降低了农户经营风险，促进农民增收

(一) 高于市场价收购

在理事长问卷中，94个有效回答显示，收购成员产品的合作社中，按照优惠价（即高于市场价）收购的有39家，占41.49%；还有以高出平均生产成本的固定价（与市场价格波动无关）收购的有2家，占2.13%；以市场价收购的合作社有35家，占37.23%；另外有近20%的合作社不收购成员的农产品，主要提供农产品销售的中介服务（见表3-24）。因此，通过加入合作社，大多数合作社的成员提升了应对市场风险的能力。

表3-24　　　　　　　合作社收购成员产品的交易价格　　　　　单位：家、%

交易价格	合作社数量	比例
市场价	35	37.23
优惠价	39	41.49
高出平均生产成本的固定价	2	2.13
不收购成员农产品的合作社	18	19.15
合计	94	100

不同类型合作社收购成员产品的价格分类显示，企业家领办的合作社给农民的优惠价比例相对最高；理事长绝对控股与否与对农户的收购价格差别不大；示范社以优惠价收购的比例最高，以市场价收购的比例其次（见表3-25）。

表 3-25　　　　　不同类型合作社收购成员产品的价格　　　单位：家、%

划分标准	合作社类型	合作社数量	市场价		优惠价		高出成本的固定价	
			数量	比例	数量	比例	数量	比例
领办人身份	专业大户/能手	42	17	40.48	14	33.33	1	2.38
	村组干部	24	11	45.83	10	41.67	1	4.17
	企业家	30	7	23.33	14	46.67	1	3.33
股权结构	理事长绝对控股	32	12	37.50	13	40.63	1	3.13
	理事长不绝对控股	61	22	36.07	26	42.62	2	3.28
是否示范社	示范社	64	26	40.63	29	45.31	1	1.56
	非示范社	32	9	28.13	10	31.25	2	6.25

注：按交易价格划分的合作社数量之和小于合作社数量的部分，是其他收购方式（比如市场价加成、低于市场价等）或因不收购成员产品而不适用的其他类型合作社。

（二）分级收购，优质优价

在各种类型的合作社中，企业家领办合作社的农产品分级收购比例最低，为53.13%，低于村组干部领办的合作社约22个百分点，也低于专业大户/能手领办的合作社约15个百分点；理事长不绝对控股合作社的农产品分级收购比例达到64.52%，高出理事长绝对控股合作社约2个百分点；示范社的农产品分级收购比例高于非示范社约13个百分点，达到67.19%。此结果从一个侧面反映出，农民自我领办的合作社以及农民合作社示范社更关注优质优价，让农民利益最大化。

表 3-26　　　　　不同类型合作社的分级收购情况　　　单位：家、%

划分标准	合作社类型	合作社数量	采取分级收购的合作社	
			数量	比例
领办人身份	专业大户/能手	44	30	68.18
	村组干部	24	18	75.00
	企业家	32	17	53.13

续表

划分标准	合作社类型	合作社数量	采取分级收购的合作社	
			数量	比例
股权结构	理事长绝对控股	32	20	62.50
	理事长不绝对控股	62	40	64.52
是否示范社	示范社	64	43	67.19
	非示范社	35	19	54.29

（三）免费或低价向成员提供服务

在理事长问卷中，97 个有效回答显示，以市场价向成员提供服务的合作社只有 7 家，而以优惠价、成本价向成员提供服务的合作社分别为 28 家、22 家，依次占 28.87%、22.68%，还有 28 家合作社免费为成员提供服务，占 28.87%（见表 3 - 27）。表明大部分合作社在提供服务时，都注重向成员让利。

表 3 - 27　　　　　　　合作社服务收费标准的分布情况　　　　单位：家、%

交易价格	数量	比例
市场价	7	7.22
优惠价	28	28.87
成本价	22	22.68
免费	28	28.87
其他（不适用等）	12	12.37
合计	97	100

注：因四舍五入，比例合计不为 100%。

按照理事长分类的结果显示，农民领办的合作社在农民服务收费标准上没有显示出比企业家领办的合作社有明显优势；理事长不绝对控股的合作社对农民的服务收费标准略好于理事长绝对控股的合作社；示范社各项指标均优于非示范社（见表 3 - 28）。

（四）与非成员交易

此外，大部分合作社开展与非成员的交易。102 个理事长有效回答显示，有 87 家合作社与非成员进行交易，占比为 85.29%，说明合作社不仅带动成员，而且带动当地的非成员进入市场。

表 3 – 28　　　　　　不同类型合作社服务收费标准的分布情况　　　　单位：家、%

划分标准	合作社类型	合作社数量	市场价		优惠价		成本价		免费	
			数量	比例	数量	比例	数量	比例	数量	比例
领办人身份	专业大户/能手	42	3	7.14	12	28.57	6	14.29	10	23.81
	村组干部	24	3	12.50	5	20.83	4	16.67	9	37.50
	企业家	32	1	3.13	9	28.13	6	18.75	9	28.13
股权结构	理事长绝对控股	28	3	10.71	10	35.71	8	28.57	7	25.00
	理事长不绝对控股	55	4	7.27	18	32.73	14	25.45	18	32.73
是否示范社	示范社	66	4	6.06	20	30.30	16	24.24	22	33.33
	非示范社	33	3	9.09	8	24.24	6	18.18	6	18.18

注：各种收费标准下的合作社数量之和小于合作社数量的部分，是其他收费标准（比如高于市场价格）或因不提供服务而不适用的其他类型合作社。

（五）成员对合作社增收效果的评价[①]

本书对影响合作社成员家庭收入增加的 23 个因素采用逐步回归法的有序 Logit 估计，结果表明，成员自身的情况、合作社的经营管理以及理事长的特征，都会影响成员对合作社带动家庭经营收入增加的评价（注意：从 1 到 5，被解释变量的数值越大，成员对合作社作用的评价越不积极）。具体来看：（1）成员家庭人口越多，对合作社增加其家庭收入的作用评价越消极，即家庭规模较小的成员，对合作社的增收效果评价更积极；（2）合作社收入对家庭收入越不重要，成员对其增收效果的评价越消极；（3）合作社财务公开和进行产品认证，对成员评价其增收效果有负向作用——越是实行财务公开和进行产品认证的合作社，成员越不认可其增收效果，而且两个变量的系数较大，表明其与成员评价有很强的相关关系；（4）理事长是专业大户/能手、村组干部还是企业家（企业人员），与成员评价合作社的增收效果有显著的相关关系，合作社的理事长从专业大户/能手到村组干部再到企业家，其成员对合作社增收作用的评价越来越差；（5）合作社理事长的年龄越大，成员对其带动家庭经营收入增加的评价越消极；（6）在适当放松检验

---

① 详细分析过程见第六章第一节。

水平（至15%）时，与理事长不绝对控股的合作社相比，理事长绝对控股（出资比例≥50%）的合作社成员认为带动成员家庭经营收入增收的效果更差。此外，成员对合作社带动家庭经营收入的评价，还存在显著的地区差异。

六　成员对合作社的满意度高，关注未来效率改进胜于公平落实

（一）对合作社总体的满意度高，对决策方式满意度排列第一

问卷调查显示，受访合作社成员对于各自合作社的生产技术服务、产品销售服务、盈余分配方式、决策方式和个人需求满足状况的满意度普遍很高，以10分为满分，成员对合作社各项指标的满意度都在8.8分以上。对合作社总体服务的满意度达到9分，对决策方式的满意度均值最高，达到9.02分[①]（见表3-29）。进一步地，340个有效回答显示，认为合作社现有决策方式合理的有315人，占比高达92.65%；认为不合理的只有7人，占2.06%；没有或难以做出评价的有18人，占5.29%（见表3-30）。认为不合理者，提出应加强一般成员的话语权。

表3-29　　　　　　　　成员对合作社服务的满意度　　　　　单位：个、分

	有效回答数	均值	方差
生产技术服务	316	8.94	1.67
产品销售服务	307	8.84	1.82
盈余分配方式	290	8.85	1.72
决策方式	312	9.02	1.53
满足成员的需求变化	326	8.84	1.68
总体服务水平	340	9.00	1.44

注：1分表示"一点也不满意"，10分表示"完全满意"。

表3-30　　　　　　　成员对合作社现有决策方式的评价　　　　　单位：人、%

评价	人数	比例
合理	315	92.65

---

① 由于每家合作社的成员大多由理事长选定，该均值可能存在高估的系统偏差。

评价	人数	比例
不合理	7	2.06
不好说	18	5.29
合计	340	100

在成员问卷中，对 315 个有效回答的统计显示：（1）认为合作社在降低生产成本上有一些作用的成员比例最高，为 43.5%，还有 23.2% 的成员认为作用很大，两者累计近 70%，这说明大多数成员从合作社中受益，程度不同地降低了生产成本；（2）成员对合作社帮助获得准确市场信息作用很大的评价比例最高，近 45% 的成员认为作用很大，37.6% 的成员认为有一些作用，两者合计为 80% 以上，而认为没有作用的不足 20%；（3）从加入合作社结交朋友方面来看，绝大多数成员给予肯定回答，最突出的方面是扩大了交往半径，有利于结交新朋友，只有 15.7% 的人对此否认；（4）大多数成员认为合作社较大程度（占 1/4）或一定程度（占近 40%）改善了成员人际关系，同时 1/3 以上的成员认为对改善成员关系没有影响；（5）对于入社促进成员参与村事务的积极性方面，一半以上的成员给予否定，占 56.0%；有约 1/3 的成员认为有一些作用，认为作用很大的成员比例只有 12.3%，占比很低（见表 3 – 31）。

表 3 – 31　　　　　　成员对合作社影响作用评价的分布情况　　　　　单位：%

	很大	有一些	没有影响
降低生产成本	23.2	43.5	33.3
获得准确市场信息	44.8	37.6	17.6
促进成员参与村事务的积极性	12.3	33.6	56.0
改善成员人际关系	25.7	37.7	36.6
结交朋友	38.8	44.7	15.7

上述统计结果初步表明，在绝大多数成员看来，合作社的作用比较突出的是增加有效市场信息量，扩展个人交往半径（这两项之间本身也是相互联系的）；降低生产成本、改善成员人际关系等方面的作用也

比较明显；至于提升村民民主参与意识，积极参加村事务的作用不大。

（二）影响成员满意度的因素①

本书选择了 25 项成员对合作社服务水平满意度的变量，采用逐步回归法进行有序 Logit 估计。回归结果表明，成员对合作社总体服务水平的满意度，受到成员自身情况、合作社的运营情况以及理事长特征等因素的共同影响。具体来看：（1）来源于合作社的收入对家庭越不重要，成员对合作社总体服务水平的满意度就越低；反之，合作社收入对家庭的重要性越强，成员对其总体服务也就越满意；（2）成员家庭收入在村里的等级越高，其对合作社的总体服务水平满意度越低；（3）合作社的盈余分配越是集权化或不透明，成员对合作社的总体服务水平满意度越低；（4）成员对与其签订服务合同的合作社的满意度高于不与其签订服务合同的合作社，即与成员签订服务合同可以提高成员对合作社总体服务水平的满意度；（5）有生产或示范基地的合作社，其成员对合作社总体服务水平的满意度更高，且这一影响相当显著（系数绝对值很大）；（6）理事长（类型）越是接近普通农民身份，其合作社成员的满意度越高，比如，由专业大户/能手担任理事长的合作社，其成员对总体服务水平的满意度会显著高于由企业家/企业人员担任理事长的合作社；（7）理事长的年龄与成员对合作社总体服务水平的满意度呈负相关，即担任合作社理事长的人年龄较小，成员对合作社总体服务水平更满意（见表 7 - 2、见表 7 - 3）。

（三）对于合作社未来发展，成员更关注生产效率改进，而不是完善分配制度

在合作社发展的服务改进上，成员需求程度最高的是生产营销方面。需求程度由高到低排序的前六位依次是：拓展产品销售渠道、提升生产技术水平、开展产品品牌建设、提供农业保险服务、开展产品认证服务以及引进专业经营管理人才（见表 3 - 32）。对于开展农产品加工、增强普通农民成员在决策中的作用以及开展合作社联合等方面，"很需要"的比例也比较高，接近 50%。而对于学界关注的完善收益分配制度、强化土地和资金要素配置等需求的排序则靠后，如成员对贷款（担保）服务、流转土地服务"很需求"的比例为 38.67%、35.24%，

———————————

① 详细分析过程见专题报告第七章第一节。

而对应的"不需要"的比例是41.99%和42.47%，只有此两项目"不需要"的比例超过了"很需要"的比例。① 它从一个侧面反映出，相比直接的生产经营服务而言，大多数成员对合作社优化生产要素配置的相对需求并不是很强烈，或者尽管强烈，但是在现阶段并不期待通过合作社解决此问题。这个结果一定程度上反映出，在合作社现阶段的发展中解决生产经营和产品销售问题更为迫切和重要。

表3-32　　　　　　　　成员对合作社服务的需求程度　　　　单位：人、%

需求		很需要	一般需要	不需要	合计
拓展产品销售渠道	人数	218	60	60	338
	比例	74.56	14.79	10.65	100
提升生产技术水平	人数	251	46	45	342
	比例	73.39	13.45	13.16	100
开展产品品牌建设	人数	218	60	60	338
	比例	64.50	17.75	17.75	100
提供农业保险服务	人数	218	60	60	338
	比例	58.18	18.79	23.03	100
开展产品认证服务	人数	218	60	60	338
	比例	57.72	19.44	22.84	100
引进专业经营管理人才	人数	218	60	60	338
	比例	55.10	19.53	25.36	100
开展农产品加工	人数	218	60	60	338
	比例	48.44	17.19	34.38	100
增强普通农户成员在决策中的作用	人数	218	60	60	338
	比例	48.12	25.8	26.09	100
开展合作社联合	人数	218	60	60	338
	比例	47.92	24.11	27.98	100
合作社财务公开	人数	218	60	60	338
	比例	44.15	22.51	33.33	100

---

① 这个发现与第三章第一节发现的67.30%（见第31页）的合作社都开展了土地流转服务似乎矛盾。这可能是因为前者数据来自普通成员，后者数据来理事长；前者缺乏土地流转服务的需要，而后者有需要。这个问题需要更进一步的研究。

需求		很需要	一般需要	不需要	合计
提升（供）仓储服务	人数	218	60	60	338
	比例	44.06	15.31	40.63	100
完善收益分配制度	人数	218	60	60	338
	比例	43.53	23.53	32.94	100
贷款（担保）服务	人数	218	60	60	338
	比例	38.67	19.34	41.99	100
流转土地服务	人数	218	60	60	338
	比例	35.24	22.29	42.47	100

第三节 当前中国农民合作社存在的主要问题

一 综合服务能力弱，整体水平有待提升

从合作社提供的服务看，目前主要集中在农产品销售和农资采购、技术提供等服务上，围绕农产品增值链建设的农产品加工和农产品贮藏的比例不高，分别只有35.20%和25.23%，品牌化建设也在初级阶段，而合作社的现金注册资本不足320万元，平均出资成员为81人，人均出资不足4万元，是典型的小微型企业的规模，反映出合作社目前主要扮演中介服务的角色，服务实力有限，无法满足成员对产品增值服务的需要。

二 股权结构不合理，大股东控股现象较为普遍

在理事长问卷中，101个有效回答显示，前五名出资成员出资额占合作社注册资本的比例平均为63.76%。其中，前五名出资成员出资额占比大于或等于50%的有71家，占70.3%；并且，前五名出资成员出资额占比达到100%的合作社有17家，占16.8%。

进一步地，100个有效回答显示，理事长是目前合作社中最大出资人的有81家，占79%；平均出资额为177.37万元，占这些合作社最新注册资金366万元的48.46%。可见，少数大股东控股、理事长"一股独大"现象在合作社中较为普遍。这种状况直接影响到合作社民主制度的贯彻落实以及盈余返还原则的实施。

在成员问卷中，对264个有效回答的统计显示，合作社成员（代表）大会的主要内容是报告全年生产经营情况的占61.36%；而公布年底收益分配方案和重大投资事项通报或动员的比例分别只有26.14%和17.80%（见表3-33）。因此，成员（代表）大会的内容多为生产经营情况的信息通报，其职能发挥主要体现在"程序性"而非"实质性"。成员的参与方式是被告知，而涉及分配和重大决策的内容较少。

表3-33　　　　　　　　　　成员大会内容　　　　　单位：人、%

会议内容（多选）	人数	比例
报告全年生产经营情况	162	61.36
宣布下一年合作社发展计划	104	39.39
公布年底收益分配方案	69	26.14
重大投资事项通报或动员	47	17.80
传达上级精神	41	15.53
换届选举	17	6.44
其他	123	46.59

三　按股分配导向突出，成员的认可度高

在理事长问卷中，89个有效回答显示，进行了盈余分配的合作社有42家，占47.2%，不足一半；而没有盈余分配的合作社有47家，占52.8%。成员的232个有效回答显示，回答是"二次返利"的有109人，占46.98%，与理事长问卷基本一致；回答合作社盈余分配是"在交易中直接体现，年底不再分配"的有57人，占24.57%；回答"不清楚"的有21人，占9.05%；"其他"回答的有45人，占19.4%（见表3-34）。

表3-34　　　　　　成员对合作社盈余分配方式的回答　　　　单位：人、%

盈余分配方式	在交易中直接体现，年底不再分配	二次返利	不清楚	其他	合计
人数	57	109	21	45	232
比例	24.57	46.98	9.05	19.4	100

在成员问卷中，194 个有效回答显示，回答二次返利以"按出资额比例"的有 106 人，占 54.64%；"以出资额为主，交易额为辅"的有 11 人，占 5.67%，两者合计在 60% 以上。回答"以交易量（额）为主，出资额为辅"，占 10.31%；回答"按交易量（额）比例"，占 6.70%，两者合计不足 20%；还有 10.31% 的成员表示"不清楚"（见表 3 - 35）。可见，现阶段我国农民合作社的二次返利分配主要是按资分配，与法律规定不符。

表 3 - 35　　　　　　成员对合作社盈余分配原则的回答　　　　单位：人、%

分配原则	人数	比例
按出资额比例	106	54.64
按交易量（额）比例	13	6.70
以交易量（额）为主，出资额为辅	20	10.31
以出资额为主，交易额为辅	11	5.67
不清楚	20	10.31
其他	24	12.37
合计	194	100

尽管多数合作社采取按股分红为主的方式，但是 314 个有效回答显示，78.98% 的成员认为其合作社的分配方式比较合理，仅有 4 人认为不合理，另外有 20% 左右的成员觉得说不清楚，难以评价（见表 3 - 36）。

表 3 - 36　　　　　　成员对合作社盈余分配合理性的评价　　　　单位：人、%

当前盈余分配的合理性	人数	比例
合理	248	78.98
不合理	4	1.27
说不清楚	62	19.75
合计	314	100

四　成员重视合作社的经济属性，忽视合作社的社会属性

以多选题"您对于合作社概念的理解"为例，理事长对此进行回答的有 90 人；成员对此进行回答的有 318 人。其中，选择合作社是

"农民的互助组织"的理事长为 38 人、普通成员为 120 人，分别占各自回答人数的比例为 42.20% 和 37.74%，选择比例均较低，尤其是普通成员群体；选择合作社是"各类生产要素所有者互利合作的组织"的理事长为 21 人、普通成员为 112 人，分别占理事长回答人数的 23.30%，占普通成员回答人数的 35.22%；选择合作社是"精英带领农民共同致富的组织"的理事长占其回答人数的比例是 27.50%，普通成员是 33.02%；还有 8.30% 的理事长和 14.47% 的成员认为是"精英带领农户共同闯市场，保障农户受益并且利益不受损，领办人承担全部经营风险的组织"（见表 3-37）。该统计结果反映出，无论是理事长，还是普通成员，对于合作社是弱者自我联合的互助组织的认同感均不强，普通成员尤为突出。对大多数成员而言，成员间的"合作"主要体现在市场主体之间的经济合作，而非基于特定的合作理念。

表 3-37　　　　　理事长与普通成员对于合作社概念的理解　　　单位：人、%

对于合作社概念的理解		理事长	成员
农民自己按照自愿、平等原则联合起来的互助组织	人数	38	120
	比例	42.20	37.74
从事农业生产经营活动的不同要素所有者，按照有钱出钱、有力出力、有地出地的原则，自愿联合、相互合作、优势互补的组织	人数	21	112
	比例	23.30	35.22
农村各路精英带领农户共同致富，双方风险同担、利益共享的组织	人数	30	105
	比例	27.50	33.02
农村各路精英带领农户共同闯市场，保障农户受益并且利益不受损，领办人承担全部经营风险的组织	人数	9	46
	比例	8.30	14.47
其他	人数	24	95
	比例	22.00	29.87
回答人数		90	318

从成员对分担合作社经营风险的理解可以进一步看到，在 337 人的回答中，认为合作社经营风险应该由全体成员承担的有 120 人，占 35.61%，所占比例明显偏低；而认为应由出资成员承担的有 95 人，占 28.19%；应由理事长承担的有 46 人，占 13.65%；应由理事会成员承

担的有 26 人，占 7.72%；应由经营管理层承担的有 14 人，占 4.15%；应由出资大户承担的有 9 人，占 2.67%（见表 3-38）。由于理事长和理事会成员一般都是出资成员，所以认为应由出资成员承担的共有 176 人，占 52.23%。这个结果与上述 54.64% 的合作社是"按出资比例"进行分配（见表 3-35），以及与 78.98% 的成员认为当前的盈余分配方式是合理的（见表 3-36）是高度吻合的。这些都说明当前的合作社成员主体视合作社为一般性的经济组织，忽略了合作社的社会属性。

表 3-38　　　　成员认为的合作社经营风险的承担者　　　单位：人、%

合作社经营风险的承担者	人数	比例
全体成员	120	35.61
出资成员	95	28.19
理事长	46	13.65
理事会成员	26	7.72
经营管理层	14	4.15
出资大户	9	2.67
其他	27	8.01
合计	337	100

第四节　初步结论与建议

一　初步结论

（一）农民合作社整体持续快速发展，但呈现非均衡增长态势

农民合作社近年来的成员规模、资本规模均保持了较高增长速度，增长贡献主要来自一小部分合作社几何级的规模扩张，形成初具一定实力规模的经营主体。农民精英是带动合作社发展的主要力量，同时，以龙头企业为主体的社会资本正在成为合作社发展不容忽视的一支重要力量。合作社的增长呈现一种非均衡性的增长，意味着合作社群体的分化将有可能进一步加快。

（二）农民合作社服务领域和内容多样化，但整体服务水平有待提高

当前，服务范围和经营业务多样化在农民合作社中已经较为普遍。

其中，合作社开展服务最多的业务是农产品销售、技术服务、农资购买及信息服务。部分合作社已经自发形成联合社，其主要动因是实现合作社之间的流通渠道和市场信息的资源共享，以及提升市场谈判力。部分合作社开始建立网站，启动"互联网＋"，进行品牌建设，拓展销售渠道。其中，示范社在此方面走在前面。但是，合作社整体综合服务能力仍然较弱，以围绕初级产品生产和销售的服务为主，以开展农产品价值链增值的实体性经营服务水平还较低。

（三）农民合作社在促进农业现代化中发挥着重要作用，但是还没有成为主力军

一些农民合作社已经成为土地流转的重要平台，促进了农业规模经营。同时，合作社普遍积极引进新技术、新品种，定期为成员开展技术培训，成为农业推广的一支重要力量。许多合作社较广泛地开展农产品认证和农产品商标注册，促进农产品品牌化和农产品质量安全建设，提升农产品的市场竞争力。一些合作社初步进入农产品初加工领域，建设农产品价值链，提升农产品附加值。许多合作社以优惠方式发展订单农业、合同服务，帮助农户建立稳定的市场渠道，降低农户经营风险和成本，使合作社成为增加农民收入的重要工具。

但是从总体水平看，受到自身覆盖农户面有限、经营实力弱、综合服务水平低等因素的限制，农民合作社目前还没有成为引导农户发展现代农业的主力军。

（四）农民合作社规范化建设成效明显，但内部治理的股份化导向仍旧突出

首先，合作社的成员制度日益完善。多数合作社对成员入社出资做出规定，并要求填写书面申请书，成为成员与合作社之间的股权连接以及成员权利和义务的承诺。同时，多数合作社建立起成员的个人基础信息档案，为规范化建设和合作社经营打下良好基础。

其次，合作社的治理机制不断完善，理事会建设迈出重要步伐。在一部分合作社中理事选举引入差额制度，提升了成员参与度；理事会构成中保持了生产者农户的主体地位，各类合作社的理事会基本保持有1名女理事。大多数合作社"三会"制度运转正常，定期开会，理事会和成员（代表）大会的权力行使按程序进行，合作社决策逐步走向规范化。多数合作社实行财务公开，并获得了成员的认可，成员的满意

度高。

但是，合作社治理面临股份化导向突出的挑战。第一，股权结构存在个别或少数几个大股东控股现象严重的问题，导致合作社的民主决策制度和"盈余返还"原则没有得到有效的贯彻落实。理事长一个人说了算、按资分配情况较为普遍。无论是农民领办的还是非农民领办的合作社，按"交易额返还"的合作社比例均很低。第二，普通农民成员的所有者主体意识和合作精神不强，对合作社股份化运行认同度高，被动参与合作社事务的现象突出。

（五）成员对合作社的评价高，重视生产效率改进明显高于民主参与

首先，成员对合作社总体的生产技术服务、农产品营销服务、决策和盈余分配方式以及满足成员需求等方面都给予了较高的评价，满意度高。

其次，绝大多数成员认为，他们加入合作社后的受益主要是有效市场信息量增加和个人社会交往半径扩大。而在降低生产成本、改善村里人际关系等方面的作用一般；对于提升个人参与村事务的积极性没有多大作用。

最后，那些家庭经营收入依赖合作社程度高的成员对合作社的满意度更高；那些农民领办的，并且理事长年富力强的合作社的成员的满意度更高；那些合作社合同管理完善、财务公开、建立生产示范基地的成员的满意度更高。

（六）领办人类型不同的合作社的运行差异大，示范社是合作社发展的"领头羊"

企业家领办的或理事长绝对控股的合作社开展现代农业建设的水平明显高于农民领办的或理事长不绝对控股的合作社，但在为农民提供技术服务的水平以及在保护农民利益方面采取的做法等弱于农民自我领办的合作社。示范社是合作社发展的"领头羊"。按照示范社与否的分类统计结果显示，农民示范社无论在技术推广、农产品质量安全和品牌化建设、农产品加工中为成员提供服务的层次和水平，还是在规范化建设、完善成员制度、规范"三会"制度、开展盈余返还等方面均优于非示范社，发挥了"领头羊"作用。但是与《农民专业合作社法》的规定相比，还存在明显的差距。尤其是在分配制度方面，按照股份分配

的比例普遍偏高。

二　建议

近十余年来，农民合作社在我国农村获得了长足的发展，在建设现代农业、转变农业发展方式、促进农民增收中发挥了重要作用。但是，农民合作社仍处在发展的初级阶段，它所暴露出的整体经营实力弱、服务水平低、制度章程不规范等问题带有明显的由传统农业向现代农业以及传统农村社会向现代社会转型的时代特征。

当前，广大承包农户仍旧是我国农业生产经营的重要基础和主体，长期以来存在的农户市场竞争力弱、抗风险能力差的共性问题没有得到根本性改善。面对我国经济发展进入新常态，国际国内农产品价格的"双重挤压"，广大承包农户的市场境遇更加严峻，迫切需要一个能够代表自身利益的合作社，来助推其从兼业小农向专业农户的转型升级，从而实现与大市场的有效对接。因此，发展农民合作社将成为我国今后较长一个时期新型农业经营主体创新的"重中之重"。为促进农民合作社的健康发展，建议各级政府从以下方面入手，引导合作社强化规范化建设，提升服务成员的能力，更好地保护农民利益。

（一）完善成员制度

鼓励合作社建立更加开放的成员制度，吸引更多的农户加入合作社。一方面将本社区以农业生产经营为主的规模农户作为重点发展对象，培育合作社的骨干力量；另一方面积极吸纳有经济实力但与本社没有经济业务往来的社区农户，作为合作社的投资成员，不断做实做强合作社的组织基础。

引导合作社逐步建立成员入社最低出资制度，与交易成员建立服务合同制，并通过章程制度化，强化成员的责任意识，同时也可稳定合作社的经营服务规模。

（二）优化股权结构

引导合作社进一步完善股权结构，在当地的示范社中开展试点。参照《农民专业合作社法》对单个成员最高拥有20%附加表决权的有关条款，对单个成员的最高出资比例做限制性规定，如不得超过合作社总股本的20%，以防止个别大股东控股，将合作社蜕变为私人（合伙）企业。对生产者成员群体的出资比例，建立最低出资制度，如生产者成员群体的出资额比例不得低于总股本的50%。鉴于生产者成员普遍存在资金短缺问题，其出资方式可以采取以土地承包经营权（或林权、水面养殖权等）入股、农机具折价，或与成员提交产品或购买服务量挂钩的认缴资本方式等。同时，鼓励合作社的技术人员、营销人员、管理人员以及投资人员以自己的人力资本或资金入股，以实现合作社股权结构的优化。

（三）健全民主治理机制

首先，落实以成员（代表）大会为最高权力机构的合作社治理体系。

其次，优化理事会人员构成，生产者成员应占据多数席位，以保障生产者成员在合作社决策中的主体地位。

最后，完善内外部监督机制。引导合作社强化监事会为代表的内部监督制度，增强合作社财务的公开透明，落实《农民专业合作社法》关于政府财政扶持资金量化到成员账户的使用制度。同时，要求那些获得政府合作社专项扶持资金或合作社税收优惠的农民专业合作社，必须接受政府有关部门的审计和监督。按照规定提供相关财务数据，同时向社会公开披露有关信息。

（四）提升服务能力

通过将财政扶持农民合作社的专项资金向下列方面倾斜，引导农民合作社不断提升服务成员的能力：

一是鼓励农民合作社建设生产示范基地，并按照示范基地的经营规模或投资规模给予一定比例的财政补贴或贷款贴息。

二是鼓励农民合作社开展新品种、新技术、新方法的推广应用，与优化政府农技推广工作相结合，购买合作社的技术推广服务。

三是对获得无公害或绿色、有机产品认证的农民合作社，给予补助或奖励。

四是鼓励农民合作社发展订单生产、合同农业和"互联网＋"新型业态，发展多种形态的产销对接，建立稳定的营销渠道。

五是延伸合作社农产品价值链条，发展农产品加工、品牌建设等农产品增值活动，给予财政补贴或贷款贴息。

（五）强化成员的合作理念，人才培养向农民领办人倾斜

强化成员的合作理念，在成员中间普及合作社与投资者所有的企业之间区别的基本知识，帮助广大成员理解合作社的社会属性，提升农民

成员的所有者主体意识。

人才培养向专业大户/能人、村组干部等合作社领办人倾斜，并逐步走向制度化，将他们纳入新型职业农民培训计划；尝试与有关著名商学院合作，创设农民理事长 MBA 短期培训班，全面提升合作社领办人的综合素质和经营能力；同时，积极吸引外出务工的农民和大专院校毕业生返乡创业，带领农民发展合作社。

尝试创建优秀理事长年度奖励制度，为获奖理事长提供短期 MBA培训班的系统深造和赴国外合作社参观学习的机会，鼓励他们更好地为成员服务。

（六）完善示范社建设项目，转变扶持方式

加大示范社建设项目的力度，扩大扶持面，惠及更多符合条件的合作社。在同等条件下，示范社项目向农民大户领办的合作社倾斜，以更好地让普通农户受益；转变示范社的扶持方式，从一次性扶持向重复性、连续性扶持转型，以更加有效地帮助合作社培育核心竞争力。同时，健全示范社跟踪监测机制，强化示范社资金使用状况的监测力度，把是否落实《农民专业合作社法》关于财政扶持资金形成的财产平均量化到成员账户作为成员分红依据，作为示范社是否获得连续性财政扶持资金的一票否决性指标。

中篇　专题报告

第四章　中国农民合作社的治理现状
——基于问卷调查的分析

第一节　合作社的发起与设立

一　合作社发起人种类

在本书中，合作社发起人身份分为 8 类，即农业生产大户、营销大户、村"两委"、农业服务商、龙头企业、投资商、事业单位工作人员和其他。从问卷调查结果来看，其他发起人包括普通农民、机关干部、私人企业主和农民兴办的蔬菜交易市场，等等。一家合作社的发起人可能是上述某一类，也可能同时包括几类，比如生产大户与村"两委"共同发起，或者营销大户与龙头企业共同发起。

在理事长问卷中，108 个有效回答显示，首先是农业生产大户参与发起的合作社最多，有 51 家，占 47.22%；其次是村"两委"参与发起的，有 44 家，占 40.74%；最后是营销大户参与的，有 32 家，占 29.63%。事业单位参与发起的较少，只有 4 家，仅占 3.70%。从发起人的构成可以看出，农民合作社的发起人主要是从事农业生产经营的大户以及农村基层组织，龙头企业和投资商参与发起的情况较少，都在 15% 以下（见表4-1）。由农民（包括农业生产大户、营销大户或村"两委"）参与领办的合作社有 65 家，占 60.19%。没有农民参与领办的共 43 家，占 39.91%。

表 4-1　　　　　　　　　　合作社发起人类型　　　　　　　　单位：家、%

发起人类型	合作社数量	比例
农业生产大户	51	47.22

续表

发起人类型	合作社数量	比例
村两委	44	40.74
营销大户	32	29.63
龙头企业	15	13.89
投资商	13	12.04
农资、农机、农机服务商	9	8.33
事业单位	4	3.70
其他	16	14.81

二　成立和加入合作社的原因

本书将发起人领办合作社的原因分为 8 类：解决生产经营问题（如单个农户市场谈判力弱等）、发展新产业（如从事市场效益更好的生产项目）、扩大现有生产规模、随大溜、响应政府号召（主动）、上级政府（村"两委"）要求（被动）、获得政府财政项目或补贴（如奖补资金）和其他。在这 8 类原因中，出现次数最多的是"响应政府号召"，后面依次是"解决生产经营问题"、"扩大现有生产规模"、"发展新产业"、"获得政府财政项目或补贴"，被动地按照上级政府（村"两委"）要求领办的和随大溜的比例很小，两者合计为 6.49%（见表 4-2）。

表4-2　　　　　　　　发起人领办合作社的原因　　　　　单位：人、%

发起原因	人数	比例
响应政府号召	52	48.15
解决生产经营问题	50	46.30
扩大现有生产规模	39	36.11
发展新产业	35	32.41
获得政府财政项目或补贴	21	19.44
上级政府（村"两委"）要求	6	5.56
随大溜	1	0.93
其他	18	16.67

注：此题为多选题，比例合计可能超过 100%。

从合作社成员的角度看，363 个有效回答显示，加入合作社的原因最重要的是"解决生产经营问题"，有 160 人选择此项，占 44.08%；

第二是"扩大现有生产经营规模"，占 19.83%；第三是"发展新产业"，占 15.43%；第四是"响应政府（村'两委'）号召"，占 17.91%（见表 4 - 3）。

　　从合作社发起人和成员两方面看，合作社发起人和成员自身对建立合作社都有很大的需求，同时政府起到了重要的推动作用。可以说，合作社是政府、大户或企业以及普通农户共同需要的产物，是连接小农户与大市场以及农村产业结构调整、发展新产业的组织载体。

表 4 - 3　　　　　　　　　　合作社成员入社的原因　　　　　　单位：人、%

原因	人数	比例
解决生产经营问题	160	44.08
扩大现有生产经营规模	72	19.83
发展新产业	56	15.43
响应政府（村"两委"）号召	65	17.91
随大溜	41	11.29
合作社动员	39	10.74
获得政府财政项目或补贴	35	9.64
上级政府（村"两委"）有要求	7	1.93
其他	131	36.09

注：此题为多选题，比例合计可能超过 100%。

三　工商注册登记与银行开户

　　从理事长问卷来看，108 个有效回答显示，100% 都在工商局注册登记，都办理了组织机构代码证。109 个有效回答显示，在银行开立独立账户的合作社有 98 家，占 89.91%。

第二节　成员制度

一　入社条件

（一）股金或入社费

此次调研发现，合作社关于入股或入社费的要求有三种情况：一是对全体成员要求入股或缴费，二是对所有成员都没有要求入股或缴费，三是仅对核心成员要求入股。从理事长问卷来看，107 个有效回答显示，有 59 家合作社要求入社成员入股或缴纳入社费，占 55.14%（见表 4-4、表 4-5）。其中，入社没有最低出资规模要求的有 14 家；有最低出资规模要求的有 45 家，其中最低的为 1 元，最高的为 10 万元。有最高出资额限制的合作社有 8 家，最低的 4800 元，最高的 50 万元；46 家合作社没有最高出资额限制。不需要入股或缴纳入社费的 43 家，占 40.2%。只对核心成员有要求的合作社有 5 家，占 4.7%。

表 4-4　　　　　　　　合作社入社股金或入社费要求　　　　　　单位：家、元

要求入股或缴纳入社费的合作社数量	59
其中：有最低出资规模要求的合作社	45
出资额低限	1
出资额高限	100000
无最低出资规模要求的合作社	14
其中：有最高出资限额的合作社	8
出资额低限	4800
出资额高限	500000
无最高出资限额的合作社	46
不要求入股或缴纳入社费的合作社	43
仅要求核心成员出资的合作社数量	5

（二）生产规模要求

从理事长问卷来看，109 个有效回答显示，对于入社的最低家庭生产经营规模有要求的只有 40 家，占 36.7%。

（三）入社申请和成员资格开放度

在理事长问卷中，108 个有效回答显示，成员要求加入合作社是自愿的，但是有些合作社要求成员填写入社申请书，这样的合作社有 56 家，占 51.85%；开放成员资格，可以吸纳新成员的合作社有 100 家，占 92.59%（见表 4-5）。可见，合作社对入社的书面形式还是比较重视，绝大多数合作社是愿意继续扩大合作社的成员规模。只有 8 家是封闭的，不接纳新成员，主要原因是原有的成员认为合作社的初期投入是

他们投入的，合作社的发展也主要是他们干出来的，而后来者一进来就想参与分红，这是他们不愿意接受的。[①]

表4-5	合作社入社条件	单位：家、%
条件	合作社数量	比例
农民入社要填写入社申请书	56	51.85
农民入社必须入股或缴纳入社费	59	55.14*
合作社开放式成员制度	100	92.59

*：107家合作社的理事长回答了此问题。

二　成员与合作社的交易合同

在理事长问卷中，108个有效回答显示，在合作社的经营范围内要求成员与之签订服务或交易合同的有69家，占63.9%；不要求签合同的35家，占32.4%；视情况而定的有4家，占3.7%。可见，大部分合作社为了保证合作社业务的正常开展，如保证产品货源和农资供应渠道，要加强合作社与其成员之间的相互约束。

三　成员账户

成员账户是指农民合作社在进行某些会计核算时，要为每位成员设立明细科目，分别核算。根据《农民专业合作社法》第三十六条的规定，合作社应当为每个成员设立成员账户，主要记载三项内容：一是该成员的出资额；二是量化为该成员的公积金份额；三是该成员与本社的交易量（额）。这些单独记录的会计资料是确定成员参与合作社盈余分配、财产分配的重要依据。

在成员的问卷中，357人回答了是否有成员账户，回答合作社为自己设立了账户的有138人，占38.66%；没有设立账户的有186人，占52.10%；不清楚是否有账户的有29人，占8.12%（见表4-6）。可见，过半数的成员没有自己的账户。

---

① 参见本书所附案例调研报告。

表 4 - 6　　　　　　　成员对是否有成员账户的回答情况　　　　单位：人、%

是否有成员账户	人数	比例
是	138	38.66
否	186	52.10
不清楚	29	8.12
不适用	4	1.12
合计	357	100

在理事长问卷中，107 个有效回答显示，49 家合作社为每个成员建立个人账户，占 45.79%；54 家合作社没有建立成员个人账户，占 50.47%；4 家合作社不适用，占 3.74%。这个结果与成员问卷统计结果一致。这种情况说明，多数合作社没有按照《农民专业合作社法》的要求为成员建立账户，这也意味着普通成员缺少参与盈余分配的依据。

从理事长问卷可以看到，在 46 家建立了成员账户的合作社中，没有完全按照法律的要求记载上述三项内容。成员账户记载内容包括与合作社的交易额、成员出资额、按人头平均的公积金份额、按股金比例量化的公积金份额、按人头平均的财政补助份额、按交易量返还金额和其他。记载最多的是交易额和出资额（见表 4 - 7）。

表 4 - 7　　　　　　　　成员账户记载内容　　　　　　　单位：家、%

记载内容	合作社数量	比例
与合作社的交易额	38	82.61
成员出资额	36	78.26
按交易量返还金额	21	45.65
按股金比例量化的公积金份额	12	26.09
按人头平均的公积金份额	9	19.57
按人头平均的财政补助份额	4	8.70
其他	5	10.87

四　生产管理记录档案

在理事长问卷中，108 个有效回答显示，有 56 家为成员建立了生产管理记录档案，占 51.9%；47 家没有建立生产管理档案，占

43.5%；有 5 家不适用，占 4.6%。而成员问卷中，355 人进行了回答，回答有生产管理记录档案的为 152 人，占 42.82%（见表 4 - 8），略低于理事长问卷的比例。总体上粗略判断，为成员建立生产管理记录档案的合作社大概有一半。

表 4 - 8　　　　合作社为成员建立生产管理记录档案情况　　单位：人、%

是否有生产管理档案	人数	比例
是	152	42.82
否	172	48.45
不清楚	26	7.32
不适用	5	1.41
合计	355	100

第三节　治理结构与决策

一　产权结构

在理事长问卷中，101 个有效回答显示，出资额最多的前五名成员的出资总额中，最多的为 5000 万元，最少的为 0.18 万元，平均值为 304.8 万元。前五名出资成员出资额占合作社注册资本的比重，平均为 63.76%。比重小于 50% 的合作社有 30 家，占有效样本的 29.70%；等于和超过 50% 的有 71 家，占 70.3%；等于 100% 的有 17 家，占 16.83%（见表 4 - 9）。可见，农民合作社产权结构的普遍情况是少数出资成员居于绝对控股状态。

表 4 - 9　　　　合作社前五名出资成员出资比例　　单位：家、%

前五名出资成员出资比例（X）	合作社数量	比例
X < 50	30	29.70
50 ≤ X < 60	10	9.90
60 ≤ X < 70	13	12.87
70 ≤ X < 80	11	10.89

续表

前五名出资成员出资比例（X）	合作社数量	比例
80≤X<90	9	8.91
90≤X<100	11	10.89
X=100	17	16.83
合计	101	100

从理事长问卷来看，100 个有效回答显示，2014 年年底理事长是合作社最大出资人的有 81 家，占 79%；理事长出资最少的 0 元，最多的 4320 万元，平均出资额为 177.37 万元，占这些合作社 2014 年年底平均注册资金 366.02 万元的 48.46%。理事长出资为 0 元的合作社有 2 家，这两家都是由村"两委"领办的，其中一家的理事长是由村委会聘请的职业经理人，另一家的理事长是村组干部。可见，合作社理事长一般都是最大出资者，而且出资比例平均占到合作社注册资金的近一半，但是，当村委会领办合作社时，理事长就可能不用凭借货币资本而成为理事长，经营管理才能和其他人力资本发挥重要作用。这种情形对合作社的治理机制和分配机制会产生什么影响，有待分析。

二　组织机构及其人员构成

（一）组织结构

在理事长调查问卷中，104 个问卷显示，合作社设有成员大会、理事会与监事会"三权分立"的组织结构，分别为合作社的权力机构、执行机构与监督机构。问卷没有对这三个机构之间的分工与运作机制进行调查，而将重点放在理事会、监事会和管理层的人员构成和聘用上。[1]

（二）理事会人员构成

在理事长问卷中，合作社都建有理事会。关于理事会成员构成，102 个有效回答显示，合作社理事会人数平均为 5.65 人，其中，生产者理事平均人数有 4.41 人，占 78.05%；女性理事平均人数 0.94 人，即不足 1 人，占 16.64%（见表 4-10）。可见，合作社理事会中直接从事农业生产经营的理事占比较高，体现了合作社的农业生产者合作组织

———————

[1]　关于合作社三个机构之间的运作机制，参见本书所附案例调研报告。

的特征；但是，女性理事的占比很低。

表 4 – 10 理事会人员构成 单位：人、%

	理事会人数	生产者理事	女性理事
平均人数	5.65	4.41	0.94
比例	100	78.05	16.64

（三）监事会人员构成

在理事长问卷中，106 个有效回答显示，有监事会的合作社有 97 家，占 91.51%；没有监事会的有 9 家，占 8.49%。在有监事会的合作社中，平均每家合作社监事会成员为 2.6 人；监事人数最多的达 15 人；84 家的监事拥有财务监督的基本知识，占 86.6%。可见，绝大多数合作社都建有监事会，而且监事会成员大多有财务监督的基本知识。

（四）管理层人员构成与聘用

在理事长问卷中，106 个有效回答显示，有 23 家合作社没有专职管理人员，占 21.7%；83 家合作社有专职管理人员，占 78.3%，其中人数最少的 1 人，最多的 17 人，平均 5 人。专职管理人员中有人同时兼任理事或监事的合作社有 71 家，占 66.98%；专职管理人员都是普通成员的有 35 家，占 33.02%。从社会招聘专职管理人员的合作社有 31 家，占 29.25%，招聘最少的有 1 人，最多的有 9 人。可见，合作社的专职管理人员主要来自理事会和监事会，而理、监事会成员主要来自合作社的发起人和核心骨干成员，从社会招聘的职业经理人比例较小。

对于合作社专职管理人员的聘用，理事长的 96 个有效回答显示，由理事会决定的有 48 家，占一半；由理事长决定的有 26 家，占 27.08%；由成员（代表）大会决定的有 14 家，占 14.58%；经营管理层自行决定的有 2 家，占 2.08%；其他情况的有 9 家，占 9.38%（见表 4 – 11）。

《农民专业合作社法》第二十八条规定，农民合作社的理事长或者理事会可以按照成员大会的决定聘任经理和财务会计人员，理事长或者理事可以兼任经理。经理按照章程规定或者理事会的决定，可以聘任其他人员。

表 4 -11　　　　　　合作社专职管理人员聘用的决定者　　　单位：家、%

决定者	合作社数量	比例
理事会	48	50.00
理事长	26	27.08
成员（代表）大会	14	14.58
经营管理层	2	2.08
其他	9	9.38

三　理事会选举

在理事长问卷中，106 个有效回答显示，69 家合作社采取等额选举，占 65.10%；33 家差额选举，占 31.13%；4 家合作社不选举，占 3.77%（见表 4 -12）。对于理事长选举或任命，本书将候选人的提名者分为合作社发起人、全体成员（代表）、核心骨干（主要出资）成员、自荐的成员和其他。在这 106 个有效的理事长回答中，理事长候选人第一是发起人提名，占 42.45%；第二是全体成员（代表）提名，占 30.19%；第三是核心骨干（主要出资）成员提名，占 27.36%；成员自荐的只有一例，占 0.94%；其他情况的占 12.26%（见表 4 -13）。

表 4 -12　　　　　　　理事会成员产生方式　　　　　　单位：家、%

理事会成员产生方式	合作社数量	比例
等额选举	69	65.10
差额选举	33	31.13
不选举	4	3.77
合计	106	100

表 4 -13　　　　　　　理事候选人的提名人　　　　　单位：家、%

理事候选人的提名	合作社数量	比例
发起人	45	42.45
全体成员（代表）	32	30.19
核心骨干（主要出资）成员	29	27.36

理事候选人的提名	合作社数量	比例
自荐的成员	1	0.94
其他	13	12.26

在等额选举理事会的情况下，候选人的提名人主要是合作社的发起人和核心骨干（主要出资）成员，分别占 52.17% 和 30.43%；全体成员（代表）提名的占 20.29%；成员自荐的有 1 例，占 1.45%；其他情况的有 1 例，占 1.45%。在差额选举理事会情况下，候选人的提名人主要是全体成员（代表），占 57.58%；第二是发起人，占 21.21%；第三是核心骨干（主要出资）成员，占 15.15%；其他情况占 18.18%（见表 4－14）。

候选人的其他提名者包括：发起成立合作社的公司所有者、村"两委"、海选和出资多者自然当选。候选人有时由两种以上提名人共同提名，如由发起人与成员（代表）共同提名、发起人与核心骨干（主要出资）成员共同提名，等等。

表 4－14　　等（差）额选举情况下理事候选人的提名人情况　单位：家、%

提名人		发起人	全体成员（代表）	核心骨干（主要出资）成员	自荐的成员	其他
等额选举	数量	36	14	21	1	1
	比例	52.17	20.29	30.43	1.45	1.45
差额选举	数量	7	19	5	0	6
	比例	21.21	57.58	15.15	0	18.18

注：多选题，比例之和超过100%。

四　会议

（一）会议召开次数

在理事长问卷中，107 个有效回答显示，2014 年有 13 家合作社未召开过成员（代表）大会，占 12.15%；94 家合作社召开过，占 87.85%。最少的召开了 1 次，最多的召开了 30 次，平均召开 3 次。

104 个有效回答显示，2014 年有 3 家合作社未召开理事会会议，占

2.88%；101 家合作社召开过，占 97.12%。其中，召开次数最少的为 1 次，最多的召开了 40 次，平均召开 5 次。

96 个有效回答显示，71 家合作社的理事会会议与监事会会议一同召开，占 73.96%；24 家合作社不一同召开，占 25%；1 家合作社有时同时召开，有时不一同召开，占 1.04%。

《农民专业合作社法》第二十四条规定，农民合作社成员大会每年至少召开一次，大多数合作社做到了，但是仍有少量合作社没有做到。

（二）会议记录

在理事长问卷中，97 个有效回答显示，78 家合作社召开的成员（代表）大会有会议记录，占 80.41%；19 家合作社没有记录，占 19.59%。

106 个有效回答显示，81 家合作社理事会开会有会议记录，占 76.4%；25 家合作社没有会议记录，占 23.6%。

101 个有效回答显示，75 家合作社监事会开会有会议记录，占 74.2%；24 家合作社监事会开会没有会议记录，占 23.8%；2 家合作社不适用，占 2%。

《农民专业合作社法》第二十七条规定，农民合作社的成员大会、理事会、监事会，应当将所议事项的决定做成会议记录，出席会议的成员、理事、监事应当在会议记录上签名。可见，大部分合作社按照法律规定，做了会议记录，但是仍有 20%—30% 的合作社虽然开了会议，但是没有做会议记录。

（三）会议内容

在成员问卷中，关于成员（代表）大会的内容，264 个有效回答显示，排在第一的是"报告全年生产经营情况"，频数为 162，占 61.36%；第二是"宣布下一年合作社发展计划"，频数为 104，占 39.39%；第三是"公布年底收益分配方案"，频数为 69，占 26.14%；第四是"重大投资事项通报或动员"，频数为 47，占 17.80%；第五是"传达上级精神"，即学习政府政策文件，频数为 41，占 15.53%；第六是换届选举，频数是 17，占 6.44%（见表 4-15）。在其他的会议内容中，有农业技术培训（包括农产品质量安全培训）、新品种推广、市场信息交流、土地流转服务、公开财务账目、讨论经营状况和发展思路等，其中农业技术与质量安全培训出现的频数最多，为 98，频数高于公布年底收益分配方案，实际位于成员（代表）大会内容的第三位；
其次是市场信息交流、讨论经营状况和发展思路，频数分别为 19 和 9。
可见，成员（代表）大会的内容多为通报生产经营情况和技术培训，
讨论决策的内容较少。

表 4 - 15　　　　　　　成员（代表）大会会议内容　　　　　　单位:%

会议内容	频数	比例
报告全年生产经营情况	162	61. 36
宣布下一年合作社发展计划	104	39. 39
公布年底收益分配方案	69	26. 14
重大投资事项通报或动员	47	17. 80
传达上级精神	41	15. 53
换届选举	17	6. 44
其他	126	47. 73

表 4 - 16　　　　　　成员（代表）大会其他会议内容　　　　　单位:%

其他会议内容	频数	比例
农业技术和质量安全培训	98	37. 12
经营管理培训	3	1. 14
动员	1	0. 38
理财	1	0. 38
统购农资	2	0. 76
新品种推广	2	0. 76
市场信息交流	19	7. 20
土地流转服务	6	2. 27
讨论经营风险	1	0. 38
述职	1	0. 38
公布财务账目	3	1. 14
讨论经营状况和发展思路	9	3. 41
征求社员想法	1	0. 38
出资	1	0. 38

其他会议内容	频数	比例
修路	1	0.38
加强管理制度	3	1.14
种植大户发奖	1	0.38

五　成员参与及透明度

(一)　成员参与

在成员问卷中,360 个有效回答显示,264 名成员参加过成员大会,占 73.33%;没有参加过的有 96 人,占 26.67%。可见,合作社成员参加成员(代表)大会的比例比较高。因为成员(代表)大会进行重大事项决策的内容很少,所以,在大多数合作社,成员参加会议主要是了解合作社的生产经营情况和学习生产技术,了解市场信息。

理事会选举是合作社民主管理的重要内容,345 个有效回答显示,参加过理事会选举的有 161 人,占 46.67%;没有参加过的有 178 人,占 51.59%(见表 4 - 17)。可见,没有参加过理事会选举的成员较多。

表 4 - 17　　　　　　　成员参与理事会成员选举情况　　　　　单位:人、%

是否参与过理事会成员选举	人数	比例
是	161	46.67
否	178	51.59
无选举	6	1.74
合计	345	100

(二)　透明度

透明度是民主管理的重要前提。成员问卷调查结果显示,对三个重要问题"谁是盈余分配决策者"、"合作社是否有过重大投资"和"是否知道盈余分配方式",不知道或不清楚的成员比例较低(见表 4 - 18),都不超过 20%,说明成员所在合作社的透明度普遍较高。

表 4 - 18　　　　　　　　成员对重要事项不了解情况　　　　单位：人、%

问题	回答人数	人数	比例
谁是盈余分配决策者	264	19	7.20
合作社是否有过重大投资	264	42	15.91
是否知道盈余分配方式	270	46	17.04

对于合作社财务状况的透明度，309 个有效回答显示，财务是公开的回答为 241 个，占 77.99%；是不公开的有效回答为 68 个，占 22.01%（见表 4 - 19）。在财务公开的情况下，201 个回答中，对财务公示内容满意的成员占 95.02%，不满意的占 1.49%，对公示内容看不明白的占 3.48%（见表 4 - 20）。可见，大多数受访成员所在合作社公开财务状况，而且成员对此满意度很高。尽管如此，仍有 22% 的合作社没有公开财务状况。

表 4 - 19　　　　　　成员反映的合作社财务公开情况　　　　单位：人、%

合作社财务是否公开	人数	比例
是	241	77.99
否	68	22.01
合计	309	100

表 4 - 20　　　　　成员对合作社财务公开情况是否满意　　　　单位：人、%

对财务公开情况是否满意	人数	比例
是	191	95.02
否	3	1.49
看不明白公示内容	7	3.48
合计	201	100

注：因四舍五入，比例之和不为100%。

另外一个可以衡量合作社透明度的指标是"成员对合作社是否得到过政府支持的知晓情况"，356 个有效的回答显示，知道是否得到过支持的成员有 288 人，占 80.90%；不知道的有 68 人，占 19.10%。综合这四个衡量透明度的指标，可以看到，本书中合作社的透明度普遍较好。

表 4 - 21　　　　成员对合作社是否得到过政府支持的知晓情况　　单位：人、%

是否得到过政府支持	人数	比例
是	247	69.38
否	41	11.52
不清楚	68	19.10
合计	356	100

六　决策机制

（一）重大投资决策

在理事长问卷中，107 个有效回答显示，回答合作社的重大投资决策由理事会做出的最多，有 51 人，占 47.66%；其次是回答由理事长或成员（代表）大会决策的，各有 28 人，各占 26.17%；最后是回答经营管理层决策的很少，只有 5 人，占 4.67%（见表 4 - 22）。在成员问卷中，141 个有效回答显示，调查得到的结果与理事长问卷结果高度一致（见表 4 - 23），说明理事会和理事长是合作社最主要的决策主体。需要注意的是，合作社理事长对问卷的回答显示，决策者有时是多重的，如有的合作社的重大决策由理事长提议，成员代表大会讨论决定；或者理事会讨论，理事长拍板；等等。

表 4 - 22　　　　理事长对"谁是重大投资的决策者"的回答

决策者	频数	比例（%）
理事会	51	47.66
理事长	28	26.17
成员（代表）大会	28	26.17
经营管理层	5	4.67
其他	6	5.61

注：此题为多选题，频数合计可能超过有效回答数，比例合计可能超过 100%。

表 4 - 23　　　　成员对"谁是重大投资的决策者"的回答

决策者	频数	比例（%）
理事会	69	48.94
理事长	34	24.11

决策者	频数	比例（%）
成员大会	28	19.86
经营管理层	3	2.13
不清楚	7	4.96

（二）盈余分配方案决策

同样，在合作社盈余分配方案的决策者也与重大决策呈现相同的顺序，在上述 107 个有效回答中，理事会决策的占 49.52%；其次是成员（代表）大会决定的，占 24.76%；理事长决定的占 20.00%；管理层决定的占 0.95%（见表 4 - 24）。但是，问卷难以反映理事会和成员（代表）大会的议事规则和实际运行情况，因此，难以据此判断合作社的投资和盈余等重大事项的真实决策机制。

表 4 - 24　　　　理事长对"谁是盈余分配方案决策者"的回答　　　单位：人、%

决策者	频数	比例
理事会	52	49.52
成员（代表）大会	26	24.76
理事长	21	20.00
经营管理层	1	0.95
其他	13	12.38

注：此题为多选题，频数合计可能超过有效回答数，比例合计可能超过 100%。

成员问卷显示的结果与理事长问卷有所不同，在 276 个成员的有效回答中，虽然成员（代表）大会决策的占比也超过 20%，但是排在第三位；理事会和理事长排在决策者前两位，占比分别为 36.23% 和 25.36%。在成员看来，理事长决策多于成员（代表）大会。

表 4 - 25　　　　成员对"谁是盈余分配方案决策者"的回答

决策者	频数	比例（%）
理事会	100	36.23

续表

决策者	频数	比例（%）
理事长	70	25.36
成员（代表）大会	62	22.46
经营管理层	7	2.54
不清楚	37	13.41

《农民专业合作社法》规定，合作社的盈余分配方案由理事长或者理事会按照章程编制（第三十三条），并由成员（代表）大会批准（第二十二条）。本书问卷调查研究发现，合作社在重大投资决策和盈余分配方案的决策中，理事会都居于决策的主导地位，而且在理事长与成员的问卷中，选择理事会或理事长的占比合计都超过60%。但是，在这些决策过程中，成员（代表）大会是否真正行使了批准的权力，还有待进一步深入调查研究。

案例分析表明，合作社的决策机制可以分为四种类型①：能人大户主导型、普通农民主导型、企业主导型和村两委主导型。在能人大户主导和普通农民主导的合作社中，成员参与治理的程度比较高，但其中也区分是核心成员主导还是普通成员平等参与，以对合作社的贡献来进行划分，核心成员参与程度高于普通成员，核心成员主导的占比较大。企业主导型和村两委主导型在治理方面更多偏重于企业利益或村集体（或上级政府意志或村干部）利益，合作社成员话语权不高。企业主导的合作社理事长一般要由企业推举，理事长有时又是企业的法人代表；也有企业直接推举村"两委"中的村干部担当合作社理事长的情况。但在上述情况下，理事长、理事会基本上都在执行企业的意志，普通成员参与治理的程度不高。此外，理事会一般是合作社的具体管理者。在理事会中，理事长起决定作用。

但是，在合作社中理事长一般都是最大的出资者，理事会也是由主要出资者组成，他们绝大多数也是农业生产经营者。可见，决策者、生产经营者和风险承担者是一致的。

---

① 详见本书所附案例调研报告。

（三）成员对决策方式的评价

在成员问卷中，315 个有效回答显示，认为合作社现有决策方式合理的有 315 人，占 92.65%；认为不合理的只有 7 人，占 2.06%；不好说的有 18 人，占 5.29%（见表 4 - 26）。认为不合理者，强调要加强一般成员的话语权。可见，绝大多数成员对现有的决策方式是接受的。

表 4 - 26　　　　　成员对合作社现有决策方式的评价

评价	频数	比例（%）
合理	315	92.65
不合理	7	2.06
不好说	18	5.29
合计	340	100

第四节　利益分配与风险承担

一　盈余分配方式

在成员问卷中，232 个有效回答显示，回答合作社盈余分配是"在交易中直接体现，年底不再分配"的有 57 人，占 24.57%；回答是"二次返利"的有 109 人，占 46.98%；回答"不清楚"的有 21 人，占 9.05%；其他答案的有 45 人，占 19.40%。可见，有效回答此问题的成员所在合作社进行二次返利的居多，但是也不超过一半（见表 4 - 27）。但是，回答"二次返利"的成员分布的集中和离散程度，还有待进一步分析。

表 4 - 27　　　　成员对合作社盈余分配方式的回答　　　　单位：人、%

盈余分配方式	在交易中直接体现，年底不再分配	二次返利	不清楚	其他	合计
人数	57	109	21	45	232
比例	24.57	46.98	9.05	19.40	100

二　二次返利的分配原则

在成员问卷中，194 个有效回答显示，回答以"按出资额比例"二次返利的为 106 人，占 54.64%；其次是回答"以交易量（额）为主，出资额为辅"和"不清楚"的均为 20 人，各占 10.31%；回答"按交易量（额）比例"的仅有 13 人，占 6.70%；回答"以出资额为主，交易额为辅"的为 11 人，占 5.67%（见表 4 - 28）。可见，现阶段我国农民合作社的二次返利分配主要是按资分配。《农民专业合作社法》第三条规定，盈余主要按照成员与农民合作社的交易量（额）比例返还。显然，现实的做法与法律规定不符。

表 4 - 28　　　　　　　　成员对合作社盈余分配原则的回答

分配原则	频数	比例（%）
按出资额比例	106	54.64
按交易量（额）比例	13	6.70
以交易量（额）为主，出资额为辅	20	10.31
以出资额为主，交易额为辅	11	5.67
不清楚	20	10.31
其他	24	12.37
合计	194	100

三　盈余分配构成

在理事长问卷中，89 个有效回答显示，2014 年，进行了盈余分配的有 42 家，占 47.2%；没有盈余分配的合作社有 47 家，占 52.8%。可见，没有进行盈余分配的合作社数量居多。

成员问卷显示，2014 年，在 363 位成员中只有 79 位成员实际收到了二次返利，占 21.76%；返利金额最小的 100 元，最多的 150000 元，均值为 13209 元。可见，能够实际得到二次返利的成员非常少。

在进行盈余分配的 42 家合作社中，有 35 家回答了分配方式，其中将盈余分配入公积金的有 24 家，占 68.57%；分配入公益金的有 20 家，占 57.14%；分配入风险金的有 19 家，占 54.29%；按股分红的有 30 家，占 85.71%；按交易量分红的有 20 家，占 57.14%；进行其他分配的有 16 家，占 45.71%（见表 4 - 29）。

表 4 - 29　　　　　　　　　35 家合作社盈余分配构成　　　　　　单位：家、%

		公积金	公益金	风险金	按股分红	按交易量分红	其他
分配此项的合作社	数量	24	20	19	30	20	16
	比例	68.57	57.14	54.29	85.71	57.14	45.71
未分配此项的合作社	数量	11	15	16	5	15	19
	比例	31.43	42.86	45.71	14.29	42.86	54.29
此项分配比例为100%的合作社	数量	0	0	0	12	2	1
	比例	0	0	0	34.29	5.71	2.86
各合作社此项分配金额平均占比		11.09	2.54	1.86	57.51	21.91	5.37

《农民专业合作社法》第三十七条规定，在弥补亏损、提取公积金后的当年盈余，为农民合作社的可分配盈余，可分配盈余按成员与本社的交易量（额）返还总额的比例不得低于可分配盈余的 60%。表 4 - 29 显示，有 42.86% 的合作社没有按照交易量返还盈余，有 31.43% 的合作社没有提取公积金，有 34.29% 合作社将盈余的 100% 按股分配给了出资者，也有 5.71% 的合作社将盈余的 100% 按交易量返还，另有 1 家合作社将盈余 100% 按合作社成员总数均分了。

可见，大多数合作社都是将盈余按股份分配给了出资者，而且分红金额比例最高，平均为 57.51%（见表 4 - 29）。

四　盈余分配方式的合理性

对于以上分配方式和分配构成的合理性，进行了回答的成员有 314 人，78.98% 的成员认为比较合理，仅有 4 人认为不合理。另外有 19.75% 左右的成员觉得说不清楚，难以评价。可见，大多数成员认为当前的分配方式还是合理的，接受程度很高。

表 4 - 30　　　　　　成员对合作社盈余分配合理性的评价　　　　单位：人、%

当前盈余分配的合理性	人数	比例
合理	248	78.98
不合理	4	1.27
说不清楚	62	19.75
合计	314	100

五　合作社经营风险的承担

关于合作社经营风险的承担者，进行了回答的成员有 337 人，认为合作社经营风险应该由全体成员承担的有 120 人，占 35.61%；应由出资成员承担的有 95 人，占 28.19%；应由理事长承担的有 46 人，占 13.65%；应由理事会成员承担的有 26 人，占 7.72%；应由经营管理层承担的有 14 人，占 4.15%；应由出资大户承担的有 9 人，占 2.67%（见表 4－31）。由于理事长和理事会成员一般都是出资成员，所以认为应由出资成员承担的共有 176 人，占 52.23%。

这个分析结果与前面关于盈余分配原则的分析，即 54.64% 的合作社是按出资比例进行分配的高度一致，而且在分析中，78.98% 的成员认为当前的盈余分配方式是合理的。这些都说明当前农民合作社的分配方式虽然与法律不相符，但是，合作社的经营收益与风险承担是基本匹配的，农民成员也接受这样的分配方式。

表 4－31　　　　　　　　成员对合作社经营风险承担者的认知　　　　　单位：人、%

合作社经营风险的承担者	人数	比例
全体成员	120	35.61
出资成员	95	28.19
理事长	46	13.65
理事会成员	26	7.72
经营管理层	14	4.15
出资大户	9	2.67
其他	27	8.01
合计	337	100

第五章　中国农民合作社的生产经营状况
——基于问卷调查的分析

第一节　规模

一　投资规模

（一）注册资本

在理事长问卷中，104 个有效回答显示，合作社成立时的注册资本最少为 0.25 万元，最多为 2000 万元，平均为 200.62 万元，众数为 100 万元，有 12 家。绝大多数合作社的注册资本在 500 万元以内，有 95 家，占 91.35%。其中 43 家的注册资本在 100 万元以内，占全部样本的 41.35%（见表 5-1）。注册资金规模 500 万元以上（包括 500 万元）的 9 家合作社中，除了两家是由本村生产大户和营销大户领办的之外，其他都是由外来的投资商或龙头企业领办的（见表 5-2）。可见，总体上看，农民合作社成立之初注册资金规模普遍较小，而规模较大的合作社基本上都是由外来投资商或龙头企业发起成立。

表 5-1　　　　　　合作社成立时注册资本情况

成立时注册资本（万元）	合作社数量（家）	比例（%）
0—99	43	41.35
100—199	27	25.96
200—499	25	24.04
500—999	6	5.77

续表

成立时注册资本（万元）	合作社数量（家）	比例（%）
1000—1499	0	0.00
1500—2000	3	2.88
合计	104	100

表5-2　　　　成立时注册资本≥500万元的合作社的发起人身份

合作社成立时注册资本（万元）	发起人身份
500	外来投资商
500	外来投资商
500.05	生产大户 + 营销大户
500.05	生产大户 + 营销大户
650	外来投资商
800	外来投资商
1500	龙头企业
2000	龙头企业
2000	个体私营企业主

问卷数据显示，成立时注册资本中现金出资最少的是0元，最多的是1700万元，平均为150.07万元（见表5-3）；现金出资金额在500万元以内的合作社占多数，为96家，占92.31%，其中不足50万元的为最多，有46家，占44.23%（见表5-4）；58家合作社的注册资本完全是现金出资，占55.77%（见表5-5）；5家合作社的现金出资比例为0，占4.81%（见表5-4）。可见，虽然我国现有法律对于农民合作社成立时的注册资本不进行验资，但是农民合作社仍然以现金出资为多。

表5-3　　　　　　合作社成立时注册资本的分布特征　　　　单位：万元、%

	最小值	最大值	平均值	众数（频数/比例）
注册资本	0.25	2000	200.62	100（12/11.54）
其中：现金出资	0	1700	150.07	10（9/8.65）

表5-4　　　　　　　　合作社成立时注册资本中现金出资额

现金出资额（万元）	合作社数量（家）	比例（%）
0	5	4.81
1—49	41	39.42
50—99	14	13.46
100—199	22	21.15
200—499	14	13.46
500—999	5	4.81
1000—1499	1	0.96
1500—2000	2	1.92
合计	104	100

表5-5　　　　　　合作社成立时注册资本中现金出资比例　　　单位：家、%

现金出资比例（X）	合作社数量	比例
$0 \leqslant X < 10$	17	16.35
$10 \leqslant X < 20$	6	5.77
$20 \leqslant X < 30$	4	3.85
$30 \leqslant X < 40$	1	0.96
$40 \leqslant X < 50$	2	1.92
$50 \leqslant X < 60$	3	2.88
$60 \leqslant X < 70$	3	2.88
$70 \leqslant X < 80$	4	3.85
$80 \leqslant X < 90$	3	2.88
$90 \leqslant X < 100$	3	2.88
$X = 100$	58	55.77
合计	104	100

　　2014年年底，107个有效回答显示，注册资金最少为5万元，最多达到5000万元；平均注册资本为435.34万元（见表5-7）；注册资本

200 万元至 500 万元的合作社数量增长最多，增加了 15 家，达到 40
家，占比也最大，占 37.38%；注册资本 500 万元以上（含 500 万元）
的合作社数量增长速度最快，从成立时的 9 家增加到 19 家；但是，绝
大多数合作社的注册资本仍然保持在 500 万元以内，有 88 家，占
82.24%（见表 5-6）。可见，2007 年以来农民合作社资金规模增长较
大，但是注册资金大部分不超过 500 万元。

表 5-6　　　　　　　2014 年年底合作社注册资本情况

2014 年年底的注册资本（万元）	合作社数量（家）	比例（%）
0—99	24	22.43
100—199	24	22.43
200—499	40	37.38
500—999	11	10.28
1000—1499	1	0.93
1500—5000	7	6.54
合计	107	100

注：因四舍五入，比例合计不为 100%。

2014 年年底，注册资本中现金出资最少的为 0 元，最多的为 5000 万
元，平均为 318.60 万元（见表 5-7）；55 家完全以现金出资，占 53.4%；
成立时现金出资比例为 0 的 5 家合作社仍然保持原状；多数合作社的现金
出资金额仍然在 500 万元以内，有 89 家，占 86.40%（见表 5-8、表 5-9
和图 5-1）。随着合作社资金规模的增大，现金出资比重略有下降，但变化
很小（见图 5-1），注册资金仍以现金出资为主。

从注册资金和现金出资的增长幅度看，合作社的资金规模都有了非
常大的增长。

表 5-7　　　　　　2014 年年底合作社注册资本的分布特征

单位：万元、次、%

	最小值	最大值	平均值	众数（频数/比例）
注册资本	5	5000	435.34	300（12/11.54）
其中：现金出资	0	5000	318.60	300（9/8.65）

表 5 – 8　　　　　　　2014 年年底合作社注册资本中现金出资额

现金出资额（万元）	合作社数量（家）	比例（%）
0	5	4.85
1—49	26	25.24
50—99	13	12.62
100—199	18	17.48
200—499	27	26.21
500—999	8	7.77
1000—1499	2	1.94
1500—5000	4	3.88
合计	103	100

注：因四舍五入，比例合计不为 100%。

表 5 – 9　　　　　　2014 年年底合作社注册资本中现金出资比例　　　单位：家、%

现金出资比重（X）	合作社数量	比例
0 ≤ X < 10	14	13.59
10 ≤ X < 20	5	4.85
20 ≤ X < 30	2	1.94
30 ≤ X < 40	3	2.91
40 ≤ X < 50	3	2.91
50 ≤ X < 60	5	4.85
60 ≤ X < 70	3	2.91
70 ≤ X < 80	3	2.91
80 ≤ X < 90	7	6.80
90 ≤ X < 100	3	2.91
X = 100	55	53.40
合计	103	100

注：因四舍五入，比例合计不为 100%。

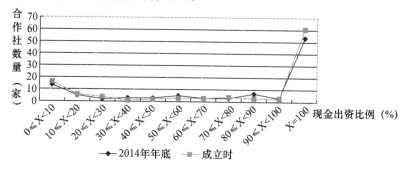

图 5 – 1　合作社成立时与 2014 年年底的现金出资比例

（二）资产

在理事长问卷中，104 个有效回答显示，2014 年年底，4 家合作社资产为 0，其余 100 家合作社平均资产为 1041 万元，最少的资产为 10 万元，最多的资产为 1.1 亿元。总资产大于等于 5000 万元的合作社有 3 家，占 2.88%；多数合作社的总资产在 1000 万元以下，有 77 家，占 74.04%（见表 5 – 10）。

表 5 – 10　　　　　　　　2014 年年底合作社总资产规模情况

总资产（万元）	合作社数量（家）	比例（%）
0—99	14	13.46
100—499	40	38.46
500—999	23	22.12
1000—1999	12	11.54
2000—4999	12	11.54
5000 以上	3	2.88
合计	104	100

在理事长问卷中，关于合作社的固定资产，102 个有效回答显示，平均固定资产额为 531.9 万元，最少为 0，最多为 4000 万元，其中 500 万元以下的居多，共有 75 家，占 73.53%。固定资产 1000 万元以上的合作社有 16 家，占 15.68%（见表 5 – 11）。这些合作社的固定资产占总资产的比重为 53.6%。

表 5 – 11　　　　　　　　2014 年年底合作社固定资产情况

固定资产（万元）	合作社数量（家）	比例（%）
0—99	30	29.41
100—499	45	44.12
500—999	11	10.79
1000—1999	9	8.82
2000—4000	7	6.86
合计	102	100

二 成员数量

理事长问卷中，关于成员数量为 105 个有效回答。数据显示，合作社在注册成立时，注册成员最多为 477 人，最少为 5 人，平均人数为 34.4 人，众数为 5 人（有 23 家，占 21.09%）；实有成员最多为 1500 人，最少为 5 人，平均人数为 87.5 人，众数为 6 人（有 13 家，占 12.38%）；出资成员最多为 477 人，最少 0 人，平均人数为 36.1 人，众数为 5 人（有 20 家，占 19.05%）（见表 5 – 12）。

表 5 – 12   **合作社注册成立时成员数量的分布特征**   单位：人、%

	最小值	最大值	平均值	众数（频数/比例）
注册成员	5	477	34.4	5 (23/21.90)
实有成员	5	1500	87.5	6 (13/12.38)
出资成员	0	477	36.1	5 (20/19.05)

出资成员一般都是注册成员，这种情况有 80 家，占 75.47%。实有成员数量一般都多于注册成员数量，个别合作社的这两个数字相差很大，例如，问卷中实有成员为 1500 人的合作社，注册成员仅为 6 人。实有成员数为注册成员数 2 倍以上的仅有 4 家。[1] 综观有效样本合作社三种统计口径成员的数量，可以大致看出以下这种趋势：

实有成员数≥出资成员数≥注册成员数[2]

这种趋势产生的主要原因是《农民专业合作社法》规定的合作社最低人数为 5 人，为了减少注册手续的工作量和成本，合作社发起人都以合法但尽量少的人数办理注册手续。

2014 年年底，注册成员最多的为 800 人，最少为 5 人，平均 84.7 人，比注册成立时增长了 146.2%，众数为 5 人（有 15 家，占 14.29%）；实有成员数量最多的为 1500 人，最少为 5 人，平均 152.5 人[3]，比注册

---

① 只有 1 家的实有成员数小于注册成员数，但是到 2014 年年底时实有成员数已经超过注册成员数。见案例 "江西会昌磊石菌业合作社"。

② 有 12 家合作社的注册成员数大于出资成员数，占比为 11.32%。

③ 本书中合作社是以户为单位参加合作社，因此，1 人意味着 1 户。2014 年年底，全国农民合作社成员平均为 71.6 户。显然，本书研究中的合作社的成员数量规模普遍大于全国合作社的一般水平。参见中国社会科学院农村发展研究所、国家统计局农村社会经济调查司：《中国农村经济形势分析与预测（2014—2015）》，社会科学文献出版社 2015 年版，第 136 页。

成立时增长了 74.3%，众数为 102 人（有 2 家，占 1.90%）；出资成员
人数最多的为 800 人，最少的为 0 人，平均 81.3 人，比注册成立时增
长了 124.9%，众数为 5 人（有 12 家，11.43%）（见表 5 - 13）。可
见，经过几年运营后，合作社的成员数量大幅增加，说明合作社发展速
度很快。

表 5 - 13　　　　　　2014 年年底合作社成员数量的分布特征　　　　单位：人、%

	最小值	最大值	平均值	平均增幅 （与成立时相比）	众数 （频数/比例）
注册成员	5	800	84.7	146.2	5（15/14.29）
实有成员	5	1500	152.5	74.3	102（2/1.90）
出资成员	0	800	81.3	124.9	5（12/11.43）

第二节　生产经营与服务

一　经营范围

本书将业务范围划分为 9 种，分别是农产品销售、农资购买、农机
服务、农产品加工、资金借贷服务、农产品贮藏、技术服务、信息服务
和其他。在理事长问卷中，关于经营范围，有 107 个有效回答。数据显
示，开展最多的前 4 项业务分别是农产品销售、技术服务、农资购买和
信息服务（见表 3 - 16）。96 家合作社开展多项业务，多数合作社开展
4 项业务，有 28 家，占 26.17%（见表 3 - 15）；9 家合作社只开展 1 项
业务，这些单项业务有农产品销售、农资购买、农机服务、劳务服务、
信息服务、技术服务、统一公司化经营或果树种植。

本书将合作社分为 6 类，即果蔬合作社、粮食合作社、养殖合作
社、服务合作社、加工合作社和其他合作社。每类合作社的经营范围不
尽相同（见图 5 - 2），开展农产品销售业务的粮食合作社、果蔬合作
社、养殖合作社和加工合作社都是最多的，占比都在 80% 以上，其中
全部的加工合作社开展此项业务。农资购买，也是除服务合作社之外的
其他合作社的重要业务内容，均占 60% 以上。农机服务在服务合作社

和粮食合作社中开展得较多，分别占70%和50%；而果蔬合作社与养殖合作社开展此项业务较少，分别为21.74%和6.25%。开展农产品加工的首先是加工合作社，占80%；其次是粮食型合作社，占37.5%；养殖合作社开展加工的最少，只有6.25%。开展资金借贷业务的各类合作社都很少，均在13%以下，服务合作社和加工合作社都没有开展此项业务。开展农产品贮藏业务的合作社也不多，都不足19%，甚至开展加工类的合作社都没有此项业务。技术服务是另一项各类合作社普遍开展的业务，粮食合作社、果蔬合作社、养殖合作社和加工类合作社中75%以上都开展此项业务，占比较低的服务类合作社也有50%的合作社开展此项业务。从此项统计可以看到，对于合作社成员普遍需要的资金借贷服务，合作社的自我供给严重不足；农产品加工和贮藏也是严重的短板。这些都需要国家政策支持。

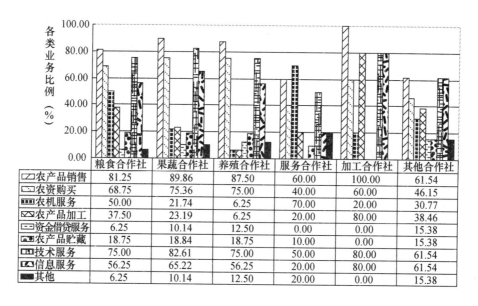

	粮食合作社	果蔬合作社	养殖合作社	服务合作社	加工合作社	其他合作社
农产品销售	81.25	89.86	87.50	60.00	100.00	61.54
农资购买	68.75	75.36	75.00	40.00	60.00	46.15
农机服务	50.00	21.74	6.25	70.00	20.00	30.77
农产品加工	37.50	23.19	6.25	20.00	80.00	38.46
资金借贷服务	6.25	10.14	12.50	0.00	0.00	15.38
农产品贮藏	18.75	18.84	18.75	10.00	0.00	15.38
技术服务	75.00	82.61	75.00	50.00	80.00	61.54
信息服务	56.25	65.22	56.25	20.00	80.00	61.54
其他	6.25	10.14	12.50	20.00	0.00	15.38

图5-2　各类型合作社业务内容构成

二　生产示范或种苗基地

在理事长问卷中，关于生产示范和种苗基地，有106个有效回答。数据显示中，87家合作社有核心生产示范基地或种苗基地，占82.08%。面积最小的为3亩，面积最大的为10万亩，平均1951亩；众数为300亩，有

10 家，中位数为 210 亩。面积等于和小于 300 亩的合作社有 56 家，占 64.37%；大于 1000 亩的合作社有 9 家。大于 5000 亩的合作社有 3 家；大于 1 万亩的合作社有 2 家。可见，核心生产示范基地或种苗基地受到大多数合作社的重视。但是基地规模能否满足合作社生产发展的需要，还需更多信息来综合判断，但是在实地调研中，一些合作社理事长表示基地规模不够大。

三　产品认证与品牌建设

在理事长问卷中，关于产品认证，有 104 个有效回答。数据显示，有 54 家合作社获得了农产品认证，占 51.9%。其中，获得无公害农产品认证的合作社有 35 家；获绿色食品认证的有 26 家；获有机产品认证的有 9 家；获原产地标识认证的有 4 家；获地理标识认证的有 3 家。

关于商标注册，有 108 个有效回答。数据显示，为产品注册了商标的合作社有 59 家，占 54.6%；没有商标注册的合作社有 49 家，占 45.4%。有些合作社不止 1 个商标，最多的有 6 个。获得省级以上著名商标的合作社有 10 家。但是，并不是所有的合作社将所有的产品都贴自己的商标销售。使用合作社商标的产品销售额占总销售额的比例最小的为 2%；最大的为 100%，有 32 家。

尽管农民合作社开始重视品牌建设和品牌化经营，但是仍有约半数合作社没有产品认证或商标。

四　农产品销售

农产品销售既是合作社为成员提供的最多、最重要的服务内容，也是农民加入合作社的首要原因。在理事长问卷中，有 107 个有效回答。数据显示，105 家有农产品销售活动，占 98.13%；合作社主要的产品销售渠道依次是批发商（占 47.62%）、零售商（占 40.95%）、加工企业（占 33.33%）、经纪人（占 21.90%）、最终消费者（占 20.95%）、机关/学校/餐饮企业等（占 14.29%），以及其他渠道（占 12.38%）（见表 5 - 14）。合作社非常倚重批发商、零售商和加工企业，这些买家大多与合作社有长期的买卖关系，机关/学校/餐饮企业等也倾向于与合作社签署长期供货合同。与合作社的长期合同，降低了买方与农民个体打交道的交易成本，并有助于保证产品质量。可见，合作社对解决成员的产品销售问题发挥了重要作用，起到了农产品和市场的衔接作用。

表 5 - 14　　　　　　　　　合作社的产品销售渠道　　　　　单位：家、%

销售渠道	合作社数量	比例
批发商	50	47.62
零售商	43	40.95
加工企业	35	33.33
经纪人	23	21.90
最终消费者	22	20.95
机关/学校/餐饮企业等	15	14.29
其他	13	12.38

注：此题为多选题，比例合计可能超过100%。

五　产品质量控制

为了保证产品形象和销售渠道，一些合作社对产品质量有一定的要求，对于不合格产品予以拒收。关于产品分级收购，87个有效回答显示，对成员产品进行分级收购的合作社有65家，占74.71%；不进行分级收购的合作社有22家，占25.29%。关于是否拒收成员产品，88个有效回答显示拒收过成员不合格产品的有30家，占34.09%；未拒收过成员产品的合作社有58家，占65.91%。可见，大部分合作社对成员的农产品进行分级收购，但是拒收过成员产品的合作社比较少，这可能说明成员产品的合格率较高，但这一结论需要进一步调查研究。

六　技术服务

技术培训是合作社开展的第二项重要的服务内容。关于技术服务，107个有效回答显示，2014年，有89家合作社开展了技术培训，占83.18%，平均每家培训5次；最少的培训过1次，最多的培训过40次。培训次数大于5次的合作社有22家，其中大于10次的合作社有12家，大于20次的合作社有3家。2014年，有68家合作社推广过新技术，占63.55%，最少的推广1项，最多的推广8项。同期有60家合作社推广过新品种，占56.7%，最少的推广1个新品种，最多的推广50个。可见，在共同销售农产品的情况下，合作社大多都着力提高成员的生产技术水平和农产品品种的更新换代。

七　农资采购

2014年，有85家合作社采购农资，平均采购金额为213.2万元，最少的为 1 万元，最多的为 2100 万元；其中，35 家采购 100 万元以上，8 家采购 500 万元以上，4 家采购 1000 万元以上，23 家合作社没有进行农资采购。

八　农产品初加工

关于农产品初加工，有 108 个有效回答。数据显示，开展农产品初加工的合作社有 38 家，占 35.19%。25 家合作社在 2014 年有农产品初加工收入，最少的收入 3 万元，最多的收入 1600 万元，平均收入为256 万元；大于 50 万元的有 16 家，大于 100 万元的有 13 家，大于 500万元的有 4 家，大于 1000 万元的有 1 家。

2014 年，在 25 家有农产品初加工收入的合作社中，有 20 家加工成员产品。成员产品占初加工总额的比例不等，最少的为 20%，最多的为 100%，平均为 62.60%；小于 50% 的有 10 家；等于 100% 的合作社有 12 家。

开展农产品初加工的合作社，经营的产品或服务包括水果（12家）、蔬菜（7 家）、粮食（5 家）、加工（4 家）、养殖（2 家）、中药材（2 家）、花木（2 家）、茶叶（2 家）、休闲观光（2 家）。

九　土地流转服务

关于土地流转服务，107 个有效回答显示，开展土地流转服务的合作社有 72 家，占 67.29%；累计流转土地面积最少的为 5 亩，最多的为 7500 亩，平均 990 亩；流转土地面积大于 100 亩的合作社有 60 家，占 56.07%；大于 500 亩的有 30 家，占 28.04%；大于 1000 亩的有 20家，占 18.69%；大于 5000 亩的有 2 家，占 1.87%。

有 62 家合作社将土地集中由合作社流转，统一经营，最小面积为5 亩，最大面积为 4500 亩，平均为 725.2 亩。有 20 家合作社将土地集中流转到大户规模经营，流转面积最小为 25 亩，最大面积为 7000 亩，平均为 1094 亩。[①]

可见，大多数合作社都开展了土地流转服务，但是流转面积相差很大，这应该与合作社的经营规模相关，但需要进一步研究证实。统一经营流转土地的合作社占比大，大户占比小；但是在两者的平均经营面积上则相反，大户平均经营面积更大。

---

① 有 10 家合作社既将土地集中流转统一经营，又向大户流转土地。

十　融资

本书将融资服务分为两类：一是合作社内部开展的资金互助，即由合作社与成员共同出资，为需要资金融通的成员提供贷款服务；二是合作社以自有资产向金融机构提供担保，帮助成员从银行获得贷款。

（一）资金互助

关于资金互动，有 107 个有效回答。数据显示，16 家合作社开展资金互助，占 14.95%。2014 年年底，这 16 家合作社共有成员 2311户，累计为 415 户提供了贷款服务，获得贷款的户数比例为 17.96%。成员问卷显示，对合作社提供贷款服务需要程度很高的农户有 128 户，占 38.67%；需 求 程 度 一 般 的 有 64 户，占 19.34%；两 项 合计 58.01%。

截至 2014 年年底，这 16 家合作社为成员提供的资金互助金额累计2098.6 万元，最少的 1 家仅提供过 0.6 万元，最多的 1 家提供过 500 万元，平均每家合作社累计贷款 131.16 万元，成员户均累计贷款 5.06 万元。其中，累计为成员融资超过 100 万元的合作社有 7 家。

可见，开展资金互助的合作社很少，得到贷款的农户比例很小，融资金额小，需求满足程度很低。

（二）贷款担保

关于贷款担保，有 107 个有效回答。数据显示，22 家合作社为成员从金融机构贷款提供担保服务，占 20.6%；21 家合作社累计帮助成员从银行/农信社获得贷款 2143 万元，最少的为 3 万元，最多的为1000 万元，平均为 102 万元；上述 16 家开展内部资金互助的合作社中有 6 家同时开展贷款担保服务。

十一　产品仓储

107 个有效回答显示，27 家合作社开展农产品仓储服务，占25.23%。2014 年开展了仓储服务的 22 家合作社的仓储总量为 32505吨，仓储量最少的为 0.5 吨，最多的为 20000 吨，平均为 1477.5 吨，仓储量大于 100 吨的合作有 11 家，超过 500 吨的有 8 家，大于 1000 吨的有 5 家。

上述 22 家合作社中有 4 家不储藏成员的产品，其余合作社的仓储总量中，成员产品仓储占比最低的为 20%，最高的为 100%，平均为62.55%。有 14 家合作社的成员产品仓储量超过 50%，其中 11 家为

100%。可见，合作社的仓储业务主要是为合作社成员提供服务的。

十二　合作社与成员的交易

（一）交易比例

2014 年，86 家有农资采购的合作社中，71 家与成员之间有农资采购交易，交易占比最少的为 20%，最多的为 100%。与成员农资交易占比大于 50% 的合作社有 63 家，占比大于 70% 的合作社有 52 家，占比大于 80% 的有 47 家，占比大于 90% 的有 44 家，占比为 100% 的合作社有 42 家（见表 5 - 15）。

表 5 - 15　　　　　　　合作社与成员的交易情况　　　　　单位：家、%

	有此业务的合作社数量	与成员交易的合作社		合作社与成员交易的比例						
		数量	比例	最低比例	最高比例	>50%的合作社数量	>70%的合作社数量	>80%的合作社数量	>90%的合作社数量	100%的合作社数量
农产品销售	92	76	82.61	10	100	63	54	44	40	39
农资采购	86	71	82.56	20	100	63	52	47	44	42
其他收费服务	28	21	75.00	25	100	19	—	14	13	12

2014 年，92 家有销售收入的合作社中，76 家与成员进行农产品销售交易，占 82.61%；与成员交易量占比最少的为 10%，最多的为 100%。与成员交易量占比大于 50% 的合作社有 63 家，大于 70% 的合作社有 54 家，大于 80% 的合作社有 44 家，大于 90% 的合作社有 40 家，占比为 100% 的合作社有 39 家（见表 5 - 15）。

2014 年，28 家有其他服务性收入的合作社中，21 家与成员之间有服务交易，最少的占比为 25%，最多的占比为 100%。占比大于 50% 的合作社有 19 家，占比大于 80% 的有 14 家，占比大于 90% 的合作社有 13 家，占比为 100% 的合作社有 12 家（见表 5 - 15）。

可见，与成员进行交易的合作社占绝大多数，而且与成员的交易量占业务量的比重普遍较大，但是经营业务完全是与成员交易的占比不高，在调查的三种业务中，都没有超过 50%。

（二）交易价格

在理事长问卷中，关于交易价格，有 94 个有效回答。数据显示，以市场价收购的合作社有 35 家，占 37.23%；以优惠价（即高于市场价）收购的有 39 家，占 41.49%；以高出平均生产成本的固定价（与市场价格波动无关）收购的有 2 家，占 2.13%；不收购成员农产品的合作社有 18 家，占 19.15%（见表 5 - 16）。可见，在合作社与成员的交易中，以高于市场价格收购成员产品的合作社占多数，但是这一比例仍不超过 50%。

表 5 - 16　　　　　　　　合作社与成员的交易价格　　　　　单位：家、%

交易价格	合作社数量	比例
市场价	35	37.23
优惠价	39	41.49
高出平均生产成本的固定价	2	2.13
不收购成员农产品的合作社	18	19.15
合计	94	100

在 18 家不收购成员农产品的合作社中，有 7 家是村"两委"、生产大户或经销大户领办的，有 1 家是生产大户与投资商共同领办的，其余 10 家都是非农民领办的。关于不收购成员产品的原因中，2 家村"两委"领办的合作社中，有 1 家是因为只为成员与采购商提供交易市场，1 家是因为成员的果树还没有产果；有 3 家在经营范围内就没有产品销售这项业务；其余 13 家合作社都有农产品销售业务，但是都不从成员手中采购产品，而是自产自销，但是其中 7 家的农资购销业务全部是与成员开展的。

在上述 18 家不收购成员农产品的合作社中，有 8 家获得了示范社称号，占 44.44%；其中 3 家是村"两委"或生产大户领办，其余 5 家均为非农民领办；有 12 家获得过政府的扶持资金，占 66.67%。

十三　合作社与非成员的交易

本项研究所调查的合作社都与非成员进行交易。关于与非成员的交易情况，102 个有效回答显示，有 87 家合作社与非成员进行交易，占比为 85.29%；不与非成员进行交易的有 15 家，占 14.71%。可见大多数合作社也同非成员进行交易。

在同非成员进行交易的合作社中，将合作社与成员和非成员的交易分别核算的有60家，占比为68.97%；不分别核算的有27家，占比为31.03%。《农民专业合作社法》第三十三条规定，农民合作社与成员的交易、与非成员的交易，应当分别核算。不分别核算就难以辨识成员与非成员，合作社边界不清楚，对成员提供优惠服务和返利就缺乏依据，政府的扶持也难以落实到合作社成员，这样，合作社能否真正发挥作用也成为疑问。有1/3的合作社对成员与非成员的交易不加区分，比例比较高。

第六章　中国农民合作社的作用和主要问题

——基于问卷调查的分析

第一节　中国农民合作社的作用

一　促进农业的产业化和现代化

在理事长问卷中，107 个有效回答显示，合作社对农业生产的作用很大的比例从大到小排序，依次是"改变农民传统生产观念"（61.1%）、"促进农业生产规模经营"（59.8%）、"推广新技术新品种"（59.3%）、"开展农业标准化生产"（53.8%）、"提高产品优质率"（53.7%）、"使用安全环保农资"（53.3%）、"提高产出量"（46.3%）、"增加农民家庭经营收入"（42.1%）、"提高农业机械化率"（40%）、"减少农业劳动力投入"（37.4%）、"开展农产品初加工"（24.3%）。如果将作用"很大"与"较大"两项合计，可以看到，除"提高农业机械化率"、"开展农产品初加工"和"减少农业劳动力投入"三个方面作用为"很大"和"较大"的占比之和较低之外，其余各方面作用为"很大"与"较大"的占比之和都超过了80%（见表 6-1）。

表 6-1　　　　理事长对合作社在农业生产方面作用的评价　　　　单位:%

作用	很大	较大	一般	有点	没有	很大 + 较大
促进农业生产规模经营	59.8	25.2	11.2	1.9	1.9	85
推广新技术新品种	59.3	28.7	7.4	3.7	3.7	88
使用安全环保农资	53.3	32.7	6.5	2.8	4.7	86

续表

作用	很大	较大	一般	有点	没有	很大 + 较大
开展农业标准化生产	53.8	29.3	11.3	2.8	2.8	83.1
提高农业机械化率	40	18.1	15.2	8.6	18.1	58.1
减少农业劳动力投入	37.4	28.0	12.2	9.4	13.1	65.4
提高产品优质率	53.7	36.1	5.6	2.8	1.9	89.8
开展农产品初加工	24.3	21.4	11.7	2.9	39.8	45.7
提高产出量	46.3	38.9	9.3	1.9	3.7	85.2
改变农民传统生产观念	61.1	26.9	8.3	0.0	3.7	88
增加农民家庭经营收入	42.1	48.6	6.5	0.9	1.9	90.7

成员问卷显示，对于合作社在农业发展中的作用的评价顺序，由高到低依次是"提高产品优质率"（43.98%）、"推广新技术新品种"（40.36%）、"增加农民家庭经营收入"（38.79%）、"促进农业生产规模经营"和"改变农民传统生产观念"（都是38.64%）、"使用安全环保农资"（38.14%）、"开展农业标准化生产"（35.37%）、"提高产出量"（33.43%）、"减少农业劳动力投入"（26.49%）、"提高农业机械化率"（22.91%）和"开展农产品初加工"（15.82%）。与理事长问卷分析的结果一样，除"开展农业标准化生产"、"开展农产品初加工"和"减少农业劳动力投入"三个方面作用为"很大"和"较大"的占比之和较低之外，其余各方面作用为"很大"与"较大"的占比之和都超过了60%（见表6-2）。

表6-2　　　　合作社成员对合作社在农业生产方面作用的评价　　　　单位:%

作用	很大	较大	一般	有点	没有	很大 + 较大
促进农业生产规模经营	38.64	28.61	8.85	3.83	20.06	67.25
推广新技术新品种	40.36	32.05	9.5	3.86	14.24	72.41
使用安全环保农资	38.14	28.23	11.11	4.5	18.02	66.37
开展农业标准化生产	35.37	24.7	10.37	4.27	25.3	60.07
提高农业机械化率	22.91	17.03	9.91	5.88	44.27	39.94
减少农业劳动力投入	26.49	20.24	10.42	8.93	33.93	46.73
提高产品优质率	43.98	28.01	7.23	4.52	16.27	71.99
开展农产品初加工	15.82	12.79	10.1	3.37	57.91	28.61

续表

作用	很大	较大	一般	有点	没有	很大 + 较大
提高产出量	33.43	27.76	12.54	8.06	18.21	61.19
改变农民传统生产观念	38.64	30.68	8.26	5.6	16.81	69.32
增加农民家庭经营收入	38.79	31.61	13.22	6.9	9.48	70.4

从合作社理事长和成员的评价可以看到，合作社对于农业的产业化、规模化、标准化、提高优质率、提高生产效率、改变农民传统生产观念、推广新技术、新品种等方面都发挥了很大的积极作用。

通过案例分析可以看到，农业标准化生产是农产品质量安全的保证。对工业化食品的需求增长需要越来越多的规格化、标准化原料。随着超市、物流、信息化等现代市场流通系统在我国的发展，规格化、标准化更成为农产品流通的必要条件。解决了农业标准化问题，农产品才能进入现代化市场营销系统。因此，规格化、标准化是农业产业化经营的基础。农民合作社是农业标准化生产的一个重要实施主体。合作社根据市场要求，把农业标准和农产品质量标准引入生产、加工、流通的全过程，逐渐成为农业标准化生产的重要组织者和实施者。在合作社的推动下，农产品品种得以改进，良种得以普及，质量得到提高，品种结构进一步优化。在合作社这一组织下，农户融入了农业产业经营体系，知道了什么是标准化生产，怎样生产才符合标准，从源头上解决了质量安全问题。需要注意的是，理事长和成员的评价趋势基本一致，但是理事长的评价为"作用很大"的占比普遍高于成员（见图 6 - 1）。这种差异背后的原因还需进一步研究，以更全面和深入地理解合作社对农业发展的作用。

合作社对农业生产所发挥的作用与中共中央历年来的一号文件提出的目标高度契合，亦即合作社的发展证明了这些文件相关目标和任务的正确性。

对于"没有作用"的评价，在理事长问卷中，排在前三名的是"开展农产品初加工"（39.8%）、"提高农业机械化率"（18.1%）、"减少农业劳动力投入"（13.1%）；在成员问卷中，对各方面做出"没有作用"的评价人数都超过了10%，人数比例从高到低排在前三位的是"开展农产品初加工"（57.91%）、"提高农业机械化率"（44.27%）、"减少农业劳动力投入"（33.93%）（见表6-1和表6-2）。

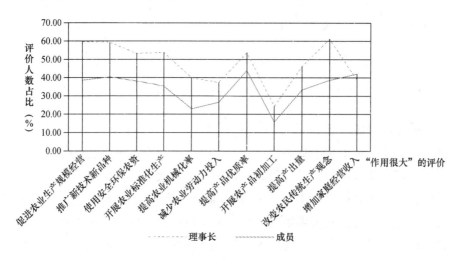

图6-1　合作社理事长和成员对合作社发挥了
"很大作用"的若干方面评价的比较

可见，对于合作社对农业生产没有发挥作用的方面，理事长与成员的认识高度一致（见图6-2）。合作社在开展农产品初加工方面没有发挥作用，没有促进农业机械化水平的提高，因而也没有减少农业劳动力的投入。这在一定程度上反映出，我国农民合作社大部分仍停留在产品生产阶段的合作。这是否意味着合作社组织形式对农业现代化的作用有限，有待进一步深入研究。

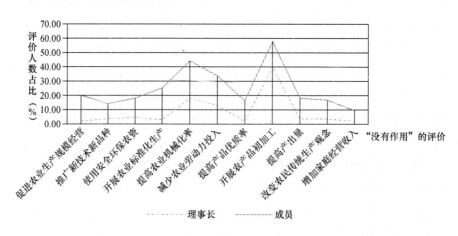

图6-2　合作社理事长和成员对合作社没有发挥作用的若干方面评价的比较

合作社发起人和成员所列出的发起或参加合作社的前三个原因中，有两项是重合的，即"解决生产经营中遇到的问题"和"扩大现有生产经营规模"。将合作社对农业发展的作用与发起成立或加入合作社的原因相对比，我们可以发现，合作社发挥了预期的作用，满足了合作社发起人和普通成员的需要，同时，也在一定程度上实现了政府推动农业产业化、提高农民组织化程度及其与市场对接的能力，提高农民收入等政策目标。

二　提高农民的组织化程度

从问卷调查分析可以看到，农民合作社为了提供符合市场需要的农产品，派出一定的技术力量培训农民，使农民掌握生产技术、为农民排忧解难。农民合作社通过订单、合同明确农户需要提供的农产品的数量、品种、品质及收购时间、地点、方式等，使纷乱的市场需求信息转化成精确的市场信号和指令，使农户按照他们提出的标准和要求去从事生产经营活动，引导农户按市场需求进行专业化、规模化生产，最终实现小农户与大市场的对接。通过合作，农民提高了商品意识、科技意识、合作意识、民主意识，学习了先进的经营管理理念，破除了小农经济思想，树立了市场意识和专业化、社会化的大生产观念，增强了农民自我组织、自我服务、自我管理、自我教育的能力，使农业产业化逐渐成为培育新型农民的主阵地。

三　增加农民家庭农业经营收入

在合作社对农民家庭生活的影响方面，351 个有效回答显示，参加合作社后自己家庭农业经营收入增加很多的成员有 100 人，占 28.49%；增加比较多的有 134 人，占 38.18%；增加情况一般的有 72 人，占 20.51%；增加不多的有 13 人，占 3.70%；没有增加的有 32 人，占 9.12%。可见，多数成员参加合作社后家庭收入都有较大幅度的增加（见表 6-3）。

表 6-3　　　　加入合作社之后成员家庭农业经营收入变化　　单位：人、%

	增加很多	增加比较多	一般	增加不多	没有增加	合计
人数	100	134	72	13	32	351
比例	28.49	38.18	20.51	3.70	9.12	100

通过计量分析，可以看到，成员对合作社带动家庭经营收入增加的

评价受到自身情况、合作社的经营管理以及理事长的特征等方面因素的影响。一般认为，合作社是否以及在多大程度上增加成员的家庭收入，受到组织特征（包括从事行业、内部治理等方面）、理事长特征、成员自身特征等多方面因素的影响。结合理论分析，从行业特征、组织特征、理事长特征和农户特征等方面出发，把可能影响成员家庭农业经营收入增加的因素列在表6-4中。

表6-4 成员对合作社增加家庭农业经营收入作用评价的影响变量

序号	影响因素	变量名称	变量描述	询问对象
1	成员	实际耕种土地面积	报告值	成员
2		家庭人口规模	报告值	成员
3		合作社收入（对成员家庭）的重要性	从1=非常重要到5=特别不重要五分类	成员
4		务农劳动力占家庭人口的比例	（报告的务农劳动力人数÷家庭人口数）×100%	成员
5		家庭收入在村里的等级	从1=低收入到5=高收入五分类	成员
6		家庭2014年总收入	报告值	成员
7		是否担任合作社的职务	1=有职务；2=无职务	成员
8		是否拥有个人成员账户	1=有账户；2=无账户/不清楚	成员
9	合作社	是否分级收购成员产品	1=是；2=否	成员
10		是否实行财务公开	1=是；2=否	成员
11		主要经营业务	1=粮食；2=果蔬；3=养殖；4=服务；5=特种种植	理事长
12		实有成员数量	报告值	理事长
13		年技术培训次数	报告值	理事长
14		是否有产品认证	1=是；2=否	理事长
15		是否为示范社	1=是；2=否	理事长
16		是否注册商标	1=是；2=否	理事长
17		是否获得过政府补贴	1=是；2=否	理事长
18		理事长类型	1=专业大户/能手；2=村组干部；3=企业家	理事长

续表

序号	影响因素	变量名称	变量描述	询问对象
19	理事长	理事长文化程度	1 = 文盲；2 = 小学；3 = 初中； 4 = 高中/中专；5 = 大专及以上	理事长
20		理事长性别	1 = 男；2 = 女	理事长
21		理事长年龄	报告值	理事长
22		理事长是否控股	1 = 是；2 = 否	理事长
23	区域	地区变量	1 = 山东；2 = 江西；3 = 四川	理事长

为了保证将上述 23 个影响"增加家庭农业经营收入"的变量同时放入模型进行回归的精确性，必须先检验其多重共线性。Stata 软件 coldiag2 命令的检验结果表明，23 个自变量的条件数为 110.04 > 100，表明自变量之间有严重的多重共线性，不能直接进行回归估计。为了得到更准确的结果，可以使用 Stata 软件对变量采用逐步回归法的有序 Logit 估计，将显著性水平设置为 0.15，采用后向逐步回归法（即将全部 23 个自变量同时纳入方程，然后逐步淘汰不显著的自变量），得到的估计结果见表 6 – 5。

表 6 – 5　成员对合作社增加家庭农业经营收入作用评价的逐步回归结果

变量	系数	标准误	Z 值	显著性水平	95% 的置信区间	
家庭人口规模	0.301	0.128	2.35	0.019	0.050	0.551
合作社收入的重要性	0.422	0.244	1.73	0.084	− 0.056	0.900
是否实行财务公开	1.808	0.579	3.12	0.002	0.674	2.943
是否有产品认证	1.343	0.528	2.55	0.011	0.309	2.377
理事长类型	0.538	0.262	2.05	0.040	0.025	1.052
理事长年龄	0.063	0.032	1.96	0.050	0.000	0.126
理事长是否控股	0.847	0.588	1.44	0.150	− 0.306	2.000
地区变量	1.155	0.346	3.34	0.001	0.477	1.833

注：模型的样本数为 98，LR χ^2（8）为 42.10，显著性水平为 0.000，伪 R^2 为 0.168，对数似然值为 − 104.319。

回归结果表明，成员自身的情况、合作社的经营管理以及理事长的特征，都会影响成员对合作社带动家庭农业经营增收作用的评价（注意：从 1 到 5，被解释变量的数值越大，成员对合作社增收作用的评价越高）。具体来看：（1）成员家庭人口越多，对合作社增加其家庭收入的作用评价越消极，反之，家庭规模较小的成员，对合作社的增收效果评价更积极；（2）合作社收入对家庭收入越不重要，成员对其增收效果的评价越消极；（3）合作社财务公开和进行产品认证，对成员评价其增收效果有负向作用——越是实行财务公开和进行产品认证的合作社，成员越不认可其增收效果，而且两个变量的系数较大，表明其与成员评价有很强的相关关系；（4）理事长是专业大户/能手、村组干部还是企业家（企业人员），与成员评价合作社的增收效果有显著的相关关系，合作社的理事长从专业大户/能手，到村组干部，再到企业家，其成员对合作社增收作用的评价越来越差；（5）合作社理事长的年龄越大，成员对其带动家庭经营收入增加的评价越消极；（6）在适当放松检验显著性水平（至 0.15）时，与理事长不绝对控股的合作社相比，理事长绝对控股（出资比例≥50%）的合作社成员认为合作社带动成员家庭农业经营收入增加的效果更差。此外，成员对合作社带动家庭农业经营收入增加作用的评价，还存在显著的地区差异。

四　改变农民传统生产观念

合作社普遍对成员进行生产技术培训，制定产品质量标准，提供市场信息，有些合作社还建立种苗以及生产示范基地，推广新品种，这些都使农民开始面向市场、关心产品的质量、采用新技术，改变了农民传统的生产经营观念，为培育新型职业农民创造条件。

五　推动农村社会和谐进步

本书采用间接的方法来反映合作社对农村社会生活的影响，采用的指标主要是合作社成员的主观感受，包括"对您参与村里事务积极性的影响"、"对您改善在村里的人际关系的影响"、"对您结交更多朋友的影响"和"对让您觉得生产经营更有奔头的影响"。

成员 351 个有效回答显示，参加合作社对其参与村事务的积极性有影响的占 45.87%，没有影响的占 52.99%，有点负影响的占 1.14%（见表 6-6）。这说明，合作社对其成员参与村事务有积极的促进作用，但是对一半成员没有产生作用，甚至对极少数成员产生负面作用。

表6-6　　　　　　　合作社对农村社会生活的作用　　　　单位：人、%

影响		很大	有点	没有	有点负面	负面很大	合计
参与村事务的积	人数	43	118	186	4	0	351
极性	比例	12.25	33.62	52.99	1.14	0	100
改善在村里的人	人数	90	132	128	0	0	350
际关系	比例	25.71	37.71	36.57	0	0	100
结交更多朋友	人数	138	159	56	2	1	356
	比例	38.76	44.66	15.73	0.56	0.28	100
觉得生产经营更	人数	162	128	51	2	1	344
有奔头	比例	47.09	37.21	14.83	0.58	0.29	100

注：因四舍五入，比例合计可能不为100%。

在成员问卷中，350个有效回答显示，参加合作社对自己改善在村里的人际关系产生了积极影响的占63.42%，没有影响的占36.57%。356个有效回答显示，参加合作社对自己结交更多朋友有影响的占83.42%，没有影响的占15.73%，有负面影响的占0.84%。可见，参与合作社大大增强了成员之间的往来，增加了他们之间的友谊，改善了村庄的人际关系。但是，交往中可能产生一些矛盾，解决不好会对人际关系产生负面影响，这是极少数成员遇到的情况。尽管如此，仍然可以看到，这对于改变实行家庭联产承包责任制之后单户生产所造成的人际联系减弱的局面应该有很大的促进作用，对增加农村社会的和谐与社会资本有非常积极的促进意义。

对于农民未来的预期，344个有效回答显示，参加合作社使自己觉得以后的生产经营更有奔头的占84.3%，没有影响的占14.83%，有负面影响的占0.87%。可见，参加合作社对绝大多数成员未来的预期产生了积极影响。这种影响可能是由于上述物质（如家庭经营收入）和精神（如村庄人际关系）条件的改善而产生的。

第二节　存在的主要问题

这里主要从《农民专业合作社法》的角度，根据以上对于中国农民合作社发展状况的分析，研究农民合作社现实运行与该法规定之间的差异，并从合作社的平等自愿、民主管理、共享成果等基本原则出发，讨论中国农民合作社运行中存在的问题。

一　合作方式与经营范围超出《农民专业合作社法》规定

中国的农民合作社的合作形式已不限于生产经营合作，而且出现了农机合作、土地股份合作、信用合作和联合社等多种形式。但是，这些新型的合作社在《农民专业合作社法》中没有相关规定，法律已经落后于实践的发展。

二　治理结构、利益分配与《农民专业合作社法》和经典的合作社基本原则不一致

中国农民合作社的股权普遍集中在少数核心成员手中，合作社的决策也不是《农民专业合作社法》规定的一人一票的基本原则，主要由理事会和理事长负责，盈余分配主要是按资分配，当然，经营风险也相应地主要由这些出资的核心成员承担。合作社得到的财政补助资金也基本上没有量化分配给普通成员。

《农民专业合作社法》第三条规定，盈余主要按照成员与农民合作社的交易量（额）比例返还。但是，从以上分析可以看到，当前我国农民合作社很少有二次返利，即使有二次返利，也主要是按资分配。这与法律规定不一致。

但是，实地调研中，合作社理事长认为合作社主要是他们投资并辛辛苦苦建立起来的，普通成员没有多少贡献，合作社在提供农资采购和农产品收购等服务时，已经向成员提供了优惠价格，他们已经获益，这时如果继续按照交易量二次返利，尤其是将政府提供的补助资金量化到每个成员，主要出资的核心成员认为不公平，也拒绝这样做。

三　主管机关不明确，缺乏外部监督

《农民专业合作社法》第九条规定："县级以上各级人民政府应当组织农业行政主管部门和其他有关部门及有关组织，依照本法规定，依据各自职责，对农民合作社的建设和发展给予指导、扶持和服务。"这里没有明确主管部门，因而现实中对于合作社进行促进和监管的部门责任就不清楚。问卷的107个有效回答显示，只有31个合作社进行过财务审计，占29%；76个合作社未审计，占71%。没有部门对此予以规范要求。

四　《农民专业合作社法》宣传和培训不到位

不少合作社的发起人不理解《农民专业合作社法》的精神，只知道成立合作社能享受到国家优惠政策。很少有农民知道如何着手创办合作社，有的甚至连合作社的主要业务范围和盈利途径都没有确定就去工商部门登记，更多的人不知道"二次利润返还"，因此也就谈不上合理确定合作社的组织机构和决策机制等问题。农民也同样缺乏对合作社知识的理解。

在成员问卷中，360个有效回答显示，知道《农民专业合作社法》的成员有175人，占48.61%；不知道的有185人，占51.39%。他们知道合作社法的首要渠道是合作社组织的培训，占65.14%；其次是电视广播和杂志等宣传媒体，占33.71%；再次是乡村干部宣传，占17.14%；最后是从邻居处了解的占4.57%（见表6-7和表6-8）。在其他渠道中，从互联网了解到的有8人，占总回答人数的4.57%。可见，合作社成员对《农民专业合作社法》的知晓程度比较低。合作社培训是成员了解《农民专业合作社法》最重要的渠道，因而政府对合作社领办人和其他主要负责人开展的相关法律宣传教育就显得格外重要。

表6-7　　　　　成员对《农民专业合作社法》的知晓情况　　　单位：人、%

知晓情况	人数	比例
知道	175	48.61
不知道	185	51.39
合计	360	100

表6-8　　　　　成员知晓《农民专业合作社法》的渠道　　　单位：%

渠道	合作社组织的培训	电视广播和杂志等	邻居	乡村干部宣传	其他方式
比例	65.14	33.71	4.57	17.14	17.71

注：该题为多选项，各项比例之和大于100%。

五　理事长眼中对现行法律和政策的看法

关于《农民专业合作社法》存在哪些问题影响合作社的健康发展，本项研究设计了10个选择题请合作社理事长回答。54个有效回答显示

（见表 6-9），问题最大的依次是：联合社的登记注册问题，即无法律依据；合作社优惠政策不够具体和明确；盈余的 60% 按交易额返还的规定不合理，比例太高；财政扶持资金平均量化到每个成员不合理，因为每个成员对合作社的贡献不同；成员数最低为 5 人的要求过低；对于具体由哪个政府部门扶持合作社发展规定不清；80% 成员是农民的规定不合理，限制了非农民的参与；一人一票的基本原则不合理，因为成员对合作社的出资和作用不同；合作社经营范围规定太窄，不利于合作社发展；量化公积金的规定可操作性不强，实践中不知道怎样操作。

表 6-9　　　合作社理事长认为《农民专业合作社法》存在的问题

单位：人、%

选项	人数	比例
联合社的登记注册问题	41	75.93
80% 成员是农民的规定不合理	9	16.67
合作社经营范围规定太窄	7	12.96
一人一票的基本原则不合理	8	14.81
盈余的 60% 按交易额返还的规定不合理	13	24.07
财政扶持资金平均量化不合理	12	22.22
成员数最低是 5 人的要求过低	10	18.52
对负责的政府部门规定不清楚	10	18.52
量化公积金的规定可操作性不强	6	11.11
合作社优惠政策不够具体和明确	18	33.33
其他	26	48.15

注：此题为多选题，比例合计超过 100%。

在表 6-10 中，对于《农民专业合作社法》存在的"其他"问题，理事长的回答与法律本身没有直接关系[1]，而是更多地集中在政府和政策上。在归纳出的 20 个问题中，16 个直接与政府相关，其中又以财政

———————————

　　[1]　合作社理事长没有对《农民专业合作社法》提出修改意见，可能不应理解为他们认为该法没有需要修改的内容，表 6-9 已经表明他们对法律的意见。此处他们的意见更多的是关于政策，说明具体政策对合作社运营的影响更直接，理事长们感受更强烈。

扶持资金的使用问题为最多，主要是资金投向、资助力资源方式、套取资金与监管；有两个问题涉及土地流转；一个涉及人力资源开发，另一个涉及妇女成员的发展。

表 6 - 10　　　　　　　合作社理事长对法律和政策的调整意见

方面	调整意见
政府与政策	政策上要扶持发展好、带动力强的合作社
	现行政策是扶大不扶小，扶虚不扶实，没有落实到位
	政策扶持资金要直接拨付给合作社
	政府应该扶持产业链，更好地带动农民致富
	政府应该推介合作社产品
	政府应该支持合作社面临的基础设施建设问题，如水利、交通等
	政府监管要有名有实
	资金要扶持给真正干事的
	政府部门不应多头管理
	政府应增加对合作社的扶持资金
	政府应该给合作社成员贷款贴息
	防止公职人员以合作社名义套取资金
	加强法律宣传
	加强合作社政策宣传
	及时传达培训信息，增加培训机会
	简化合作社管理的手续
土地流转	提高用地审批效率
	土地流转要连片
人力资源开发	加强营销人才队伍建设
妇女发展	为妇女成员贷款提供方便，妇联应该上门为妇女成员提供服务，如外出培训、生活和心理等全方面辅导

第三节　对中国农民合作社与国际合作社原则不一致的解释

尽管中国农民合作社的运行模式与《农民专业合作社法》和经典

的国际合作社基本原则不一致，但总体上看，得到了成员的广泛接受。理解这一似乎反常现象的基本思路是考虑中国农民合作社发生、发展的历史条件和环境。

经典合作社理论和原则的一个基本前提是合作社成员的同质性。但是，中国合作社不存在这种同质性，因为当代中国快速城镇化、工业化、市场化过程中，农村社区成员已出现比较严重的分化现象，农民异质性明显。这不是《农民专业合作社法》实施的结果，而是《农民专业合作社法》制定和实施的一个基本环境。而且农业经济的快速市场化又进一步推动了农民的异质化。

从政府推动农民合作社发展的初衷看，重要的原因之一是提高农业综合生产能力，提高农产品质量，实现农业现代化和可持续增长，因而需要鼓励提高农业生产经营效率。在现代社会中，对农业生产经营效率的贡献要素呈现多元化趋势，物质资本、人力资本和社会资本都成为重要的贡献要素。本研究的问卷调查表明，如果严格遵循经典的合作社理论，采用"一人一票"的原则，按照交易量二次返利，可能会严重削弱合作社发起人的积极性，结果将是抑制合作社的发展。这也是政府鼓励能人和龙头企业领办合作社的重要原因。而且，政府部门出于推动农业产业化和现代化的需要，急需可以发挥推动作用的新型农业经营主体，采取效率优先的原则，因而小农户在合作社中的地位和作用没有得到足够的重视。

农业规模化、产业化的发展使农业产业链各环节的联系更加紧密，使农业生产服务提供者与服务使用者之间的利益关联更加紧密。这在一定程度上促使服务提供者有动力和能力参与农民合作社，也使服务使用者能够接受前者参与合作社，从而形成了农业服务使用者和服务者共同参与合作社的局面。

第七章 中国农民合作社的内外部环境与发展动向
——基于问卷调查的分析

第一节 理事长与成员对合作社的认知和期待

一 对合作社的认知

关于合作社理事长和普通成员对于"合作社"这种组织形式的理解，本研究采用了两种调查方法：一种是封闭式选择题，另一种是开放式问题。表7-1中对于合作社的理解前四个选项是封闭式的多选题，最后一项是开放式的简答题。

问卷统计结果显示，理事长与成员对于合作社的理解占最多数的都是"农民自己按照自愿、平等原则联合起来的互助组织"。但是，居于第二位的选择在理事长和成员之间不同，理事长认为合作社是"农村各路精英带领农户共同致富，双方风险同担、利益共享的组织"，而成员多认为"从事农业生产经营活动的不同要素所有者，按照有钱出钱、有力出力、有地出地的原则，自愿联合、相互合作、优势互补的组织"。理事长和成员都同时把合作社是"农村各路精英带领农户共同闯市场，保障农户受益并且利益不受损，领办人承担全部经营风险的组织"放在了末位。

在开放式的描述性回答中，理事长的回答中关键词前五位的有"合作"（频数为12）、"共富"（频数为7）、"提供技术、提升专业化、标准化"（频数为4）、"农民组织"（频数为4）和"不清楚"（频数为3）。成员的回答中关键词前四位的有"合作"（频数为16）、"统一生产技术、统购统销等服务"（频数为14）、"增加家庭收入"（频数为

8)、"共富"（频数为7）和"风险共担"（频数为6）。可见，对于什么是合作社，理事长与成员是有共识的，即合作社是"以统一开展生产、农资和销售等方面的服务为手段，以共同富裕为目的的农民合作组织"。

二　对合作社总体的满意度

本书的问卷调查显示，受访合作社成员对于各自合作社的服务、盈余分配、决策方式和个人需求满足状况的满意度普遍很高，以10分为最高分，成员对合作社各项指标的满意度都在8.8分以上（见表7-1）。

表7-1　　　　　　　　　　成员对合作社服务的满意度情况

	有效回答数（个）	均值（分）	方差
生产技术服务	316	8.94	1.67
产品销售服务	307	8.84	1.82
盈余分配方式	290	8.85	1.72
决策方式	312	9.02	1.53
满足成员的需求变化	326	8.84	1.68
总体服务水平	340	9.00	1.44

注：1分表示"一点也不满意"，10分表示"完全满意"。

合作社成员对合作社服务的满意程度也可以通过计量方法进行分析。为此，本书选择的影响变量如表7-2所示。

表7-2　　　　　　成员对合作社总体服务水平满意度的影响变量

序号	影响因素	变量名称	指标说明	询问对象
1	成员	务农劳动力占家庭人口的比例	（报告的务农劳动力人数÷家庭人口数）×100%	成员
2		合作社收入（对成员家庭）的重要性	从1=非常重要到5=特别不重要五分类	成员
3		家庭收入在村里的等级	从1=低收入到5=高收入五分类	成员
4		家庭2014年总收入	报告值	成员
5		是否担任合作社的职务	1=有职务；2=无职务	成员
6		是否拥有个人的成员账户	1=有账户；2=无账户/不清楚	成员

续表

序号	影响因素	变量名称	指标说明	询问对象
7	合作社	是否分级收购成员产品	1 = 是；2 = 否	成员
8		提供服务的收费标准	1 = 市场价；2 = 优惠价；3 = 成本价；4 = 免费；5 = 不适用	成员
9		是否实行财务公开	1 = 是；2 = 否	成员
10		盈余分配由谁决定	1 = 成员大会；2 = 理事会；3 = 经营管理层；4 = 理事长；5 = 不清楚①	成员
11		增加成员家庭收入的作用	1 = 很大；2 = 比较大；3 = 一般；4 = 有点；5 = 没有	成员
12		是否要求成员入股和交费	1 = 是；2 = 否	理事长
13		是否与成员签订服务合同	1 = 是；2 = 否	理事长
14		每年技术培训次数	报告值	理事长
15		是否有生产或示范基地	1 = 是；2 = 否	理事长
16		是否有产品认证	1 = 是；2 = 否	理事长
17		是否示范社	1 = 是；2 = 否	理事长
18		是否注册商标	1 = 是；2 = 否	理事长
19		是否等额选举理事	1 = 等额；2 = 差额	理事长
20	理事长	理事长类型	1 = 专业大户/能手；2 = 村组干部；3 = 企业家	理事长
21		理事长文化程度	1 = 文盲；2 = 小学；3 = 初中；4 = 高中/中专；5 = 大专及以上	理事长
22		理事长性别	1 = 男；2 = 女	理事长
23		理事长年龄	报告值	理事长
24		理事长是否控股	1 = 是；2 = 否	理事长
25		控制地区变量	1 = 山东；2 = 江西；3 = 四川	理事长

可能影响成员合作社总体服务水平满意度的 25 个变量，同样具有严重的多重共线性（条件数为 113.1 > 100），因此需要采用逐步回归法进行有序 Logit 估计，将显著性水平设置为 0.15，采用后向淘汰法，得到结果（见表 7 - 3）。

---

① 从 1 到 4 表明决策分配机制越来越集权或不透明。

表 7 - 3　　　　　　　成员对合作社总体服务水平满意的逐步回归结果

变量	系数	标准误	Z 值	显著性水平	95% 的置信区间	
合作社收入的重要性	- 0.326	0.186	- 1.75	0.079	- 0.691	0.038
成员家庭收入在村里的等级	- 0.555	0.233	- 2.38	0.017	- 1.012	- 0.099
盈余分配由谁决定	- 0.215	0.123	- 1.75	0.081	- 0.457	0.026
是否与成员签订服务合同	- 0.427	0.285	- 1.50	0.135	- 0.986	0.133
是否有生产或示范基地	- 2.000	0.558	- 3.59	0.000	- 3.093	- 0.907
理事长类型	- 0.395	0.166	- 2.37	0.018	- 0.721	- 0.069
理事长年龄	- 0.053	0.019	- 2.86	0.004	- 0.090	- 0.017
地区变量	- 0.428	0.210	- 2.04	0.042	- 0.839	- 0.016

注：模型的样本数为 151，$LR\chi^2$（8）为 46.10，显著性水平为 0.000，伪 $R^2$0.123，对数似然值为 - 165.129。

回归结果表明，成员对合作社总体服务水平的满意度，受到成员自身情况、合作社的运营情况以及理事长特征等共同作用。具体来看：第一，合作社收入在家庭收入中越不重要（问卷设计中，数值越大，反映在合作社所获收入对家庭收入越不重要，见表 7 - 2），成员对合作社总体服务水平的满意度就越低，或者反过来讲，合作社收入对家庭的重要性越强，成员对其总体服务也就越满意；第二，成员家庭收入在村里的等级越高，其对合作社的总体服务水平满意度越低；第三，合作社的盈余分配越是集权化或不透明，成员对合作社的总体服务水平满意度越低；第四，成员对与成员签订服务合同的合作社的满意度高于不与成员签订服务合同的合作社，也就是说，与成员签订服务合同可以提高成员对合作社总体服务水平的满意度；第五，有生产或示范基地的合作社，其成员对合作社总体服务水平的满意度更高，且这一影响显著；第六，理事长（类型）越是接近农民身份，其合作社成员的满意度越高，比如，由专业大户/能手担任理事长的合作社，其成员对总体服务水平的满意度会显著高于由企业家/企业人员担任理事长的合作社；第七，理事长的年龄与成员对合作社总体服务水平的满意度负相关，即理事长由年龄较小的人担任的合作社，成员对其总体服务水平更满意。此外，成员对合作社总体服务水平的满意度，还存在显著的地区差异。

另外，上述计量结果表明，合作社增加成员家庭收入方面的作用，并不显著影响成员对合作社总体服务水平的满意度。

三　对合作社的期待

对于成员需要合作社应该进一步发挥的作用，报告设计了 14 个问题请合作社成员回答，答案分为"很需要"、"一般需要"和"不需要"三种情况。根据对"很需要"回答的占比，从高到低排序，前三位的是拓宽产品销售渠道、提升生产技术水平和开展产品品牌建设，都事关农业生产和销售；从低到高排序，排在前三位的依次是帮助成员流转土地、贷款（担保）服务和完善收益分配制度。[①] 这个结果的前一半与学界的观点一致，后一半似乎与当前学界热议的农村土地流转需求、农民贷款难和合作社分配不公的观点相去甚远。

这个结果说明，普通农民成员最关心能够生产出满足市场需要的农产品，产得出来，卖得出去，挣得到钱，所以，他们更关注的是合作社的生产技术服务能力、市场开拓能力和市场品牌效应，而在土地流转和贷款获得方面的需求并不是十分强烈，而且对于合作社盈余分配不公的感受也不强烈，也可说明，成员对于合作社的分配方式接受程度普遍较高，也意味着广大农民对于合作社现有的制度安排的接受程度较高。

值得注意的是，排在"最需要"的第四位、第五位的是"提供农业保险服务"和"开展产品认证服务"，说明农业保险仍是农业生产亟须加强的薄弱环节，产品认证服务是促进农产品销售的一个迫切需要解决的问题（见表 7-4）。

表 7-4　　　　　　成员对合作社服务的需求分布　　　　单位：人、%

需求程度		很需要	一般需要	不需要	合计
拓宽产品销售渠道	人数	218	60	60	338
	比例	74.56	14.79	10.65	100
提升生产技术水平	人数	251	46	45	342
	比例	73.39	13.45	13.16	100
开展产品品牌建设	人数	218	60	60	338
	比例	64.5	17.75	17.75	100

---

① 对"不需要"的回答占比由高到低排列，前五位的是：帮助成员流转土地、贷款（担保）服务、提升（供）仓储服务、合作社财务公开和完善收益分配制度。

续表

需求程度		很需要	一般需要	不需要	合计
提供农业保险服务	人数	218	60	60	338
	比例	58.18	18.79	23.03	100
开展产品认证服务	人数	218	60	60	338
	比例	57.72	19.44	22.84	100
引进专业经营管理人才	人数	218	60	60	338
	比例	55.10	19.53	25.36	100
统一农产品加工	人数	218	60	60	338
	比例	48.44	17.19	34.38	100
增强普通农户成员在合作社决策中的参与	人数	218	60	60	338
	比例	48.12	25.8	26.09	100
与其他合作社开展联合与合作	人数	218	60	60	338
	比例	47.92	24.11	27.98	100
合作社财务公开	人数	218	60	60	338
	比例	44.15	22.51	33.33	100
提升（供）仓储服务	人数	218	60	60	338
	比例	44.06	15.31	40.63	100
完善收益分配制度	人数	218	60	60	338
	比例	43.53	23.53	32.94	100
贷款（担保）服务	人数	218	60	60	338
	比例	38.67	19.34	41.99	100
帮助成员流转土地	人数	218	60	60	338
	比例	35.24	22.29	42.47	100

注：因四舍五入，比例合计可能不为100%。

第二节　政府扶持

一　示范社①

在理事长问卷中，105个有效回答显示，获得各级示范社称号的共

---

① 中国政府2009年正式开始农民合作社示范社创建活动，目的是"使农民合作社制度建设更加健全、内部管理更加规范、市场竞争能力明显提高、带动农户能力明显增强"，"树立一批可学可比的典型，发挥示范引路作用，引导农民合作社完善运行机制，增强内部活力和发展后劲，推动农民合作社规范化、上水平发展"。为此，农业部2010年制定了《农民专业合作社示范社创建标准（试行）》。这些标准包括民主管理好、经营规模大、社会反响好三个方面。（参见农业部等部委文件《关于开展农民专业合作社示范社建设行动的意见》、农业部制定的《农民专业合作社示范社创建标准（试行）》）

有66家，占62.86%；非示范社有40家，占37.14%。可见，本次调研见到的合作社大多是运行比较规范的合作社，这大概是因为这些合作社基本上都是地方主管部门协助安排的。

在这66家示范社中，获得县市级示范社称号的有23家，地市级的有20家，省级的有30家，国家级的有9家。其中，有6家同获县、地市两级称号，4家同获县、地市和省三级称号，1家同获县和省两级称号，1家获得省和国家两级称号（见表7-5）。

表7-5　　　　　合作社获得示范社称号的情况　　　　单位：家、%

示范社级别	合作社数量	在105家合作社中的比例	在66家示范社中的比例
县市级	23	21.90	34.85
地市级	20	19.05	30.30
省级	30	28.57	45.45
国家级	9	8.57	13.64

在这66家示范社中，发起人身份以生产大户和营销大户居多，分别为27家和19家，占比分别为27.55%和19.39%；其次是村"两委"，有14家，占比为14.29%；再次是龙头企业，有10家，占比为10.20%；排第五位的是投资商，有8家，占比为8.16%；最后是农业服务商和事业单位，分别有5家和4家，分别占比为5.10%和4.08%。在这些发起人中，生产大户、营销大户和村"两委"以及其他类别中的普通农民和村干部都是农民身份，共有63家，占比为64.29%。可见，示范社合作社的发起人以农民身份者居多（见表7-6）。

表7-6　　　　　示范社发起人身份的分布　　　　单位：家、%

示范社发起人身份	生产大户	营销大户	村"两委"	农业服务商	龙头企业	投资商	事业单位	其他	合计
合作社数量	27	19	14	5	10	8	4	11①	98
比例	27.55	19.39	14.29	5.10	10.20	8.16	4.08	11.22	100

注①：其中3人是普通农民或村干部。

二　扶持资金

93 个有效回答显示，61 家合作社获得过政府财政补助，占 65.6%；32 家合作社没有获得政府财政补助，占 34.4%；获得政府财政补助的合作社中有 48 家是示范社，占 78.69%。可见，获得政府财政扶持的合作社大多是示范社。这可能也是样本挑选导致的，这些合作社主要是地方主管单位协助挑选安排的，一般都是运行相对规范，市场竞争力较强，对农民增收的带动作用较好，因而受到地方政府重视和支持的合作社。但上述分析也表明，尽管有 22.31% 的合作社没有获得示范社称号，他们也获得了财政补助。

在 57 个获得政府财政补助的合作社中，共获得补助款累计为 12022.18 万元，最少的为 0.3 万元，最多的为 8000 万元，平均为 210.92 万元。除去 8 家没有注明补助来源的合作社，其余 49 家合作社累计获得补助款 2578.18 万元，其中来自中央级补助款 637 万元，省级补助款 1231 万元，地市级补助款 292 万元，县级补助款 418.18 万元（见表 7-7）。可见，合作社得到的政府扶持资金主要来自省级财政，其次来自中央财政，再次来自县级财政，最后来自地市级财政的最少。

表 7-7　　　　　　　　**49 家合作社获得的财政补助资金来源**　　　单位：万元、%

补助资金来源	中央级	省级	地市级	县级	合计
金额	637	1231	292	418.18	2578.18
比例	24.71	47.75	11.33	16.22	100

注：因四舍五入，比例会计不为 100%。

在获得政府财政补助的 13 家非示范社中，有 3 家财政补助数据缺失，1 家从中央财政获得 80 万元，其余 9 家都是从地市级和县级财政获得补助，其中更以县级财政补助为主（见表 7-8）。这意味着，在示范社之外，地方政府使用本级财政资金扶持一些没有获得示范社称号的合作社发展。

表 7-8　　　　　　　**10 家非示范社获得财政补助资金来源**　　　单位：万元、%

补助资金来源	中央级	省级	地市级	县级	合计
金额	80	0	23	67.58	170.58
比例	46.9	0.00	13.48	39.62	100

第三节　发展动向

一　合作社形式与经营范围

从本次调研的合作社情况看，一些已注册成立的农民合作社突破了《农民专业合作社法》规定的"同类农产品的生产或者同类农业生产经营服务"的"专业"范围，例如土地股份合作社把流转入的土地发包给成员或非成员，从事多种经营；农机服务合作社围绕农机收割服务跨区域经营；以及一些资金互助合作社专门从事资金互助融通业务；等等。这些新型的农民合作社在《农民专业合作社法》中缺乏可遵循的相应规定。

二　联合社

在理事长问卷中，108 个有效回答显示，加入联合社的有 23 家，占比为 21.3%；未加入的有 85 家，占比为 78.7%。可见，大多数合作社还没有加入联合社，或者说，联合社的数量较少。

本书将合作社加入联合社的原因分为 9 种，22 个有效回答显示，拓展营销渠道是最主要的原因，占 68.18%；第二是获取市场或行业信息，占 45.45%；第三是提升市场谈判力，占 40.91%；第四是响应政府号召，占 31.82%；第五是培育产品品牌，占 27.27%；第六是有利于获得政府项目，占 18.18%；第七是农资统购，占 13.64%；第八是改善基础设施，占 9.09%（见表 7 - 9）。

表 7 - 9　　　　　　　　加入联合社的原因　　　　　　　　单位：家、%

原因	合作社数量	比例
拓展营销渠道	15	68.18
获取市场或行业信息	10	45.45
提升市场谈判力	9	40.91
响应政府号召	7	31.82
培育产品品牌	6	27.27
有利于获得政府项目	4	18.18
农资统购	3	13.64
改善基础设施	2	9.09
其他	8	36.36

其他原因中，将产品等方面优势互补作为加入联合社原因的有 5 家，响应国家粮食储备库主任号召的有 1 家，能够扩大规模和拓宽思路的 1 家，参与更大平台交流信息的有 1 家。优势互补和扩大规模可以在拓宽营销渠道、提升市场谈判力方面发挥重要作用，参与信息交流平台也是获取市场或行业信息的重要途径。所以，合作社参加联合社主要目的都是围绕着市场：拓展市场，获取市场信息，提升市场谈判力。虽然联合社普遍处于发展的初级阶段，大多数仅发挥信息交流平台作用，但是个别联合社已经显示出跨地区、跨产品、大型化的产供销一体化趋势，例如山东省寿光市的鑫盟果蔬合作社联合社。联合社集合了各专业合作社的产品，提高了供给能力，扩大了生产、销售和服务规模，降低了经营成本，增强了市场地位和谈判能力，成为农民合作社发展壮大的一种趋势。山东省寿光市农业主管部门看到了联合社的积极作用，决定将联合社作为支持农民合作社发展的重点。

三　发起人身份

本次调研发现，村"两委"领办合作社时，合作社的产权结构相对均衡一些，较少有出资大户控制合作社的情况，农民成员能够较多地参与合作社的治理，农民成员的利益更容易获得保障。因此，地方政府主管部门倾向于支持村"两委"发起成立的合作社。例如，山东省寿光市政府决定今后将大力支持村"两委"领办的合作社，以使农民从中受益更多。

第八章　农村土地股份合作社的
专题研究报告

　　作为一种新型农民合作经济组织，农村土地股份合作社（以下简称土地股份合作社）的较快发展，既是我国相关农业农村政策导向和作用的结果，也是现代农业发展到一定阶段的必然。在鼓励农地流转、鼓励发展新型农业经营主体等政策的推动下，我国农地流转速度加快、各类型农业经营组织层出不穷。近年来，中央对土地入股合作社在政策层面有了越来越明确的说法，一些地方通过补贴促进土地股份合作社的发展，一些地方将土地股份合作社的发展纳入地方性合作社法律中进行规范，但更多的地方在出台地方性合作社法律时对土地股份合作社没有给予明确的法律地位，甚至对农民专业合作社发展也没有给予良好的制度环境，这使农民专业合作社在各地的发展参差不齐，土地股份合作社的发展更是无规范可依，在理论和实践中都出现了一些"盲区"或是含混不清的地方。如何看待和理解农村土地股份合作社发展过程中出现的新情况、新问题，在体制重构、制度建设方面又应该有哪些作为，是需要研究和解决的。

　　土地股份合作社可以进一步划分为以农业经营为主的农地股份合作社和以集体建设用地经营为主的社区股份合作社。本书只涉及农地股份合作社，社区股份合作社不在研究范围内。因此，以下所指土地股份合作社均为以农业经营为主的农地股份合作社。

第一节　土地股份合作社的发展现状和特点

　　土地股份合作既是市场推动和地方实践的结果，也是政策引导和支持、农民选择的结果。在政策层面上，党和政府一直是鼓励发展土地的股份合作的。早在 1995 年《国务院批转农业部关于稳定和完善土地承包关系意见的通知》中，就允许承包方在承包期内对承包标的依法转包、转让、互换、入股。中共十四届三中全会通过的《中共中央关于建立社会主义市场经济体制若干问题的决议》提出，允许少数经济发达地区本着群众自愿原则，采取转包、入股等多种形式发展适度规模经营。我国《农村土地承包法》第四十二条规定："承包方之间为发展农业经济，可以自愿联合将土地承包经营权入股，从事农业合作生产。"2005 年 1 月 7 日农业部发布的《农村土地承包经营权流转管理办法》第十九条规定："承包方之间可以自愿将承包土地入股发展农业合作生产，但股份合作解散时入股土地应当退回原承包农户。"浙江、天津、山东等省市也各自出台农村土地承包经营权作价出资农民专业合作社登记暂行办法，为各地农村土地承包经营权出资合作社提供了法律依据，规定了相关程序。2005 年，重庆市曾尝试以土地承包经营权入股与龙头企业合资成立公司，但之后被叫停，要求重点进行以土地承包经营权入股农民专业合作社的探索。2007 年，重庆市工商局出台的《深入贯彻市第三次党代会精神，服务重庆统筹城乡发展的实施意见》规定："在农村土地承包期限内和不改变土地用途的前提下，允许以农村土地承包经营权出资入股设立农民专业合作社。"2008 年，中共十七届三中全会通过了《中共中央关于推进农村改革发展若干重大问题的决定》，明确将股份合作界定为家庭承包土地经营权流转的主要方式之一，土地承包经营权流转"不得改变土地集体所有性质，不得改变土地用途，不得损害农民土地承包权益"。十八届三中全会强调"保障农民集体经济组织成员权利，积极发展农民股份合作"。2013 年中央一号文件提出坚持依法自愿有偿原则，引导农村土地承包经营权有序流转，鼓励和支持承包土地向专业大户、家庭农场、农民合作社流转，发展多种形式的适度规模经营。2014 年中央一号文件提出"鼓励有条件的农户流转承包土地的经营权，鼓励发展专业合作、股份合作等多种形式的农民合作社，引导规范运行，着力加强能力建设。"同年，中共中央办公厅、国务院办公厅印发的《关于引导农村土地经营权有序流转发展农业适度规模经营的意见》，明确提出了加快培育新型农业经营主体的要求。2015 年中央一号文件提出"引导农民以土地经营权入股合作社和龙头企业"，对土地入股的地方实践给予了充分认可，并创造性地引入"三权分置"思路,进一步明确了概念,确保农户不会因土地作价入股出现"能进不能退"的问题。总体上,鼓励发展的政策直接促进了土地股份合作社的发展,而政策的不断完善也使农民吃了"定心丸",更有利于土地股份合作社的健康发展。

从有关部门数据和各地发展情况来看,目前土地股份合作社发展呈现出速度较快、形式多样、以土地股份合作为基本治理结构社区性突出和综合经营趋势明显等特点。

一　发展速度较快

近年来,我国土地股份合作社数量迅速增加。2014 年,我国农民专业合作社数量达到 113.8 万家,其中,土地股份合作社有 78304 家,占比为 6.88%,比 2013 年增长 11.3%,入股土地面积为 3545.7 万亩,入股成员数为 427.6 万户。从各地发展情况来看,由于全国家庭承包经营耕地流转情况较为普遍且呈现增加趋势,流转入合作社的耕地已经占流转耕地的 21.9%,比 2013 年增长 1.5%,且以入股形式流转入合作社的比重为 18.1%。

2008 年,江苏省建立了农村土地规模流转补贴制度,规定土地股份合作社入股面积在 300 亩以上的,对土地流出方按每亩 100 元的标准给予一次性奖励。2009 年 12 月颁布的《江苏省农民专业合作社条例》,将土地股份合作社纳入规范范围;规定农民可以以承包地的经营权入股组建合作社。工商部门会同市农工办加强对农地股份专业合作社的研究探索,在前期调研的基础上,进一步放宽土地经营权证明和住所证明等方面的要求,全程提供业务辅导。目前,江苏正在探索构建集生产、加工、销售、信贷、保险、信息、科技于一体的农民合作社综合体,并引导发展农地入股试点。2012 年,江苏泰州首家农地股份专业合作社——泰州市增荣苗木农地股份专业合作社登记成立。该合作社出资总额 500 万元,其中 200 万元是由农民成员以 200 亩农村土地承包经营权作价入股。据江苏省农委统计,截至 2013 年年底,江苏省有 3638 家土地股份合作社在工商部门登记注册,入股土地经营规模达到 397.61 万亩。

四川省土地股份合作社发展也很快。到 2015 年上半年,全省以土地股份为主的合作社有 2182 家,同比增长 93.8%;入股面积 50 万亩,同比增长 89.7%;土地入股成员达到 16.2 万户,同比增长 152.9%。

2014 年崇州市财政对规范化土地股份合作社按每亩 10 元标准给予一次性补贴，对示范土地股份合作社按每亩 50 元标准给予一次性补贴。2014 年，对从事粮食经营的土地股份合作社，新建机井提灌设施的按核定总投资额的 30% 给予补贴（每处不超过 1 万元）；开展自主水稻集中育秧的给予购置机插秧秧盘及育秧设备 50% 的补贴；购置水稻插秧机、油菜收割机的，在享受中央、省、成都市购机补贴的基础上，对油菜收割机每台追加补贴 2 万元，水稻插秧机补贴比例每台追加至 90%；新建粮食烘储中心（日处理 200 吨、储藏 2000 吨）的，在成都市财政补助的基础上每个追加补贴至 200 万元；购置小型粮食烘干设备（日处理 10 吨）的，在享受中央、省、成都市购机补贴基础上每台追加补贴 4 万元；示范社应用水稻测土配方肥料的每吨补贴 1400 元，规范社应用水稻测土配方肥料的每吨补贴 1000 元，小春粮油生产应用测土配方肥料的每吨补贴 700 元；自交保费部分，给予 20% 的补贴。截至 2014 年年底，崇州市已组建土地股份合作社 361 家；入社面积 21.33 万亩，占全市耕地面积的 44%；入社农户 9.46 万户，占农户总数的 52%。山东省滕州市农民加入土地股份合作社的耕地面积从 2008 年的 3.57 万亩增加到 2013 年的 6.14 万亩，占流转耕地面积的比重从 4.38% 提高到 8.65%。吉林省榆树市 2012 年年底实行土地托管联户经营的合作社发展了 220 多家，托管农户 4 万多户，占农户总数的 14.8%；耕地面积占规模经营总面积的 40% 以上。

二　发展形式多样

由于发起背景、当地劳动力转移、经济发展水平、农业专业化水平和产业结构调整方面存在的差异，以及县乡政府、村级组织和农民需要解决的问题不同，决定了土地股份合作社存在着三种主要类型。

一是直接经营型。该种土地股份合作社由农民以自己的承包农地经营权入股组建，组建后实行统一经营，合作社为生产提供产前产后的各种服务，实行统一核算，统一分配。合作社社员既可以在社员流转入合作社的土地上进行经营，也可以租赁非社员的土地从事经营活动。这类合作社要实现可持续经营，通常需要政府指导和支持，具备强有力的带头人、内部治理结构比较完善等条件。

四川省崇州市从 2010 年年初开始探索发展土地股份合作社。目前，土地股份合作社已经成为崇州市的主要经营形式之一。当地土地股份合作社的发展模式基本是：农户自愿以土地承包经营权折股；合作社生产资金由社员按照入股面积出资，理事会统一进行经营管理；合作社按《农民专业合作社章程》（以下简称《章程》）选举理事会、监事会，选举理事长、监事长，建立健全规章制度。土地股份合作社组建以后，委托职业经理人经营，并就产量、生产成本、奖赔条件等签订合同。产量分为保底和超产两个部分，超产部分在合作社、职业经理人、农户之间分配（例如，1：2：7）。生产支出由职业经理人提出申请，理事长和监事长共同审签列支入账。收支情况及时公示，接受社员和监事会的监督。农资和农机具的放置、申领、使用、处理等，也实行专人负责。由于实行科学化、组织化、规模化、标准化生产，粮食单产水平和效益水平均明显提高。根据崇州市农业部门提供的数据，土地股份合作社的水稻亩均成本降低50—80元，亩产比成都市平均水平高39公斤，社员比入社前每亩增收100元以上。

二是流转中介型。即农民将承包土地交给合作社，合作社将土地委托给第三方经营。合作社仅发挥土地流转中介作用，不直接从事农业生产经营活动。合作社不承担经营风险，只收取土地流转服务费。这类合作社的风险比较小，而且往往与村级组织、生产小组负责人的努力有着密切的关系。但这类合作社也具有明显的不足，就是成员获得的收益基本上为土地租金，很难获得更多的发展机会。在委托经营的过程中，也可能出现粮地非粮化、农地非农化、掠夺式经营等现象，甚至引发社会矛盾。

彭州市通济镇黄村天　花木种植专业合作社就是这样的合作社。在政府的号召下，通过村集体经济组织成立黄村天一花木种植专业合作社，采取以土地入股分红为主、土地租赁经营为辅的模式，全村除8户没加入合作社外，其余580户以2030亩土地全部加入合作社，占全村户数的95.4%。在政府的推动下，国家科技部"农业科技示范园"、特色花卉苗木种植及观赏项目、食用菌生产及加工建设等一批农业产业化项目先后落户黄村。合作社的发起人实际上是投资商，合作社注册资本50万元，全部为土地折价，注册成员2000人，目前成员为2041人。合作社主要经营苗木花卉产销、农产品加工。合作社与社员的关系非常松散，只有少数村民在苗木公司打工，公司每年付给合作社土地流转费50万元，但是合作社无权过问公司的具体生产经营情况。合作社占苗木公司10%的股份，但还从未参与公司的利润分配。公司的说法是苗木生产周期长、投入大，目前还没有收回成本。案例中的崇州市黎坝土地股份合作社实际上也是一个土地流转中介组织，它在社员和农业职业经理人之间发挥组织协调作用。农民土地收益采取固定租金方式。生产风险和市场风险完全由职业经理人承担，农业经营剩余收益也全部归职业经理人所有。

三是直接经营与流转中介服务混合型。这类土地股份合作社兼有上述两种类型的特点。例如，崇州市江源镇邓公村邓辕土地股份合作社统一经营1000多亩大田，生产环节由下设的生产部负责，主要交由招聘的职业经理人去组织完成。农民入社后只参与土地经营决策，不直接参加生产劳动，按股参与分红。合作社监督生产计划的执行，负责与"农业服务超市"签订专业化服务合同，实行种子、肥料、农药"三统购"和机耕、机防、机收、管理"四统一"。粮食或油菜收获后，由合作社的综合部统一组织销售。2014年，该合作社新购入2台大型拖拉机、1台收割机、4台小拖拉机、2台除草机以开展农机服务。合作社还将500亩土地流转给公司用于葛根种植，租金折合约1600元/亩。这500亩土地与合作社统一经营的1200.88亩土地合起来统一核算，按照股份实行全社统一分配。但对这一部分土地，合作社只收取固定租金，不直接参与公司的经营和分红。

三　以土地的股份合作为基本治理结构

农村土地股份合作社有不同形式，被冠以不同名称。判断其是否为"农村土地股份合作社"，主要看其是不是以土地的股份合作作为基本的治理结构。

第一，土地股份合作社的股东以土地或土地承包经营权、农机具、资金、技术等要素入股，其股权涉及土地股和其他要素股。拥有土地股份的社员都是股东。对于普通农户来说，加入土地股份合作社之前，他在小块土地上从事农业生产，鉴于规模、技术和市场等因素约束，很难从农业上获得更多附加收益。但加入土地股份合作社以后，农户变为入股股东，一方面，通过合作社的谈判可以为原本分散、弱小的社员争取更大的利益，例如提高土地流转费收入；另一方面，土地经营权由实物形态转变为价值形态，实行股权量化、按股分红。通过土地的规模经营和集中开发，合作社可以获取更大的外部利润，社员股东则按照股权份额获得分红收益。对于外部投资者而言，也减少了交易费用。崇州市杨

柳农村土地承包经营权股份合作社成立时，以 0.01 亩为 1 股，将
101.27 亩土地承包经营权入股，共计入股 10127 股。入股土地按每亩
折价 900 元，共折资 91143 元，作为合作社社员出资额。在股权设置方
面，全部为农户股，不设集体股、法人股，也不设现金股、技术股、设
备股等其他股份。自愿以土地承包经营权入股合作社者均为合作社股
东，以户为单位。股权可以继承，经合作社同意可以转让、抵押，但在
入股协议期内不得退股。入社农民出资的 9557 元仅作为合作社生产启
动资金。合作社对持股者签发股权证书，采取记名方式，作为股份持有
者的股权证明和分红依据。由此可以看出，土地股份合作社是以土地股
份为主的合作经济组织，土地的股份合作是它的重要特征。

　　第二，土地股份合作社内的社员地位平等，享有民主选举、民主决
策、民主管理、民主监督的权利。在农村土地家庭承包经营制下，我国
农户土地分配以公平性为主，因此，社员入股的承包土地基本上数量不
会有太大差距，无论一人一票制还是按股投票实际上都是农户家庭的意
志表达。"少数服务多数"的原则可以避免"一股独大"或大股东"一
个人说了算"的情况，避免资本股份持有者"一言堂"。因此，可以
说，土地股份合作社采取的是一人一票的民主治理机制。调查的土地股
份合作社成员代表大会是合作社的最高权力机构。成员（代表）大会、
理事会和监事会开会都实行一人一票的表决方式。说明合作社的内部治
理正朝着积极的方向迈进。

　　第三，在收益分配方面，则按股权平等、风险共担、利益共享、积
累共有原则来进行分配。调查的土地股份合作社都形成"保底 + 分红"
的盈余再分配模式。崇州市"万亩粮食标准化生产示范基地"内的土
地股份合作社根据三大利益相关方——合作社管理层（理事会和监事
会）、农业职业经理人和普通成员来进行盈余分配。合作社的实际经营
者是农业职业经理人，职业经理人负责合作社整体运营，为合作社提供租
金（租金分两部分：一部分为合作社土地租赁中介费，另一部分为农民的
固定土地租金，即保底收入）。盈余分配在合作社、职业经理人和农户之间
进行，分别为公积金截留、职业经理人薪酬和保底分红。以崇州市千丰土
地股份合作社为例，该合作社土地入股面积 108.15 亩，从事水稻、小麦、
油菜等大田生产；保底金额为 500 元/亩；种粮大户补贴及其他国家政策
性补贴由职业经理人获得，但亏损也完全由职业经理人承担。合作社

《章程》规定，若出现自然灾害等因素导致减产或绝收等情况，职业经理人自行承担并支付农户保底费用；因技术问题造成的损失由职业经理人赔付；余纯收益按 1 ：3 ：6 比例在合作社、社员和职业经理人之间进行二次分配。合作社统一购买生产资料，统一组织销售。合作社分配方案由成员代表大会审议通过后执行。一般每年年终结算后兑现，股东凭股权证领取红利资金。当然，也有些合作社是把农业收益减土地租金和其他生产成本的剩余作为职业经理人的个人收益，但是对于社员则都秉持盈余按土地股份分配的原则。

四　社区性特点突出

农业是自然再生产与经济再生产相互交织的过程，由于自然环境多变、生产对象特殊、生产过程复杂，只有让农民经营自己的土地，让生产成果与生产者自身利益紧密挂钩，让长期共同生产生活的劳动者相互支持，才能真正精心经营、保护好土地，这是千百年来我国农业文明生生不息的真谛所在。

针对农业生产发展中出现的劳动力不足、效益需要提高、农户从事生产经营需要更多帮助的情况，各地近年来加强了促进土地经营权流转、构建新型农业经营体系的探索。多种形式的农业经营主体近年发展较快，包括种养大户、家庭农场、合作社、工商企业等。多年的实践表明，并不是所有的新型经营主体都利于国家、造福农民、珍惜土地。一些地方行政部门为推动耕地经营权加快流转，盲目拉企业、"垒大户"、"树标兵"，导致了明显的流转粮地非粮化、农地非农化、掠夺式经营的现象。细究起来，出现这种现象的经营主体主要是跨乡村甚至跨县域的商业化种养大户和以追逐利润为基本动机的工商企业。关键的原因是土地不是他们自己的，他们组织生产还需要支付较高的土地租金和劳动力成本。

传统村庄社会的村民间相互照顾、相互支持、相互守望，更重要的是在生产上进行互助，如共用生产资料、劳动互换等，这种互助共济的生产方式孕育了我国灿烂的农业文明。新中国成立后，在农具短缺、劳动力不足的情况下，农业生产互助组曾一度十分活跃。随着人民公社体制的确立，原有村庄的生产组织方式被打破，政府统一指挥调度、统一经营，试图克服自然经济的缺陷，实现以农业支持工业化和以农村支持城市，但这一体制同时窒息了农民的生产积极性。党的十一届三中全会以后，家庭承包经营制使农民的内在积极性被调动起来，农业经济迅速增长。但是，单个农户在应对自然风险和市场风险时仍然存在局限和不足，生产各个环节的问题无法单独解决，农民有相互合作、合力行动的需求。尤其是在目前农村青壮年劳动力已经转移得比较充分、种地农民年龄较大、生产手段发生重要变化的情况下，发展合作社的必要性显得越来越明显。

土地股份合作社的一个最大优势，就是整合了农民间这种相互依存的社会资源。土地股份合作社的社员基本上生活在同一个社区之内，他们之间具有血缘、地缘关系，本来就在生产生活中有着密不可分的多种联系，具有合作共济的现实基础。他们所组成的土地股份合作社也相应地具有内部协作紧密、社会摩擦少等特征，在降低交易成本、降低土地租金、以最小的成本实现最大化的收益方面具有先天优势，在组织农民改变农业弱质性方面的作用相当明显。从组织方式来看，土地股份合作社是以农民自主自愿的方式实现了生产过程与生产成果的紧密衔接，不仅实现了土地经营的规模化效益，更重要的是架起了分散小农通往大市场的桥梁。农民不仅能够参与经营，而且可以共享发展成果。土地股份合作社起到了原来生产队统一组织生产等方面的功能，并产生了规模化优势。

五　综合化经营特征显现

随着农村分工分业深化、农民分层分化加快，农民合作的愿望越来越强，合作内容、合作层次、合作领域的需求更加多样，推动了农民合作形式多元化发展。一些合作社发展了一段时间以后，感觉原有的经营领域和方向不符合市场需要，也在寻找机会转产和调整投资方向。在这种情况下，不少合作社提出要发展"综合型合作社"，不再突出强调合作社的"同类农产品"的生产者的联合，而是强调合作社经营内容的多样性，希望多为未来发展预留空间。还有一些专业性合作社要改名为"土地股份合作社"，认为原有名称和经营范围制约了合作社发展空间。这些都是基于合作社发展思路和业务范围越来越宽，农村第一产业、第二产业、第三产业融合发展趋向明显，经营内容更加综合的现实情况。

第二节　土地股份合作社的作用

土地股份合作社是以土地股份为主，兼有资金、设施装备、生产技术等入股的农民合作社，属于新型农民合作社的一种。有些土地股份合作社由农民合作社转变而来，有些则自成立时起就是以农户土地承包经营权让渡为基础的，是以土地经营权的转移为核心的合作社。作为市场化发展条件下的新型经济组织形式，土地股份合作社的实质是将农地的占有权、使用权、收益权和处分权等各项权能进行重新配置组合，农民将承包土地的使用权和处分权授予合作社，获得了合作社内的土地股份，并可以参与合作社管理、按股获得收益，合作社则掌握了土地的使用权和处分权，通过优化土地资源配置，提高土地使用效益，增加经营收入。土地股份合作社破解了我国土地家庭承包经营制度中长期存在的"统分结合"的大难题，它是在保留土地集体所有权、稳定农户土地承包权基础上进行的一大制度创新。其成效主要体现在以下几个方面。

一　实现了规模化经营效益

在土地股份合作社中，农户保留自己对土地的承包权利，通过土地经营使用权入股，将土地的经营使用权让渡于合作社统一利用，对减少生产资料支出、降低作业成本、增加播种面积、提高单产、提高销售价格、提高劳动生产率等具有重要促进作用，具有明显的规模效应。

黑龙江克山县河南乡的仁发农机合作社非常典型。在农机补贴政策激励下，2009年李凤玉联合其他6户组建了仁发农机合作社，他们凑了850万元购买农机，加上国家补贴1234万元，当时的总投资为2084万元。当年以每亩240元的价格租赁了1100亩土地种大豆，但由于地少且不成片，农机得不到充分使用，提完折旧后还亏损了187万元。在黑龙江农委的直接指导下，翌年开始吸引周边农户参加合作社。基本的方案是不论入社时间先后，每亩的保底分配为350元；秋后将盈余进行分红；国家补贴在秋后按成员平均分配；社员可将入社土地折资款全额付息借回；种粮补贴仍由社员享有；一人一票，不设附加表决权。由于方案合理，不到一周时间就有307户农民入社，经营面积一下子扩大到了1.5万亩。当年，合作社种植1.3万亩玉米、2000亩马铃薯，机械化作业的优势得到充分发挥。由于地块完整、科技水平提高、购买生产资料有折扣、销售产品价格有优势，合作社统一经营使得播种面积增加、单产提高、成本降低、销售价格提高，收益水平明显提高。合作社的收入主要来源于粮食种植和代耕，2011年这两项收入分别为2045.2万元、718.5万元，合计为2763.7万元。当年各项成本为1421.5万元，实现盈利1342.2万元。社员可以获得土地租金、工资、盈余分配三块收入，当年亩均获得保底分配和现金分配为530元，社员平均获得25873元。2013年，看到合作社的经营好，社员的向心力大为增强，因此合作社取消了保底，实行"风险共担、利益共享"的机制，社员收益全部来自盈余分配。2014年，合作社成员增加到2638户，入社土地面积5.4万亩。2014年，亩均收益达到854元。截至2014年年底，国家支持合作社的资金累计达到1734万元，这些资金也折成股份分配给了社员，并作为分红的依据，2014年平均每户分红1485元。从2011年开始，合作社开始提取公积金，到2014年年底累计提取公积金4423万元，也按股份分摊到社员头上。为获得更大发展空间，合作社开始将经营活动从生产向仓储、加工、品牌经营拓展。2014年，合作社发展绿色食品生产基地5000亩，投资兴建了两座1000吨粮食烘干塔，建成1个可储30万吨粮食的仓储库和1个种薯厂，并计划进一步提高烘干能力和仓储能力，发展年出栏5000头黄牛的养殖场。

二　保留了农民的分享权和发展权

土地是农民的命根子，不管农民从事什么样的工作，他们与土地的天然联系难以分割。尤其是在承包地确权登记颁证以后，农民清楚承包权是他们生存繁衍的基本条件。一方面，土地经营权的长期转出，使得农民参与不了经营，被动失去与土地的联系，这是农民所不愿意的。在土地用途管制比较严格的情况下，土地通常是不能不种的。另一方面，由于土地太少，绝对收益极为有限。在从事非农业的收入高得多、生计迫切需要改善的情况下，相当数量的农民又非常希望从事非农产业。在这样的情况下，相当部分的农民面临着艰难的选择。

以家庭承包经营为基础、统分结合的双层经营体制既是农村的基本经济制度，也是农村的基本经营制度，还是农村社会管理、民主政治的基础，必须长期保持稳定。构建集约化、专业化、组织化、社会化相结合的新型农业经营体系，架起家庭经营走向现代化经营的桥梁，则是农业实现跨越的突破口。土地股份合作社与家庭经营密不可分，它的发展找到了同时解决这两个问题的衔接点。农民可以通过直接或者委托他人在社员大会、理事会上表达自己的诉求，使自己与土地的联系得以维系，经营权得以行使，长期发展权得以保全。将土地交由股份合作社经营，农民等于吃了"定心丸"。这样，他们就可以放心地从事非农产业，即使外出务工经商也仍然有路可退。土地股份合作社的发展，为农民增加收入提供了一个新的重要条件。从崇州市的实践来看，参加粮食生产的劳动力可以挣务工工资，其他劳动力可以继续务工经商，减少了农忙季节往返费用，户均可以减支增收 6000 元以上。

崇州市"万亩粮食标准化生产示范基地"的千丰土地股份合作社引入保底分红、公积金截留、职业经理人领取薪酬的分配机制，实现土地所有权、承包权、经营权的合理分置，形成农民入股—成立合作社—聘请职业经理人的经营模式。合作社给社员的保底金额为 500 元/亩。剩余纯收益按 1∶3∶6 进行二次分红，即 10% 作为公积金、30% 作为社员二次分红、60% 作为职业经理人收益。2013 年，公积金 1.1 万元，216 户成员户均获得二次分红 150 多元，职业经理人收入 6.6 万多元工资，较好地解决了各方利益。由于理顺了利益关系，该土地股份合作社实现了良性发展。

崇州市江源镇邓公村邓辕土地股份合作社不断探索按股分红的利益分配模式。2014 年 6 月 20 日，合作社对 2014 年年初制定的利益联结方式进行调整，明确 2014 年实行除本分红方式，除生产成本和应付给职业经理人大小春生产管理费 30 元/亩外，剩余利润全部分给成员；种粮大户补贴按农户 20%、职业经理人 40%、公益金 17%、公积金 23%的比例进行分配；2014 年入社农户（包括合作社流转土地入社的农户）按合作社总体入社面积，收益实行统一分配。职业经理人奖励从公益金中提取每亩 5—10 元的奖励。2015 年的利益联结方式调整了公益金和公积金的比例。2015 年除去生产成本，合作社每亩提取 400 元管理费，剩余利润全部分给社员。种粮大户补贴按农户 20%、职业经理人 40%、公益金 20%、公积金 20%的比例分配。2015 年入社农户（包括合作社流转土地入社的农户）按合作社总体入社面积，收益实行统一分配。职业经理人奖励从公益金中提取每亩 5—10 元的奖励。2014 年，邓辕土地股份合作社除生产成本和应付给职业经理人管理费用外，小春盈余

18 万余元，大春盈余 42 万余元，加上土地流转费用 80 万元，全年可分配盈余为 140 万余元。按小春 260 元/亩、大春 668 元/亩的标准，大多数入社农户可得 928 元/亩的分红，与一般农户常年 700—800 元/亩的收入相比，能多收入 100—200 元/亩。

对农户来说，一家一户经营时生产经营决策由自己做出，基本不需要其他生产经营主体参与，但在土地股份合作社里，社员需要通过投票来实现自己对合作社重大决策事项的参与。一般情况下，合作社社员要参与合作社的理事会和监事会选举，要对入股土地的年终分红方案进行表决。社员通过行使自己的民主权利，取得话语权，来维护和确保自己的利益，这对于农民民主意识、公民意识的培育也是具有积极意义的。

三　促进粮食生产稳定发展

为提高效益，不少地方鼓励基层组织以一定形式将土地经营权集中起来，流转给规模化经营主体经营，工商企业、跨社区的专业大户在这一方面表现得非常活跃。但这样的经营主体的商业性逐利动机非常强烈，在政府监管严格的情况下，转入耕地经营权后一般只种植一季粮食，很少种植两季。一旦监管不严，就可能将粮地用于非粮食生产用途。自 2009 年以来，崇州市的粮食播种面积连续 5 年略减。究其原因，主要是由于种粮主体转入土地后，为追求更高的经济效益，主要种植非粮作物。工商企业租赁耕地的粮食播种面积与租赁耕地的面积的比值从 2009 年的 1.43 变为 2013 年的 0.11。2013 年，工商企业租赁的耕地中仅有 0.46 万亩用于种植粮食。

以家庭为经营单位的小规模粮农天然具有从事粮食生产的内在要求，这不仅源于解决口粮的需要，源于传统生产习惯的延续和文化的传承，也源于成员之间可以相互监督、相互影响。因此，土地股份合作社的发展，一般不会轻易改变土地的用途，这使得粮食生产得以稳定发展。

第三节　土地股份合作社发展面临的主要问题

土地股份合作社是近几年开始兴起的，从地方的实践来看，土地股份合作社需要在家庭承包经营的基础上，将农民有效地组织起来实现经营权、生产手段、劳动、资金生产要素以及生产资料投入、生产作业、产品储存、加工和销售等劳动过程的联合。一些地方在探索的过程中取得的成效非常明显，但总体来看仍然处于探索阶段，面临下列主要问题。

一　发展明显不足

从国外合作社的发展情况来看，发达国家合作社的规模都在万亩以上。美国耕地 29.62 亿亩，90% 多的农场主都参加合作社，合作社有 4006 个，平均一个合作社有 74 万亩土地。荷兰有农业合作社 643 个，平均一个合作社有 2 万多亩土地。这些我们眼中的"巨型"合作社的主要目的仍是提供专业服务。我国农民合作社还处于发展的初级阶段。

近年来，我国农民专业合作社发展很快，据农业部统计，截至 2014 年年底，全国农民专业合作社发展到 113.76 家，成员数为 559.30 万户（其中普通农户 491.44 万户），带动的非成员农户数为 6542.22 万户，这就是说有近 27% 的农户已经直接或间接参与到合作化行动中来。但与合作组织高度发达的国家相比，我国农民对合作社的参与度还远远不够。

土地股份合作社主要从事土地密集型产品的生产，尤其是粮食这样的大田作物的生产。在我国，农户家庭经营规模细小、地块细碎的情况下，土地股份合作社的发展具有特殊的重要性。由于土地产权涉及农民的根本利益，目前对土地承包关系是否需要调整、承包权设定多长时间、经营权是否可以抵押、流转如何规范等问题的认识也明显不一致，因此土地股份合作社的发展比非土地股份合作社的发展要明显复杂。与非土地股份合作社的发展相比，土地股份合作社的发展水平更低。截至 2014 年年底，土地股份合作社的数量为 7.83 万家，占农民专业合作社数量的 7.88%；入股土地面积为 3545.67 万亩，占家庭承包经营面积的 2.67%；入股成员数为 427.59 万户，仅占承包家庭的 1.86%。

二　目标定位不合理

近年来，合作社发展快，客观上是因为构建新型农业经营体系具有迫切性。自 2004 年以来，每年的中央一号文件都对扶持合作社的发展提出了要求，党的十七届三中全会明确提出扶持农民专业合作社加快发展的要求。2007 年颁布施行的《农民专业合作社法》对财政、金融、税收等政策进行了法律规定，明确了法律责任。到目前为止，国家先后出台了涵盖注册、财政支持、清理收费、税务登记、贴息、开展资金互助、示范社建设、人员培训、发展加工、设施补助、直供直销等方面的系列扶持措施，初步构建了农民合作社发展的政策框架。对合作社的发展予以支持是合理的，但在具体实践过程中，有的合作社存在以争取财政支持为基本目的的倾向；有的企业挂合作社的牌子以减少缴税和获得经营性建设用地；有的成立以后并没有开展实质性的经营活动。这些问题在土地股份合作社的发展过程中也有体现。合作社是经济组织，在运行过程中要适应市场经济，根据法律的要求从事经济活动。从所调研的土地股份合作社来看，内部运行有序健康、发展态势良好的土地股份合作社还不多。

　　一些土地股份合作社的成立并非出于农户的自愿行为，而是在地方政府招商引资政策的推动下组建的，或是看中了国家对于农民合作社的大量扶持政策，认为只要组建了土地股份合作社，就可以获得相应的支持或是以土地的成片规模经营作为吸引外来投资的一个砝码。这种目标定位并非出于农民发展农业的内在需求，因此，这种目光盯着补贴政策和各种好处的行为，导致合作社的长远发展缺乏总体考虑，合作社的制度建设也比较滞后，甚至往往是村"两委"直接干预合作社的组建和运行，甚至村"两委"干部就是合作社的发起人或是理事长，造成"政经不分"，出现干预合作社选举和经营的情况，对于土地股份合作社的发展有害无利。

三　针对土地股份合作社的法律法规缺位

　　我国土地股份合作社尽管受到政策鼓励，在实践中有了快速发展，但现有法律对于土地股份合作社发展缺乏明确的规定。目前，我国《物权法》和《农村土地承包法》都没有家庭承包土地入股的法律性质方面的专门规定，对其稳定发展造成一定影响。表现在：第一，法律地位不明确，使其市场主体地位无法确立。市场地位缺失使土地股份合作社无法取得工商执照。而不取得法人的独立资格，就不能在银行、税务部门开户，也不能对外签订购销合同，不能申请商标，更难获得金融贷款支持。第二，农地入股不同于一般的财产出资，目前在这一方面，我国的确存在法律法规的缺位问题，地方性的规范性文件也有着分歧。例如，《物权法》和《农村土地承包法》这两部法律均禁止农地抵押，认为，如果允许土地承包经营权抵押，则一旦债务人不能履行债务，债权人要求实现抵押权时，会出现拍卖变卖土地承包经营权的现象从而引发农民失地风险。而这在现有的合作社法律内实际上没有明确规定，如果未来将土地股份合作社纳入《农民专业合作社法》进行规范，则必须要明确规定，并且与《物权法》和《农村土地承包法》不能冲突。

四　内部管理需要完善

治理结构对合作社能否实现可持续发展具有决定性的作用。充分保障土地集中利用过程中农民的土地权利，完善内部治理结构，这是土地股份合作社必须要面对和解决的问题。

民主管理既是合作社的基本特征，也是提高农民共同行动能力的基本前提。《农民专业合作社法》对成员在参加管理、利用本社提供的服务和生产经营设施、决议分享盈余、参加选举和表决等方面的权利进行了规定。从调研情况来看，虽然土地股份合作社普遍制定了标准章程，建立了"三会"，即股东代表大会、理事会、监事会，并规定了"三会"的职责和权限，但在运行过程中，不严格按章程运行的现象比较普遍，不少合作社的"三会"流于形式，重大事项往往由理事长或村干部说了算。监事会形同虚设，起不到监督经营行为、财务管理的作用。决策权、利益分配、财务制度问题是农民最为关心的，从访谈的情况看，有的合作社基本由村干部、企业或能人/大户直接决定，会计制度也不健全。

合作社能否成立并正常运行，往往与有没有优秀的带头人有关。没有能人带动或企业带动，土地股份合作社很难发展壮大。因此，村"两委"、村民小组、工商企业、当地能人的带动作用非常关键。特别是村"两委"和村民小组，没有他们的支持，土地股份合作社很难在社区内获得良好的生存和发展环境。但在内部治理方面，对于带头人的约束也是必不可少的。一些合作社过度依赖带头人，久而久之成了"一言堂"，这对合作社的长期发展是极为不利的。目前在一些地方出现的通过土地股份合作社集中农民土地，强制农民入社，继而改变土地用途，社员就业不足、土地承包经营权的现值和远期价值被低估等问题都与内部治理结构不完善有着直接关系。而如何在依法依规、有章可循、有节有度的前提下发挥好带头人的作用，是合作社普遍需要面对的现实问题。

五　资金匮乏

从发达国家的情况来看，不论构架如何设计，合作社从事农业生产、改善农村生产生活条件、发展农村经济都能获得比较完整、便利的金融服务。随着新型经营主体的发育、生产方式转变、质量安全要求提高、区域结构变化等新情况的发展，我国农业在基础设施建设、生产资料购置、人工费用支出、加工流通等方面需要的资金在快速增加。进入21世纪以来，我国金融对农业农村发展的支持明显不够，金融支农框架体系尚不健全、体制尚不完善、服务远未到位。

组建土地股份合作社实行规模化经营，资金需求的时间也比较集中。在粮食、蔬菜等大田作物生产方面，大规模种植需要兴建农田水利、田间道路、晾晒场所等基础设施；在养殖业领域，搞养殖小区建设、建造环保设施，需要大量的基础设施建设投入；在合作社延伸产业链兴办加工流通业时，新扩建加工厂房、添置加工设备也都需要投入大量资金。目前，一般农户经济实力弱、积累少，合作社的内部融资量非常有限。由于合作社普遍达不到正规金融机构的审核标准，合作社只能"望钱兴叹"。

六　农地作价入股的现值和远期价值被低估

随着经济发展，土地生产率、土地需求均呈增长态势，加上农业补贴政策的影响，我国土地预期价值在提高。但由于农村土地市场发育滞后、市场信息不对称、相关知识不足等原因，合作社与外来工商资本开展合作时，常常出现低估土地承包经营权价值的现象，也存在因土地估价差异而引起的关于土地经营收益分配的纠纷。目前，在各地实践中，土地入股折价往往是合作社内部成员协商的结果，土地股折算标准尚不明确，因此容易产生上述问题。

当前，我国市场化的土地价值评估机制尚未建立。国内尚无专业的土地承包经营权价值评估机制及评估规则，也没有专业资质的评估人员，更无法获得相对独立的评估值，如何确定土地承包经营权的价值便成为难题。土地经营权价值的评估受土地承包经营的时间、自然条件、生产经营项目等因素的影响，实际价值评估有一定的难度。

第四节　土地股份合作社相关
理论问题的辨析

土地股份合作社是基于我国土地承包经营权的特殊社会功能，在出资与产权性质、利益分配和亏损承担等方面，对农民专业合作社形式的一种重要补充，也是对《农民专业合作社法》的一种突破。在土地股份合作社发展的过程中，关于它与农民专业合作社的异同，它是否符合《农民专业合作社法》的立法理念，它的出资制度、组织形式和组织属性、对有限责任原则的突破、利益分配、退出机制等都有不同的理论探讨和实践操作方面的考虑。如何看待、理解这些新情况、新问题，在体制重构、制度建设方面又应该有哪些作为，这些都是需要研究和解决的问题。

一　出资制度

在有些地方，农民以土地承包经营权出资组建合作社。根据《公司法》，一项财产以入股的形式出资，出资人即丧失了对该项财产的所有权与其他支配权，出资财产由法人享有所有权或用益物权，出资人在法人存续期间内不能抽回出资，只能进行股份转让。而根据 2005 年 1 月 7 日农业部发布的《农村土地承包经营权流转管理办法》第十六条规定：承包经营权以入股方式部分或者全部流转的，承包方与发包方的承包关系不变，双方享有的权利和承担的义务不变。第十九条规定：将承包经营权入股农业合作生产，股份合作解散时入股土地应当退回原承包农户。《最高人民法院关于审理涉及农村土地承包纠纷案件适用法律问题的解释》（二）第十五条规定："承包方以土地承包经营权进行抵押或者抵偿债务的，应当认定无效。"从上述三条法律规定可以看出，以承包经营权向农民专业合作社"入股"的，合作社并未取得对土地承包经营权的完整支配权，不发生物权关系的变动。

我国《农村土地承包法》中已经将土地承包经营权界定为物权。从权利的作用上看，物权为支配权，具有排他性、优先性和追及性。物权的这些本质属性需要引起注意。首先，物权人无须他人意思或行为的介入，仅依自己之意愿，通过自己对标的物的支配行为，就能实现物权所内含的经济利益，故物权的实行效力表现为对物的支配权，即对物的占有权、使用权、收益权、处分权。其次，物权的优先效力表现在对于同一标的物，成立在先的物权优先于成立在后的物权；在法律保护上，物权优先于债权。最后，物权的追及效力指标的物无论辗转落入何人之手，物权人都可以追及标的物之所在行使物权，例如请求第三人返还原物、向抵押物的买受人主张并行使抵押权。因此，土地股份合作社的社员尽管可以以土地承包经营权入股合作社，但农村土地属于集体所有的属性不能改变。当发生合作社的破产清算问题时，土地承包经营权不可以按出资财产来对待，不能参与清算和拍卖来抵偿债务。因此，土地承包经营权可以进行估计来确定土地股权，以此来作为参与合作社治理和利益分配的依据，但不可以作为出资财产，因为土地承包权属于成员权范畴，其存在的意义在于确定农民的承包资格与承包资格消灭后承包地的收回，它本身并不具有现实的财产支配性。

二　组织形式和组织属性

在实际中，农户将土地承包经营权入股合作社后一般并不办理土地承包经营权的手续转移。江苏省和海南省的农民专业合作社的条例中都规定，农民可以以承包地的经营权作为主要的出资方式，强调以土地承包经营权出资入社的，并不丧失土地承包经营权，即入股的农地承包经营权不可能成为合作社的责任财产或破产财产。这说明入股农地既有出租属性又有出资属性。出资属性体现为入股社员享有表决权和分红权等社员权利。

在实践中，存在着在成立之初就以土地承包经营权入股的土地股份合作社，也存在成立一段时间以后以农地的承包经营权入股的农民专业合作社，这两种合作社其实在机理上是完全一样的。此外，土地流转合作社、土地银行、土地合作社、以土地承包经营权入股的土地股份合作社、以农地的承包经营权入股的农民专业合作社，实质内容也都是一样的，都是将土地以流转形式或入股形式集中到合作社来进行统一经营以提高土地的规模化经营水平，因此也都应该统一称为"土地股份合作社"。在立法模式设计和具体制度安排方面，应"拨乱反正"，明确土地股份合作社是农民专业合作社的一种特殊形态，也是合作经济组织，也需要在《农民专业合作社法》内进行规范。

三　对有限责任原则的突破

根据《农民专业合作社法》的规定：农民专业合作社成员以其账户内记载的出资额和公积金份额为限对农民专业合作社承担责任，按照章程规定承担亏损。而从土地股份合作社的情况来看，由于土地的承包权不能让渡给合作社，不能成为合作社的财产，则入股社员就不能以出资的土地承包经营权直接承担有限责任，而应在出资额的限度之内以自己的其他财产对合作社的债权人承担责任。但从国际合作社的社员责任

形态来看，可分为无限责任、有限责任和保证责任。因此，在我国
《农民专业合作社法》规定的有限责任之外可以增设保证责任，否则在
合作社破产时，会对债权人出现事实上的不公平。

四　利益分配

农地入股合作社中普遍采用"固定收益 + 浮动分红"的利益分配
方式是农民入股诉求的真实表达。从表面上来看，这与按交易量（额）
返还的合作社利益分配方式存在一定差异。但从惠顾的角度做深入分
析，则也是符合"按惠顾返还"这一合作社利益分配的基本原则的。

对流转中介型的土地股份合作社来说，土地承包经营权人入股合作
社的一个目的就是利用合作社的谈判能力寻求更高的土地租金，合作社
在其中起到土地流转中介的作用。土地股份合作社作为以土地承包经营
权入股合作社的农民共有组织，它站在社员角度为其争取尽可能多的租
金和其他利益，对于社员来说，通过合作社的谈判而使每个社员获得的
固定收益不是基于社员股东身份而取得的利润分配，而是基于惠顾关系
而取得的惠顾的对价。因此说，从表面上看，采用固定收益即"惠顾
的对价"的利益分配方式似乎与按交易量（额）返还的合作社利益分
配方式不同，但依然是符合"按惠顾返还"的原则的。同理，则浮动
分红就可以视为"惠顾返还"了。

对于直接经营型的合作社及兼有直接经营和土地流转服务中介功能
的土地股份合作社而言，则也可以同理来进行分析和解释了。

五　退出机制

农民自愿以土地承包经营权、资金、生产设备等财产入股设立农民
专业合作社，进行规模化经营。农民以土地承包经营权等向农民专业合
作社入股者，享有"入社自愿、退社自由"的权利。但实际上，承包
土地的经营权入股合作社的退社是受到限制的，一些土地股份合作社的
社员退股存在事实上的困难。在一些土地股份合作社，实际上，入股
"进退自由"的原则难以落实。这是因为，一般的合作社在政府的支持
下都对流转来的耕地进行了土地整理和基础设施建设方面的投入。即便
有农户退股，也无法获得自己过去的土地。而即便拿到与过去相对等的
其他位置的土地，也会受困于水渠、耕道的阻碍，陷入生产上的孤立。
在实践中，合作社还会考虑农业生产的周期性和经营的稳定性。

第五节　政策建议

农业现代化直接表现为现代要素投入增加、现代科技支撑增强、现代生产手段改进的过程，从内在机理来看则是经营主体发育、社会化服务完善、支持保护体系健全的过程。为适应经济持续健康发展、社会结构深刻变革、新型工农城乡关系加快形成的新形势，在基本经营制度基础上创新产业组织体系是我国建设现代农业的核心任务。促进土地股份合作社发展，对构建与新发展阶段相适应的农业产业组织体系，对激发发展活力、增强发展能力、提高发展效益具有重要意义。促进土地股份合作社规范有序发展，需要国家完善法律、政府科学引导、强化人才培养、完善治理结构等方面的支持力度。

一　将土地股份合作社纳入《农民专业合作社法》的规范范围

农业经济活动多种多样，合作社的生产结构也不是单一的。农民要适应市场，就要根据市场供求关系，选择生产经营内容。随着农业结构战略性调整的深入，合作社调整生产结构的现象将更多。所调查的合作社的经济活动涉及粮食生产、经济作物生产、林业、农林产品加工、储存运输、休闲农业、对外提供耕种收等服务，因此，"专业合作社"事实上已经很难涵盖合作社的从业范围。但对任何经济组织来说，都应该有比较明确的从业范围。可以参照农业类企业的办法，对农民合作社的从业范围进行管理。

土地股份合作社作为国家大力倡导的一个发展方向，需要在法律适用范围方面进行拓宽以体现实践发展的需要。2009年11月26日，江苏省第十一届人大常委会第十二次会议通过了《江苏省农民专业合作社条例》，在国家承认的专业合作社之外，突破性地给予土地股份合作社和农村社区股份合作社以合作社法人地位，开创了全国先河。《农民专业合作社法》的修改应该吸收和借鉴各地立法的经验。例如《江苏省农民专业合作社条例》的第二条为"农民专业合作社以其成员为主要服务对象，提供农业生产资料的购买，农业生产作业，农产品的销售、加工、运输、贮藏，农地经营，以及与农业有关的技术、信息、基础设施建设、物业经营等服务"。其中，已经将农地经营列为农民专业合作社的经营内容之一。在第十二条中则明确，"农民可以以承包地的经营权作为主要出资方式，设立相应的农民专业合作社（以下简称农地股份合作社），增加土地承包经营权收益，分享农业适度规模经营效益"，已经明确将农地股份合作社纳入法律规范范围。

借鉴江苏的做法，建议农民合作社的具体定义修改为："农民合作社，是在家庭承包经营的基础上，以自愿的农民为主体，以当地产业等为依托，按照合作制或股份制方式组织生产、经营、分配和管理的新型农业互助经济组织。"法律名称修改后，不仅土地股份合作社，开展综合经营的农民合作社等也都可以纳入进来。

二　规范和完善治理机制

在土地股份合作社的发展过程中，有一种观点认为，应该"先发展后规范"，实际上因不规范而出现的问题使得基层对于合作社有种种看法。建议在土地股份合作社的发展政策导向上，应当"边发展边规范"，要重视合作社的基本制度建设。

一是确保自愿入社和确保社员有"退出权"。在土地股份合作社成立时，要尊重农民意愿，坚持农民自愿入社、自愿入股，坚决制止强制流转土地和强制入股。是否加入农地股份合作社，应当充分尊重农民自己的意愿。如果社员退股，可将退股农户的土地调整到流转土地的边缘，使其生产经营不受成片规模经营的影响。还可以借鉴"新一代合作社"封闭的社员制度，即不轻易接纳新社员、对退社自由进行限制；或是赋予《章程》可以在一定期限内取消社员退社权；或是要求退社社员承担赔偿责任等，这些均可以在法律当中予以明确。允许社员对股权拥有处置权，允许股权经过一定程序并在一定范围内转让和继承，切实保护社员的合法权益。

二是坚持适度开放原则，提倡社员的多元化。土地股份合作社具有明显的地域性，甚至局限在一个社区里面。土地股份合作社要发展壮大，就要突破社区限制，就要充分利用利益机制来发展新社员。对新社员，可以采取多种方式和方法入股。对于土地股份合作社，要鼓励增设募集股，提倡有偿配置股权。

三是合理设置股权。土地确权、确股，合作社股权设置、利益分配、风险机制都要依据法律规范、章程进行，真正做到同股同权、风险共担、利益均沾。对大户的股权要进行限制，不可以让少数人持有股权过多。

　　四是完善内部治理结构。在土地股份合作社的内部治理方面，要体现社员的主体地位，只有通过"一人一票"的原则。社员大会、理事会、监事会会议安排要制度化。应坚持"一人一票"的决策原则，设置"一人一票"的基本表决权制度；允许建立附加表决权制度，持股较多的成员可以享有附加表决权，但附加表决权总票数不得超过本社成员基本表决权总票数的 20%；重大事项须经本社成员总表决票数的 2/3 以上通过。土地股份合作社的负责人应当由全体社员民主选举产生，不一定非由"两委"负责人兼任。要建立内部和外部相结合的监督机制，保证利益的合理分配，防止少数人侵占多数人的利益。土地股份合作社可以按照合作社要求建立治理结构，也可以按照公司制要求建立治理结构并向公司制过渡。实行"股东大会—董事会—经理制"，股东大会是最高权力机构，凡重大决策，需经股东大会通过。董事会、监事会成员一般 3—5 名，由股东大会选举产生。

　　五是在劳动用工制度方面，社员有优先成为本社职工的权利。劳动就业权是合作社社员的一个基本权利。在劳动用工方面，社员有优先成为本社职工的权利。建议在立法中规定社员职工人数占合作社职工总人数的最低比例。

三　加大支持力度

　　随着国家强农惠农政策的增多，一些地方农户要田要地现象明显增多，农村中涉及土地承包和流转的矛盾也明显增加。农民有恋土情结和观望心态，因此很大一部分人并不愿意放弃承包土地，特别是在有各种农业补贴政策的情况下。如果在政府的支持下，将这部分土地流转出来，组建土地股份合作社，既解决了农民进城务工的后顾之忧，又保证了农民的土地承包权不变，并获得基本的口粮、土地租金收益和国家扶持。

　　从各种新型经营主体的特征来看，尽管土地股份合作社发起成立的过程比较复杂，但一旦成立并运转起来，稳定性非常好，是农民最愿意接受的经营形式。可以将发展土地股份合作社明确作为构建农业新型经营主体的优先形式，鼓励各地予以适度引导。要加强对内部管理方面的培训，引导土地股份合作社朝着规范的方向发展。

　　鼓励各级政府将强农惠农的资金和支持项目优先向土地股份合作社倾斜。农业产业化龙头企业、国有农场、农民专业合作社享有的政策优惠，土地股份合作社也应该享受；农业农村的普惠性政策，土地股份合作社也应享受；高标准农田建设项目、农田整理项目等涉及基础设施建设的项目，也应向土地股份合作社倾斜。要有意识培养和壮大一批土地股份合作社，特别是在省级示范社中要重点支持土地股份合作社。

各级政府和相关部门应加强对土地股份合作社流转土地的服务工作，强化农地市场价格信息的收集与发布工作，建立信息服务平台，建立健全农地价格形成机制。应从各地经济社会发展水平、农地区位、资源禀赋、农业产业化发展水平等方面出发，做好农地价格的科学评估工作，有效解决农地股份合作社组建过程中农地价格被低估的问题。

四　加大人才培养力度

从长期看，合作社要大发展、持续发展，需要大量高素质、懂业务、会经营的业务骨干。人才匮乏是合作社的一大问题。这里的人才不只是指理事长，还包括其他优秀管理人员和财会人员。国家应设立专项培训经费，针对不同对象，确定不同的合作社教育与培训内容。对相关公务人员，应以合作社基本知识为主要教育内容，使他们能够运用适当的手段，按照合作社特有的规律办事，正确处理好政府与农民专业合作经济组织的关系。对合作社管理人员，要加大合作社理念培训，重点在宏观经济与政策，合作社性质、宗旨、作用、社员权利与义务等，财务制度、法律制度、民主管理制度，以及市场营销知识等方面下功夫，提高合作社管理人员进行规范化管理的水平。对合作社的普通社员，应以合作社基本知识为主要内容，重点进行合作社性质、宗旨、作用、社员权利与义务等方面的教育。目前，我国高等农业院校里开设了合作经济课程。在中等职业学校、农业学校等也要开设相应的课程，国家应下大力气培养合作社专门人才。在人才培养方面要制定专门的规划，要有资金保障和师资保障。

要办好一批涉农学科专业，为合作社等新型农业经营主体培育人才。通过降低分数线、学费支持等途径，提高农科专业的吸引力。从实际情况来看，大量农科毕业生并不从事农业，这不仅使得学生学非所用，而且浪费宝贵的教育资源。要解决这个问题，从根本上看，要从招生环节入手。职业教育要与需求紧密对接，教育资源重点要用于在农人员或毕业后会从事农业的人员。高等教育要大力发展定向培养方式，积极探索农科专业教学就业一体化的机制和模式。

（执笔人：陈洁）

下篇　案例调研报告

案例1 村"两委"推进工作的载体：四川省彭州市通济镇黄村天一花木种植专业合作社

一 合作社成立的背景

"5·12"汶川大地震后，通济镇在国家和社会支持下，开展了灾后重建工作。灾后重建对于改善基础设施起到了积极作用，也吸引了大批社会资本进入农村。彭州市委市政府确定了以打造湔江河谷、白鹿河谷为重点的灾后"河谷经济"发展战略。通济镇黄村是山丘镇河岸村的典型缩影，成为政策着力的重点。在"两集中、三到位"政策（农民向集中居住区集中、土地向规模经营集中和产业发展到位、生产方式转变到位、基层基础工作落实到位）的推进中，黄村的608户受灾户实现了100%的集中居住；在灾后规划引领和灾后重建政策的支撑下，在镇政府的大力推进下，黄村鼓励农民自愿组成专业合作社、股份合作社、股份公司等新型集体经济组织，并将全村的集体经济组织的农村基层公共服务和社会管理职能分离，成立了黄村天一花木种植专业合作社。黄村天一花木种植专业合作社的发展带有明显的政府推动色彩，并非纯粹意义上的生产型专业合作社。访谈中，理事长（也是村支书）曾说，农民自己组织起来的合作社发展得更好。但对该合作社的分析，可能有助于我们更好地看待农村集体经济组织的不可取代的重要地位，也有助于我们更好地认识外来工商业资本进入农村对本地经济和组织形态带来的深刻影响。

二 合作社的发展历程

黄村是个纯农业村，唯一的资源就是广阔的土地：有土地4100亩。在政府的号召下，黄村通过村集体经济组织成立黄村天一花木种植专业合作社，采取以土地入股分红为主、土地租赁经营为辅的模式，在确保农民基本利益基础上，变过去的"个体承包"、"散户经营"为现在的"集中发展"、"规模经营"。全村除8户没有加入合作社外，其余580户2041人全部加入合作社，占全村户数的95.4%，有效地促进了土地规模经营。在政府的推动下，国家科技部"农业科技示范园"、特色花卉苗木种植及观赏、食用菌生产及加工建设等一批农业产业化项目先后落户黄村。这些项目的实施，使黄村 2030 亩土地实现规模流转和经营。

受灾后，黄村通过与彭州小城镇投资发展有限公司合作，组织实施了"小拆院并院"项目，通过用地置换和增减挂钩，共节约集体建设用地 414.7 亩（其中 300 亩由彭州小城镇投资发展有限公司按照 15 万元/亩的价格收购，并在黄村开发利用；114.7 亩由村集体经济组织开发使用），共筹集灾后农房建设资金 4500 万元，加上灾后国家农房重建补助资金 3000 多万元，保证了占地 140 亩 39 栋 700 余户统规统建点的融资，也为集体经济组织发展预留了空间。推进住房重建的同时，黄村不断建设各项公共设施，小学、自来水厂、村级公共服务和社会管理配套设施都已投入使用。

黄村合作社的发起人实际上是投资商。合作社的主要经营内容是苗木花卉的产销、农产品加工。合作社于 2008 年 8 月成立，注册资本 50 万元，全部为土地折价，注册成员为 2000 人，目前为 2041 人。当时未确权。合作社有 500 亩地，土地流转费 1000 元/亩。该合作社与社员的关系实际上非常松散，只有少数村民在苗木公司打工，公司每年付给合作社土地流转费 50 万元，但是合作社无权过问公司的具体生产经营情况。

从 2013 年合作社提供的账目可以看出，公司已经进行了资产评估。

目前，合作社的固定资产有 43.4 万元（全部为养殖场固定资产），包括鸡舍 5.6 万元、石蛙池 6.1 万元、鳝鱼池 2.7 万元、板房 1.4 万元、沟渠建设 14.3 万元、厕所 0.8 万元、蓄水池 8 万元和其他固定资产 4.5 万元。

合作社的生物资产合计 1715.61 万元。其中，花卉基地 1712.54 万元，包括桂花树 149.5 万元、樱花树 80.1 万元、老人葵 170.6 万元、加拿利海枣 678.1 万元、皇后葵 149.38 万元、紫荆花 24.9 万元、银海枣 204.06 万元、红叶石榴 9 万元、铁树 156 万元、广玉兰 18 万元、希迪椰子 72 万元、其他 0.9 万元；养殖场 1.72 万元，包括石蛙 1.66 万元、豪猪 0.06 万元；核桃树 1.35 万元。

但根据合作社理事长的说法，该公司苗木生产周期长、投入大，目前还没有收回成本，因此，虽然合作社占有公司苗木 10% 的股份，但还从未与公司进行过利润的分配。

2013 年，合作社有现金 31056.8 元、银行存款 467450 元、其他应收款 63484 元、政府投入 18734 元；待摊费用 880656 元；全年主营业务收入 6904.5 元、养殖场收入 2 万元、其他业务收入 2 万元，而合作社（实为公司）的支出达到 300 多万元。2014 年合作社的经营收入有 100 多万元，社员人均分得 900 元。

三　合作社治理结构、盈余分配、亏损弥补等事项

社员加入合作社不需要申请，也不需要入股。合作社的成员制度是封闭的，只针对本村村民。全村 1270 个劳动力，有不到 200 人在本地就业。

合作社的理事长是村支书钱乐锦，具有高中文化，之前也经营自己的企业。合作社的发起人有 5 人，合作社理事会有 5 名成员，监事会有 7 名监事，任期 3 年。但黄村合作社的活动基本上是在黄村村"两委"的领导下开展的。黄村村"两委"坚持每月一次的议事会制度，由村监事会、议事会和群众代表共同参加，村级规划、专合组织成立、土地规模流转、灾后项目实施、产业化经营、土地权属调整、利益分配等诸多事项都要由议事会决定通过。因此，合作社实际上是一个只有名目的合作社，它只是各级政府部门通过村集体（主要是"两委"领导班子）来实施各种项目、推进各类工作的一个载体。

在资金来源中，一般社员以土地作价出资，且成员出资可以转让给本社其他成员。合作社从当年盈余中拿出 30% 的公积金用于扩大生产经营、弥补亏损或转为出资。从当年盈余中提取 10% 的公益金用于成员培训、合作社知识培训以及文化福利事业、生活上的互助互济等。其中，用于成员技术培训与合作社知识教育的比例不少于公益金数额的 6%，国家财政补助和捐赠作为本社资产。在合作社解散破产清算时，财政补助形成的资产不得作为可分配剩余资产分配给社员，处置办法按照国家有关规定执行；接受他人捐赠，与捐赠者有约定的则按约定办法处理。

扣除生产经营和管理服务成本、弥补亏损、提取公积金和公益金后的可分配盈余，其分配顺序是：（1）按成员与本社的业务交易量（额）比例返还，返还比例不低于可分配盈余的 60%；（2）按前项规定返还的剩余部分以成员账户记载的出资额、公积金份额以及财政金量化份额按比例分配，并记载于成员个人账户；（3）如果发生亏损，则用公积金弥补，不足部分可以用以后年度盈余弥补。债务则用公积金或盈余清

偿，不足部分按照成员个人账户中记载的财产份额按比例分担，但不超过成员账户中记载的出资额和公积金份额。

四　土地流转问题

黄村作为国家科技部、四川省科技厅"农业科技示范园"建设示范点，通过强化园区基础设施建设，将黄村的土地基本实现流转，收归村集体所有，全村508户规模流转土地2030亩，黄村从事传统农业种养的劳动力比例由原来的80%减少到8%。土地流转为实现整体规划和规模生产，吸引社会资金进入创造了条件。目前，四川省农业科学院、自然科学院、四川农业大学、成都艾文博花卉世界有限公司、四川绿宝菌业有限公司、成都畜联光达养殖有限公司、成都西奥集团等科研院校和企事业单位进入黄村。

2008年10月1日，黄村天一花木种植专业合作社与四川彭州绿宝菌业科技有限公司签署土地租用补充合同，公司租用村里的71.27亩土地用于食用菌产业基地试点建设，建设原料、菌种、菌袋生产、研发、办公、职工住宅生活区、产品加工及农户出菇、产品展示、销售窗口门店等厂房、车间、房屋等。产业为"公司＋农户"经营模式，实现料、工、贸、产供销一体化，做到产业、生态、观光一体化。每亩地年租金为大米1000斤，价格按照当时当地大米市场的中等价折成人民币一次性支付。租期30年，从2008年11月至2038年10月。该《土地租用补充合同》中提出："如国家法律法规及承包、流转土地政策不调整，乙方（指公司）可延租，甲方（合作社）不得收回，如本宗地征用为国有土地，乙方享有该宗地的优先受让权。"甲方应积极支持并配合乙方的项目建设及生产经营，协调村民返租菇棚等参与合作生产经营的活动，不得干涉乙方项目建设及实施生产经营，不得干涉乙方的经营活动。乙方投资的项目，添置的设施、设备及修建的厂房、车间、其他房屋等的所有权归乙方。若因甲方的行为导致合同不能履行的，甲方应对乙方的所有投入予以赔偿。该份合同还要求镇人民政府签章。

合作社还出租土地给彭州市统一建材有限公司，租期为5年，土地流转用途为砂石堆料场，共计166.3亩。统一建材有限公司每亩地每年支付黄谷300公斤，共计每年支付黄谷49890公斤，按市场价格折算。

2012年下半年，合作社还将116亩土地租赁给彭州市统一建材有限公司用于砂石堆料，统一建材有限公司每亩地每年支付黄谷290公斤，7 个月，共计支付 19623 公斤黄谷。

合作社将 500 亩地租赁给花卉世界有限公司，租期为 2008—2028 年，每亩地年租金 1000 元，年租金共计 50 万元，于每年 9 月 1 日一次性付清现金。

合作社还将 700 亩耕地和山地租赁给成都市康星花木有限责任公司发展观光旅游休闲农业。约定租期为 2009—2028 年，每亩地的年租金为 100 公斤黄谷，年租金共计 70000 公斤黄谷，按每年 9 月 15 日黄谷的市场中等价格支付。

合作社还将 2624 亩优等集体耕地租给西澳集团旗下四川斯丹利农业科技有限公司。公司养殖基地位于彭州农业科技园内，于 2009 年正式成立，占地面积近 24 万平方米，车间建设按照 ISO 9002 标准，年生产能力为 50000 只优质白獭兔。2013—2027 年流转土地 26.24 亩，共计 14 年，每亩地每年按 500 斤黄谷以市场中等价格支付给合作社。

遂宁市果香源农业有限公司也租赁黄村五社的 37.5 亩土地。租期为 2015—2027 年，共 12 年，2015—2016 年大米 400 公斤；2017—2027 年每亩地年租金为大米 450 公斤，每年按大米中等价格支付。

四川省自然资源科学研究院租赁合作社 37.5 亩地用于猕猴桃种植、示范、科研。租期为 2011—2027 年，共 17 年，每年 10 月 15 日以中等黄谷价格支付。

五　发展面临的问题

首先是黄村山好、水好、空气好，旅游政策好。目前，本村还有 300 亩剩余土地，因属于基本农田，只能种粮，不能搞观光农业。理事长感慨田间道路不能硬化，好资源不能利用。

其次是设施农业用地问题。理事长说，他们引进的不少企业就是想搞观光农业，但搞观赏型、采摘、高效农业涉及建设用地。此外，搞农产品加工也面临初加工、深加工、仓储、管理用房的占用土地指标问题。理事长认为，设施用地不应占用建设用地指标，规定用途、监管好就行了。

最后是无资金、无技术、无政策。黄村村民集中居住后，农民的生产方式和生活方式发生了变化。部分黄村剩余劳动力可在热带风情植物园、农业科技示范园、食用菌生产示范园等就地从业务工。有 20 户群众承包了食用菌生产大棚和租赁土地从事规模经营；还雇用外地和彭州市周边地区务工人员 200 人。但总的来说，采用集中生产、科学经营后，所需劳动力有限，剩余劳动力只能向外输送，一部分失去土地的仍有劳动能力的妇女和老年人待业。一些社员有新房但打工难、缺资金。本地农民年人均纯收入 14000 元，农业收入占 20%。社员安居后，产业安置问题马上凸显。2005 年后无规划的不能享受退耕还林补助政策。因现在融资难，理事长说打算转成土地股份合作社，进行资产评估后争取银行贷款。理事长也提到，目前苗木价格不稳定，花卉也是如此。但他们还有 15000 亩雷竹资源，其中 5000 亩进行了有机认证，符合商场、超市规格，其他则可以鲜销。雷竹 3 年后每亩产量能达到 2000 斤，目前的价格是 2 元/斤，还存在滞销。合作社改名后可以搞多种经营。

（执笔人：陈洁　何安华）

案例 2　让群众说了算的综合性合作社：山东省寿光市洛城街道斟都果菜专业合作社

一　合作社成立的背景和发展历程

（一）背景

斟都果菜专业合作社由寿光市东斟灌村村"两委"发起成立。东斟灌村位于山东省寿光市东北约 35 公里处，曾是我国夏朝的 12 个诸侯封地之一。东斟灌村现共有 586 户 2073 人，土地 4486 亩。2013 年村集体收入 70 万元，人均纯收入 1.6 万元。

20 世纪 90 年代，寿光市成为全国闻名的蔬菜大棚示范区，东斟灌村也建大棚，种植黄瓜，村民收入开始增加。但是，黄瓜是"大路菜"，销售困难，也卖不出很好的价钱，村民收入难以提高。后来，村党支部书记李新生与 4 名党员干部试种五彩椒获得成功，带领村民转种五彩椒，形成了东斟灌村的特色产业。但是，东斟灌村村民在解决了卖菜难之后，又遇到了"要款难"的问题，因为前来收购五彩椒的菜商不付现款，扣押、拖欠菜款甚至赖账的事情时有发生。

为了解决小农户面对大市场无能为力的弱势地位问题，东斟灌村村

"两委"组织村民研究对策，决定成立农民合作社来增强集体力量。2008年11月，东斟灌村25位村民每人出资100元，共2500元，注册成立了"寿光市洛城街道斟都果菜专业合作社"（以下简称斟都合作社），实际参加的村民数量为101人。

斟都合作社的业务范围包括果菜购销、农资采购、技术培训和信息服务等。合作社建立了蔬菜交易市场，对菜商实行收菜预付款制度，使村民可以即时足额收回菜款，提升了农民的市场谈判地位，保障了农民的劳动收益。

（二）发展历程

由于合作社保证了成员的经济收益，越来越多的村民想种菜。这样，就出现了人地矛盾，即有些想种地的农户得不到足够的土地，有些不想种地的农户又不愿意流转土地。在村"两委"的带领下，全村人经过7个月十几次的民主商议，终于制定了耕地流转方案和制度，并于2012年9月成立了土地股份合作社，将全村4486亩土地全部流转，2073名村民每人1亩地，以土地承包权入股，1亩地为1股，每年每股保底分红600元，其余2413亩土地作为集体股，其收益的40%给农民进行二次分红，60%村集体留用。根据人口变动，股份一年一调整，承包费三年一调整。土地股份合作社的成立，盘活了村集体土地资产，使愿意种地的可以得到土地、不愿意种地的也得到了比土地流转前更多的收益。

土地问题的解决使生产经营规模得以大幅度提升，但是，生产资金短缺又成了制约发展的重大"瓶颈"。为此，2013年东斟灌村村"两委"在斟都合作社的基础上，建立了资金互助社。这个资金互助社是斟都合作社的内部资金互助机制，不是独立法人，按照"资金自聚、服务社员、不以营利为目的、责任自担"的原则，在合作社内部调剂成员之间的资金余缺。截至2014年年底，资金互助社共有350人参加，互助资金120万元，累计为56户成员融资200万元。

2013年12月，斟都合作社增加了注册资本，达到300万元，其中现金资本35万元；注册成员350人。注册后，又有10人加入，因此，斟都合作社实有成员360人，都是出资成员。2014年，斟都合作社的总资产达到2900万元，其中固定资产2700万元。蔬菜种植面积达到3100亩，年产量2200万斤以上，带动了本村和周边2000户农户在

5000 亩耕地上发展蔬菜种植。斟都合作社的五彩椒获得了国家绿色产品认证，注册了"斟都"商标。

二　合作社的产权结构与治理

（一）产权结构

斟都合作社成员的出资形式包括货币、实物和知识产权。实物可以是库房、加工设备、运输设备、农机具、农产品等。知识产权除获得专利权的技术之外，还包括其他可以作价的专门技术。非货币出资不可以是劳务、信用、自然人姓名、商誉、特许经营权或者设定担保的财产等。

斟都合作社设定了成员出资最高限额，即每个社员出资不得高于 1 万元，其中货币出资全部为每人 1000 元。这样的规定保证了社员之间的出资额没有过大差异，为"一人一票"的民主管理方式打下了基础。

（二）治理结构与决策机制

斟都合作社内部设有会员代表大会、理事会、监事会和经营管理层。会员代表大会是由每 10 名成员推举 1 名代表组成，每年召开 2 次会议。理事会由 5 人组成，监事会由 3 人组成。理事会和监事会成员由会员代表大会提名，等额选举产生。2014 年，斟都合作社召开了 2 次会员代表大会，6 次理事会会议，监事长列席理事会会议。

东斟灌村提供的资料显示，东斟灌村是村级民主管理的先进典型，曾被新华社、《中国社会科学报》、山东省委机关报《大众日报》、《寿光日报》等多家媒体报道，先后获得全国人口和计划生育基层群众自治示范村、潍坊市文明村、潍坊市党风廉政建设先进单位等称号。山东省党和政府各级领导多次到该村考察。东斟灌村的民主议事核心特点被归纳为"群众的事群众说了算"。东斟灌村的三个合作社的议事也采用同样的办法，主要包括以下三个方面：

一是保证群众的知情权。村里的每一件事都让村民清清楚楚，通过"从上到下"和"从下到上"两条渠道畅通民意。"从上到下"，就是村"两委"把需要办理的重大事项和涉及群众利益的热点问题，全部纳入公开范围，通过召开村民大会、发放明白纸、干部到户走访等形式，征求群众意见和建议，让群众了解实情；"从下到上"，就是组织村民向村"两委"提出需要办理的事项，由村干部整理归纳，根据群众意愿研究办理。近年来，全村先后提议 100 多件事项，全部得到回复和解决。

二是保证群众的参与权。东斟灌村党员和村民民主推选了39名党员代表组成党员代表议事会、62名村民组成村民代表议事会。对村内事务定期召开党员代表和村民代表联席会议，对村里事务，尤其是沾"钱"的事务，都通过这些会议讨论并与全体村民协商解决。用村干部的话讲，这是"阳光用权"。斟都合作社的重大事项也是通过会员代表大会讨论解决，理事会和监事会成员也是由会员代表大会选举产生的。

三是保证群众的决策权。东斟灌村对于集体资金、村内公益事业和集体土地等30余项重大事项，采用票决制，即按照党支部提议、村"两委"商议、党员大会审议、村民代表大会以无记名投票决议四个步骤做出决策。对于三个合作社的重大决策，东斟灌村也采用同样的方法。

本课题组研究人员实地问卷调查了5位斟都合作社的成员，包括理事长1人、会计1人、普通成员3人。除理事长出资1万元（其中现金1000元）之外，其余4名成员都出资1000元现金。通过对这5人的问卷调查和访谈，可以看到这5人对于上述的决策机制的了解和认知在很大程度上是一致的，只是可能由于对等额选举和差额选举的含义以及重大事项的决策程序有不同的理解，相关答案有所差异。从普通成员与理事长和会计的答案可以看到，普通成员对合作社的情况非常了解，认知程度和满意度都很高，由此可以推断普通成员的知情权、参与权和决策权都得到了较好的落实（见表1）。

但是，从表1中仍可以看到，成员对于理事会人员数量说法不一。没有参加成员代表大会的成员不了解理事会选举和人员组成情况，认为决策机制不合理，该成员认为合作社的决策应该"一块商量，投票决定"。可见，虽然斟都合作社决策机制的民主特点明显，但仍然有比较大的改进空间。

表1　　　　山东寿光斟都果菜专业合作社治理机制问卷统计分析

问题	理事长	会计	普通成员1	普通成员2	普通成员3
您是否参加过成员代表大会	是	是	是	是	否
您2014年参加会员代表大会次数	2	1	忘了	20多次	未参加，不知情

续表

问题	理事长	会计	普通成员1	普通成员2	普通成员3
理事会选举是等额还是差额	等额	等额	差额	直选	同上
理事候选人由谁提名	全体成员代表	全体成员代表	全体成员代表	全体成员代表	同上
理事会成员数量（人）	5	6	6	3或4	4
合作社财务是否公开	是	是	是	是	是
合作社的盈余分配由谁决定	成员代表大会	理事会	成员代表大会	成员代表大会	理事会
重大投资事项由谁决定	会员代表大会	理事会	没有过重大投资事项	成员代表大会	没有过重大投资事项
您认为现在的决策方式是否合理	是	是	是	是	否
您认为现在的盈余分配方式是否合理	是	是	是	是	是
如果合作社出现亏损，由谁承担	全体成员	全体成员	全体成员	全体成员	全体成员

三　合作社的运营模式

（一）业务范围和生产模式

斟都合作社的主要农产品是五彩椒和油瓜等蔬菜，其生产模式为"专业合作社＋基地＋农户"，即以合作社为组织载体，以东斟灌村周边土地为生产基地，带动本村和周边农户发展绿色蔬菜生产，形成集绿色蔬菜种植、销售、标准化生产技术推广于一体的蔬菜基地。

斟都合作社有专职管理人员6人，高级职称技术员3人，农民技术员36人，一般种植技术员1000人。斟都合作社采用统一生产标准，与多家肥料和生物制药厂建立联系，请生物药技师到合作社一线进行具体的施肥与生物制剂使用指导。斟都合作社还购买了蔬菜检测设备，对将进入市场的蔬菜进行检测，不合格的一律不投放市场，并追查生产者责任。合作社的832个大棚分为6片，由村"两委"成员分别包片，负责到大棚内观察种植、施肥和施药情况，对每个社员都建立了蔬菜生产记录档案，包片管理的效果与干部的年底工资挂钩。此外，还有一名村

"两委"成员专门负责大棚生产和食品安全，定期检测。斟都合作社还对本村的农资店每 15 天检查一次是否有禁用农药和化肥销售。此外，斟都合作社还与中农立华生物科技股份有限公司合作，建立了部分大棚从种植到销售的追溯制度和二维码工程。这样一来，斟都合作社在蔬菜种植、农资供应、种苗种植、技术培训等各个生产环节，实行全过程质量控制，形成了产前预防、产中监督和产后检测与追溯的质量安全保障制度。2009 年，斟都合作社的产品获得国家绿色食品中心的认证，2720 亩蔬菜达到绿色食品 A 级标准。

（二）营销模式

2008 年斟都合作社成立之后，为了保证农民种菜能够及时、公平地得到菜款，东斟灌村立足五彩椒生产，成立了专门的销售市场，实行"合作社参与中介、客户与种植户买卖分离、购销钱款集体负责"的运营模式，即前来采购的客商须在市场预交采购款，种植户准备卖的蔬菜在市场过秤，然后凭过秤单到市场财务室领取现款，客商从市场提取购买的蔬菜。采用这种模式，杜绝了收菜不付款，村民拿"白条"的现象。

斟都合作社实施品牌战略，2011 年为其产品注册了"斟都"牌商标，并于 2012 年面向全国征集了五彩椒广告语"斟灌彩椒，中国'椒'傲"，起到了很好的广告效应。现在斟都合作社建立了稳定的销售渠道，产品主要销往北京、上海和天津等地，还销售到俄罗斯和新加坡等国。

这样，斟都合作社在生产和销售方面实现了"五个统一"，即统一技术规程、统一技术服务、统一产品检测、统一包装标识和统一品牌销售。

（三）盈利模式与盈利分配方式

斟都合作社建立了销售市场，外来收购蔬菜的客商与社员都在市场进行交易。客商先向市场缴纳预付款，社员向市场交付蔬菜，然后社员凭蔬菜称重单从市场领取售菜款。这样，避免了客商克扣社员菜款的现象，同时，市场也保证了蔬菜的质量。

斟都合作社的市场作为中介服务平台，向卖菜的社员按照其销售额的 1% 收取管理费。这些管理费作为斟都合作社的收入，在扣除工作人员工资和市场其他运行管理费用后，向社员分红，分红的比例大致是每个社员缴纳的管理费总额的 20%。

斟都合作社是由东斟灌村村"两委"领办的,村里同时还有土地股份合作社和资金互助合作社①,三个合作社的管理人员多是交叉任职。因此,这三个合作经济组织的收入共同负担了运营管理费用。

四　合作社的运行效果及存在问题

(一)建立起彩椒产业,增加了农民收入

合作社的建立,增强了农民的集体力量,维护了农民的经济利益,保护了他们种植彩椒的积极性,加之品牌经营手段,最终形成了东斟灌村的特色产业,并带动了周围村庄种植彩椒,增加了农民的经济收入,改善了家庭生活状况。2014 年,斟都合作社社员家庭人均纯收入 3.5 万元,而附近其他村庄农民的家庭人均纯收入则是 1.9 万元。

(二)农产品质量安全保障制度有助于降低环境污染水平和提高蔬菜质量

斟都合作社建立了蔬菜生产统一标准,实行全程质量控制工程,并建立了蔬菜质量全面保障体系,有助于减少禁用农药和化肥的使用量、降低环境污染水平和改善蔬菜质量安全状况。

(三)促进了新技术推广和标准化生产

斟都合作社有自己的技术人员,并与外部的农资公司合作,定期开展蔬菜生产技术培训。2014 年斟都合作社就开展了 12 次技术培训,推广新技术 6 项、新品种 2 个。这些措施促进了蔬菜种植新技术推广和标准化生产水平提高。

(四)转变了农民传统的种植观念

上述制度措施使农民放弃了一家一户生产、独自面向市场销售的传统观念,树立起联合起来生产和闯市场,开展规模化、产业化、现代化、标准化、品牌化生产经营,以及提高质量安全水平的新生产观念。

(五)土地流转促进了农业产业化和规模化经营

东斟灌村在生产合作的基础上开展土地股份合作,盘活了土地要素,使想种菜的农民可以得到土地、扩大种植规模,使不想种地的农民可以公平地分享集体土地财产的收益。这是东斟灌村能够建立起彩椒产业的重要基础和基本前提。

---

① 资金互助合作社不是独立法人,而是斟都合作社的一部分。

（六）成员民主管理权得到保障，调动了成员参与合作社和村庄事务的积极性

东斟灌村村"两委"在合作社建设等村内大小事情上采用"群众说了算"的民主管理和依法治理的制度，给东斟灌村的社会治理带来重大影响。以土地流转为例，由于历史和现实的经济利益等原因，土地调整常常是村庄最难办的事情，而东斟灌村村"两委"充分相信群众、依靠群众，保证群众的知情权、参与权和决策权，通过群众的充分民主协商，终于有效解决了集体土地的使用分配问题，为村庄经济的大发展提供了条件和动力。东斟灌村村"两委"使用同样的方法，建立了斟都合作社的蔬菜市场，保障了农民的经济利益和生产积极性。

（七）提高了村"两委"的威望和村民自治的水平，促进了村庄的和谐发展

通过以上的民主管理制度和措施，东斟灌村"两委"获得了村民的充分肯定、尊重和支持，也得到各级政府的肯定和表扬。东斟灌村也出现了政通人和、人民安居乐业的和谐景象。

（八）存在的问题

尽管斟都合作社取得了上述成绩，但是，从问卷调查来看，民主管理仍有一定的提升空间，如在信息公开程度、保障成员知情权以及市场信息提供方面，斟都合作社还需要加强。

五　结论与启示

（一）结论

斟都合作社的最大特点表现为村"两委"领办、成员股份数量均等、民主管理和合作式治理与分配制的特征明显。

（1）产权结构决定治理结构和治理机制。斟都合作社是由村"两委"领办的，而且成员之间的入股数量均等，同股同权，这是合作社民主管理的基本前提。同样，这种制度也为合作制的分配方式打下了基础。

（2）村"两委"领办的情况下，村"两委"部分成员同时兼任合作社的管理人员，由于有作为村干部的工资收入，这降低了他们对合作社的收入依赖，能够保证他们对合作社的工作投入，也降低了合作社的运营成本。

（3）东斟灌村由于彩椒产业的发展产生了生产和销售合作的需求，

这种合作又产生了土地流转的需要，推动了土地股份合作社的产生。土地流转扩大了生产规模，又催生了更大的资金需求，促进了资金互助社的建立。可见，生产合作、销售合作、土地合作和资金合作是在产业发展的基础上一步一步发展起来的，综合性合作反过来又推动了产业发展。

（4）斟都合作社的彩椒能够形成产业化和规模化得益于土地的成功流转。这种情况，可能只有在村"两委"领办的情况下，才能够在全村范围内做到。

（5）由于斟都合作社产权制度和民主管理制度合理，并落实到位，所以，合作社管理层与成员对于合作社的认识非常一致，认为合作社是帮助菜农发家致富的组织载体，并且都认可合作社的治理机制和分配制度。

（6）"人无头不走，鸟无头不飞"，带头人至关重要。东斟灌村党支部支书李新生是一名退伍军人，高中文化程度，自1998年12月一直担任村党支部书记。他参加过寿光市党校半年脱产的理论学习，将党的理论方针政策与本村的实际相结合，指导本村的工作。他有发展村庄经济、造福村民的使命感和责任感，勇于担当。在他在任的这十几年里，东斟灌村取得了一系列重大进步。

（二）启示

东斟灌村在村"两委"的带领下，建立了生产、销售、土地和资金合作的组织和机制，对于探索农村集体所有制的有效实现形式，完善农村双层经营体制，创新农村集体经济运行机制，以及对集体资产进行股份权能改革，健全农村集体"三资"管理监督和收益分配制度，都具有重要意义，值得进一步研究。

尽管东斟灌村的生产专业合作社和土地合作社是两个独立的法人实体，但是这两个合作社都是在村"两委"领导下，管理人员有交叉任职，而且资金互助是生产合作社的一项业务。因此，在村"两委"的统一领导下，一个集供销、生产、土地要素和资金要素于一体的综合服务平台在东斟灌村已经形成。这些经验似乎说明，只有建立起综合服务平台，才能够实现农业的规模化、产业化和现代化。

寿光市农村经济管理局认为，与其他领办人类型不同，村"两委"领办的合作社最接近《农民专业合作社法》的规定，而且最能够发挥合作社的社会功能。村"两委"参与领办的合作社有两种情况:一是村"两委"参办,即村"两委"只是发起成立合作社的一方。这种情况下,村"两委"能够起到监督作用,尤其在农产品质量控制方面。二是村"两委"领办,村"两委"领办能够提高合作社的规范化水平。此外,村"两委"领办合作社,有利于增强集体力量,开展村庄事务,而且有些村有集体财产,有助于合作社开展工作,并有助于盘活集体的闲置资产,如废弃的场地等。所以,寿光市将在以后重点支持村"两委"领办的农民合作社。

综上所述,可以得出的建议如下:

(1)国家的政策和法律应该鼓励农民合作社向综合业务发展,去掉"专业"二字,并且为合作社的综合业务提供法律和政策依据。

(2)应鼓励有条件的村"两委"领办合作社。

(执笔人:孙同全)

案例3 核心成员的合作社:四川省彭州市百思特肉牛养殖产销农民合作社

在调研中,我们不止一次听到来自地方官员和合作社领导者的一种说法:以资金入股的合作社社员更为关心合作社发展,入股资金越多的社员越是重视合作社,也更愿意付出。也就是说,入股资金多少是体现合作社内部凝聚力强弱的一个重要指标。从合作社发展的大趋势来看,资本控制是新一代农民合作社内涵和外延拓展的重要形式,东部发达地区的这类合作社发展很快。在这类农民合作社中,核心社员和外围社员具有不同的资本份额、不同的权利和不同的参与激励。在彭州市的调查中,我们没有遇到发展十分成熟的、以农业资本占有者治理农民合作社为主导组织形式的农民合作社。但是,处于发展初期阶段并朝这一方向运行的合作社有不少,而且经营更富有活力。在此我们无法讨论合作社的资本控制是否必然导致合作社功能弱化这一问题,但我们完全可以通过以下案例,分析这样的合作社是如何发展运行以及为什么具有其他合作社无法比拟的活力。

一　合作社成立背景和发展历程

彭州市三界乡元胜村位于半山区，有农地4260亩，人口2235人，村集体经济不发达。合作社成立之前，元胜村一直都有农户散养菜牛。2008年汶川大地震给彭州山区带来巨大灾难，此后，各级财政在该地开展了灾后重建工作。2011年美国"小母牛计划"支持当地45户农户养牛，当时给予每个合作社6.3万元，一共支持了3家合作社，共计18.9万元。据农村发展局的同志介绍，这是本地肉牛养殖的"星星之火"。后面，在国家"血吸虫病防治阻断项目"的支持下，又新增了300多个养牛圈舍。这使得当地养牛业呈现蓬勃兴起的态势。新农村建设开始后，元胜村97%的村民同意集中居住，建设新型农村社区。居住方式改变后，农户不可能一家一户地养牛，只能集中起来交给合作社。以上是百思特肉牛养殖合作社发展的一个客观背景。

李朝云是1967年生人，原为一家私营木器厂的老板，是村里的能人。因为精明能干、为人热情，2008年年底被大家推举为村支书。在县乡发展农民合作社的大环境影响下，2009年11月，李朝云发起成立了彭州市百思特肉牛养殖产销农民合作社，他本人出任理事长。2010年1月10日，合作社正式在市工商局注册登记，注册资本300万元，其中现金出资部分为40万元，注册成员为5人，实有成员5人。

李朝云选择肉牛养殖，主要是出于三个原因：一是牛属于大牲畜，体质好，不爱生病，而养鸡、养猪均存在疫病风险大的问题；由于本村和周边农村蔬菜专业种植户很多，他认为在种菜技术上他们比不过专业种植户，但在搞肉牛养殖方面他们有技术能人（有技术优势）。二是经济收益比较明显。2010年，国内肉牛价格开始猛涨，养牛的效益凸显。2010年时当地活牛价格6元/斤，2014年达到12.6元/斤，牛场通过技术管理出效益，肯定不会亏本。三是本地蔬菜资源丰富，全镇有13万亩蔬菜基地，利用大量尾菜、稻草等可以养殖菜牛，周边还有一个雪花啤酒厂，有大量的醋糟、酒曲糟料，发展养牛可以充分利用这些资源，很多蔬菜下脚料免费就可以拉来喂牛，养牛产生的牛粪还可以出售给周边种植户做肥料，可以充分实现农牧互补。目前，牛场在建贮液池，干牛粪的市场价格是300元/吨。李朝云说，利用牛场周边耕地种植反季节大白菜，每亩纯收入就可达1万元，农户每亩纯利3000元。

2010 年，合作社买入 44 头牛，统一由以 8 头牛入技术股的张若兵来养殖。这一年投入养殖的 5 个股东共投入 120 万元，也赚了 120 多万元。2010 年年底，因新农村建设项目启动，原养殖场用地被征用，养殖场只好处理了全部 170 头牛，有 3 个人退了社。但当时养殖效益已经十分可观，不光入股的人都赚了钱，跟着养牛的散户也赚了钱。

看到养牛的好效益，李朝云认准了养牛是一个好产业。此后，他开始积极筹备，从土地、规划、建场、资金、注册登记、牛源解决等多环节入手，一步步解决合作社发展初期遇到的各种问题。

首先，解决牛源和高品质牛的问题。2011 年全国性牛源短缺问题已经初露端倪。李朝云先后赴山东和吉林考察产业情况。他发现，川牛（四川盆地周边的牛品种）适应本地气候，病少，于是购入了一批川牛。但养牛必须要有好品种，必须走规模化之路。李朝云在县乡政府的技术支持下，走出去考察市场、吸取经验。2014 年，他从山东布莱凯特黑牛科技有限公司引进了 3 头优质黑牛，准备自养自繁，发展高档牛肉产销。目前，他引进的黑牛已经有一头产了牛犊。牛犊出生时就有80 斤，接生时用了 7 个人，目前已经长到 900 多斤。

其次，解决土地问题。2007 年，有一家外乡人的养鸭场与村委会协商，将村 1 组、8 组和白家河坝的集体公田共 14.1 亩流转过来养鸭。2012 年，为了发展自己的合作社，村委会收回该流转土地，以 22 万元的价格一次性付清了转让费；拆除原建筑物后，村委会与合作社重新签署土地流转协议。合作社流转土地时间截至 2037 年 10 月 31 日。流转土地的价格和支付方式为：（1）截至 2017 年 10 月 31 日耕地流转费200 元/亩、非耕地 150 元/亩，2012—2017 年 5 年流转费共计 11390元，5 年一付。（2）2017 年 11 月 1 日至 2037 年 10 月 31 日，按原有价格基础每 5 年递增 100 元/亩计算流转费用，分别为：2017 年 11 月 1 日至 2022 年 10 月 31 日 5 年流转费 18437 元；2022 年 11 月 1 日至 2027年 10 月 31 日 5 年流转费 25492 万元；2027 年 11 月 1 日至 2032 年 10月 31 日 5 年流转费 32547 元；2032 年 11 月 1 日至 2037 年 10 月 31 日 5年流转费 39602 元，5 年一付。目前，这 14.1 亩土地已经使用 17 年，包括耕地 3.2 亩、非耕地 10.9 亩。

原有地上建筑物拆除后，土建部分估价 6000 元，作为元胜村 1 组、8 组村民养殖入股股金，按每股股金 3000 元折合 2 股，每年可以按所得利润参与股份分红。原土建拆除后，土地上再建的所有设施设备则归合作社所有。合同期满后，合作社享有该地块租赁权，若无其他租赁方、合作社也不再租赁的情况下将由村委会对其进行复耕。

最后，解决养殖用地问题。2013 年 5 月 13 日，彭州市国土资源局批准合作社的农业产业化生产设施及附属设施用地的申请，同意 1 组的集体土地 7.137 亩作为生产设施用地。彭州市规划管理局于 2013 年 9 月 30 日批准了合作社关于牛场建设的规划，批复该社用地符合村庄规划。彭州市环境保护局随后通过了合作社报送的《建设肉牛标准化规模养殖场环境影响报告表》，对牛场施工和牛场运营环境管理提出了明确的要求：粪污处理采用"干湿分离、雨污分流；干粪堆积发酵，湿粪进入沼气发酵"技术。彭州市农业局作为产业发展的主管部门，批复并要求其按照标准化规模养殖场（小区）标准进行建设。

自此，合作社基本完成了前期的各项准备工作。2014 年年初，李朝云开始建设可容纳 800 头牛的标准化、规模化肉牛养殖场。到 2014 年年底，牛场已经初见规模，并同时根据环境保护的要求投入 580 万元建设种养循环设施，预计年产有机肥 1200 吨。根据规划，牛场有养殖区、生产区、办公区、生活区、青贮区、粪便处理区、隔离区和病死牛处理区。厂区周围建有装牛台、消毒池、净道、污道，其中污道与牛粪储藏、氧化塘、沼气池、青贮库相连。

2015 年 1 月 10 日，合作社召开了全体大会，通过了《彭州市百思特肉牛养殖产销农民合作社章程》。此时合作社社员已经达到 106 人（全部为出资成员），合作社注册资本 382.1 万元，全部为现金出资。合作社有基地面积 14.137 亩，带动面积 1500 亩。合作社的生产经营内容包括畜禽养殖、销售，种养循环，系统管理，粪液经加工处理后进行销售。目前，合作社组织机构基本健全，采用合作社直接经营牛场的方式，有统一的技术规程，统一采购投入品，统一销售。

彭州市各级政府部门对于百思特的支持比较大。百思特作为市里重点扶持的一家合作社，获得了"市级示范社"的称号，还获得"农业新型经营主体"、"成都市标准化肉牛养殖基地"等称号。百思特也得到了省市两级政府的资金项目支持：在种养循环基地建设方面省里提供了 200 万元支持；市农村发展局提供了 25 万元支持；标准化牛场建设项目获得支持 30 万元。

二　合作社内部治理情况

（一）出资情况和成员情况

2015 年合作社注册时，成员出资总额为 382.0986 万元。从具体出资情况来看，该合作社的社员出资情况差别很大。李朝云等 11 户出资额均不小于 10 万元，合计出资额达到 311.0087 万元，占总出资额的比例为 81.39%，其中李朝云出资 60 万元，为最大股东，占总出资额的15.70%；出资在 1 万—10 万元的有 26 户，合计出资 61.4512 万元，占总出资额的 16.08%；出资在 1000—10000 元的有 20 户，合计出资92319.5 元，占总出资额的 2.42%；出资额低于 1000 元的有 49 户，合计出资 4067.5 元，平均每户出资不到 100 元，这部分社员出资额只占总出资的 0.11%。

从人数比例上看，出资额 10 万元以上的农户只占 10.38%，但出资额占了 81.39%；出资额低于 1000 元的社员数量占 46.23%，但出资额只占0.11%；1000—10000 元区间的户数占 18.87%，出资额占 2.42%；出资额在 1 万—10 万元的户数占 24.53%，出资额占 16.08%。

从出资结构和成员结构来看，百思特肉牛合作社并非传统意义上的"弱者联合"的农民合作社，这也决定了这类合作社的治理结构也带有鲜明的核心成员治理特点。

表1　　　　　　　　　合作社社员出资情况

	<1000 元	1000（含）—10000 元	1 万（含）—10 万元	≥10 万元	合计
户数（户）	49	20	26	11	106
比例（%）	46.23	18.87	24.53	10.38	100
出资额小计（元）	4067.5	92319.5	614512	3110087	3820986
比例（%）	0.11	2.42	16.08	81.39	100

合作社的社员多数是在村支书和合作社的号召动员下加入合作社的。认为养殖肉牛收益高、风险小的村民会根据自己的经济状况入股，例如社员阳本明入股合作社 5000 元现金。他自己没有多少养殖技术，

属于希望资金入股成为股东后参与分红的社员，他与合作社不存在产品交易行为，也不需要与合作社签订服务合同，合作社为他个人设立了成员账户。

还有一部分社员是希望解决生产经营问题、扩大经营规模。受集中居住影响，一些原有的养殖散户不得不走向合作养殖。这部分社员多数属于合作社的核心社员，也十分关注合作社的发展，一些有技术的直接加入牛场养殖经营活动。他们认为，与农户散养相比，合作社养殖具有规模优势与养殖效益：一是原材料成本显著降低；二是实施一些环保工程，有利于减少养殖污染从而保护生态环境；三是可以集中销售，提高肉牛销售价格；四是统一组织针对专业养殖人员的技术培训，颁发相关培训证书，可以提高科学养殖水平。从主观方面看，这些农民出于比较效益的考虑，愿意加入合作社。从客观方面看，集中养殖是大势所趋。例如社员张若兵，2014 年加入了合作社。他的出资额是 43200 元，全部为现金股。目前，他是合作社的技术骨干和经营管理人员。他与合作社签订了服务合同，合作社为他建立了生产管理记录档案和成员账户。加入合作社之前，张若兵就是村里的养殖大户。2014 年，他家养殖肉牛 26 头，家庭总收入 25 万元，其中种植收入 5 万元，养殖收入 20 万元。张若兵家在村里属于中等经济水平，他认为，参与合作社经营对于提高家庭收入有十分重要的作用。

当然，合作社社员中也有很大一部分对合作社保持观望态度，对于村支书的动员他们不好意思拒绝，属于"随大溜"的情况，也不愿意冒太大风险，于是就象征性地表示了一点支持，虽说也入了股，但股金很少。他们有的是对肉牛养殖没有什么兴趣；有的是家中外出劳动力比较多，主要收入来自打工；有的则是村里的留守老人户。这部分人目前在合作社内很像是"挂名"社员，对于合作社没什么认知，对于合作社发展关注也不多，合作社一般也不会叫他们参与具体事务。可是，这部分人中也有一些有积蓄的人，后来看到合作社的发展势头良好，希望继续增资扩股。

百思特合作社的成员全部为农民社员。

（二）合作社选举和决策机制

理事会选举一般采取差额选举的方法，理事候选人由全体成员（代表）提名。据调查，2014 年，百思特合作社进行换届选举。具体程序是，由全体成员（代表）提名 5 名候选人，采取等额选举的方式，选举出理事会成员。目前，合作社理事会、监事会成员共有 5 人。理事长和理事的任职期为 4 年。合作社理事会、监事会会议基本半个月开一次，理事会、监事会成员分别为 3 人。

合作社的重大投资决策、盈余分配方案的确定都是由会员代表大会完成的。但合作社的投票方式不是一人一票。一般的会议都是请出资大于 1 万元的社员来开会，这样的核心成员有 37 人。这样的会议一年要开 2—3 次。而且开了会，有了要求，社员就得执行。李朝云认为，真正的出资者才有责任心。他说"出资 27 元钱的不叫"（他们开会）。理事会决定专职经营管理人员的聘用和专职人员工资的确定。2014 年的重大投资项目均由理事会决定。例如 2014 年，合作社新扩建了一座养殖厂房，实施了沼气池修复和种养循环工程。对于这类重大投资项目，都是通过合作社成员（代表）大会（实为理事会）决定。

百思特合作社的社员都要写入社申请书，而且是要求入社就要入股。目前最低出资额为 27 元，最高出资额为 60 万元。合作社的成员为封闭式，目前固定不变。根据《章程》，合作社要按出资比例拿出经营收益的 10% 分红。2014 年，合作社资产已经超过 800 万元，其中固定资产（基础建设）450 万元，活牛价值 350 万元，其他资产 38.6 万元。合作社实有生产经营规模为 370 头牛，其中有母牛 130 头、犊牛 4 头。合作社计划养殖规模达到 1000 头牛。看到合作社的发展势头良好，村里还有 100 多人申请加入合作社，但原有社员却不愿意，主要的考虑就是初期投入都是由这些核心社员投的，后来者一进来就要参与分红，原有股东认为应该对原始股进行评估量化。李朝云说，这个事情迫在眉睫，2015 年下半年合作社就要做这个事情，政策扶持资金要量化到户、利益分红要按出资比例分配等，这些都需要专业性人员来做。

（三）合作社的盈余分配

在合作社治理方面，目前合作社的盈余分配由成员（代表）大会（即理事会）决定。合作社的盈余分配采取按出资额分配的方式。根据《章程》，当合作社有经营效益后，在年底可有二次返利。合作社的纯收益在提取 6% 的管理费用后，将 94% 的收益按出资额分配。

2015 年临近春节时，合作社需要向出资额大于 5000 元的出资者通报全年运行情况。但是，李朝云表示今年合作社给大家分不了钱了。一方面，合作社 2014 年创建初期投入特别大，处于入不敷出的境地；另一方面，国家的各项财政投入要平均量化到股东，这个工作他们还没有做。我们问他"不给社员分红他们会不会有意见"，他说，合作社的事情社员们心里都有数，2014 年从年头到年尾合作社的建设工作、各种辛苦和不容易大家都看在眼里，而且合作社目前还没有提取公积金、公益金，他个人和其他理事、监事们也一年都没有工资，免费在为合作社工作。他还说，以后到底如何分配也存在一个问题，是按出资额分配还是按其他原则分配，这个问题还没有完全讨论清楚，自己也没有想好。

（四）普通社员参与合作社运行与治理的情况

针对社员的决策参与情况，我们采访了两名合作社社员。

阳本明，60 岁，是合作社的核心成员代表（理事），初中文化程度，也是村民代表，他在合作社入的是现金股 5000 元。2014 年，他参加过 12 次成员代表大会，既有换届选举等管理层面的活动，也有讨论全年生产经营情况、重大投资事项通报或动员、公布年底收益分配方案或宣布下一年合作社发展计划等经营层面的内容。阳本明说，倘若理事会只谋私利，不顾及甚至侵犯普通农户的权益，他会考虑退出合作社。关于合作社法，他没有听说过《农民专业合作社法》，对相关内容也不太了解。

张若兵，35 岁，是合作社的核心成员（也是运营管理人员），小学文化程度，没有担任过村组干部或村民代表。2014 年，张若兵参加过 12 次成员代表大会，主要讨论全年生产经营情况、重大投资事项通报或动员、公布年底收益分配方案或宣布下一年合作社发展计划等方面内容。他并没有参与理事会或监事会选举。张若兵认为，目前合作社的决策方式还是比较合理的。倘若理事会只谋私利，不顾及甚至侵犯普通农户的权益，他认为那就应当罢免不称职理事、改选理事会。通过合作社宣传培训，他知道有《农民专业合作社法》，但对其中具体的条款不太了解。与阳本明不同的是，遇到治理问题，他并没有考虑退出合作社，而是认为普通社员也有权利罢免不合格的理事。

当我们问及"如果合作社出现亏损，应该由谁承担？"这一问题时，张若兵认为应由全体成员承担；而阳本明认为应由出资成员承担（核心成员）。这明显可以看出核心成员和普通社员对于亏损问题的不同看法，核心成员认为合作社是大家的，应该"有福同享有难同当"；而普通会员认为核心成员在合作社会获益更大，合作社经营有困难理应由核心成员承担。这说明，作为一个集体行动集团，合作社治理中确实存在着"搭便车"问题。

调查了解到，合作社有完整的财务资料，实行公开制度。张若兵、阳本明等社员都对合作社财务公开的内容和结果、理事监事选举程序和盈余分配制度表示很满意。

（五）合作社提供服务的情况

对于大多数社员来说，由于合作社实行统一集中养殖，社员只是资金入股成为股东，与合作社不存在产品交易行为。因此，合作社不需要向社员提供诸如农资采购、产品销售、技术培训与指导、市场信息提供等生产性服务，也没有向社员提供借款担保等服务的必要。

虽然合作社并不针对社员统一提供社会化服务，但张若兵表示合作社这种经济组织，在促进农业生产规模经营、应用新技术新品种、使用安全环保农资、开展农业标准化生产等方面，还是具有一定的优越性。关于合作社未来发展，他希望能在提升生产技术水平、开展产品品牌建设、拓展产品销售渠道、贷款担保服务、帮助成员流转土地以及统一农产品加工等方面予以改进。阳本明也表示，以后随着合作社发展，相应的分红收入一定会增加。

目前，合作社在生产管理方面采用"四统一分"，即集中繁育、分散饲养、集中催肥、统一加工销售。三界镇蔬菜种植面积有13万亩，每天都要产生大量的尾菜和稻草用于肉牛喂养，有天然的资源优势，合作社搞肉牛养殖解决了农作物废弃物处理的难题。目前在建800立方米沼气池，牛粪和不能用于饲喂的尾菜、稻草进入沼气池，发酵后沼气可为周边村民提供照明、做饭用能源。沼渣、沼液经加压通过管道输送到田间地头的储液池，再为农田施肥，预计覆盖1500亩田地，可改良土壤，恢复地力。

三　合作社发展面临的主要问题

（一）合作社资金短缺问题

百思特肉牛养殖合作社的资金投入比较大。2014年，牛场实施了种养循环项目，投资100万元修建了氧化塘，其中已经支付工程队60万元，还欠款40万元；投资41万元修建了沼气池及相关设备；投资

50 万元新修了一座畜舍。2014 年，合作社购买 370 头牛，支出 240 万元；饲料 10 元/头天，一个月就要支出 11.1 万元，一年花费 133.2 万元；牛场工人年工资平均为 1.6 万元/人，雇工 8 个人，全年 12.8 万元；水电费 1800 元/月，12 个月花费 2.16 万元；防疫费 200 元/月，一年支出 2400 元。算下来一年的经营开支有 388.4 万元。养 1 头牛 14 个月的生产成本为 1.22 万元。目前，合作社欠款 100 万元。调研时，合作社核心成员们刚刚开完一个碰头会，研究的就是今冬明春怎么办的问题。据李朝云介绍，养牛需要喂好料，目前雪花啤酒酒糟 380 元/吨，其他饲料 200—300 元/吨。考虑到饲料款紧张、偿还所欠工程费、投资等问题，他们不得不卖了 29 头牛，用卖牛的 38.6 万元收入支付货款。

资金短缺问题困扰着合作社。尽管有财政补助 30 万元，但比之牛场的规模扩张来看，资金仍然远远不够。目前牛场已经从 14.137 亩扩大到 500 亩。搞养殖小区需要大量的基础设施建设投入。李朝云认为，从银行贷不到款，主要与合作社资产不好评估有关系，最好是有担保机构，例如农村产权担保贷款公司，那样的话，合作社就好解决资金问题了。

从正规渠道来看，银行贷款不仅需要担保，而且手续复杂，利息偏高。从民间渠道来看，增资扩股进行得不顺利。由于去年合作社将盈利用于投资和生产经营支出，尚未兑现对社员的分红承诺，一些老社员不愿意再多投钱，处于观望状态。而 100 多位新社员有入社需求，但是由于合作社近年来资产扩张，在没有进行资产评估和股权重估的情况下，吸纳新社员会产生代际公平问题，老社员又不乐意。2014 年，肉牛市场行情较差，合作社不愿低价销售以回收成本。因此，合作社当前面临比较突出的资金短缺问题，甚至影响着合作社的正常运行。调查中，无论李朝云还是普通社员都认为，合作社的目标是"让农民赚钱，不是让企业发财"。为了避免工商资本的进入控制合作社的管理权和冲击核心成员控制的合作社治理结构，合作社 2014 年回绝了一家企业的注资请求，合作社核心成员的看法基本一致，他们更希望通过自己的努力发展合作社，希望减少外部干预和控制。

（二）核心成员与合作社治理问题

为缓解资金困难，合作社经营管理人员等核心成员自掏腰包，免息借款给合作社，用于购买生产资料。例如，张若兵就借款给合作社 7 万元，不要求合作社利息回报。调查显示，合作社核心成员和运营管理人员与合作社的关系紧密，初步形成了一种"利益共同体"，而普通社员在合作社治理方面参与不足。

核心成员与合作社的利益联结主要体现在以下三个方面：一是收益预期较高。合作社统一养殖后规模扩大，核心成员控制的规模也相应扩大。与自身散养相比，在价格波动较小的情况下，预计收益明显提高。二是风险控制较好。由于肉牛的养殖周期较长，一般一年一胎，三年才能育成一头成品牛。因此，肉牛市场稳定性较强，风险较低。再加上合作社可以统一聘请技术服务人员，选购达标药品，提高了抗风险能力。三是核心成员控制比较明显。在运营管理方面，合作社盈余分配方案的确定、重大投资项目审议全部由理事会决定。普通成员只是依据出资额获得年底分红收益，对于合作社的运行管理缺乏关心。核心成员拥有养牛技术，退出成本较低，与合作社形成了紧密的利益共同体，愿意在合作社经营困难时分担合作社遇到的问题，有"风险共担"的强烈意识。此外，核心成员也十分在意自己的利益，这突出表现在他们对于增资扩股的谨慎态度上。

（三）合作社在会计培训、资产价值评估方面亟须得到支持

人力资源是合作社发展的核心和关键。目前，合作社亟须优秀的管理人员，特别是财会人员。百思特合作社的会计人员是由乡里统一聘用的兼职会计（月薪500元），但目前还只能做简单的收入支出记账工作。对于合作社迫切需要解决的资产评估问题，还需要更为专业的机构来承担。此外，合作社的会计核算制度、风险保障机制、产品质量追溯制度等还没有建立。很多合作社没有发票制度。根据我们调查，这是彭州市合作社面临的普遍问题。因为合作社资产，特别是养殖合作社涉及养殖基础设施建设投入、活畜估价、原始股和新增股的估价，而且资金来源有的是财政资金，有的是自有资金，财政资金是要量化到每个社员的，老社员与新社员、核心成员和普通成员都有不同的利益，如何评估关系到每个社员的利益，这个工作做不好很难谈及合理的、大家都满意的盈余分配。这方面是需要政府有关部门加大服务和支持力度的。

（执笔人：陈洁　高强）

案例4　股权多元、一人一票、分配方式多样:四川省彭州市三界镇丰碑蔬菜产销专业合作社

三界镇位于彭州市东北部,面积42.3平方公里,人口3.3万人,距彭州市区17公里处,东与什邡、广汉两市毗邻,南邻蒙阳镇,西靠九尺镇、军乐镇、升平镇,北与敖平镇隔河相望,是一个以种植蔬菜和养殖小家禽而闻名的农业大镇,尤以莴笋种植规模大、品质优而闻名省内外,2001年被有关部门授予"四川省莴笋特产之乡"称号,2003年被中国绿色食品发展中心命名为"四川省绿色食品生产基地"。全镇地势平坦,天然气资源丰富,交通便利,电力充足,土地肥沃,自然条件得天独厚。现已建成以食品蔬菜加工、机械铸造、建辅建材、制药为支柱的工业企业,并建立粮、油、果、蔬菜、畜禽等商品生产基地,建立起水、电、气、路、通信等基础配套设施及教育、文化、卫生、保健等社会服务体系,是西南地区有名的蔬菜生产基地,闻名省内外的养殖之乡。

一　合作社成立背景和发展历程

(一)成立背景

丰碑村所处的三界镇,是典型的农业镇,因蔬菜种植与小家禽养殖在四川省具有一定知名度。全镇蔬菜种植历史悠久,农耕文化影响深远。丰碑村耕地面积相对较广,土壤肥力高,适宜农作物生长,是丰碑村发展农业的物质基础。丰碑村农民以种植蔬菜为主要经济收入来源,是一个典型的农业村,蔬菜等作物种植传统传承良好。这样的经济发展背景,为丰碑专业合作社的成立与发展提供了必要的人员和技术基础。但是,农民以家庭为单位的小规模、分散型的蔬菜种植,已远远不能适应大市场的需要,价格受市场的影响波动大,农民抵御市场风险能力低,市场竞争力不强。为解决种植无计划、年度价格波动大、农民相互杀价销售等难题,彭州市大力推动蔬菜专业合作社的发展,提高农民的组织化程度,三界丰碑蔬菜产销专业合作社就是其中之一。为带动全村蔬菜产业发展、促进农民增收,2007年8月6日,由三界蔬菜联友协会牵头,按照平等、自愿、互惠互利原则,成立了彭州市三界丰碑蔬菜

产销专业合作社。

（二）发展历程

"北有寿光、南有彭州"，彭州蔬菜享誉全国，这得益于近年来彭州市充分发挥蔬菜专业合作社的作用。位于该市三界镇丰碑村的三界丰碑蔬菜产销专业合作社，着力带动当地蔬菜产加销一条龙发展、带动农民通过发展蔬菜产业持续增收，是一个成功范例。

2007 年 8 月 6 日，丰碑合作社按照合作社法，正式完成工商登记注册，成立之初仅有入社成员 6 户，入社资金 12 万元，蔬菜年销售量 80 吨。到 2012 年，又依照相关规定，进行变更登记注册，成员数增加到 205 户，其中土地入股农户 92 户，现金入股农户 113 户，入社资金达到 179 万元，蔬菜年销售量 10000 吨以上。到 2014 年 6 月，该合作社新吸纳了 60 余户村民和优秀农村职业经理人作为成员，共计新增股金 240 余万元，成员主要以丰碑村村民为主，并吸纳了台湾地区、江苏等省内外优秀的种植、营销、试验示范专业技术人才、职业经理人等。

从蔬菜销售量、销售收入看合作社的发展。2008 年三界丰碑蔬菜产销专业合作社出售蔬菜 1400 万公斤，实现销售收入 2300 万余元，利润 670 余万元，带动全镇 9500 户蔬菜种植户销售蔬菜 2 亿公斤，农民人均蔬菜收入达 3500 元，人均增收 330 余元。2009 年，三界丰碑蔬菜产销专业合作社出售蔬菜 1200 万公斤，实现销售收入 1900 余万元，产值 560 余万元，同比较 2008 年人均增收 600 余元，高于当地非成员收入 30%。2011 年实现蔬菜统一销售 2.3 万吨，占全村蔬菜外销量的 25.6%，经营服务收入 1068 万元，社员人均获得盈余分配 6018 元，是本村农民人均纯收入的约 50%，带动 700 多户农户增收。2013 年实现蔬菜统一销售 17 万吨，经营服务收入 8600 万元，社员人均获得盈余分配 1.1 万元，带动 700 余户农户增收。

二　土地股份合作社的产权结构与治理

（一）产权结构

从产权结构看，当前丰碑合作社有两种入股方式：一是自 2010 年起实施的土地入股方式；二是自建社以来就有的资金入股方式。2013 年，该社土地入股农户 92 户，入社总面积 235 亩；现金入股农户 113 户，入社资金 179 万元。其中土地入股方式是按照市场价评估农户的土地流转费用，合作社支付 50% 的流转费给农户，农户以 50% 的土地流转费入股，农户仍然分户管理，合作社做到"五统一"。据合作社理事长介绍，目前该合作社的土地折股大约占全社股份的40%。

（二）治理结构和决策机制

丰碑合作社依法设立了社员大会、理事会、监事会等组织机构，内部设置了财务、生产技术、种苗、营销等部门，聘请了专业的财务人员、生产技术人员、职业经理人员担任部门经理，同时还聘请了农村经济研究方面的一名退休教授为合作社专职顾问，形成了"理事长＋理监事会＋职业经理人＋专家顾问"四位一体、团结协作的管理团队。合作社通过民主集中制的会议制度讨论解决重大事务，依照《章程》建立了规范的内部管理制度、财务管理制度，并通过管理团队严格落到实处。丰碑合作社的组织结构见图1。

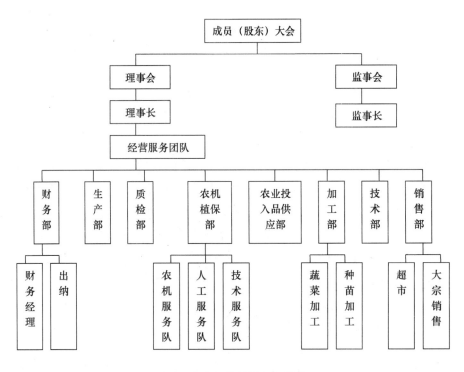

图1　丰碑合作社的组织结构

在涉及国家政策性的肥料补贴分配、重大投资项目等事关社员切身利益和合作社长远发展的重大决策方面，合作社明确入社农民无论出资多少都享有一票权利，按照"先民主、后集中、再决策"原则，先由理事会初步商议，然后提交成员大会讨论，最终按照"一人一票"进行投票表决。比如，2011年年初，合作社在筹划建设蔬菜加工厂之前，理事会商议后提出建设存储量为1000吨的冷库，但在成员大会讨论时，大多数成员认为风险大且自有资金不足，应该量力而行、分步发展，最后否决了理事会的提议，决定第一期只建设存储量400—600吨的冷藏库。在决策机制上，2009年以前，该社实行股东投票机制，由于股东人数较多，意见较难集中，投票的成本比较大。从2009年以后，合作社规定，除重大投资、分红等重要事项外，合作社的日常事务由理事会及其下设的经营服务团队去处理，入社成员在申请入社时就明确规定一般股东不参与合作社的管理，但合作社的理事会和经营服务团队向股东承诺分红数额。

三　土地股份合作社的运营模式

（一）业务范围

丰碑合作社的主要业务范围包括为本社成员提供农业生产资料的购买，农产品的加工、销售，蔬菜种植技术指导和销售，等等。具体而言，合作社的标准化优质绿色蔬菜商品种苗集中育苗场，每茬育苗量达到1000万亩，年育苗量达到5000万亩；检测中心可以进行蔬菜代检；标准化设施栽培示范区、核心产业示范园区可常年种植蔬菜20多种；蔬菜加工厂可日处理鲜菜150吨；冻库可贮存蔬菜800吨；农业服务队可对蔬菜和水稻进行生产全包干、服务大托管。

（二）运营模式

丰碑合作社在经营运行过程中形成了具有自身特色的运营与管理模式。目前，丰碑合作社通过"五统一分"的订单农业模式、土地流转模式、土地入股和资金入股三种模式，大力发展入社农户，以产业发展为动力，带领社员增收致富。通过订单农业、土地入股模式辐射带动农户800户以上，涉及丰碑、元胜、清凉、高寿、白衣等多个村庄。

1．"五统一分"的订单农业经营模式

丰碑合作社自成立以来，积极探索经营模式，总结出"五统一分"管理方式，将组织生产、经营活动与蔬菜的产、供、销有机结合起来，解决了蔬菜保价销售和产品质量安全两大问题。"五统一分"的管理方式具体如下：一是统一作物布局。合作社充分调查了解市场需求，在生产范围内统一安排早熟、中熟、晚熟品种，有效解决了蔬菜产、供、销问题，保障了蔬菜价格。二是统一生产标准。为提升农产品品质和市场竞争力，合作社统一生产标准，严格按照无公害生产标准指导农户生产，建立蔬菜生产田间记载制度，确保蔬菜产品质量安全。同时积极实施品牌战略，注册商标，积极申报绿色、有机产品认证，注重产品的展示、展销，提升品牌，统一品牌销售，制定生产质量和安全标准规范品牌。三是统一生产资料供应。合作社从生产厂家和经营公司统一采购农药、种子、肥料等农业生产资料，减少了销售环节，可为本社社员降低肥料、种子、农药等生产成本 300 元/户。四是统一技术规程。为加快农业科技成果的转化和新品种、新技术的推广，合作社直接对接、引进科研成果，进行新品种、新技术的试验和应用，并根据不同品种生长特性和时期，举办各种培训班，邀请德国拜耳公司的专家、教授和市镇科技人员等农业专家讲课，帮助农户提高种植技术和管理水平，提升农民素质和蔬菜产品的科技含量。同时，指导农民严格按照《无公害蔬菜生产技术规程》从事农业生产，引导农户建立蔬菜生产田间记载制度，确保蔬菜产品质量安全。目前，合作社正在建设蔬菜产品质量检测点，对生产实行"两监管、一检测"。五是统一销售。合作社同农户签订订单合同，以不低于订单保护价对产品进行分级定价回收。与超市和企业对接，同人人乐、家乐福等大型超市和百信公司等签订销售协议，减少了销售中间环节，实现了"双赢"。充分利用四川国际农产品交易中心平台，不断拓展销售业务。六是分户管理。合作社吸纳农户入社，由农户从事农业生产和日常管护，有效调动了农户的生产积极性，保证了农业资源的有效利用。

2. 土地流转模式

合作社利用自有经济实力，流转农民土地，聘请农民到合作社参加生产劳动，农民赚取土地流转收益和务工收入，合作社有了一定的试验示范标准化基地合作社引进新品种并逐步推广，在农户中起到示范效应，同时也赚取了一定的发展基金。

3. 土地入股和资金入股模式

按照市场价评估农户的土地流转费用，合作社支付 50% 的流转费给农户，农户以 50% 的土地流转费入股，农户仍然分户管理，合作社做到"五统一"。收益部分合作社留 30%。农户现金入股，充实合作社

的固定资产投资实力和流动资金。现金入股农户收益来源于年底合作社
按出资进行的分红，与合作社经营好坏直接相关。

（三）利益联结

丰碑合作社制定了共赢的服务宗旨：以国际、国内两个市场为导
向，以效益为中心，以经济利益为纽带，把合作社与农民结成风险共
担、利益均沾的新型经济联合体。为此，丰碑合作社建立了紧密的合作
社和农户利益联结机制，主要体现为：

1. 与流出土地农户的利益联结

在土地流转模式中，农民有两种获利方式：一是土地流转费收益。
将土地流转给合作社进行经营的社员，将每年按照市场价格获得相应的
流转费，该收益在村委会和村民议事会成员小组的监督下，将足额、按
时发放到农户手中，目前获益农户达到 100 多户，户均收益 2500 元。
二是社员劳动收益。合作社社员均可优先获得在合作社务工的权利。这
种发展方式的作用在于，能够转移农村剩余劳动力，使之成为农业产业
工人，在家门口实现就业，常年参与劳动的社员年劳动报酬收益平均为
15000 余元。

2. 与"五统一分"订单农业农户的利益联结

这类农户主要通过二次返利获利。第一次利益分配：合作社向农户
提供优质低价的农业投入品，按照"五统一分"原则，合作社向入社
农户提供种子、肥料、农药、农膜等蔬菜种植投入品。所提供的农业投
入品必须达到国家相关规定和行业标准，确保农资质量；对于合作社入
社的农户，在价格上，普遍比市面价格低 5% —10%，直接将这部分利
润以价格差的形式返还给入社农户。据悉，该合作社通过统一向入社农
户提供种子、肥料、农药、农膜等蔬菜种植投入品，价格普遍比市场价
格低 3% 以上，直接将本应由合作社赚取的这部分利润以价格差的形式
返还给入社农户。2012 年，种苗等投入品让利累计达 40 万元，户均让
利约 800 元。第二次利益分配：合作社发挥组织优势、规模效益、品牌
效益、市场信息优势等，在投入品的统一供应和统一组织农产品的销售
中产生收益，扣除成本和各种费用，合作社将农资供应和农产品销售纯
收益的 10% 拿出来，按照农户的农资购买量和蔬菜交易量进行返还，
进行二次分配。每年收益的农户达到 500 户以上，通过二次分配，户均
增收 1000 元左右。如果"五统一分"订单农户同时也入股了丰碑合作

社，则他们将会以股东身份参与年终的按股分红。

3. 股份分红

土地入股和现金入股这两种出资方式，使农户的土地收益与合作社经营收益紧密结合，农户与合作社风险共担、利益共享。股份分红就是在合作社的盈余中扣除合作社风险基金和公积金后，按成员投入的土地股份或现金股份所占比例进行分配。从 2012 年的股份分红来看，土地入股农户 92 户，入社总面积 235 亩，每年保底加分红达 1200 元/亩。现金入股农户 113 户，入社资金 179 万元，2012 年户均分红达 1320 元。

四　土地股份合作社的运行效果

目前，丰碑合作社朝着现代化新型农民合作社的方向发展，已初步形成了现代企业雏形。数年来，丰碑合作社一直致力于延伸产业链条，现已初步形成包括蔬菜育苗、栽培、植保、采收、加工、营销等环节的"产加销服一条龙"的产业链条。

为进一步完善社会化服务体系、扩大生产规模、拉长产业链，以及为合作社的进一步发展打下基础，合作社先后投资 500 多万元，新建了农业投入品集中配送中心、占地 50 亩的标准化商品蔬菜种苗育苗工厂、标准化设施栽培示范区与核心产业示范区，共占地 235 亩。常年规模种植的有莴笋、白菜、芹菜、萝卜、甘蓝、菠菜、蒜苗、娃娃菜、青菜、豇豆、黄瓜等 20 多个品种。购进具有先进水准的精量播种机，采用穴盘漂浮育苗这一先进技术，在种苗培育这一方面牢牢把握技术优势。通过提供优质种苗，为社员提供优惠、保质的农资用品等方式，带动优质蔬菜生产区 3000 多亩，并极具市场前瞻性地申请注册了"丰碑绿好"商标。

在蔬菜加工方面，合作社现有占地 7.5 亩的蔬菜采后处理场，以及 200 平方米的农业投入品集中配送中心，实现了蔬菜的整理、包装、清洗、分选、配送一体化服务工作。合作社自筹资金 300 多万元，建设净菜生产线一条、粗加工生产线一条、1500 平方米可冷藏蔬菜 500 吨的冷库一座，以及 6000 平方米的蔬菜采后处理加工厂一座，占地面积约 10 亩，从加工、储藏、运输环节达到全程冷链系统标准。粗加工工厂主要对蔬菜进行整理、清洗、分选、包装、配送，脱水蔬菜加工厂主要是在蔬菜滞销时对蔬菜进行脱水处理和深加工。目前，两个加工厂高峰期日均加工处理蔬菜达 600 吨，25% 以上的白菜、40% 以上的莴笋、

15%以上的西芹等主要品种蔬菜都进行了加工。

在产品销售方面，通过与江苏顶能食品有限公司合作，积极开拓外地市场，其中脱水蔬菜主要通过该公司外销出口，部分直接供应给美国百胜餐饮集团，很好地解决了本地蔬菜的外销问题。例如，2013年年初由于暖冬气候令莴笋上市时间提前了半个月，上市量也大幅增加，导致价格一路下跌，合作社通过合作方顶能公司，优先采购社员的莴笋，并将30%以上的莴笋运往江苏销售、加工，从而降低了入社成员的损失。据估计，入社成员95%以上的莴笋都销售出去了，价格也比市场价高20%—30%。产品除批量供应不同层次的餐饮企业、食堂、超市外，实现农超、农校、农企、农军结合，同时还将进入四川省及西南地区大型的国家级、国际级体育赛事、盛会等食品需求市场。

此外，合作社先后建成了配套的道路沟渠设施，以及100平方米的办公、检测场所，现已建成一支专业的农业服务队伍，包括植保队、农机队、技术服务队和人工服务队。

五　问题与建议

（一）合作社面临的问题

因地处成都平原，地势平坦，耕地便于进行统一规划、管理、种植，为各类合作社的发展提供了硬件基础条件，但丰碑合作社的发展仍面临较多问题：

（1）合作社规模不断扩大，市场扩展面临"瓶颈"，"卖菜难"现象依然存在。

（2）人才匮乏。目前仅有少数几位专业技术人员，且均为外来人员，人才流失时有发生，面临人才引不来、留不住的问题。

（3）由于宣传力度不够，当地农民对丰碑合作社的认识程度依然不高，进一步吸收农民入社仍有较大难度。

（4）合作社内部管理的规范化程度不够高，对于社员不按合同办事、违规毁约现象，仍无有效的惩处机制。

（5）专业的财务人员十分短缺，合作社发布高薪招聘需求也招不到合适的财会人才。

（二）对策建议

对于上述存在的各种问题，提出以下几点建议：

（1）合作社统筹安排生产基地和订单农业生产，使社员和订单农户不再盲目种植，使得生产有目的性，种植产品与市场需求相适应。

（2）培养本土的专业技术人才，多种措施鼓励合作社内部的技术人员或管理人员积极参与当地政府组织的新型职业农民培训，同时适当开放股权，让技术人才以资金或技术方式进行入股，分享合作社发展的收益，从而留住人才。

（3）动用大众传播方式宣传合作社，除动用报纸、广播、电视和网站向本地农民推销合作社外，着重使用短信平台和微信平台宣传合作社。

（4）合作社内部严格执行审核制度，严惩成员或订单农户的违约行为，对于违约的农户适当降低优惠力度，甚至拒绝继续合作。

（5）合作社与当地政府部门沟通，将引进的专业财会人员纳入地方人才引进计划，由合作社出资提供工作报酬，由政府出面帮助解决落户、编制和社保等问题。

（执笔人：何安华）

案例 5　公开账务，与成员共享收益：山东省潍坊寿光市士强蔬菜专业合作社

一　合作社成立的背景和发展历程

山东省潍坊市寿光孙集街道张家寨子村的士强蔬菜专业合作社成立于 2009 年 9 月，由当时村里的支部书记兼经销大户张士强（创办企业富强蔬菜公司）带领村里的几名骨干发起成立。其成立原因主要是为了解决农产品生产经营中的卖难和维权难问题。张家寨子村的蔬菜种植比较普遍，蔬菜集中上市的时候，往往因销路不畅遭受损失；而且由于村民们缺乏一定的选购安全、环保农资的专业知识，当因购买到假化肥、假农药等劣质农资而遭受经营损失的时候，单打独斗的他们往往感到维权的艰难，因此便生出抱团发展的想法。时任村支部书记的张士强便在政府提倡发展合作社的大背景下，应村民之实际需要，成立了由 6 个注册成员（即出资人）组成的蔬菜专业合作社。

当时合作社注册资本只有 8 万元，经过几年的发展壮大，2013 年合作社对资金进行了调整，注册资本已增加到 280 万元，其中现金出资

达 150 万元；注册成员也由 6 人增加到 51 人，全部为出资社员。2014 年合作社资产总额已达 1600 万元，其中固定资产达 1200 万元；合作社实有生产经营规模为 110 亩。合作社也有了自己的机构代码证、银行的独立账户和自己的网站。

二　合作社的产权结构与治理

（一）产权结构

合作社成立之初的注册资本金主要来源于发起人张士强为首的 6 位注册成员的现金出资，这 6 人都是当时当地的生产大户和营销大户，成立合作社后作为合作社的实有成员，成为合作社理事会和监事会的主要组成人员。目前合作社出资额最大的是理事长张士强，包括理事长在内的前五名出资额分别是现金 55 万元、20 万元、20 万元、10 万元、10 万元。

合作社现有的 51 位注册成员就是目前社里的实有成员。其中除了最初的 6 位以现金入资，后来加入合作社的农户不仅要求有不低于 2 亩的家庭生产经营规模，一般情况是以大棚作价（3 万元）入股，同时还要兼顾考察申请入社农户的人品、素质等软性指标。合作社的 51 名注册成员都要与合作社签订入社协议，遵守协议规定，必须要与合作社交易。合作社给注册成员建立个人账户，账户主要记载交易量（额）和出资额。合作社的成员制度是开放式的，但与合作社有交易关系的附近几百家的散户社员，一般不签订购销合同。总体上看，士强合作社对注册过的 51 户成员的管理与服务相对健全一些。

（二）治理结构与决策机制

士强蔬菜专业合作社的治理结构和决策机制是相对比较完善的。合作社分设理事会和监事会。理事长张士强是一位只有小学文化程度的农民企业家，也是营销大户，2009 年组建合作社时他还是寨子村的支部书记，合作社成立后一直任理事长之职，至今已有 6 年。现任寨子村支部书记的张士刚（最初的 6 名注册出资人之一）同时也是合作社监事会的监事长。理事会由 6 人组成，其中 2 名是农民生产者理事；监事会由 3 人组成。合作社专职管理人员 5 人，其中 3 名是理事（监事），2 名是普通成员。管理人员的收入主要来自年底分红。

2014 年合作社召开过 2 次成员代表大会，主要是报告全年生产经营情况、通报或动员重大投资事项、传达上级精神以及年底收益分配方案（向大家公布一下挣了多少钱，怎么分红）。2014年合作社召开过4次理事会。重大事项如重大投资决策、盈余分配方案、专职人员聘用等都由理事会决定。成员代表大会、理事会等会议都有会议记录。理事会选举由发起人提名，实行差额选举。监事会的3名监事由威信高、大伙信得过的成员通过选举产生。

在财务管理中，合作社实行财务公开，并借鉴了寨子村村级财务由镇经管站托管的做法，形成了自己独特而透明的财务管理制度。具体做法是：每月社里51名社员的财务收支情况、所有来往账目都须先经合作社监事会3位成员共同签字后张榜公布，之后到镇经管站报账，报账后委托镇经管站免费托管。这说明合作社的账目经得起检查、审核，里面没有"猫腻"。不仅让镇一级组织和领导了解合作社财务公开的情况，更重要的是让出资者、社员增加对合作社的信任，提高合作社的凝聚力。实践中这一公开、透明的财务制度也的确为合作社的发展壮大起了积极作用。

三　运营模式

（一）业务范围与营销模式

士强合作社的业务范围主要集中在以下几个方面：经营黄瓜、苦瓜等蔬菜品种的种植和购销，进行安全环保农资购买，为社员和非社员进行技术、信息和农机服务以及数量不多的土地流转服务（累计流转土地40亩），并对农产品进行包装等初级加工。

合作社以高于市场价的优惠价分级（分为精品和通货）收购本社51名社员种植的蔬菜。在数量不足的情况下，再以市场价收购散户送来的蔬菜。然后由合作社统一卖给各地的批发商包括超市在内的零售商。

合作社社员所需农资由合作社统一购买，51位社员可以以低于市场价的优惠价买到安全环保的农资。还可以享受到优惠价的技术信息农机服务。

为了保证产品质量，合作社建立了较为严格的质量安全控制。合作社购买了检测设备，凡是经合作社这一渠道售出的菜，无论是本社注册成员还是散户的菜都必须通过合作社严格的检测方能收购，并为每一户卖出的菜建立交易记录，比如某年某月某日张三的菜卖到了苏州某地，为的是万一出现质量问题，能够进行质量追溯和后期整改。

（二）盈利模式

合作社的盈利收入主要来自：一是收取交易费用。即凡是通过合作社交易蔬菜的客户或社员（南方来此收菜的客户、本地来此卖菜的社员和散户），按交易量每斤收取 3 分钱的交易费。二是对外业务收入，如建大棚、农机推广等。三是为社员和非社员提供有偿技术服务费和农产品初加工的包装费等。

在访谈中，理事长张士强很有感触地说，合作社基本不挣钱，现实中能够生存下来并不断发展壮大的合作社是很少的，这主要源于合作社的运作成本很高。针对士强合作社的运作情况，费用主要来自：一是人员管理的费用，合作社越大，人工费（工资）、管理费就会越多；二是后勤保障费用，如车辆、器械、检测设备购置与维修及日常运转费用等；三是技术服务费用，如聘请技术人员；四是检测耗材，如各类各级送检蔬菜；五是用于其他各种业务活动的支出。

（三）盈利分配方式

合作社一年下来的收入与支出的差额就是纯利润或叫盈余。士强合作社的盈余分配方式主要有三种：一是在与成员的交易中直接体现，即前面说的以高于市场的价格收购社员种植的蔬菜，以低于市场的优惠价为社员提供各种服务；二是按照成员出资额比例分红；三是按交易量（额）进行年终二次返利，返利标准是按照 51 户成员提供的蔬菜质量和数量以及售价来确定，返利形式是年终以肥料、农药等具体实物为奖品发放给成员，目的是鼓励农户种出高质量的菜。以上三种方式适用于51 位注册成员。

2014 年合作社全年经营收入达 17016053 元，合作社盈余分配额（净利润）是 1406006 元，其中公积金 140601 元，占 10%；按股分红506163 元，占 36%；按交易额返还 759243 元，占 54%。可见，士强合作社是以按交易量分红为主。

四 合作社的运行效果

士强蔬菜专业合作社成立后，在合作社骨干力量的有效运营下得到了较好的发展，由最初的仅仅 8 万元注册资本，增加到 280 万元，2014年资产总额已达 1600 万元。成员由 6 户扩张到 51 户，并辐射到邻近村庄的几百户菜农，获得了市县两级示范社的荣誉称号，在一定程度上解决了当地和周边地区菜农卖菜难和维权难的问题。参与访谈的社员表示，自己获得了社里提供的农资采购、产品销售、技术培训与指导、市场信息提供、新品种引进与应用以及机械化作业、农产品初加工等多方面的服务；合作社的成立与有效运营对自己家庭的生产经营与生活产生了很大影响。通过参加合作社，家庭经营成本有一些降低，使用了一些新技术和新品种，促使自己改变生产经营理念，提高了蔬菜种植的优质率和数量，增加了蔬菜种植收入，种菜收入已成为家庭最重要和主要的经济来源。有社员表示通过合作社的土地流转还扩大了家庭种植规模。在村里的人际关系、与外界的交往等方面也获得一些改善，日子过得更有奔头了。

总体上，士强蔬菜专业合作社对促进农业及区域经济发展发挥了积极作用。合作社通过推广新技术新品种、使用安全环保农资、提供技术指导信息服务、农产品初加工以及土地流转等具体做法，一定程度上提高了当地农业生产的规模化、集约化、标准化、产业化水平，通过抓产品质量，推广科学种菜，也有利于提高当地农民的科学文化素质和强化农民的市场经济理念。

五　结论与建议

（一）结论

（1）士强合作社是能人领办的，与同类合作社相比，有两个突出特点：一是合作社盈余按照交易量进行二次分配，而且分配比例大于按投资额分配，这体现了合作社的特征。二是士强合作社是调研组见到的唯一一家愿意拿出财务账本给我们看的合作社，其财务由镇经管站托管。

（2）创办合作社是当地农户为了在生产经营中维护自身利益主动做出的选择，合作社具有较好的群众基础，认可度高，能够平等地尊重相互的利益，这有利于建立相对规范、透明、公正的管理机制和财务制度。

（3）通过合作社的发展壮大，可以看出，面对市场经济风险（如买到假种子、假化肥、假农药等），个体农户力量比较弱小，抱团发展、抱团取暖成为合作社组建的内在需求。这也表明，能人领办型合作社在农村地区具有一定的发展空间和现实需要。

（4）能人加上农户需求创办的合作社，与村"两委"领办型合作社相比，会因缺乏一些"政治"因素，在社员的土地流转、资金互助等方面的动员力量相对较弱。

（二）建议

1. 树立品牌意识，走品牌发展的路子

在思路和方向方面，必须走发展品牌的路子。通过品牌打开市场、占领市场，发挥品牌效应，既有利于客户甄别和选择，也有利于合作社发展，是一个"双赢"的办法。今后，合作社要在注册商标上下功夫，注册属于自己的商标，塑造品牌，为自己的菜也挣个身份、名号，通过品牌稳定占领市场，促进自我约束、自我保护。

2. 政府有关部门要加大政策扶持

合作社发展仅靠合作社自身力量，特别是在初期，是比较困难的。从调研中看出，那些没有自己基地和实体的合作社的运作都不乐观。鉴于合作社的经济功能和服务职能，政府适度的帮扶是合情合理和有益的。因此，在促进合作社发展中，市县级政府今后能在资金、技术和场地等方面给予更多落到实处的政策扶助是农民合作社不断发展、充分发挥积极作用的有效助力。

（执笔人：孙冰　孙同全）

案例6　公司和合作社，哪个更有优势：江西会昌右水硕果脐橙专业合作社

一　合作社成立背景

理事长吴小锋是会昌县的农民，在成立欣丰果业有限公司前一直跑运输，空闲之余经常帮父母种植脐橙，结果发现每次辛苦一年种植的脐橙往往因销路不畅只能贱卖，基本上没有什么利润。为了将脐橙卖一个好价钱，从2000年开始，吴小锋尝试着将果品拉到上海、广州和福建等地贩销，初步尝到了销售脐橙带来的甜头。经过三年的经验积累后，2003年他开始小规模贮果，把当地果农的脐橙收购到自家仓库后，再以略高于收购价卖给当地或外地更大的经销商。这种类似于农村"经纪人"模式的营销方式，很快让他赚到了创业路上的第一桶金。在几年时间里，通过脐橙营销，他不仅获得了稳定的果品货源供应，还认识

了几家知名出口公司的老总，并建立了长期稳定的合作关系。随着业务不断发展壮大，吴小锋发现自家的仓库很难满足发展的需求。2005年，通过对市场信息的认真研判，他果断做出了兴建脐橙销售仓库的决定，并与几位一起从事脐橙营销工作的同行，投资140余万元成立了"欣丰果业有限公司"，从事脐橙采购、保险、贮藏及销售等工作。

欣丰果业有限公司成立后，吴小锋一开始主要将果品卖给当地或外地的经销商，脐橙价格虽然会有所提高，但提高的幅度不大，并且付款不畅通。他通过考察市场后发现，如果能把脐橙卖给家乐福等大型超市，果品的价格会提高好几倍，并且这种销售渠道非常稳定。吴小锋在同家乐福等超市对接的过程中发现，若以合作社的名义进行销售更有优势。一旦产品出现问题，由直接收购社员产品的合作社提供的农产品是可以追溯的，而企业提供的脐橙在交给超市之前可能经过了多个收购商，产品出现问题时无法落实责任人，因此，越来越重视产品追溯的大型超市只接受合作社提供的产品。加之欧盟、美国、日本等也极其重视合作社提供的农产品，以公司的名义出口产品越来越艰难。

2009年吴小锋成立了右水硕果脐橙专业合作社，注册资金150万元，全部为现金出资，注册社员232户，其中7户社员每户出资15万元，225户社员每户出资2000元。2010年合作社便与家乐福签订了100万元的订单，随后同易初莲花、麦德龙以及深圳天虹、人人乐等大型超市都建立了业务关系。经过四五年的发展，合作社资产已达到2600万元，其中固定资产1500万元；脐橙种植面积2200亩，其中核心生产示范基地1600亩。2014年被评为国家级示范社。

二　合作社经营

右水硕果脐橙专业合作社目前最大的客户是商场超市（以下简称商超），商超对脐橙的品质要求很高，合作社在合同中对认定次果有很严格的规定，所以合作社有一套严格的选果程序。合作社有专门的采果小队，采果队员都是经过培训考核后才能上岗，正式选果时至少有一位理事到场。正式选果之前，选果小队要进行两次观测，每年5—6月选果雇工小队对每个果园的脐橙生长情况和果面情况进行第一次观测；7—9月，合作社提前和社员签订订单，订单价格一般规定为1.2元/斤；9—10月脐橙的果面情况、大果率在完全看出来时进行第二次观测，选果小队对各个社员的果品来评判，估计一个大概的交果量；11月合作社进入了正式选果期，社员将脐橙采摘下来后，选果小队选择出符合要求的脐橙，比如 A 农户虽然有 5 万斤脐橙，但是选果小队将次果选出后，最后收购的脐橙可能只有 3 万斤。产品收购价基本上比市场高 10%。由于赣南脐橙品质非常好，不会出现产品品质差到合作社拒收的情况，只是收多少的问题。这种方式虽然有助于激励农户提高产品质量，但是农户还需要自己想办法销售次果，因为没有加工厂，合作社还不能完全解决农户产品的销售问题。

合作社除提供产品销售服务外，还提供农资采购、技术和信息服务。在农资采购方面，合作社统一采购化肥和农药，平均每斤脐橙可节省成本 0.05 元。2013 年合作社成立了专门的打药服务队，打药队有 6 个人，队员本身都是欣丰果业有限公司的工人，打药的那段时间正好是企业不开工的时候，由于企业对男劳动力需求大，为了保住骨干力量，即使不开工时企业也为每位骨干男劳动力支付 500—1000 元/月的补贴。打药服务暂时还未收取服务费，副理事长介绍说，若服务费太低社员都想使用打药服务，若服务费跟市场价一样则对农户不公平，所以目前还是以互助性的名义只帮助有困难的社员，这样其他社员也能理解，但随着制度的完善，合作社还是会收费的。

合作社有冷藏库，但目前未向农户提供仓储服务，因为农户自建土库最多只需 2 万—3 万元，但若交给合作社储藏，对农户来说极不合算。一般一家种植户每年的脐橙产量就能达到十几万斤，若按每斤果收取 0.03 元的服务费计算，农户每年也需要支付 3000 多元，农户是不愿意到合作社储藏果子的，另外这两年赣南脐橙销路非常好，基本上采摘下来便有人直接收购。

2014 年合作社提供技术培训 4 次，推广新品种 1 个（橘柚），技术培训采用现场指导的方式，主要针对合作社的骨干社员。

合作社将产品销售给超市、大果品批发商和加工企业，其中超市是最大的客户。每年 4 月到次年 4 月，合作社就与家乐福、易初莲花、麦德龙以及深圳天虹、人人乐等超市签约。副理事长加入合作社后一直负责果品销售工作，她认为农产品一般是没办法和私人超市做的，一定要和外企或上市公司合作。除此之外，合作社还与多家果品商建立了稳定的销售渠道，每年 4 月合作商与合作社签订订单。

三　合作社治理

合作社现有理事 6 人，除理事长不种植脐橙外，其他 5 个理事都是农民生产者。理事会中有种植大户 3 人，技术人员 1 人，销售人员 1 人。监事会 3 人，其中 1 名监事掌握财务监督的基本知识。在询问"理事会成员几年选举一次"时，副理事长说按照《章程》来做，但副理事长并不清楚《章程》内容，询问其他管理人员才确定是三年选举一次，这极有可能是合作社自 2009 年成立后从来没有进行过理事会成员选举。副理事长介绍说理事会成员候选人需满足以下条件：（1）种植户或技术人员；（2）理事会成员有 6 个月必须全职来上班；（3）由于合作社只发放 7 个月的工资，所以理事会成员必须要有几个月无偿劳动贡献给理事会。只要满足这些条件的社员都有权利竞选。

理事长今年 50 岁，高中文化，是在当地享有一定威望的老党员，入社时出资现金 15 万元。副理事长是女性，今年 45 岁，以前在会昌县统计局工作，辞职后在广州沃尔玛担任管理人员，入社时出资 2000 元，但是家里种植了 15 亩的脐橙。2008 年、2009 年会昌县脐橙出现销售困难，家乡亲戚就拜托她帮忙把脐橙销售到超市，在销售的过程中她发现这种销售渠道非常稳定，前景很好，后来她就从广州回家乡负责合作社脐橙的销售。

合作社有专职管理人员 15 人，其中理事和监事 8 人，普通成员 4 人，从社会招聘 3 人，专职管理人员的收入由工资和年底分红组成，管理人员工资最高不能超过 3000 元/月，每年发放 7 个月，理事长工资为 3.6 万元/年，年底分红收入比工资多。

副理事长介绍说，合作社开社员大会时农民参与的积极性不高，为了调动社员的积极性，每年 8 月 15 日合作社会举行村宴，在村宴开始前报告上年度的生产经营情况、公布年底收益分配方案和合作社发展计划。讨论合作社重大投资项目时，合作社至少要有 70% 的社员到场，需要社员来决定，但是除重大项目投资会需社员决定外，其他活动都不需要社员同意。她认为这种决策方式从大的方面来看是公平的，但是做到绝对公平那是不可能的。

副理事长还提到，目前银行、信用社等金融机构对合作社承担债务责任的能力不太认可，他们以合作社的名义是借不到贷款的，只能以理事长以前成立的欣丰果业有限公司的名义向银行贷款。

合作社盈余分配方案按照《章程》的规定执行，2014 年合作社盈余 105 万元，其中 20% 作为公积金、5% 作为公益金、15% 作为风险金、按股分红占 12% 和按交易额返还占 48%。

四　启示

1. 近年来，商务部和农业部在全国范围大力推广"农超对接"，而"农户 + 合作社 + 超市"模式是我国农超对接中最具有代表性的模式

这种模式具有代表性有一定的必然性。随着国内外市场竞争变得激烈，大型超市，尤其是跨国性超市，不再只重视产品的质量，产品能否追溯是选择农产品合作伙伴的又一重要原因。由于中国尚未建立完善的农产品质量安全追溯体系，企业将收购的农产品交给超市之前可能已经经过多个收购商，一旦产品出现问题，超市无法进行追溯，而通过合作社同超市对接则不同，合作社收购社员的产品后直接销售给超市，中间不经过其他环节，超市可以准确地掌握农产品的产地和来源，一旦产品出现问题，超市可以快速追溯，落实责任人，因此，越来越重视产品追溯的大型超市只接受合作社提供的产品。同样，出口到国外的农产品也面临着同样的情况，以合作社的名义出口的产品更容易被欧盟、美国、日本等国家的消费者接受。

2. 社员大会仅限于形式

虽然右水硕果脐橙专业合作社建立了社员大会制度，重大决策由社员大会决定，但是，除大型设备购买由社员大会决定外，其他活动直接由合作社理事会决定，并且在社员大会上合作社理事会是以"告知"的方式宣布结果，社员大会仅限于形式。

3. 销售问题仍待解决

农民加入合作社，最直接的原因是为了解决农产品的销售问题，而右水硕果脐橙专业合作社现有的收果方式虽然有助于激励农户提高产品质量，但实际上还不能完全帮助农户解决产品的销售问题。品质高的产品即使没有合作社农民也能自己销售出去，农民真正需要的是如何帮他们把这些质量较差的产品销售出去。这就需要合作社在发展壮大的同时要扩大流通加工业务。这会给合作社提出更大的资金、管理和用地要求。但这也几乎是每一个发展中的合作社都绕不开的一个现实困境。

（执笔人：王真）

案例7　能人带动了发展：江西省泰和县马市镇农民稻业专业合作社

泰和县农民合作社的发展形式多样，既有公司牵头组建的，也有能人大户牵头组建的，还有农业、供销、行业协会牵头组建的，但以能人为核心，依托能人的管理经验、资金、技术和销售渠道等优势，联合带动普通农户参与是当地水稻种植合作社的基本模式，马市镇农民稻业专业合作社就是其中的典型代表。

一　合作社成立的背景和发展历程

马市镇农民稻业专业合作社位于马市镇仙桥村，全村有耕地面积222亩，户均近5亩，主要以种植水稻为主。合作社的领办人邹冬苟1998年从林业部门下岗后，买了2台农机，给附近的农户提供耕地和收割服务。2003年，他流转了本村农户的200多亩地，开始大规模种植水稻。由于水田租金便宜，一亩水田一年的租金才200元，他通过滚雪球的方式逐年扩大种植规模。目前，他自己租赁了1500多亩地种植水稻。随着种植规模的扩大，单靠自己的农机难以满足耕、种、收的机械需求。在此期间，他移民到美国的中学老师介绍，农业发展的基本方向应该是流转土地搞规模经营并在此基础上发展合作社。为了进一步扩大生产经营规模，2008年12月，他联合了本村4户农机手组建了马市镇农民稻业专业合作社。合作社在工商部门的注册成员共5名，实有成员23人，注册资本共计220万元，现金出资56万元，最多出资4万元，最少出资2万元。非现金出资主要是农机折价入股，折价依据是购买时的价格减去折旧费用，由全体成员共同认定后计。

合作社成立之初，通过为合作社成员及周边农户提供农机服务、农资统一购买和稻谷销售服务，为农民带来了便利和实惠，加入合作社的成员数量有所增加，合作社对入社成员有严格的要求，农民要想加入合作社必须填写入社申请书，并且耕地面积不低于50亩，入社需要出资2万—5万元。目前，合作社还没有在工商部门做变更手续，注册成员仍为5名，而实有成员达到了65名，耕地面积5700亩，资产总额270万元，大型农机等固定资产170万元。

二　合作社的产权结构与治理

（一）产权结构

合作社组建之初的 23 名成员基本上都是农机手，为了联合购买几台大型农机，理事长要求加入合作社的成员都必须出资。合作社前五位成员共出资 54 万元，占注册资本的 27.3%，分别为 18 万元、10 万元、10 万元、8 万元、8 万元，其中现金出资 12 万元，除理事长现金出资 4 万元外，其他成员的现金出资都为 2 万元。

（二）治理结构与决策机制

合作社设立了成员代表大会、理事会和监事会，其中，理事会成员 5 名，监事会成员 2 名。理事会成员由 5 名注册成员担任，他们也是本村的农机大户，具有长期从事农机作业的经验。合作社的理事会和监事会实行等额选举原则，理事候选人由发起人提名，其他成员无反对意见就可通过。截至目前，合作社还没有进行重新选举。合作社的重大决策都由理事会讨论决定，2013 年共召开 7 次理事会，主要讨论如何开展跨区作业、成员服务定价，以及准备联合租赁周边一个村的 1000 多亩土地问题。

（三）合作社的运营模式

合作社实行"四统一"服务模式，即为成员统一供应农资、统一提供农机服务、统一技术服务、统一稻谷销售。

在统一农资供应方面，为了避免一家一户到当地农资门店以高价购买农资，合作社帮助成员统一采购农资，直接从代理商那里按批发价进货，在加运费的基础上每吨加价 20 元卖给成员，售价要比市场价低10%。2014 年采购农资共计 110 万元，合作社净利润约 1 万元。

在统一农机服务方面，合作社为了提高水稻种植机械化水平，利用成员出资和政府扶持 50 多万元，购置了 10 多台大型农机，积极组织农机跨区作业。在跨区作业时，成员自己的农机作业收费不计入合作社的账户，合作社拥有的农机实行承包经营，农机手每天交纳 50 元的承包费，其他费用都由承包者自己承担。每年跨区服务取得利润 10 多万元。此外，合作社成员使用机器按优惠价，如耕地、播种和收割的市场价分别为 120 元/亩、30 元/亩和 100 元/亩，合作社成员付 100 元/亩、20元/亩和 70 元/亩。2014 年，作业面积达 5100 亩，为合作社实现利润 1 万多元。

在统一技术服务方面，合作社聘请农技站技术人员为成员提供技术培训，建立核心示范基地 500 亩，积极向成员推广市场前景广、销路畅的优质品种。

在统一稻谷销售方面，合作社统一与当地粮食流通加工企业进行交易，由于成员稻谷总产量高，可以获得相对优惠的价格。2009 年 4 月，合作社与泰和白凤米业有限公司签订了优质稻谷购销合同，推行订单农业。2014 年全年经营稻谷 181 万公斤，销售收入 431 万元，毛利近 9 万元。

（四）合作社的盈余及分配

合作社的盈利主要来自农机服务收入和粮食购销差额。2014 年合作社扣除农机维修费用后，实现可分配盈余近 15 万元，全部按现金股而不是按出资额分红。

三　合作社的运行效果

合作社成立以来，作为主业之一的水稻种植及稻谷销售业务发展良好，在当地产生了一定的辐射带动作用。合作社成员的数量由当初的 5 人发展到现在的 65 人，辐射范围也由原来的马市镇扩大到现在的马市、万合、灌溪等多个乡镇，合作社的利润也由 2009 年的 1 万多元增加到目前的近 15 万元。

理事长经营的稻谷面积占合作社总稻谷面积的 1/6，因此，任何一项优惠服务他的获益都是最大。虽然他在当地算得上是种植大户和农机大户，但是他的经营规模还达不到可以让其直接与市场对接的程度，他必须联合其他成员形成更大的规模才能在市场上拥有一定的话语权。特别是在农机服务方面，他带动成员共同投资购买大型农机具，每年为合作社带来 1 万多元的回报，而使用合作社的农机可以为其节省近 6 万元的农机作业成本，统一采购农资和统一销售稻谷又可以为其增收 3 万元。

农户加入合作社后，能够以优惠的价格获得农资、农机和稻谷销售等服务，每亩可增加收益近 100 元。由于合作社成员的种植规模较大，规模最小的成员也有 50 亩，优惠的价格能为成员带来几千元的收益。

农机手则可以通过合作社联合开展跨区作业增收。通过合作社，农机手可以实现信息共享，而合作社的统一采购农机配件也可以为其节省成本。

四　合作社存在的问题

一是合作社管理不规范。合作社没有建立成员账户，没有设置会计账簿或委托其他机构代理记账，合作社所有的收益全部按现金股进行分配，不符合农民合作社法中按交易额分配比例不低于 60% 的规定。二是合作社实力较弱。与东北和山东等地的大田托管模式相比，合作社难以集聚起大型农机具为本地农民提供全程的种植服务，与当地的农机服务合作社相比，合作社拥有的农机量又太少；与稻谷种植合作社相比，合作社经营规模也较小。三是产业链条比较短，为成员提供的服务还仅限于某一两个环节，尚未形成经营全过程的服务。

五　启示

在合作社的建立和发展过程中，要重视发挥能人的重要作用。能人普遍存在于农村区域，由他们带头组建合作社，可以加快合作社这一组织形式在农村的发展，使更多的农民享受到其所带来的好处。并且，能人通常具有农业生产技术、市场营销渠道和敏锐的市场判断能力，能够准确把握市场需求，带领农户增收致富，由他们牵头成立合作社容易得到农民的认可。该合作社的运作强烈地依赖理事长，从农机购买的资金投入到技术服务，再到稻谷销售，理事长在其中发挥着举足轻重的作用。由于理事长本人农机资金投入较多、生产规模最大，他与其他成员的利益取向是一致的，是合作社的最大受益者。并且，理事长在当地的声望较高，其他成员对他十分信任，特别是一些相对贫困的农户能够从中获取预期的收益，即使合作社的制度不健全，合作社仍然能够较好地运行下去。

但是，我们也应该看到，过度依赖理事长个人能力或威望的合作社很难实现持续运作，并且合作社的业务也容易受领办人的资源禀赋约束。因此，合作社必须建立和完善相关制度，要靠制度激励人而不是靠"人治"，要不断完善合作社内部治理结构，健全理事会、监事会和社员（代表）大会制度，建立激励机制，充分调动能人及其他成员的积极性。

（执笔人：王军）

案例 8　嵌入到农村社会关系中的合作社：江西省泰和县家稼水稻种植专业合作社

任何一个合作社都不是孤立存在的，而是嵌入到农村社会中。合作社不仅从农村社会关系中获取有利于自己发展的资源，而且在具体的运作活动中和相关的制度安排上带有很强的农村社会关系印记。在江西省泰和县调研时发现，家稼水稻种植专业合作社的治理受农村社会关系的影响很大。

一　合作社成立背景和基本情况

家稼水稻种植专业合作社位于泰和县沙村乡坪洲村，该村有 1000 多亩耕地，户均近 10 亩地，以种植水稻为主。该合作社理事长杨中灶初中毕业后想外出打工，由于没有技术只好回家种地，并经营一家农资店，销售农药、种子和化肥等。理事长的哥哥杨中华是江西农业大学本科毕业生，所学专业为植物保护专业，毕业后在江西农大校属企业工作，后到江西巴姆博公司工作并任泰和县业务代表。为了促进统防统治业务的有效开展，必须将分散经营的农户组建起来，连片耕作作物，与公司统一签订服务协议。于是，杨中华兄弟与本村干部、种植大户和技术能手等，于 2011 年 12 月联合发起组建了家稼水稻种植专业合作社。合作社注册成员 7 户，注册资本 150 万元，其中，现金出资 20 万元。截至 2014 年 12 月，合作社实有成员达到 86 户，注册资本仍为 150 万元。

二　合作社的产权结构与治理

（一）产权结构

合作社的出资包括房屋折价、农机折价和现金出资三部分。理事长出资 70 万元，主要是自家老宅子和农机折价，现金出资 10 万元。第二大出资者为本村的会计，他以现金出资 6 万元。第三大出资者为种田大户，农机折价出资额 5 万元，没有现金出资。这三大出资者的出资额占合作社出资总额的 54%。

事实上，合作社成员的现金出资是以借贷的形式交由理事长使用的。例如，理事长杨中灶想购买旋耕机耕田挣钱，就找到了村会计、理事会成员杨冬明借了现金 3 万元，而后为购买收割机和打药机又分别借了 2 万元和 1 万元，而这 6 万元在账上算合作社的出资，如果合作社有盈余可以参与分红，而实际上是理事长向成员的借款，理事长承担全部的风险并要偿还这部分欠款。

（二）治理结构与决策机制

合作社设立了成员代表大会、理事会和监事会，其中，理事会成员 4 名，监事会成员 3 名。合作社理事长今年 31 岁，比较年轻，又是其他主要成员的晚辈，其当选理事长是因为他的出资额最多，特别是房屋折价 50 万元，用作合作社的办公和机器设备储存场所；以及他的哥哥是公司代表（他哥哥是非农户口，不能担任理事长的职务）。合作社的重大决策由理事会和监事会共同讨论决定。2014 年共召开 2 次理事会，主要讨论了技术培训和通报统防统治服务定价等问题。

（三）合作社的运营模式

合作社向成员提供农资供应、水稻病虫害防治、技术咨询和新品种推广等服务。

在农资供应方面，合作社理事长在化肥使用季节，收集成员用肥信息，然后与 1—2 名理事会成员共同与大型农资经营企业对接，商定肥料价格、运费、送货方式等。合作社按照与农资经营企业商定的价格加运费后与成员交易，中间不加任何费用，有效降低农资购买成本近40%。合作社在保障成员用肥的基础上，还向非成员销售肥料，但价格通常要比成员价格高，不过向非成员供应肥料的量还很少。

在水稻病虫害防治方面，稻谷种植后通常要打三四次药，在组建合作社之前都是农户自己购买农药、打药，合作社成立之后，与江西巴姆博病虫害专业防治公司签订协议，由公司统一提供病虫害防治服务，成员则与合作社签订协议，承诺使用合作社推广的新品种和统一防治服务，因此，成员水稻种植后的打药过程全部由公司来做，公司提供农药、打药设备，组织人员打药等，并保障成员稻谷产量不低于1000 斤/亩，低于这一标准需要赔偿稻农相应的损失。凡是合作社的成员都可以享受每亩 12 元的优惠（其中药钱优惠 10 元/亩，劳动和燃油优惠 2 元/亩），非成员早稻打药的价格为 60 元/亩，合作社成员则按48 元/亩，非成员晚稻打药的价格为 100 元/亩，合作社成员则按88 元/亩。

在技术咨询和新品种推广方面，合作社邀请江西巴姆博病虫害专业防治有限公司技术人员定期或不定期地向稻农讲授水稻高产种植技术、病虫害防治技术等，印发 5000 多份《水稻栽培关键技术》。此外，合作社还与中国种子集团江西分公司合作建立了 500 亩良种繁育基地，种植的新品种以高出市价 20% 的价格销售。

在农机服务方面，合作社的成员通过现金入股方式购买了 3 台园林打药机、1 台大型旋耕机、1 台联合收割机以及其他农业生产机械。合作社出资者成员在使用这些农机时，可以享受 20% 的价格优惠，基本上等于不收人工费的价格，也算是为了偿还出资成员的利息。

（四）合作社的盈余及分配

合作社成立以来，基本上没有在购销环节赚取差价，稻谷销售仍然是农户各自与经纪人进行交易。合作社只是一个联结农户与专业化统防统治公司的桥梁。目前，合作社的利润基本为零，也没有进行过盈余分配。例如在最有可能盈利的农技服务方面，合作社与公司签订的协议价格是公开透明的，公司也没有任何返利留给合作社，而为非成员提供服务则按市场价直接交与公司，合作社没有截留。另外，合作社的成员主要是本村的村民，况且本村基本都姓杨，家族理念比较重，即使能够获利的如农资销售方面，加价也很少，收益即使归理事长也没有人计较。

三　合作社的运行效果

合作社领办人杨中明通过组建合作社，带动本村及周边村庄的稻农使用他所在的公司提供的统防统治服务。目前合作社 86 户成员的近1000 多亩地全部由公司提供植保服务。合作社理事长杨中灶可以利用统防统治服务扩大种植规模，近几年他流转了 210 亩地种植水稻，成为本村名副其实的种植大户。

合作社成立以来，积极开展统防统治服务，采用高效、长效农药，综合用药效果有保障，实现了粮食的增产，据估计成员平均每亩增产高达 150 斤，增收近 200 元；而合作社统一采购农资、统一病虫害防治使每亩可节省成本近 150 元。例如合作社种田大户杨关平，今年 42 岁，长年在外打工，2012 年在原有承包地 12 亩的基础上流转耕地 53 亩。他使用合作社的统防统治服务，可以节省成本近万元。他还帮助合作社给成员的耕地打药，争取统防统治人工服务费用，每年收入 1 万元；在成立合作社之前，他种地的每亩粮食产量不足 1200 斤，而加入合作社使用合作社提供的新品种和新种植技术后，亩均粮食产量达到了 2000 斤，单是他自己的 12 亩承包地就增收近万元。仅后两项收入加农闲外出打工收入要比之前长年外出打工收入高出 5000 多元。

四　合作社存在的问题

一是合作社管理不规范。合作社虽然实现了章程、财务和管理等制度上墙，但这些制度基本被搁置。合作社没有建立成员账户；也没有设置会计账簿，日常现金收入和支出都是由理事长与一位理事会成员（村会计）商定；合作社没有召开过成员大会，重大决策都是由一两个人说了算。

二是合作社缺乏资金。合作社的注册资本有 150 万元，但大部分是房屋和机器设备折价入股，现金出资较少，难以向产业链后端延伸，例如，合作社打算添置粮食烘干设备以提高稻谷的销售价格，但资金不足难以实行；再如，合作社缺资金难以购置大型的施药设备，其提供的统防统治服务还仅局限于本村范围。

五　启示

从合作社的功能作用来讲，该合作社有效解决了劳动力外流的情况下"谁来种地"的问题，在对合作社主要成员的访谈中也发现，他们对合作社还是比较认可的。但从组织制度是否符合要求的角度来讲，该合作社与全国大部分合作社一样，规范化水平不高。那么，是什么原因导致了合作社的不规范？这种不规范的合作社有存在的必要吗？这是当前学术界争论的焦点。

从社会学的角度来看，可能是由于农村社会关系对合作社的治理机制起到了弱化和替代的作用，使得合作社表现出不规范的现象。该合作社不仅是基于业缘关系也是基于地缘和血缘关系组建起来的，合作社嵌入到农村各类社会关系网络中，合作社的治理机制必然受到这些关系的影响，从而导致许多制度安排无法运行。因为人们相互熟悉，许多事情不是在一个理想化的制度体系内执行，而是根据当地的习俗和人们的行为习惯，按章办事对他们而言是成本，不按章办事是节约成本的理性选择。

对于广大普通成员而言，他们关心的是合作社能否为其提供他们所需要的服务，而不在乎这些服务是由哪种组织提供。在访谈中，笔者发现，大部分农户对合作社并没有清晰的概念，有的时候把合作社等同于合伙企业，有的时候把合作社等同于个人，他们都是从功能的角度来看待合作社，更多地把自己当作合作社的顾客而不是所有者；他们希望核心成员特别是出资额较多的成员承担全部风险，合作社的盈余也应按出资额比例进行分配。合作社真的需要成员出资时，普通成员会采取最低风险的办法出资，例如，现金出资额很少，以实物折价出资但不按折价款承担风险，把资金以借贷的方式交给合作社领办人等。正因为普通成员在认识上没有把自己当作合作社的主人，进而导致他们参与合作社治理的积极性不高。并且，如果合作社没有盈余或盈余很少时，大部分成员会主动放弃参与合作社治理的权利，导致合作社的正式制度让路给少数人治理。

此外，该合作社的规模相对比较小，只是一种简单的"行动联合"，通过将成员的同类需求集中起来与其他市场主体进行谈判，获取优惠的价格。合作社还缺乏"要素联合"，成员基本不出资，没有办法购置大型收割机、烘干等设备，合作社只能向成员提供简单的服务，而难以向产业链上下游延伸。

（执笔人：王军）

案例9　内因促动，外因牵引：江西省泰和县万合镇肉牛养殖专业合作社

泰和县位于江西中部南吉泰盆地中部，井冈山脚下，全县面积2680.69平方公里，下辖22个乡镇，2个垦殖场，总人口54.09万人，其中农业人口43.65万人。县内饲料草资源丰富，是全国首批商品牛生产基地县。1976年开始，泰和县引进了外来良种西门塔尔牛冻精改良本地黄牛，是江西省最早并从未间断肉牛改良的县。截至2010年泰和县拥有肉牛改良乡镇19个，建立有53个肉牛改良冷配点或流动冷配点，每年完成母牛冷配数5万头以上，改良肉牛覆盖面积达到88%，受精率由原来的25%上升到91%。1996年泰和县被列为全国秸秆养牛示范县和全省肉牛产业化重点县，2007年又继续被列为全省"三大产业"推进计划的12个肉牛产业发展重点县之一。2008年泰和县通过实

施整村推进、饲养小区建设和大户带动计划，先后建成标准化小区 11
个，现代化规模养殖场 40 个，杂交母牛保护示范村 22 个，肉牛专业村
42 个，规模养殖户 600 户，肉牛贩运、营销、饲养、加工等涉及人员
3000 多人。据统计，2013 年前三季度全县肉牛饲养量达到 30.88 万头，
出栏肉牛 11.6 万头，同比分别增长 8.05% 和 25.4%。

一　成立背景：肉牛产业特点催生养殖户合作意识

万合镇肉牛养殖专业合作社是理事长陈启桓领办的技术能手带动型
合作社，成立于 2008 年 12 月，注册资金 50 万元，注册成员 5 人，实
有成员 85 人。据介绍，由于肉牛产业具有以下几个特点，提升了饲养
户之间内生性合作意识。

第一，小生产与大市场的供需矛盾促使饲养户之间合作。肉牛饲养
从购入 4—5 个月的断奶牛开始到长成 1 吨左右的成牛，整个饲养周期
需要 10—12 个月。饲养户为了保证每月或者每两个月出栏，通常采取
小牛 1/4、半大牛 1/2、亚成牛 1/4 的比例饲养。因此，即使是饲养数
量超过 200 头的大户，实际能够供应的数量不足 50 头。而且，每头肉
牛出肉率通常只有 30%，也就是 300 公斤左右，很难满足屠宰厂的需
求。因此，屠宰厂为了降低管理成本，通常会邀请当地牛贩子或者大户
帮忙寻找货源，并支付一定的费用。大户为了保证销路乐于从中协调；
中小规模农户，由于肉牛出栏数量少，和牛贩子很难建立长久合作关
系，而且经常会被牛贩子压价，因此也希望通过熟人介绍一起销售，以
获得较好的销售价格。久而久之在当地形成一定的以地缘为纽带、对各
个饲养户没有约束力的松散型共同销售饲养户。

第二，降低饲料成本的需求促使饲养户合作。肉牛饲养对饲料成分
有着较高的要求，特别是泰和县引入新品种后，需要的饲料种类也不断
增加，饲料好坏往往决定了出栏时间和肉牛长势。然而，即使是 200 头
以上规模的饲养户也很难以低成本购买到需要的所有饲料。加上农户没
有相应的仓储场所，由于泰和县湿度较高，饲料储藏时间一长容易酸
化，导致肉牛生病。因此，无论从饲养户个人能力、仓储条件来看，只
能采用少量、高频度的饲料购买方式，这就造成了饲养成本居高不下，
而且很不方便。万合镇饲养户往往会在自己购买饲料时，向周边亲戚朋
友询问是否也有需求，尽量凑够一定数量统一购买。同时，其他农户因
为省去了与饲料供应商打交道的麻烦，而且价格上又有优惠也乐于

参与。

　　陈启桓理事长是泰和县万合镇人，父辈是当地有名的兽医，自小对牛羊养殖耳濡目染，积累了相当丰富的饲养经验，自家饲养西门塔尔肉牛上百头，在当地有一定的声望。在合作社法公布之前，出于降低自身的饲养成本、提高收入的目的，他已经与周边饲养户建立了良好的合作关系，每年都要组织购买大量的饲料和介绍肉牛销售渠道。

　　二　发展原因：政府外部扶持是合作社发展的主要动力

　　陈启桓在2011年之前曾担任万合镇农村综合办公室主任，肉牛饲养由妻子和其他家庭成员承担。陈启桓在职期间，泰和县政府印发了《泰和县2008—2012年扶持肉牛产业化项目建设实施方案》，鼓励建设肉牛养殖小区、规模养殖场，在用地、税收、技术、市场等方面给予最大限度的扶持。陈启桓借助自己在政府工作的优势，获悉今后肉牛扶持资金将大部分向农民合作社倾斜的消息后，召集平时关系较好的4名饲养户，5人现金出资50万元组建了合作社，当年获得县政府补贴1000元。但是，据陈启桓介绍，当时大家对于农民合作社的发展仍然持观望态度，合作社本身也没有任何业务，完全是"空架子"。2012年，江西省委领导在镇里蹲点，鼓励各村建立饲养小区，特别是对以合作社为主体成立饲养小区的优先给予奖励，陈启桓和其他4人协商后，按照2008年合作社成立时的约定，从5位成员那里收缴了50万元现金，并在领导的帮助下申请到42万元的农业综合开发项目，以农民合作社的名义流转了125亩坡地，建立了饲养基地。当年开始购买了小牛，经过近三年的发展，饲养肉牛达到286头。

　　三　产权结构：股份化、合伙经营特征明显

　　合作社成员分为出资成员、非出资成员以及相关农户三大类。首先，出资成员是指实际现金出资的合作社成员，2014年年底仅有5人，全部是2008年合作社成立之初入社的养牛大户。他们在合作社法公布之前就通过陈启桓理事长帮忙寻找销路、购买饲料，形成了较为松散的代理销售关系，相互也比较了解，组建饲养基地时其他4位成员都根据自身情况出资现金。目前的出资额由多到少分别是12万元、10万元、10万元、10万元、8万元，最大股东理事长，占总出资额的24%。目前，包括理事长在内，所有出资成员都是饲养户，出资全部用于饲养基地建设和日常饲养支出。非出资成员主要是周边散户，规模最少的只有十几头，最多的 200 多头，平均 50 头左右，只要有加入合作社的欲望，填写入社表格、提交身份证复印件，并且把目前饲养状况、可销售肉牛数量等情况写清楚，就可以成为合作社社员，享受合作社服务。相关农户是没有出资、没有提交过正式入社材料的周边散户，但是在购买饲料、协调销售等服务上与合作社发生一定的业务往来。

据陈启桓理事长介绍，合作社提供的服务对于这三种不同形式的成员并没有区别，主要是因为成立合作社解决了申请政府补贴和开发票方便的问题；从经营层面来讲，合作社经营规模越大对饲养户都有好处，如果把规则定得过死，条条框框设得太多，参与人减少了，饲料成本自然会增加，对谁都不好。但是，出资成员承担一定的风险，如果按照"一人一票"的合作社基本原则来民主管理，让非出资社员享有同样的权利显然对出资社员来讲不公平。另外，对于非出资成员来讲只要能够利用合作社提供的服务，就得到了满足。实践中散户认为万合镇存在多家类似的合作社，谁优惠就买谁的，这样比加入到特定的某家合作社中享受的利益更多，自由度更高，因此并没有多少人愿意成为出资成员。因此，以是否出资为标志，合作社内部实际上已经被划分为所有者和使用者两种类型，合作社服务的利用者并没有因为获得合作社成员的身份而自然取得了参与合作社管理的权利，合作社实际上是由出资成员成立的股份合伙企业。

四　决策机制：遵循权利与义务均等原则公平治理

合作社权利由出资成员掌控。合作社设立了社员代表大会、理事会和监事会。虽然在《章程》中写到社员代表大会是合作社的最高权力机构，并且每年也会定期举行一次，但是，据介绍社员代表大会基本上是形式，每年也就是由理事长宴请成员吃顿饭，介绍一下合作社的发展情况，说说希望明年继续支持合作社的客套话，并没有任何决议。另外，《章程》上虽然也有理事会、监事会的名单，但是人员实际都是临时由理事长指派的，时间长了，理事长自己都不太清楚理事和监事的职责，并不区分谁是理事、谁是监事，通常都是合作社事宜由出资成员商议。另外，由于 5 名出资人出资额差异不大，最高出资额与最少出资额相差不过 4 万元，在决议时并没有采用按股决定，而是按照"一人一票"的原则进行商议。遇到投资、分红等大事，5 名出资人一起做决定，日常饲养人员安排、调拨饲料、协调销售等事宜则由理事长安排，大家分摊。理事长每月可以领到 3000 元工资,其他人员也都可以根据具体的工作量获得一定的报酬。

合作社盈余按所持股份分配。合作社收入主要来源于饲养基地产出以及其他服务性收入。目前饲养基地肉牛数量只有 286 头,尚未达到预期的 300 头规模,虽然这两年也在销售肉牛,但收入都用在购买小牛、改善设施等扩大再生产上,并没有分红。但是,单纯按照每头牛收益 1 万元来计算,实际肉牛资产已经达到 286 万元,是 50 万元投资的近 6 倍。另外,其他服务性收入主要来自配种服务、销售肉牛抽成,基本上都用在发放报酬、日常经费支出和扩大再生产,也没有对内分红。不过,理事长表示等到饲养基地达到预期之后,应该按照出资额来分红,使出资人真正收益。至于非出资成员,因为已经享受了饲料购买的优惠,不应该再享受饲养基地的分红。

五　运营绩效:提供多项服务,成员增收效果显著

合作社主要为成员提供饲料购买、肉牛配种、销售等服务,方便了成员,增加了收入。

在帮助成员购买饲料方面,合作社主要提供玉米蛋白饲料和稻壳饲料等。玉米蛋白饲料是由玉米蛋白粉、玉米浆、玉米纤维、碎玉米、玉米皮复合后,通过高温压榨、深脱脂,再经多株耐酸菌液态、固态混合发酵而成。这种饲料营养成分丰富,富含各种氨基酸,是肉牛饲养的新型饲料。目前,泰和县使用的玉米蛋白饲料主要来自河北,在县内零售价格超过 2000 元/吨。合作社了解到从河北工厂直接购买价格仅有 1400 元/吨,加上运费到本地的价格不超过 1800 元/吨。目前,合作社饲养的肉牛以成牛计算日均需要 2 公斤,按照成员平均饲养数量 50 头计算,1 吨饲料仅够 10 天,一年需要 36.5 吨。如果成员从泰和县本地购买需要花费 7.3 万元,通过合作社统一购买只需要 6.57 万元,每年可节约成本 7300 元。目前,合作社给河北饲料公司交纳了 10 万元定金,只要通过电话下单,河北饲料公司就可以把饲料运送到合作社。合作社每次订货 20 吨,收到饲料后首先交付给有预定的成员,在有剩余的情况下打电话询问其他成员。所购饲料由于价格低廉,而且可以配送到合作社,距离散户非常近,因此不存在滞销问题。2014 年合作社总共销售 550 万元饲料,卖给成员的占总量的 90%。

提供肉牛配种服务。泰和县从 1979 年以来持续改良品种,在县、

乡两级设立畜牧站提供免费冻精服务，极大地方便了饲养户，降低了生产成本。但是，肉牛配种仍然是人工操作，需要支付一定的费用。合作社专门聘请了一名配种员负责给成员提供肉牛配种服务。价格根据远近确定，成员把牛牵到合作社配种的，每头牛收取60元人工费，如果是上门服务的话，视距离远近，价格一般在60—80元。这个价格与市场价格基本一致，没有什么优惠。但是，目前乡镇配种员比较少，距离也比较远，而合作社配种中心距离饲养户比较近，由于方便，利用的人员比较多。2014年提供配种服务收入约5万元。

帮助成员销售。泰和县是江西省乃至南方主要的肉牛产区，广东、福建、上海的屠宰场都与合作社有长期的合作关系。合作社接到客户下单后开始组织货源，然后组织货运，送到屠宰场。合作社通过电话按照先出资成员、后非出资成员的顺序，逐一电话联系，直到收满为止。合作社每中介销售一头牛，从屠宰场收取40元中介费。合作社为了避免成员指责自己欺压散户，公正起见，并不直接参与成员与客商之间的价格谈判，只是在价格过低的情况下给予成员建议，这样保护了农户不被牛贩子压价而受损，也方便了牛贩子寻找货源，降低了货源寻找成本，受到双方的好评。2014年销售额4860万元，与成员交易占95%。

目前，合作社并没有把为社员提供服务作为盈利的手段，也不从中收取任何费用。按照理事长介绍，自己本身是饲养户，反正也要买饲料，也要销售肉牛，给成员帮忙是顺道的事情，而且参与人多了，也可以降低自身的饲养成本。

六 存在的问题

万合镇肉牛养殖专业合作社是由种植大户为主体组建的能人领办型合作社，经营规模不大、资本实力有限。成立初期是为了获取政策扶持，在发展过程中成员间合作意识提升，对于解决在激烈的市场经济竞争环境中降低生产成本和扩大生产规模的问题起到了一定的作用。调研发现，合作社运营情况良好，发展目标明确，但是合作社民主管理原则只在核心成员内部存在，盈余分配、内部治理完全和股份制企业没有差别。出现这一现象的主要原因是：

第一，制度供给不足。随着我国经济快速发展，城镇化、工业化快速推进，农村社会发生了巨大变化，原本以小农为主体的家庭式农业经营已经逐渐分化为家庭经营、规模农场经营、企业经营等不同组织形式，体现了农业经营多样化的发展方向。然而现有农业经营制度供给不足，已经制约了农村经济的发展。在工商业领域，我国已经构建了比较全面的法人体系，提供了个体经营、合伙企业、有限责任公司及股份责任公司等多种制度选择。但是，在农业领域，相应的制度供给不足。我国多数农民素质较低，虽然有强烈的规模化、组织化经营的欲望，但由于现行制度申请程序复杂，难以适应相关条件。农民合作社制度的出现恰恰弥补了这种制度空缺，为新兴农业经营主体提供了发展空间。

第二，地方政府重视产业发展，轻视合作社规范。部分乡镇领导认为只要能够促进农业产业化发展，至于是发展合作社还是发展公司都无所谓。特别是泰和县农业产业化水平较低，县内缺乏规模化的肉牛饲养、加工企业，加上当前政策宣传和导向对合作社倾斜等原因，为了招商引资、发展产业，地方政府对合作社是否规范的问题不作深究，甚至鼓励企业以合作社形式注册登记。

第三，合作社负责人不了解合作社治理原则。万合镇肉牛养殖专业合作社理事会、监事会成员在创办合作社之前都没有接触到合作社方面的知识，对于合作社与企业的区别不甚清楚。因此，在缺乏合作社理念、知识培训和有关部门指导的情况下，自然会造成合作社"三会"制度难以发挥作用，集体决策被少数人决策所取代，以及各项规章制度形同虚设的问题。

（执笔人：曹斌）

案例 10　由经营联合体发展而来：临沂市费县鑫鑫西红柿种植专业合作社

一　合作社成立的背景和发展历程

（一）背景

费县鑫鑫西红柿种植专业合作社位于红色革命旅游胜地——沂蒙山区的费县胡阳镇新和村。该合作社是由该村 6 户村民自愿组成的西红柿销售联合体演化而来的。当时，当地西红柿市场不稳定，经常出现滞销状况，给柿农带来经济损失。联合体的负责人西红柿种植大户崔安柱带头研究了西红柿的市场行情。在他的带领下，他们创办了胡阳镇西红柿销售联合体。但是，联合体是没有法人资格的，根本无法满足进一步发展的需求。后来，国家对合作社的发展政策越来越明确，他们又由原来的西红柿销售联合体自然过渡到农民合作社。崔安柱认为，经过工商局注册，农民合作社完全可以在市场经济大潮中开创出一条新路。

（二）发展历程

费县鑫鑫西红柿种植专业合作社成立于2012年8月10日，在费县工商行政局正式注册，注册资金500.05万元。2013年8月做了一次变更，注册资金变为522万元。2014年合作社的总资产达到3000万元。一开始该合作社以销售西红柿为主，后来也从事农资购买、农业技术服务、信息服务等业务。合作社虽然发展迅速，但还是围绕西红柿产业开展相应的活动。合作社2014年年底种植西红柿10000亩。

二　合作社的产权结构与治理

（一）产权结构

该合作社注册时有成员6人，都是出资成员。2013年8月做了一次变更，注册成员221人，都是出资成员。目前，合作社出资额最多的是理事长，出资500万元。其余的出资额最大的前四位社员出资均为0.1万元。合作社出资成员都是种植西红柿的农户。

（二）治理结构与决策机制

该合作社有221名成员，设立了会员代表大会。理事会成员5人，他们都是农业生产者。监事会3人，他们懂得一些财务管理知识。该合作社专职管理人员2人，他们担任理事或者监事。该合作社重大事项包括理事会、监事会选举，管理人员任用，重大投资决策，盈利分配等由理事会决定。

三　合作社的运营模式

（一）业务范围

合作社业务包含组织采购、供应成员所需生产资料；组织收购、销售成员生产的产品；开展成员所需的贮藏、加工、包装等服务；引进新技术、新品种，开展技术培训、技术交流和咨询服务。主销产品为西红柿、西瓜、豆角及秋延迟辣椒等。

目前，合作社拥有1200平方米的办公区，建有农残检测室，主导建设了 12000 平方米的"费县胡阳镇西红柿批发市场"。

（二）营销模式

合作社依托胡阳镇西红柿批发市场，经销的蔬菜全部采取订单生产管理模式，实行基地专职管理和专业技术人员指导，严格按照绿色食品蔬菜标准化生产技术，建立了绿色食品质量监控体系，实行产品准入准出制度，确保基地产品达到追溯管理标准。合作社为加大基地农产品品牌影响力，注册了"红沂蒙"绿色蔬菜食品商标，并通过中国绿色食品发展中心的绿色食品申报认证，加快了产品品牌化营销步伐。

合作社按照"民办、民管、民受益"的原则，以发展绿色蔬菜生产销售为服务宗旨，按照章程先后建立和完善了合作社的组织机构和各项管理制度。一是落实办公场所，成立理事会、监事会，选出理事会、监事会成员，配齐办公和财务等工作人员。二是制定监事会、理事会工作制度，财务管理等一系列规章制度，做到章程规范，制度健全，以章程和制度规范生产经营，确保合作社规范化、制度化运行。三是定期公开社务和财务，严格履行民主程序。社员关心的社务做到一季度一公开，财务一月一公开。理事会会议一月召开一次，监事会半年召开一次，每年年底召开全体成员大会，公布全年的社务情况、发展计划及财务状况，按交易额进行盈余分配情况等。

合作社自成立以来，得到了各级政府及其财政、农业等有关部门的大力支持。合作社领导多次邀请财政部门及会计事务所依照《中华人民共和国会计法》规定，对合作社的工作进行管理监督和审核；费县胡阳镇农村经营管理部门依照《农民专业合作社法》和有关法规政策等对合作社会计工作进行指导和监督。

该合作社经营上大力实施绿色蔬菜品牌营销，构建"农超、农校、农批、农企对接"信息服务平台。合作社每年选拔出十几名优秀经纪人，考察全国各地高端市场及中大型超市，了解市场需求情况、价格行情等信息。产品远销北京、上海、天津、黑龙江、河南、河北等省市。

（三）盈利模式及其盈利分配方式

该合作社是以销售西红柿为主要业务的。其收购社员的西红柿以优惠价格分级收购。一般而言，农民销售农产品时随行就市，由于合作社谈判力度大，利润来自谈判后获得的价差。2013 年合作社实现销售收入 2161.84 万元，净利润 238.02 万元，可供分配盈余 300.40 万元；

2014年合作社经营收入3000万元，绝大多数来自西红柿的销售收入。

2013年盈余分配总额为210万元，按成员与本社的交易量（或者交易额）、出资额比例返还，其分配比为4∶6，返还总额为可分配盈余的70%。

四　合作社的运行效果

（一）发起人的获益情况

合作社理事长和其他核心成员的生产生活发生了重大变化。一方面，经济效益大大提升。更重要的是，合作社的骨干成员增加了外出培训的机会，有的到青岛、烟台等农业院校参加新型职业农民的培训班；有的到中国台湾等地外出考察。这些"走出去"的发起人眼界得以开阔，更为重要的是，增加了把握更多市场的机会。

（二）社员受益情况

2013年，合作社农民社员人均增收9515元，比上一年增长33.3%，成员的效益较非成员的高22%，比当地农民当年人均收入高63%。2014年，由于西红柿行情较好，当地农民人均收入增加到2万元，合作社成员家庭人均纯收入达到4万元。

（三）对农业及区域经济社会发展的贡献

2011年，该合作社依托胡阳镇西红柿专业批发市场兴建了集科研、示范、推广为一体的现代农业科技示范园种植基地，形成了"合作社+基地+农户"的现代农业运作模式。这带动了各村因时制宜、因村制宜，突出特色，形成规模，打造精品，开辟了现代农业发展的新天地，带动了全镇高效特色农业发展，有力推动了当地农村经济社会的发展。目前，农民专业合作经济组织共带动本地农户2200余户，辐射周边发展优质蔬菜生产基地达3万亩，西红柿年产量15万吨，年产值达1亿元，实现当地群众户均增收6000元以上，带动了当地2000余户农民发家致富。该合作社达到了市县发展规划的要求，实现了西红柿等农产品生产标准化、营销品牌化、发展规模化。

费县鑫鑫西红柿种植专业合作社作为沂蒙山区西红柿产业规模最大的合作社，由于为市场提供了质优、价格合理的蔬菜，2013年被中共临沂市委、临沂市人民政府、临沂市农委评为"临沂市市级示范合作社"。2013年12月，该合作社被临沂市工商局消费者协会、鲁南商报等单位评为"百佳诚信品牌"和"百佳诚信单位"，被新闻网等媒体专题报道。

（四）存在的问题

合作社在促进农业生产规模经营、推广新技术新品种、使用安全环保农资、开展农业标准化生产、提高农业机械化率、减少农业劳动力投入、提高产品优质率、提高产出量、改变农民传统生产观念、增加农民家庭经营收入等方面发挥了重要作用。但是该合作社发展过程中面临的问题主要有：合作社理事长出资最多，其他成员参与合作社经营与管理的积极性因此受到影响。另外，据理事长反映，现行的合作社管理体制存在一些漏洞，合作社的外部监管出现了多头管理现象，容易出现管理的盲区，也会滋生一些"寻租"行为。

五　结论与建议

（一）结论

该合作社取得了一系列成效，这得益于合作社领导特别是理事长的努力学习与实践。

在合作社领导层的努力下，社员的理论水平和政策领悟程度大大提升。该合作社要求，社员入社首先要认真学习合作社法律法规，了解各项规章制度，提出申请，通过理事会审批后才可入社。

社员与合作社签订种植协议书，落实土地流转合同书，并统一纳入合作社管理；合作社积极探索内部管理办法，不断创新运行机制，完善内部管理机制，提高服务质量。这些都是该合作社的成功之道。

但是，合作社理事长"一股独大"的状况确实影响着合作社的参与式发展。当然，这一问题在其他合作社也不同程度地存在。

（二）建议

1. 针对合作社产品中高端特质，要不断增强市场开拓力度

随着人民生活水平的不断提高，群众消费观念和消费水平发生了巨大变化，绿色食品蔬菜成为人们普遍的消费需求。绿色食品蔬菜生产也成为当地的优势产业，合作社成员生产的产品具有明显的竞争优势。但是，农业生产者和农产品消费者的信息不对称容易造成产销脱节，严重的时候出现滞销现象，当然也可能出现"柠檬市场"。所以，要积极开拓更大的中高端市场，增加社员收入，扩大合作社的影响力。

2. 搞好西红柿生产经营服务

虽然该合作社为社员提供销售服务，但是生产环节服务力度还很小，与社员的实际需求还存在很大的差距。这就需要进一步搞好西红柿生产经营服务。具体而言，要做到以下几点：

（1）生产上实行统一供种。根据全国市场需求产品的差异状况，选择对应品种合理安排种植区域，落实一村一品种植。

（2）要统一育苗。在指定育苗区统一育苗，保障成品苗的质量与成活率。

（3）要统一施肥。西红柿种植应利用秸秆反应堆技术，大面积推广使用沼渣沼液，减少化肥施用量。蔬菜病虫害防治应该主要采用生物防治技术，同时通过使用电子诱蛾灯灭虫手段，大量减少农药用量，以保土保肥，保护生态环境。

（4）要统一技术规程。合作社要多邀请农业专家、教授到现场培训、指导，社内农艺师定期到田间地头观察指导农户提高种植的科技含量，与山东省农业科学院、青岛农业大学等多家技术单位建立稳定而高效的技术指导关系。

（5）要统一销售，建立质量追溯体系。在基地内利用好农药残留检测室，对基地生产销售的瓜菜产品进行严格的质量检测，建立产品质量追溯管理制度，维护西红柿批发市场的信誉，为合作社可持续发展奠定坚实的基础。

3. 政府要加大力度支持合作社发展

理事长和社员们一直强调，要加大国家资金投入力度，特别是要管好合作社的扶持资金，使合作社扶持资金真正用于合作社社员身上。要优化合作社办公区的用地审批制度，防止"皮包合作社"的出现。要改革合作社领导体制，要赋予农业局管理合作社的职责，防止多头管理现象的发生。同时也要建立合作社资金监管措施，防止任何以合作社的名义套取合作社扶持资金的现象发生。

（执笔人：王勇）

案例 11　品牌 + 网络 + 直供：四川省崇州市白头乡土而奇禽业专业合作社

一　合作社成立背景和发展历程

（一）背景

崇州市地处川西平原，位于"天府之国"腹地，东距成都 37 公里，交通便利。崇州市大体形成"四山一水五分田"的土地结构，总面积 1090 平方公里，平坝区占 52%，山区占 43%，丘陵区占 5%，水域面积 10 万亩。因位于成都市的远郊，属于成都第二经济圈，崇州市已经成为成都市的"后花园"、"菜篮子"产品生产基地。凭借优良的地理位置，依托区位优势，崇州市现代农业蓬勃发展。

20 世纪 80 年代，崇州市即出现了一些以家庭承包经营责任制为基础，自发组建的以开展技术、信息、购销服务为主要内容的各种专业协会，以解决小生产与大市场之间日益凸显的矛盾和问题。2007 年我国《农民专业合作社法》颁布后，崇州市也开展探索自下而上的农民合作经济组织发展之路。此后，崇州市农业产业化快速发展，农民组织化水平不断提高，近年来，更是出现了土地股份合作社、家庭农场经营等新型经营主体和经营模式。全市农业产业化企业达 89 家，产业化经营实现销售收入 48 亿元，农业产业化带动 85% 的农户。农民合作社达 945 家，农民合作社带动 49% 的农户。家庭农场达 56 家，经营面积达 8000 亩，列入省、市扶持的家庭农场 15 家。在各类新型经营主体中，传统的"公司 + 合作社 + 农户"模式继续发挥着作用。我们走访的崇州市白头乡土而奇禽业专业合作社就是这样一家典型的采用"公司 + 合作社 + 农户"经营模式的农民合作社。

2007 年，张建英和她的丈夫成立了成都惠丰生态农业科技有限公司，该公司坐落于农业科技园区，占地 900 多亩。作为私营股份制企业，该公司现已发展成长为市级重点龙头企业，并相继获得"园区优势企业"、"农业产业化经营企业"、"优秀专业合作社"、"四川省小企业创业示范基地"等荣誉称号。在禽业专业合作社成立之前，张建英曾经搞过多种养殖。她养过羊，也养过猪。经过一段时间的摸索，她发现养羊受牧草供应跟不上的影响，特别是在冬天饲草料缺乏，使养羊业发展不起来。当时她养一只羊消耗的饲草料是 30 斤/天，而外购饲料的成本太高。养猪虽然在饲料问题上比养羊好解决一些，但养猪疫病多，猪肉价格波动大，养殖周期长，一头猪收回本金需要投入 3000 元。比较了一番之后，她选择了养鸡。据她介绍，蛋鸡的养殖周期是一年半，鸡苗可以从种鸡场购买，价格是 7 元/只；雏鸡养到 5 个月后就可以产蛋了，前期的成本投入在 40—50 元；蛋鸡可以产蛋 11 个月，平均 1.5 天一个蛋，一只蛋鸡一年产蛋 200—230 枚，每天需要投入 3 两料，自配料费用为 0.4 元/天，人工费 0.07 元/天。合作社鸡蛋的市场价格为 2 元/枚。蛋鸡养到 1 年半必须淘汰，可以当作肉鸡来处理，目前市场上可以卖到 108 元/只。根据每只鸡赚纯利 60 元来计算，一个养殖 500 只鸡的农户一年就有 30000 元的纯利润。张建英说，合作社养殖 10 万只鸡就有 600 万元的纯利润。看到养鸡卖鸡蛋有利可图之后，她开始大力发展养殖蛋鸡并带动周围的人和她一起搞养殖。

张建英十分懂经营，她首先在成都市打开了市场。因为她采用散养模式，鸡场用渔网拦着，散养鸡蛋色泽天然，消费者认为散养鸡蛋味道好、营养价值高，因此，在大力宣传之下，鸡蛋一进入成都市场就受到大众的欢迎，即使是她的产品价格偏高也不愁卖。这使得她的产品供不应求。随着市场需求扩大，她一个人养鸡已经无法满足市场需求。于是她萌生了成立合作社的想法。她说，成立合作社的原因就是想扩大生产经营规模，让更多的农民加入到蛋鸡养殖业里来。

（二）发展历程

2009 年，崇州市白头乡土而奇禽业专业合作社正式成立，注册资本 150 万元，其中现金出资 100 万元，注册成员 7 人。张建英本人出资 100 万元，其他 6 人共同以土地出资 50 万元。合作社的经营业务范围包括农产品销售、农资购买和技术服务。合作社有组织机构代码，还有单独的银行账户和网站。合作社流转村里的土地，每年以 600 斤大米/亩按照市场价折合后缴纳流转费，流转费通过村委会交给土地转出户，流转期为 30 年。

合作社对社员入社是有一定要求的。首先，社员养鸡最低不少于 200 只；其次，合作社要求社员养殖场地要符合标准，一般是每亩地只能养 100 只，不能超过这个数目；再次，入社社员必须参加技术培训，合作社会派技术人员讲解养殖技术细节和要点，目前合作社基本上一年要对社员平均提供 7 次培训；最后，对农民缴纳入社费和入股有要求（这一条后来由于社员不愿意，没有执行）。

目前，合作社的养殖品种已经统一为黔江麻鸡（原产地重庆，属于黔江土家族苗族聚居地的古老土鸡品种）。该品种适合本地气候，病害少，而且产蛋率高，平均一只母鸡每年产蛋 200 枚。合作社为鸡蛋注册了商标，叫作"虫·草"鸡蛋，因本社的散养鸡以虫、草为食而取名为"虫草鸡"。土而奇合作社在产品宣传上做了大量工作。根据它的宣传，虫草鸡全程采用低密度、吃虫吃草、生态放养的模式，鸡饲料配以蚯蚓、玉米、谷物、新鲜蔬菜、牧草等，无抗生素、激素及重金属残留。虫草鸡吃蚯蚓、黄粉虫、青草等，保证了鸡肉更营养，加之鸡都是放养，能呼吸新鲜空气和自由活动，增强了免疫力，也减少了抗生素等药物的使用。"虫·草"鸡蛋因养殖过程没有使用抗生素和激素，迎合了老百姓喜欢新鲜、天然、无污染、追求健康的心态，深受消费者青睐。

社员加入合作社后，合作社统一提供鸡苗、饲料、药品，全程给予养殖技术培训和指导，合作社以协议价收购社员产品，然后统一销售，并以合作社注册的品牌统一销售。目前，在每个批次生产中，合作社给社员垫资提供鸡苗和饲料，统一回收鸡蛋时扣除相应成本。合作社为社员免费提供技术服务。社员因地制宜，有些成员养鸡 500—600 只，有些是 200—300 只。社员鸡蛋的回收价格是订单签订日比市场价格略高的价格，但合作社收购社员产品不区分等级。一般而言，合作社社员与合作社按批次来签署交易合同。一个批次一个价格（主要是根据鸡蛋的市场价格来调整协议价格）。一旦出现亏损则由合作社提取的风险金（公积金）来进行弥补。2014 年，合作社的订单价格统一为 8 元/斤。合作社按 60—80 元/只收购产蛋期结束的淘汰母鸡，社员也可以自己处理。目前，98% 的社员养殖的鸡可以做到年产鸡蛋 200 枚的水平。合作社基本上完全收购社员生产的鸡蛋，不会拒收。合作社跟每个社员都签订服务合同，建立生产管理记录档案，并为每个社员设立个人账户，个人账户用于记录生产资料赊销、鸡蛋交售结算和年底按交易量进行盈余分红的情况。合作社统一销售鸡蛋时会对蛋品进行分级。合作社采用开放式会员制，有自己的注册商标。目前，合作社没有开展资金互助或提供担保贷款的情况。

为扩大养殖规模，合作社拟定了"公司 + 合作社 + 农户"的发展方向，多次进村动员农户加入合作社，共同走向养鸡致富的道路。在合作社的示范效应下，越来越多的农民有从事蛋鸡养殖的念头。由于土而奇合作社发展蛋鸡生态养殖初见成效，面向社员提供免费服务，产品供不应求，越来越多的农民开始加入合作社。2014 年年底，合作社社员已经发展到 111 人，其中女社员 60 多人。合作社资产达到 1000 万元，其中固定资产 800 万元。

此外，合作社所在公司及其下辖的"土而奇农庄"共有 1500 亩土地，农庄集生态农业、观光体验、农教与休闲娱乐餐饮于一体，主要产业是蛋鸡生产销售和柚子产销。其中柚子种植 200 多亩，蛋鸡养殖 10 万只。农庄交通便利，距成都市区约 1 个小时车程，毗邻风景秀丽的龙门山和白塔湖风景区，是成都市民周末度假的好去处。农庄出产的虫草鸡（吃虫吃草的散养土鸡）、鸡蛋（主业）、蔬菜和水果（柚子）等有机农产品主要面向成都市场，2014 年年底其直供会员已经达到 3000 多家。2014 年，合作社经营收入达到 400 万元，采购农资 500 万元，合作社餐饮收入 1000 多万元。合作社有生产基地 500 亩，全部获得了有机认证。

二　合作社治理情况

（一）治理结构与决策机制

理事长张建英今年 40 岁，女性，高中文化水平。目前合作社的理事会和监事会共有 5 人，理事会成员都是农民，有 3 人，其中女性 2 人；监事会成员 4 人。理事会成员由核心成员提名，通过差额选举产生。成员代表大会、理事会会议一年 3 次，理事会、监事会会议一起开，有会议记录。合作社的重大决策由成员代表大会决定。盈余分配则是按照章程来进行。目前，合作社的每个成员都有生产管理档案和个人账户，记载与合作社的交易量（额）、按人头平均的公积金份额、按人平均的财政补助份额等。2013 年，合作社盈余分配 200 多万元。2014 年的盈余分配尚未开展。据理事长介绍，按社员每户 500 只蛋鸡算，平均每户返利 2 万元。2014 年合作社社员人均纯收入达到 1.4 万元，而当地农民人均纯收入为 1.28 万元。

合作社在市场渠道建设方面的力度十分大。除了理事会、监事会成员，合作社还从社会招聘 20 人，其中仅市场部就有 18 人，专职经营管理人员的年工资支出达到 30 万元，采用"最低工资 + 提成"的方式按比例核算。理事长在合作社领取工资，2014 年领取工资 4 万元。

（二）利益联结机制

社员孙志芬为崇州市白头镇天竺社区村民，40 多岁，初中文化水平。她一家 3 口人，均为成年劳动力。2013 年，她加入土而奇禽业专业合作社。目前，她的丈夫在家从事蛋鸡养殖，孩子外出务工，她自己常年在合作社务工，负责仓库管理。孙志芬家共有承包地 2 亩，已全部流转给土而奇禽业专业合作社，每亩地年租金为 600 斤大米，可以为实物租金，也可以按约定支付租金时期的大米价格折算为现金。她家无村组干部或村民代表，夫妻二人也没有外出务工或经商经历，是典型的转出土地的普通农户。

孙志芬说，入社无须缴纳股金或会费，只需与合作社签订蛋鸡养殖订单协议。按照协议，孙志芬家按合作社的要求在自家 1 亩左右的山地上自建简易的生态养殖场所，而合作社以赊销方式为其提供鸡苗、饲料、药品，养殖过程中有技术人员全程给予技术支持，合作社兽医定期巡视，对临时突发情况及时处理。合作社为社员垫资鸡苗款 20 元/仔鸡，后续从社员的鸡蛋款中进行抵扣。合作社与社员双方签订鸡蛋购销协议，商定家庭所产鸡蛋除允许少量自家消费外，全部按 8 元/斤的价格交售给合作社。为避免社员私自销售鸡蛋，合作社在协议中约定每只蛋鸡的年交售鸡蛋量不得少于 200 枚，若农户连续 2 年向合作社交售的鸡蛋每只鸡少于 200 枚，则合作社有权要求农户退社，终止养殖合作关系。入社两年来，孙志芬严格履行协议，并未出现过将鸡蛋私自销售的现象。

2014 年，孙志芬的家庭收入主要有两个部分：一是养殖 300 余只蛋鸡，所产鸡蛋按订单协议交售给土而奇专业合作社，2014 年的纯收入约为 2 万元，2014 年年底合作社分红约 1 万元。二是孙志芬在合作社的务工收入约为 1 万元。全年家庭总收入在 4 万元左右，收入水平在天竺社区居中高水平。孙志芬认为，通过参加合作社经营的纯收入在家庭纯收入中占据比较重要的地位。从支出情况看，2014 年她家蛋鸡养殖支出约 1.2 万元，生活消费支出约 2 万元，其他支出约 2000 元。

（三）社员参与合作社管理情况

2014 年，合作社社员参加了合作社成员代表大会。合作社的盈余分配方案由理事会提出，成员代表大会表决。对合作社的盈余分配社员是比较满意的。盈余分配方式除体现在按略高于订单签订日的市场价格回收鸡蛋外，2014 年年底合作社还将盈余按交易量实施二次返利。协议规定，合作社收益分配是根据社员与合作社的交易量来进行，提取保险金 20% 后，40% 按人头平均，40% 要进行二次返利。社员孙志芬说，她对合作社当前的利益分配方式比较满意。在问及合作社万一经营亏损，负债如何分担的问题时，孙志芬表示，负债应由全体社员共同承担，利益共享，风险共担。孙志芬认为，社员最需要合作社帮助来提高养殖技术，而对合作社提供贷款（担保）服务和土地流转服务则根本不需要。这主要是因为入社农户从事蛋鸡养殖时，并未直接从合作社借款，土地基本上都是自己就能解决的。

就盈余分红，社会可以行使社员表决权利。孙志芬参加过合作社理事会和监事会的差额选举，行使过投票权利。合作社的理事候选人通过全体成员代表提名，按"一人一票"方式选举产生。目前，合作社理事会成员共有 3 人，全为农民生产者理事。当我们问孙志芬如果理事会以权谋私、不顾及甚至侵犯普通农户权益时应该怎么办，她认为应当采取罢免不称职理事并改选理事会的方式去解决。

三　对合作社的认知和合作社的发展前景考虑

张建英认为，合作社是农民按照自愿、平等原则联合起来的互助组织；是从事农业生产经营活动的不同要素所有者，按照有钱出钱、有力出力、有地出地的原则，自愿联合、相互合作、优势互补的组织；是农村各路精英带领农户共同致富、风险同担、利益共享的组织。她认为，合作社在推广新品种新技术、使用安全环保农资、减少农业劳动力投入、提高产品优质率、提高产量、增加农民家庭经营收入方面的作用很大；在促进农业生产规模经营、开展标准化生产、提高农机化率、开展农产品初加工、改变农民传统生产观念方面的作用比较大。合作社与成都农林科学院紧密合作，研究"生物链循环综合利用技术"：柚树下养鸡，鸡啄食虫子、牧草，为柚子树除草驱虫，鸡粪养蚯蚓，而蚯蚓粪是柚子树的上等有机肥。这样将生态畜禽、蚯蚓、昆虫的养殖，果蔬与牧草的种植以及沼气的利用有机结合起来，种养循环，减少污染，实现农业资源循环利用、畜禽防疫和果蔬防虫防病，产出安全、健康、生态、绿色有机农产品。这个种养平衡的模式显然是单一农户无法做到的，目前该模式已经被国家列为"星火计划"。

　　在对社员孙志芬的访谈中，我们问"加入合作社后，合作社对家庭生产经营的作用有哪些"，她表示，合作社在促进其家庭养殖规模、应用新技术和新品种、使用安全饲料和药品、开展标准化养殖、减少劳动力投入、提高鸡蛋质量和产出量、改变养殖经营理念、增加家庭收入等方面均发挥了很大作用。

　　目前合作社已经被评为省级示范社，获得各级财政补助300万元，主要用于建设基础设施和园区道路，其中中央财政投入40万元，省财政投入16万元，市县财政投入200万元。此外还获得过品牌奖励10万元。此外，政府有关部门还为合作社提供免费疫苗和免费专家技术咨询，对合作社的支持比较大。

　　和其他市场主体一样，土而奇合作社关注的最主要问题也是市场问题。借助自己的网站，合作社已经在成都市场打开了销售渠道。为了打消消费者对土而奇农产品的安全顾虑，2013年5月，公司专门制作了一套软件，方便消费者通过手机扫描二维码在网上订货，从而逐步构建起一套可视、可控、可追溯的生产销售体系。土而奇合作社定做了约70台一体机，安置在成都五城区的多个社区，便于消费者及时了解公司最新的农产品，并实现网络实时订货和对公司各环节实时监控。但张建英表示，目前合作社的产品只有鸡蛋、柚子、有机蔬菜，品种略显单一，网络平台的产品太少。她同时也在谋划如何让更多的崇州市的农业企业、合作社将产品拿到她的平台上来展示，以吸引更多的消费者。目前，对于其他合作社和企业的产品，她是免费进行宣传的。但她说，如果以后通过网络平台进行交易的产品越来越多的情况下，她也会考虑收取一定的费用。

　　崇州市土而奇农庄集生态农业观光、体验、农教与休闲于一体。很多市民周末包车前往，体验田园野趣，参观生态农场。消费者可以进入柚子园采摘澳洲柚，还可以喝茶闲谈，品尝或购买有机农产品。农庄内栽种200多亩品质优良的澳洲苹果柚，每年10月举办采摘节。几乎每天，农庄的大巴车都会从成都市接来消费者进行实地体验，其中有不少都是老年人，他们来这里赏花看树，采购各类农产品，十分惬意。

　　为了获得更多的市场信息，张建英的合作社还加入了合作社联社。她是联社的理事。去年，她的农庄旁边的一家柑橘企业遇到了销售问题，知道她的农庄里总是有来来往往的客人，但碍于面子不好意思找她。她知道后，主动帮助那家企业进行销售。柑橘拿到农庄里，很快就销售一空。张建英认为，解决市场问题要主动出击、学会宣传。下一步，她打算延长产业链进军电商。据崇州市农村发展局的介绍，2014年崇州市正式出台了《关于加快推进都市现代农业信息化的意见（试行）》，要用5年时间培育50家以上农业信息化示范企业（单位），建成50个以上基于物联网技术应用的农业信息化示范基地。土而奇由于有了很好的信息平台做基础，已经被市农村发展局定为合作单位，未来全市的涉农信息资源都计划通过这一平台及时向农民提供科技、市场、价格、劳务、气象等各类信息。

（执笔人：陈洁　何安华）

案例12　品种创新，特色桃产业：山东省临沂市平邑县沂蒙霜红桃专业合作社

一　合作社成立的背景和发展历程

（一）背景

山东省平邑县丰阳镇地处沂蒙山腹地，生态环境优越，在发展生态果品方面具有得天独厚的优势。该镇在一位廉姓"土专家"的大力支持下，建设了500余亩的桃园。该合作社位于丰阳镇大城西村。该合作社的成立可以追溯到2011年8月。根据笔者的调研得知，其成立是为了解决当地一些桃农经常遇到的技术问题。合作社发起人孟文庆带头寻找桃树方面的专家。在多方联系之后，请来了一位"老农"，该"土专家"在人民公社时期就是生产队的果园技术员，家庭承包经营之后承包了几亩果园，同时进行桃树的品种改良实验。在多次实验以后，在山东农业大学几位果树专家的推动下，培育出来的极晚熟北方大桃品种——"沂蒙霜红"得以鉴定，并且在合作社得以大面积种植。该桃品种在2012年被中国绿色食品发展中心认定为绿色食品。

（二）发展历程

平邑县沂蒙霜红桃专业合作社成立于2011年1月，各项手续齐全。

该社原注册资金200万元。2013年10月做了一次变更，注册资金200万元。2014年合作社的总资产达到500万元，种植桃树2000亩。该合作社基地采用现代标准化管理，全部种植极晚熟型桃——沂蒙霜红桃。

一开始该合作社以销售沂蒙霜红桃为主，后来围绕沂蒙霜红桃产业发展，也从事购买农资、桃树种植技术服务、仓储、信息服务等业务，合作社得以迅速发展。

二　合作社的产权结构与治理

（一）产权结构

该合作社注册时有成员5人，都是出资成员，出资总额为200万元。2013年10月做了一次变更，注册资金和注册成员没有变化，实有成员增加到150人。这是因为该合作社技术、信息、销售等服务吸引了大量的种植桃树的农民，甚至有的农户改变了以往的农业生产结构，改为种植这种晚熟桃树。目前，合作社出资额最多的是理事长孟文庆，出资150万元。出资额第二位的成员出资20万元、其余的3人各出资10万元。合作社出资成员都是种植沂蒙霜红桃的农户。

（二）治理结构与决策机制

该合作社成员代表大会有150人。理事会成员有6人，其中，女性理事1人，他们都是农业生产者。监事会2人，他们懂得一些财务管理知识。该合作社专职管理人员3人，他们担任理事或者监事。该合作社重大事项包括理事会和监事会选举、管理人员任用、重大投资决策、盈利分配等，由理事会决定。该合作社理事会和监事会会议是一同召开的。

三　合作社的运营模式

（一）业务范围

合作社主销产品为沂蒙霜红桃等。其业务包含组织采购、供应成员所需生产资料；组织收购、销售成员生产的产品；开展成员所需的贮藏、加工、包装等服务；引进新技术、新品种，开展技术培训、技术交流和咨询服务。

2014年年底，在合作社理事长的努力下，在平邑县丰阳镇政府的大力支持下，合作社流转了2000亩土地，准备种植更多的新桃树。

（二）农企对接与农超对接为主的营销模式

合作社建有专营网站，聘请了一位在皇明太阳能公司工作的人担任总经理，此人具有较为丰富的市场营销经验，经销的沂蒙霜红桃全部采取订单生产管理模式，实行基地专职管理和专业技术人员指导，严格按照沂蒙霜红桃标准化生产技术，建立了质量监控体系。

合作社运用包装技术将沂蒙霜红桃打入上海、深圳等高端市场，精品桃在上海家乐福超市卖到 10 元/个。该合作社也和零售商、加工企业对接。

合作社还开展了农企对接业务，2012 年 10 月 27 日，沂蒙霜红桃走进"中国太阳谷"——皇明集团的"家庭日"趣味活动的现场。该产品凭借果型大、外观美、口感佳、耐储运、糖度高等特点赢得了该企业员工的赞誉。合作社为加大基地农产品品牌影响力，注册了"庆联"商标。

合作社按照"民办、民管、民受益"的原则，以发展沂蒙霜红桃生产销售为服务宗旨，按照章程先后建立和完善了合作社的组织机构和各项管理制度。

合作社自成立以来，得到了各级政府及其财政、农业等有关部门的大力支持，包括平邑县小流域治理的项目扶持。在基地调研看到，基地的小型蓄水池、灌渠、道路等农业基础设施建设较好，较好地满足了桃产业发展的需求。

（三）盈利模式及其盈利分配方式

合作社是以销售沂蒙霜红桃为主要业务的。其收购社员的沂蒙霜红桃是以高于市场收购价的内部价格分级收购。合作社经营利润主要来自销售价格和收购价格之间的价差。2014 年合作社实现销售收入 200 万元，可供分配盈余 5 万元左右，绝大多数来自沂蒙霜红桃的销售收入。

合作社盈余分配 100% 按成员与本社的交易额返还，每斤桃返还 0.25 元。

四　合作社的运行效果

（一）发起人和社员受益情况

合作社理事长的生产生活正在发生重大变化。理事长出于"抱团做大、做强、做好桃产业"的想法发起成立了合作社，后来随着合作社的不断发展壮大，他也在技术、购销、品牌以及公共关系方面取得进步。他经常到外地参加培训班、展销会，也经常接待来自很多地方的客商、农户，这些业务既开拓了理事长的眼界，也增强了其管理合作社的技能，特别是与政府领导、学者交流过程中，也获得了国家政策、技术等方面的重要信息。小流域治理项目的争取和建设，合作社参加示范社评比活动就是事例。在市场化、信息化日新月异的今天，理事长的成长与合作社的发展相辅相成。

2014 年，由于沂蒙霜红桃行情较好，当地桃农人均收入增加了3000 元，合作社成员家庭人均纯收入 1.5 万—2 万元。

（二）对农业及区域经济社会发展的贡献

2010 年，沂蒙霜红桃通过了山东省农作物品种审定委员会审定，审定编号为"鲁农审 2010080 号"。该合作社依托该品种，种植和销售快速发展。2011 年该桃在全国名优果品交易博览会上获得"畅销产品奖"。该产品良好的市场美誉度吸引了很多农户种植，也增强了合作社的吸引力。这带动了桃产业在当地的发展，开辟了现代农业发展的新天地，带动了全镇高效特色农业的发展，有力地推动了当地农村经济社会的发展。2013 年该合作社被评为临沂市优秀合作社。该合作社获得的荣誉反过来也增强了其市场竞争力。

（三）存在的问题

合作社在促进农业生产规模经营、推广新技术新品种、使用安全环保农资、开展农业标准化生产、提高农业机械化率、减少农业劳动力投入、提高产品优质率、提高产出量、改变农民传统生产观念、增加农民家庭经营收入等方面发挥了重要作用。但是该合作社发展过程中面临的问题主要有：合作社技术人才缺乏，原来的资深技术员由于多种原因离开合作社"另起炉灶"，这无疑对合作社技术改良，甚至合作社的长远发展产生了不利影响。另外，合作社还存在品种单一、加工增值效益少、管理人才欠缺等重要问题。

五　结论与建议

（一）结论

该合作社取得了一系列成效，这得益于合作社领导选择和发展了特色产业——沂蒙霜红桃产业。特色农业是一种在发挥比较优势前提下，注重特色、新奇、有较强市场竞争力的农业类型。农民合作社作为提高农民组织化程度的组织，其发展必须依托有竞争力的产业。在该案例中，依托农民合作社的创新，产生了技术创新和组织创新良性互动的局面，依托特色产业发展是该农民合作社提升发展层次、增强核心竞争力的必然选择。在我国农民合作社发展方面，有必要关注合作社依托特色农业发展的机理、措施和发展方向，以期对我国农民合作社发展有所裨益。

（二）建议

1. 制定与执行特色农业产业政策

特色农业产业政策的制定必须坚持系统化原则，也就是在制定该类型产业政策时必须考虑经济因素和非经济因素。同时，要在发挥现有优势的前提下，着力推进结构调整、技术创新与应用、组织建设进程。

从目前农业政策和农民合作社政策执行效果来看，我国一部分涉农项目委托给特色农产品专业合作社来实施，但是也有相当一部分特色农产品合作社并未得到相关政策的扶助，结果是这些合作社与其他经营类别的合作社处于完全相同的地位上。在资金缺乏、人员匮乏、技术创新滞后和市场开拓能力弱化等问题日益凸显的情况下，特色产业难以体现新奇、特色、有较强市场竞争力的特征。针对这种状况，要制定和实施促进我国特色农业可持续发展的政策，积极推进财政、金融、税收、经营管理体制以及服务体系建设，为特色农业发展及其组织创新创造政策环境。

2. 特色农产品专业合作社应建立健全自律机制和自我发展机制

农民合作社是处于弱势地位的农民（农场主）按照"民办、民管、民受益"等国际通则而建立的自组织，其发展史也就是组织变革史。特色农业的可持续发展需要建立特色农业组织体系，国外的经验是建立各种协会（合作社）。特色农产品专业合作社要严格执行特色农业生产与经营规范，强化自律机制的设计，在农业生产投入品的检测、农产品质量的监管等方面开展相应的工作。在农业生产投入品监督方面，可以设计"列表制度"（即通过竞标、团购等方式），使特色农产品生产者获得物美价廉的农业生产资料。

在特色农产品质量监控方面可以设计和执行产地编码制度（即督促特色农产品专业合作社社员利用合作社统一印制的标有生产者经营者等信息的包装品），建立一种特色农产品质量可追溯体系，保证特色农产品优质优价。当务之急是在充分保护特色产业知识产权的前提下，保证特色产业的质量提升与产品的有效供应，最终达到特色农产品生产者和经营者收益提高的目的。坚决杜绝有农产品知识产权争议的特色产品上市，否则会在经济效益提升过程中，将社会效益抛在一边，破坏合作社的组织形象。

（执笔人：王勇）

案例 13　品质提升与品牌建设推动发展：四川省广汉市新绿家禽专业合作社

一　合作社的成立背景与发展

新绿家禽专业合作社（以下简称新绿合作社）的前身是一个私人合伙企业，该企业由李光武等 5 人于 2005 年筹资 30 万元建立。养鸡场建立之初，养殖规模仅 1000—2000 只蛋鸡。养鸡场占地属于租用性质，每年给农民支付固定租金。因国家政策鼓励，也为了稳定流转过来的土地，2009 年 4 月，养鸡场吸引农民以土地入股，发起建立合作社。当时，养鸡场的养殖规模已经达到 7000—9000 只蛋鸡。

目前，新绿合作社总资产 560 万元，其中固定资产 380 万元。新绿合作社成立时，注册资本 180 万元，注册成员、实有成员与出资成员均为 81 人。其中，出资最高的是理事长李光武，出资额 40 万元；最低的出资 2000 元。2010 年 9 月合作社增资扩股，注册资本增至 300 万元，新增部分全部为现金出资，注册成员、实有成员与出资成员均增至 112人。增资后，理事长本人仍是最大股东，出资 120 万元；第 2—4 位股东各出资 30 万元，第 5 位股东出资 15 万元。小农户出资基本都是500—1000 元。

新绿合作社成立后，土地的使用关系由租用转为以土地入股为主，入股农户很大一部分是以土地入股折的股金。目前，养殖场占用 20 亩地，其中，17 亩属于入股土地。土地入股的方式是按租用面积和年租金 1300 元/亩计算入股金。在土地入股的农户中，只用土地入股、不交股金的有 43 户（人），既用土地入股也用现金入股的 64 户（人）。虽然可以用土地入股，但当前新绿合作社面临的问题仍是没有更多的土地用于扩大规模。

2009 年新绿合作社被评为德阳示范社；2010 年新绿合作社生态养殖基地被农业部授予蛋鸡标准化示范场。新绿合作社累计获得财政补助 134 万元，都是省项目补助，其中 2012 年获得 84 万元，2013 年获得 50 万元。目前，新绿合作社已经加入德阳市合作社（联合社）。

二　生产经营与收益分配

新绿合作社的主要业务范围包括蛋鸡养殖、鸡蛋加工（包装）与销售。目前，合作社存栏 2.7 万只商品代蛋鸡，鸡苗是在 2 日龄时以 3.5 元/只价格购入，1 年 4 个月龄左右淘汰。平均下来一只鸡一天吃饲料 0.24 斤，饲料每吨 3050 元，全年饲料支出 360 万元。另外，合作社全年还有 50 万—60 万元的工资支出。

目前，养鸡场每日产 2.1 万—2.3 万枚鸡蛋，都直接销给零售商。新绿合作社的产品有无公害认证与有机认证，并在注册商标"曾记虫虫"这个品牌下销售产品。合作社产的普通鸡蛋每斤售价 9.5 元（约 7—8 枚/斤），比市场上普通鸡蛋的价格（出厂价约 4.7 元/斤）高出一倍。获得有机认证的散养鸡蛋更是可以卖到 3 元/枚，比合作社的普通鸡蛋的价格又高 1 倍多。但是，有机鸡蛋数量较少，每天只有 800 枚。2014 年，合作社经营总收入 930 万元，其中自己包装销售鸡蛋收入 620 万元。

因为以品质和品牌为基础，在市场整体不景气的情况下，新绿合作社仍能有较好收益。2014 年，新绿合作社盈余总额 120 万元。根据《章程》，当年盈余中应提取 30% 作为公积金、30% 作为公益金，剩下的可分配盈余中不低于 60% 按业务交易量返还给社员，再将剩余的部分按社员账户中记载的份额（出资额、公积金份额，以及财政直接补助与其他捐赠等平均量化到成员的份额）分配给成员。实际情况是，提取的公积金和公益金各占盈余的 20%，低于《章程》规定的比例，剩下的 60% 用于按股分红，平均每百元股份分红 33 元。

新绿合作社为每个社员建立了个人账户，记载成员的出资额、量化到成员的公积金（按《章程》应该按业务交易量的比例量化，但是因为是集中经营，实际只能是按出资额进行量化）及政府财政与他人捐赠形成的财产。根据《章程》，财政补助与捐赠形成的财产应平均量化为每个成员的份额，但是，根据理事长的介绍，新绿合作社是按照成员出资额对这部分财产进行量化。成员资格终止的，可以退还的是该成员账户内的出资额和公积金份额。解散、破产清算时，国家财政直接补助形成的财产，不得作为可分配剩余资产分配给成员，处置办法按照国家有关规定执行。当地农业局指定审计机构每年对合作社进行审计。

三　治理

新绿合作社现有理事会成员 5 人，其中女性 2 人，因为是统一经营所以没有农民生产者理事。理事会通过等额选举产生，候选人由发起人（理事长）提名，实际就是大股东。理事长现年 50 岁，初中文化，合作社成立时出资 40 万元，目前有 120 万元的股份。2014 年，合作社召开理事会 5 次，成员大会 1 次。合作社的重大投资决策与盈余分配方案都由成员大会决定。合作社监事会成员 7 人，另有专职管理人员 3 名，其中理事 1 名，普通成员 2 名。专职管理人员有工资和奖金，并且包吃住。

四　总结与评论

通过对新绿合作社的考察，有以下两点发现：

首先，新绿合作社的发展显示了品质提升与品牌建设对农业企业的重要性。2014 年中国畜牧业低迷，生猪、禽、蛋整体上都在无利或微利的状态。但是，新绿合作社却盈利，这与其以品质、品牌为中心的发展战略是分离不开的。在农产品质量危机频发的今天，提升品质既是包括合作社在内的农业组织的责任，也是实现合作社发展的突破口。

其次，新绿合作社这种生产、股权、管理都很集中且公司化特征明显的合作社，土地入股得到越来越多的重视，通过更加有利于小农户利益的制度安排确保用地的稳定，成为合作社发起人的重要选择。这反映了农村要素市场的变化。

在合作社日益公司化的背景下，财政扶持政策与合作社经典原则也不乏需要讨论的问题。

首先，财政补助资金的支持和再分配功能退化。政府给予合作社的财政补助有两方面作用：一方面是促进新型农业主体的发育，另一方面是发挥其再分配功能促进小农户发展。后者指的是财政补助形成的资产平均量化到合作社成员账户，可以加快小股东的股份积累，进而不断改善其在合作社中的分配地位，这正是财政资金的再分配功能。这两方面功能的实现应该说是财政扶持合作社的重点所在。如果按照出资额对补助形成的财产进行量化，合作社所获补助的再分配属性也就不复存在。

　　其次，合作社集中经营后，公积金及可分配盈余都从按交易量量化、返还，转向按出资额量化、返还，从而使合作社促进小农户积累、逐步改善小农户分配地位的基本原则不能得到落实。但是，按照交易量量化与返还的收益分配原则与成员承担的投资风险之间是背离的，当合作社的预期收益小于预期成本时，小农户个体层面预期收益却可能大于其预期成本。结果是小农户在个体理性的驱动下有可能采取风险更大的投资，"一人一票"的民主管理原则为这种激励提供了实现的可能。

（执笔人：刘长全）

案例14　以技术为核心的轻资产快速发展模式：四川省广汉市一品田园葡萄专业合作社

一　合作社的成立与发展

　　在政府鼓励发展合作社的背景下，陈厚刚从父母处借款，再发动亲戚，于2007年9月联合发起成立了一品田园葡萄专业合作社（以下简称一品田园）。合作社成立时注册资本30万元，全部为现金出资，注册成员与实有成员均是16人。2014年8月合作社注册资本增加到400万元，新增部分全部是现金出资，总资产已达到3000万元。增资扩股后，注册成员与实有成员增至107人，其中有1位企业出资成员。大多数社员入股按最低要求出资1万元，出资额最大的三名股东均出资56万元。理事长陈厚刚在合作社成立时现金出资4万元，目前现金出资额为40万元，现金股加上技术股则占到总股份的32%还多。

　　一品田园名义上是专业合作社，实际就是统一经营的农业企业，经营活动主要是葡萄种植与销售、葡萄种苗销售及葡萄种植技术服务等。合作社所在地区种植的葡萄很多都是由一品田园提供种苗与技术服务。2014年年底，一品田园实有生产经营面积400亩，挂果面积为160亩。土地全部通过租赁的形式流转进来，协议签到二轮土地承包期结束（2028年），租金按年支付。土地租金为1100斤稻谷/亩，单价按当年政府收购价计算，2014 年折合 1580 元/亩。这个价格远高于周边 800—1000 元/亩的平均价格，就是希望通过高租金稳定流转进来的土地。

一品田园另外还有 1200 亩的合作经营面积。与大多数合作社通过盈余积累或追加投资实现扩张不同，一品田园采用参股建小合作社的方式实现发展，并且参股的形式都是以技术入股，没有现金出资。2014 年，已经通过技术入股的有 6 家，占股比例都在 30% 左右。与两家准备直接投资入股的合作社正处于谈判阶段，提出一品田园必须占有 50% 以上的股份，原因是担心没有控制权风险无法控制。入股经营的合作社也使用一品田园的统一品牌、统一种苗、统一联系农资等，但是产品销售不统一，是就近销售。

目前，合作社获得了无公害认证和有机产品认证，有 2 个注册商标，所有产品都以品牌销售。依托葡萄种植，一品田园也做了产业延伸，一方面发展了初加工产业，但比例依然很小，2014 年年初加工收入只有 12 万元；另一方面发展了农家乐餐饮业务。2014 年，一品田园经营收入 485 万元，其中，农产品销售 300 万元，农家乐 150 万元，其他服务性收入 35 万元。

合作社发展也得到了政府的扶持。一品田园目前是省级示范社，累计获得各级财政补助 90 万元，其中省级财政补助 70 万元，县级财政补助 20 万元。

二　治理结构与经营管理

根据《章程》，农民成员至少占成员总数的 80%，具有管理公共事务职能的单位不得加入；成员大会选举和表决实行一人一票制，出资占 60% 以上或业务交易量占 40% 以上的社员可增加一票；成员超过 150 人时，每 30 名成员选举产生一名成员代表，组成成员代表大会，成员代表大会履行《章程》规定的成员大会的职权；成员代表任期 3 年，可以连选连任。因为是统一经营，合作社实际的投资与经营管理权为主要投资人掌握，所以以上规定的现实意义不大。但是，合作社发展过程中如果引入其他较大的投资人，根据相关规定，现有投资人就可能面临失去控制权的问题，这可能是选择参股建小合作社间接实现扩张的一个原因。

合作社理事会成员 4 人，监事会成员 2 人，根据《章程》规定，设执行监事 1 名，执行监事代表全体成员监督检查理事会和工作人员的工作并列席理事会会议。《章程》还规定，卸任理事须在 3 年后方能参选监事。理事长、理事、经理和财务会计人员不得兼任监事。合作社有专职经营管理人员 5 人，其中理事（监事）3 人、普通成员 2 人。专职管理人员除了工资和奖金，还报销燃油费和通信费用。由出资额较大的几位股东决定专职人员的聘用与工资等。理事长本人 2014 年领取工资 3.6 万元，另有 1600 元/月的车费补贴。

三　收益分配

按《章程》规定，从当年盈余中要提取 30% 作为公积金，用于扩大生产经营、弥补亏损或转为成员出资；再提取 40% 作为公益金，用于成员的技术培训等。提取的公积金按成员与合作社业务交易量（额）依比例量化为每个成员的份额。国家财政直接补贴和其他捐赠形成的财产平均量化为每个成员的份额。《章程》还规定，可分配盈余（扣除生产经营和管理服务成本、弥补亏损、提取公积金、公益金后）中不少于 70% 按成员业务交易量的比例返还；剩余部分按股（包括记载的出资额、公积金份额、国家财政直接补贴或其他捐赠形成的财产平均量化到成员的份额）分配给成员，计入成员个人账户。2014 年，合作社可分配盈余总计 120 万元，其中 72 万元用于按股分红，每 100 元股金分红 18 元。

根据规定，合作社如有亏损，用公积金弥补，不足部分也可以用以后年度盈余弥补。债务用公积金或盈余清偿，不足部分依照成员个人账户中记载的财产份额，按比例分担，但不超过成员账户中记载的出资额和公积金份额。国家财政补助形成的资产，在合作社解散、破产清算时，不得作为可分配剩余资产分配给成员。

四　总结评论

首先，一品田园是典型的挂名合作社的农业（股份）企业。一方面，生产经营是统一的；另一方面，入股农民是按股份获得分红，流转土地的农民是按面积获得固定租金。当然，需要指出的是，按面积获得租金而不是入股分红可能更加符合农民的需求。如果采用土地入股方式，租金就会低一些，然而可参与分红。入股的收益可能更高，风险也会更大（来自市场波动的风险、经营管理者背德行为的风险等），所以农民收取固定租金会觉得更放心。信息越是不对称，获取市场信息或监督经营管理者的成本越高，农民越是倾向于收取固定租金。因此，过度强调通过固定租金流转土地的公司制经营与合作制不同，不一定有坚实的农民需求基础。总体来看，合作社仍将是投资者主导的，而不是小农户主导的参与式生产组织形式。

其次，一品田园体现出合作社发展的两个多元化趋势。第一个趋势是合作社参与主体的多元化。在农业现代化过程中，农业的物质资本需求、人力资本需求、技术需求越来越强，农业不再是简单的低附加值、低回报产业，越来越多的不同类型主体开始通过合作社的形式进入农业。例如，一品田园的理事长最初是没有务农经验的创业大学生；一品田园主要投资人和经营管理者之一牟万元，原来是成都军区政治部团职干部，转业到国有企业任职并从正局级职务退休。他们代表了两类新型参与主体。第二个趋势是发展模式的多元化。将来可能会有越来越多的合作社借鉴资本运作方式，通过参股等形式实现业务的扩张，而不是通过自身直接投资去实现扩张。

（执笔人：刘长全）

案例 15　合作社对接市场的多元化收益：四川省安岳县富民养猪专业合作社

一　合作社成立的背景

富民养猪专业合作社（以下简称富民合作社）位于安岳县石桥铺镇烽火村，2007 年 7 月在政府号召下，由龙头企业四海龙腾种猪场与村"两委"牵头，由田兴凤等 4 人发起成立，镇政府公务人员任产业顾问（根据合作社的暂行管理办法）。富民合作社前身是一个政府推动的"六方合作＋保险"项目。

2003 年，资阳市开始推广"金融机构＋担保公司＋饲料加工企业＋种畜场＋协会农户＋肉食品加工企业"的"六方合作"模式。所谓"六方合作"是指政府向被选中的饲料加工企业、种畜场下达粮食储备计划；农发行、农信社等金融机构向获得政府储备计划的上述企业提供饲料粮储备低息贷款；担保公司向放贷的金融机构提供一定额度的信用担保，承贷企业以资产抵押方式向担保公司反担保；饲料加工企业、种畜场代政府储备粮食，并分别向参与合作的协会农户赊销、配送优质无公害饲料和质优价廉的仔畜；村委会在农户自愿的基础上，建立养殖协会，协会农户按照"人畜分离、独立建圈、生态隔离、沼气配套"的标准化要求，饲养优质无公害商品肉畜；肉食品加工企业遵循"优质优价"原则，订单收购协会农户养殖的优质生猪，并代饲料加工企业和种畜场扣收向协会农户赊销的饲料款和仔畜款；贷款企业在规定的时间内还清贷款。为防范风险，资阳市还以协会为单位，按照"共同出资、财政补贴"的原则建立了"六方合作"风险金，每头猪筹资 8 元建立了"六方合作"风险金。其中，饲料加工企业和肉食品加工企业每头各交 2 元、种畜场和农户各交 1 元、财政每头补贴 2 元。风险准备金实行专户储存、民主管理，主要用于防范信用风险和补贴养殖保险。

2006 年，在"六方合作"的基础上，资阳市按照"政府主导、公司经营、农户自愿、政策支持、以险养险"原则发展生猪保险，进一步构建了"六方合作＋保险"的模式。具体来说，由保险公司为协会农户提供生猪保险，每头生猪缴纳保费 10 元，政府对保费给予 40% 的财政补助，最高每头可赔付 400 元。

富民合作社基本延续了"六方合作＋保险"的架构。2007 年，在政府推动下，资阳市成立了 100 个生猪养殖专业合作社。当年，安岳县在烽火村与鸳大镇易红村推动建设生猪养殖专业合作社，为此专门成立了由县农办主任任组长的指导小组，成员中包括通威公司、四海龙腾种猪场和资阳四海公司三家龙头企业的负责人。筹备过程中召开专门的协调会，参会人员除了县农办、三家龙头企业的代表，还有县农经局、财保公司、农发行、镇政府和村委会相关人员。根据任务分解书，财保公司需要拿出生猪财保意见，农发行需要制定合作社贷款支持意见，通威公司制定优惠价出售饲料意见，资阳四海公司制定保护价订单收购意见，四海龙腾种猪场制定优惠价出售仔猪意见。

二　合作社发展情况

富民合作社成立时注册资本 20 万元，全部现金出资。注册成员和实有成员都是 56 人（30 户），并且都是出资成员。成立时，每股股金

500 元, 个人股东中最小的 2 股、最大的 20 股, 龙头企业出资 5 万元 (占总投资的 25%)。当前, 对村民入社有最低规模要求: 猪圈 50 平方米以上, 10 头育肥猪以上, 入社股金 2 股以上。对企业出资比例做了限制, 主要是担心企业股份占比太大, 二次分红时农民所得太少。

截至 2008 年 12 月, 入社股金增长到 30.95 万元。2012 年 7 月合作社增资扩股, 注册资本增至 258 万元。注册成员增至 237 人 (178 户), 也全部都是实有出资成员。增资扩股时每股股金 1000 元, 原始股与新股等值, 新增股本全部是现金出资。增资后, 龙头企业有 40 万元股金, 理事长有 3.2 万元股金, 最小股东也有 20 股以上。

目前, 富民合作社还加入了谱望专业合作社联合社, 以进一步提高在农资采购、农产品销售等方面的谈判力量。

三　生产与经营模式

2014 年年末, 富民合作社母猪与生猪合计存栏量 2100 头, 当年出栏商品猪 6500 头, 经营收入 1100 万元, 统一农资采购金额 850 万元。富民合作社采用"统一销售生猪、统一购买仔猪、统一采购饲料与药品、提议提供技术服务、农户分散饲养、自负盈亏"的模式。社员入股金主要用于饲料、药品与仔猪的统一采购以及农资的赊销。合作社与社员签订服务和交易合同, 合作社承诺当市场价高时社员可以自主销售, 市场价低时合作社统收统销。但实际上, 如果遇到市场行情不好, 销售有困难的时候, 合作社也会拒收。

社员与合作社交易, 在各个环节能享受一定的优惠。其中, 统一采购仔猪可以获得每斤 0.5 元的优惠, 生猪销售每斤比市价高 0.2 元。生猪都是直接销售给了加工企业, 合作社与重庆一家屠宰企业签订长期协议。企业承诺, 在市场行情不好的时候优先收购。另外, 合作社年供商品猪超过 1000 头猪, 可以从加工企业处获得 10 元/头的代办费。如果达到 1000 头就不能得到奖励, 这是合作社或其他规模经营户相对于小农户的规模优势带来的收益。

除了加工企业支付合作社的代办费, 富民合作社还有其他一些收益:(1) 合作社联系饲料加工厂, 按市场价格销售给社员, 厂家再按 200 元/吨支付合作社代办费。(2) 统一采购的兽药按市场价格销售给农民, 批发商按交易额的 18% 支付合作社代办费。(3) 给社员提供贷款担保的收益。2008 年开始, 合作社每年有 150 万元的担保贷款额度,安岳县农行向社员提供"三农"贷款，资阳市担保公司（国有）免费提供担保，但每100万元贷款合作社需要在担保公司存10万元担保金。银行贷款利息是月息0.67分，合作社实收农户1.2分，差额的0.53分月息是合作社的利润。按照150万元足额放贷计算，合作社的年收益就是9.54万元。不过，根据理事长的介绍，因为养殖所需成本都是从合作社赊的，所以社员拿到这些贷款并不是去发展养殖，而是用于房地产投资或其他生意。这与"三农"低息贷款的初衷是明显背离的。即使按照月息1.2分，社员获取贷款的积极性依然很高，因为如果去信用社申请商业贷款，月息可能要达到1.2—1.3分，甚至达到1.5分。（4）作为省级示范社，基本上每年还能得到一些政府奖励与补助。2013年得到2万元，但截至调查时，2014年的奖励还没发下来。

四　合作社治理

富民合作社理事会现有6名成员，其中5名是农民生产者，另一个是龙头企业。监事会成员3人，其中1人是银行（信用社）退休职工，目前也是养猪大户之一。合作社建有党支部（合作社有党员12名，全村共有81名党员），合作社党支书也是村支书，理事长是合作社的副支书（但不是村的副支书）。理事会候选人需由合作社的党支部提名。2009年，合作社还成立了工会。合作社现有专职管理人员6人，其中4人是理事或监事，2人是普通成员。在专职管理人员中，只有会计、出纳领取工资，其中会计260元/月、出纳220元/月。年终管理人员发放一定数额的奖金，其中理事长1500元，支书与其他人员都是1200元。工资、奖金等由工会、支书、监事、理事和会计等共同决定。按理事长的话，合作社业务理事长说了算，人事、政策上的事支书说了算。

理事长杨思华现年61岁，初中文化，原来在云南宜良县畜牧局工作。一方面因为是技术能手，另一方面因为老家在烽火村，所以回来参与富民养猪专业合作社建设。一开始在合作社中担任副理事长，2010年（第三届）经选举成为理事长。与调查的其他合作社的负责人一样，杨思华虽然表示知道《农民专业合作社法》，甚至专门去学习过（在上级政府的组织下），但是对合作社法的内容缺乏深入的了解，所以不能说出合作社法是否有什么不利于合作社发展的内容。他对合作社的理解是："上能得到部门的管理，下有农户一起交流，能规模采购节约成本，通过合作提高市场谈判力量"。

五　盈余及其分配

富民合作社盈余分配方案由理事会、监事会和财务人员一起商量决定，通常盈余的 40% 用于股份分红，20% 用于扩大再生产。2014 年，可分配盈余总额 97 万元，每股实际分红 100 元（按 97 万元的 40% 分红总额应该是 38.8 万元。但是，如果按照注册资本 258 万元、每股1000 元计算，总共有 2580 股，每股分红 100 元，分红总额只有 25.8万元）。合作社分红水平近年是逐步提高的，起初每股只能分 70 元，后来逐步增加到 80 元、100 元。

六　困境与趋势

烽火村为传统养殖大村。2000 年，全村 347 户中 80% 都养猪。合作社成立初期，平均每户出栏量可以达到 200—300 头。2008 年 12 月，合作社从原来的 1 个种猪场发展到 5 个扩繁场，存栏生猪也从 800 余头增长到 5000 多头。但是，随着该村（整个乡镇）被划入城市规划区，生猪养殖规模受到限制，加上市场波动等原因，合作社养殖规模持续下降，甚至有很大一部分农户退出养殖。到 2014 年，全村农户只有 20%仍在养猪。目前散养户已经很少，农户要么放弃养殖去打工，要么就扩大养殖规模。现在，按出栏量计算，社员养殖规模最小的年出栏 10 多头，最大的超过 1100 头，理事长本人则达到了 600 多头。

为了获得新的发展机会，理事长与合作社党支书个人（理事长称这是不让合作社承担风险）投资 120 万元，在临近的鸳大镇买（实际是租）了一个占地 16 亩的猪场，占地按每亩每年 700 斤稻谷的当年价格支付租金，租期 20 年。新养猪场吸纳本村原来的养殖户入驻，收取租金，租金包括土地租金和场地与设施投资的利息。

七　总结评论

（1）富民合作社是典型的政府推动发展起来的合作社，但产业选择总体上符合地区传统优势与市场需求，在供、销、保险等方面也建立了完备的联系。

（2）行政驱动的特点决定了合作社的治理机制超出标准合作社的框架。合作社建有党支部、工会等，并且这些主体与理事会、监事会共同参与盈余分配等决策，形成多元主体共同参与的独特的治理机制。

（3）农民通过多种形式从合作社获得收益。具体包括仔猪购买与生猪销售的价格优惠、合作社利润的分红等。值得指出的是，农民收益的获得固然有政府扶持的原因，但更多来自合作社规模经营的市场优势。

（执笔人：刘长全）

案例16　走向国际市场：山东省寿光市顺意蔬菜专业合作社

一　合作社成立的背景和发展历程

（一）合作社成立的背景

寿光市顺意蔬菜专业合作社坐落于山东潍坊寿光市稻田镇陶官中村，是一个以西红柿、彩椒、黄瓜、洋香瓜等品种为主的果蔬类农民合作社。

在合作社成立之前，合作社的主要发起人张兴圣已从事种子生产和购销多年，是村里有名的经销大户，并注册成立了"满意种苗公司"。在种苗公司运营发展的基础上，顺意蔬菜专业合作社于2009年10月注册成立，专门从事当地蔬菜的生产与销售，与先前的种苗公司独立核算。

说起合作社的成立，理事长张兴圣介绍说，原因很简单，一是响应政府号召，二是想通过合作社做出自己的蔬菜品牌，带动村民和菜农多赚钱。有多年行销经历的他清楚地认识到，国外的农产品都是以品牌占领市场，没有品牌就没有市场。因此他决定通过合作社把菜农团结起来，做出自己的蔬菜品牌，这样才能好卖菜、多赚钱，而且如果蔬菜质量有了问题，也可以追溯。当时张兴圣并没有考虑合作社的待遇和政府补贴的事情。

（二）发展历程

值得一提的是，2013年，经理事长张兴圣在俄罗斯从事加工贸易的一位朋友介绍、推荐，顺意蔬菜专业合作社实现了直接与俄罗斯的超市对接，成为将蔬菜直接卖到国外市场的山东省首家合作社，产品出口成为合作社产品销售的重要渠道。时任山东省农业办主任的刘同礼为此做出了高度评价：张满意（即张兴圣）和他的合作社为如何将农业产能转化为收入，为中国农产品走出国门挣外国市场的钱做出了榜样，是史无前例的。

合作社从成立至 2014 年 6 月，注册资本已由最初的 60 万元增加到 1200 万元；注册成员由 5 人扩大到目前的 154 人。2014 年年底，合作社资产总额已达 5000 余万元，其中固定资产 3000 万元。作为县、市、省三级示范社，合作社还拥有面积 100 亩的核心生产示范基地，全部种植经营面积已达 800 亩。合作社不仅做大做强了原有农产品品种，还增加了冰草（冰雪莲）等新品种，目前主要销往中国香港、深圳、广州和北方的保定等大城市，有效带动了本村和附近村民的蔬菜生产与收入增长。

二　合作社的产权结构与治理

顺意蔬菜专业合作社的产权结构和治理是比较明确的。合作社注册成立时，包括理事长张兴圣在内的 5 位注册成员共出资现金 60 万元；目前合作社出资额最大的前五名成员依然是最初的 5 位出资者，而且出资金额有了很大增长，理事长张兴圣出资 600 万元（其中现金 100 万元），其后的 4 人分别出资 150 万元、50 万元、10 万元和 10 万元。

2014 年年底，合作社注册成员扩大到 154 人。这 154 人中，现金出资的有 30 人，其余的是以大棚（作价）入股。这样，出资社员分为两类：一是以大棚入股的，二是以现金入股的。

顺意蔬菜专业合作社成立之初，就设立了理事会和监事会。理事长是出资最多的发起人张兴圣。理事会 5 名成员（含理事长）都直接从事生产者。监事会成员 2 人，同时也是理事会成员。2014 年，顺意合作社总共召开了 1 次成员代表大会和 2 次理事会，都有会议记录。理事会和监事会一同召开，主要商讨生产经营中的问题和利润分配事宜。合作社重大投资决策和盈余分配方案由理事会讨论决定。理事候选人由核心骨干或主要出资成员提名，通过等额选举产生。合作社的专职经营管理人员 3 人，其中理事（监事）1 人，普通成员 2 人。经营管理人员的收入包括每月 1500 元工资、年底分红，以及还有较少的福利。这部分人的聘用由理事会决定。

三　业务范围、营销模式与分配方式

（一）业务范围和经营方式

合作社成立后，依照理事长张兴圣发展品牌农业的思路，合作社确定了自己的业务范围，主要包括农产品销售、农资购买、提供农机、信息、技术服务等，为社员生产好品质的各类蔬菜提供了有效保证。目前还没有开展过土地流转和贷款担保等业务。对于农资采购，合作社先垫资购买环保安全的农药、化肥，然后以购价卖给社员。2014 年合作社采购农资总额 500 万元。其中与成员交易占比 100%。合作社还为成员提供免费的技术服务、信息服务和农机服务，而提供这项服务的费用由合作社承担，从销售利润里支出。同时，合作社在力所能及的范围内为社员在生产经营中的资金短缺开展资金互助。到 2014 年，累计为成员融资 150 万元，先后有 20 户社员受益。

对于农产品收购，合作社一般以市场价分达标与不达标两级收购成员产品。如果社员提供的农产品质量不达标，合作社则会拒收。虽然按入社规定，每户社员必须签订交易合同，合作社给每位成员建立生产管理档案，但仍难以保证百分之百的社员完全履行合同规定。合作社与成员和非成员的交易分别核算。合作社收来的农产品主要用于出口外销和内销给批发商、超市等大型零售商。2014 年合作社全年经营收入达3500 万元。共销售蔬菜 3000 万元，其中与成员交易占比 60%。

（二）农产品质量控制

农产品质量的好坏直接关系社员的利益和合作社的生存与发展。为了提高和保证农产品质量，张兴圣独创了"三户一体、质量联保"的制度。具体做法是社员们三户为一体，每户交 1000 元，三户互相监督，看大家是否按照社里要求的标准进行蔬菜种植和管理；如果有人违反，初次进行劝说，二次违反就会没收每户的 1000 元。这个办法实现了自我约束与互相监督相结合，再加上一定经济惩处，极大地保证了蔬菜品质，提高了社员的产品质量意识。同时，合作社还派出专门人员对社员的蔬菜种植进行不定期检查。由于寿光是全国有名的蔬菜大市，市委市政府高度重视蔬菜的质量安全问题，对蔬菜种植中肥、药、种子的使用进行严格监管，蔬菜由农户的田间地头到市民的餐桌要经过初检、送检和抽检三道关，这一宏观环境对合作社蔬菜种植走绿色安全的品质之路起了很大的推动作用。再加上理事长张兴圣对合作社品牌农业的经营定

位，上下严把产品质量关，顺意蔬菜很快打响了自己的品牌，不仅注册了"顺意"商标，还获得了无公害农产品认证和绿色食品认证，如今已跨入山东省著名商标行列。

对于能否种出好菜，理事长张兴圣总结的"一勤两心"具有一定的普遍意义。所谓"一勤"，是指做事要勤苦，能吃苦；"两心"，是指细心和责任心。种菜过程中的温度、湿度、点花、除虫、治病、施肥、撒药等烦琐的环节，不细心管理，没有责任心，肯定是做不好的。自然也很难种出品质优良的好菜。

（三）盈利模式

合作社作为农村经济组织，必须有一定的收益才能发展壮大并更好地服务于农民。顺意蔬菜专业合作社的盈利主要来源于销售利润，具体做法是合作社以市场价从成员那里收菜，然后以高于市场价的价格卖给经销商。在行情好的时候，可以卖出不错的价格。之所以合作社能够以高于市场价的价格卖出菜去，主要是源于菜的质量上乘，那些有实力的经销商特别注重蔬菜的品质，往往为了获得量大而稳定的好菜愿意出高于市场价的价格。这个购销之间的差价是合作社的主要盈利。合作社的其他收入还有指导河北等地农户建大棚和为非社员农户提供服务的收费。合作社将除去工作人员工资和日常运营的必需费用后的盈余进行年底分红。

（四）盈利分配方式

2014 年，合作社销售净利润有 130 多万元。据理事长张兴圣介绍，合作社中真正能按照合同规章做事的社员占 60%，而真正能够拧成一股绳的占全体社员的 30%。分红的原则是谁出资多、谁为合作社做的贡献大谁就分得多。因此，销售净利润主要是按照成员现金出资数额的比例进行分配，即主要在 30 名现金出资者中分配；同时考察成员在合作社运营发展中做出的贡献。而一般社员在这里基本没有分红。

四　合作社的运行效果

（一）运行效果

顺意蔬菜专业合作社成立 5 年来，通过它的有效运营，确确实实为当地菜农多种菜、种好菜、好卖菜、提收入，做出了重要贡献。

1. 以品牌立身，提高了种植技术，树立和增强了品牌质量意识

顺意蔬菜专业合作社通过推广品牌理念，落实品牌发展思路，不仅

成功注册了"顺意"牌蔬菜商标,还被评选为山东省省级示范社。蔬菜品牌成为产品质量的标识,也有效地保证了蔬菜质量,稳定了市场销路。参加合作社的社员,接受质量联保制度,同时参与合作社在质量、农资、技术信息等方面的统一管理和服务,按照统一标准、统一要求进行种植,慢慢改变了过去蔬菜种植中的随意和一些不良行为,提高了蔬菜种植的技术水平,也增强了农户的农产品质量安全意识。

2. 转变了农民传统的种植观念

当顺意蔬菜专业合作社建立了俄罗斯的蔬菜销售渠道,能够为本村农户提供稳定的销售市场的时候,本村其他农户和周边菜农看到合作社在应对市场销售风险方面的优势,于是周边很多农户纷纷参加合作社,甚至外省的一些菜农也想加入。这使过去一家一户小生产的传统生产模式和观念改变了。农户们树立起联合起来闯市场的思想意识,也提高了实施规模化、标准化、品牌化生产的自觉性。

3. 促进了新品种推广,增强了市场适应能力

顺意蔬菜专业合作社非常注意新品种的引进和推广,通过新品种打开新市场,稳定和提高盈利能力。理事长张兴圣经常外出考察,甚至自费去国外考察蔬菜品种的更新换代。近两年,合作社引进了具有很高保健价值的冰草,销往南方的广州等大城市,目前销路稳定。

(二) 存在的问题

合作社发展对于当地经济社会有很重要的积极作用,但是同时也面临着一些困难和问题。合作社理事长张兴圣认为,目前合作社发展存在以下问题。

1. 针对合作社的作用,一些农户认识不足

理事长张兴圣认为,目前当地一些农户还不十分认同合作社和合作社的作用。特别是某些菜农,他们认为,无须入社自己的菜就能卖出去,入社积极性自然不高。还有些农户担心入社后,合作社会不会卷了自己的钱跑了,不够信任合作社。出现这种情况的原因有两个方面:一方面是当地经济发展的水平所致;另一方面是现实中的确出现过打着合作社的名义建社,结果出现合作社发起人卷款走人的恶性事件。因此,在实际操作中,张兴圣认为要想吸引农户入社,开始就得给个"甜头",等入了社,再慢慢规范。

2. 相互的利益诉求与约束问题

这是目前合作社发展运营中令人头疼的问题。农户入社的目的很简单，是为获得更多好处和免费服务，自然是好事落不下、坏事不沾边。但是在市场经济的激烈竞争下，没有常胜将军。合作社同样会受到市场供需和宏观环境的影响，面临经营压力与风险，此时需要全部社员共担风险。但是，就目前情况看，二者并没有形成牢固的利益集合体，即合作社和社员同甘易、共苦难，这大大增加了合作社运营的难度。至于相互的约束问题，表现在：一方面，农户与合作社签订的合同内容往往很难完全兑现，比如按照合同要求生产出高质量的安全农产品，但只有60%的农户能够做到；在收菜时节，成员也会将生产的蔬菜卖给出价更高的其他客商，而违背合同约定。针对这些情况，合作社是无能为力的。另一方面，合作社的盈余分配方案是由理事会决定的。盈余分配自然会向出资额最多的大户们倾斜，普通社员的利益往往难以得到关注。普通社员认为，借助合作社这个平台和渠道能实现更好地卖菜就可以了，自己也没有给合作社做多大贡献，利益分配有没有并不重要。

3. 市场变化风险与竞争压力是合作社发展的重要影响因素

由于2015年国外经济形势不好，顺意蔬菜专业合作社出口俄罗斯市场的蔬菜数量减少，加上卢布大幅贬值，造成盈利下降；国内经济形势也比较低迷，消费不旺，在一定程度上抑制了产品价格上涨和生产数量增加。

4. 合作社存在管理能力和水平的限制

顺意蔬菜专业合作社目前已有154名成员，今后不再扩大规模，特别是不能吸收外地成员，缘由一是隔得远，管理能力和水平不够，管理难度大，怕种出来的菜不达标；二是也难以保证那些菜的销路。因此，只好拒绝了河北等地的一些想入社的农户。这也影响了合作社跨地域的发展壮大。

5. 扶持政策不透明、不公开，造成了一些不良影响

张兴圣认为，合作社的顺利发展离不开政府政策支持和资金扶助，现实中也确实有一些合作社得到了政府在资金、土地等相关方面的帮助，但是因为扶持政策不公开、不透明，合作社对于扶持方面的规定不清楚，一些合作社通过某种特殊渠道获得资助和支持，在社会上造成一

些不良影响。

6.《农民专业合作社法》的一些规定不利于合作社的良好发展

第一，合作社成员数最低是5人的要求门槛太低。这一点在实践中表现为合作社发展贪多求快。针对这一点，理事长张兴圣在访谈中多次强调，合作社发展一定要精；政府发展合作社也不要以多取胜，不要一哄而上；政府部门要把有潜力、发展好的合作社扶持好，让其发光发亮，照亮四周的村民；合作社太多，只能是低水平恶性竞争；同时，5个人就能注册成立合作社，无须验资等相关监管手段，使成立合作社难度太小，良莠不齐，成立社后不会好好经营；而且现实中还出现一些为了获得土地而注册合作社的别有用心的情况，这样的合作社很难谈得上规范运营和为老百姓服务。第二，"一人一票"的基本原则影响投资者或大户入社。第三，盈余的60%按交易额返还比例偏高。第四，财政扶持资金平均量化给成员的规定不合理。第五，对合作社的优惠政策不够具体和明确。

五　结论与建议

（一）结论

（1）顺意蔬菜专业合作社通过品牌农业的定位，以质量取胜的思路和做法，促进了蔬菜种植的规模化、集约化、标准化、产业化。

（2）推广科学种菜、标准种菜，引进新品种，提高蔬菜种植的技术水平等，也在一定程度上提高了当地农民的科学文化素质和市场经济意识。

（3）合作社发展中还存在一些不足，面临着不少问题和困难。就合作社内部来看，依然存在治理结构不够规范、利益分配面较窄、合作社管理能力尚待提高等问题；从合作社外部来看，市场销路的稳定性仍不足；政府的扶持政策不透明。

（二）建议

今后为了继续推进合作发展壮大，充分发挥合作社对当地经济社会发展的积极作用，提出如下建议：

1. 把好选人关

选好人是合作社实现规范运营和良好治理、实现持续健康发展的重要保障。所谓选好人，就是在合作社组建和运营时，首先，要选择那些有能力、有眼光、懂经营、素质觉悟高的能人进入理事会；其次，针对社员，要让那些愿意并且能够按照规章办事、守约守规、素质较高的社员入社。

2. 建设合作社自己强有力的营销团队

蔬菜收上来容易，卖出去困难。找市场、分析市场、稳定市场需要专门的人才和队伍。否则，合作社很难长久稳定地运营。因此合作社应增强这方面的专业团队建设。

3. 增强政府政策支持、资金扶助等方面制度设计，并做到信息公开透明、监管有力

一是加强政策、资金扶持的制度建设，形成制度公平。政府相关部门应加强实地考察调研，切实摸清合作社的发展运营情况、存在的难点问题、遇到的困难障碍等。这是制定切实可行、符合客观需要的政策制度的重要基础。二是加大信息公开和加强监督。落实制度和规定，同样是促进合作社发展的重要一步，甚至是更为关键的一步。建议成立协会，在政府和协会的各类媒体如网络、网站或其他公共平台上公开合作社的扶持政策安排、获得资金资助的标准、资金使用名单等内容，并对资金使用情况和后续效益形成跟踪监督并公开信息。每一笔资金的出处、用处及效应都清清楚楚。特别是一些扶持资金的发放，应该注意不要只关注那些规模大的有政府背景的合作社，形成资金的过度倾斜。小而精的合作社同样贴近老百姓，更具自力更生的精神，但是资金规模小、力量弱，更加需要政府的扶助。三是将现有的政策扶助、法律法规等一系列规定落在实处，并便于解决合作社发展中出现的问题。四是政府推动合作社发展不要盲目运作。遍地开花或许会走向重量不重质、鱼龙混杂的发展局面，为后续的规范与治理造成人为障碍。

4. 充分利用合作社联合和行业协会增强合作社对外交往能力，促进合作社发展

第一，积极创建合作社联社。合作社联社可以实现各合作社之间的优势互补和品种互补，互通互联，增进信息交流，可以促进新市场的开辟和产品销售，有利于引进新技术、新品种，更好地做大做强品牌，更好地为村民服务。

第二，主动参与行业协会。行业协会对合作社和企业的生产经营可以起到服务、咨询、沟通、监督及协调等作用，也会促使协会中的企业和合作社更加自律。农民合作社加入行业协会，不仅可以获得各种市场

信息，通过交流沟通，还可以增长见识、开阔眼界、取长补短，形成不断学习的氛围，有利于合作社规范运营、培强做大，同时还可以通过行业协会扩大培训规模，降低或摊薄培训费用。

第三，政府在这方面也可以发挥一定作用。从信息获取的面、量及具体情况的角度，政府更加占据优势。因此，行业协会、联社等组织要加强与政府相关部门的信息沟通，关键点是政府及相关部门要加快职能转变树立服务意识，建设服务型政府。

5. 加强培训，提升合作社及其成员的综合素质

合作社领导集体和社员的能力素质是合作社生存发展的根本保证。在市场经济条件下，应主要发挥市场的基础性、决定性作用，走市场化的培训路子。上面提到的组建合作社联社和参与行业协会，是增加培训的规模效益、降低或摊薄培训费用的有效途径。另外，政府部门应加快职能转变，高度关注合作社发展中领导人和社员素质提升问题，通过政府强大的信息掌控和组织协调能力，来为提升合作社管理运营水平助力。

（执笔人：孙冰　孙同全）

案例17　集群众性、非营利性、为农业服务为一体：四川省崇州市农民合作社联合会

一　联合会的成立背景与发展历程

（一）成立背景

自2007年7月1日《农民专业合作社法》颁布实施以来，崇州市的农民合作社呈现出良好的发展势头。到联合会成立之时（2011年3月15日），全市在工商部门登记注册的合作社共有220多家，这些合作社成为崇州市现代农业发展、农民持续稳定增收和社会主义新农村建设的重要组织载体。然而，随着成都市工业化、信息化、城镇化的快速推进，崇州市的农民合作社在运行过程中出现了一些单靠合作社自身力量解决不了的困难，例如合作社的产品无法实现优质优价，打击了合作社的生产积极性；有的合作社对相关政策法规不甚了解，导致合作社出现了盲目发展

的情况；还有的合作社在遇到困难时，无法与相关部门进行平等对话，导致合作社的问题迟迟得不到解决，如有些蔬菜合作社在发展过程中，需要建产品加工厂，而对建设用地的问题却不知道解决的门路。面对这些遇到的困难，合作社产业联合、共同闯市场的愿望非常迫切。

2011 年年初，由崇州市枇杷茶专业合作社等 14 家合作社发起筹建，自愿组合成为集群众性、非营利性、为农业服务等功能为一体的社团组织。随后，在崇州市农业发展局（农民合作社的业务指导部门）的引导下，崇州市 30 家农民合作社经过联合协商，按照"服务农民、进退自由、权利平等、管理民主"的原则，于 2011 年 3 月 15 日，在市民政局登记注册成立了"崇州市农民合作社联合会"，办公地点设在崇州市农业发展局。2014 年年底，参与联合会的农民合作社已经发展到41 家。

（二）发展历程

联合会成立以后，职责之一就是引导崇州市的农民合作社规范运作，并积极推动农民合作社做大做强。在联合会指导下，合作社制定了章程，完善了各项制度，规范了注册相关手续。

联合会成立以后，工作的主要内容可以用"调研建议"四个字来概括。由于成立时，崇州市农民合作社正处于组成扩建、规范建设时期，所以当时的工作就是"为合作社的主体建设服务"。随着合作社的发展壮大，2015 年联合会的工作重点将由"调研建议"调整成为"服务经营"，即"为合作社的生产经营服务"。"服务经营"的主要内容是指为服务对象提供产品销售、标准化生产、产品加工、品牌创立、项目包装申报、成员单位的规范化建设、相关政策与法律咨询等服务。同时，联合会也要对服务对象的需求进行调研，搭建起服务对象与政府间的桥梁。从实质看，服务于农民合作社的宗旨没有变，只是对服务的重点内容做了调整。

二　联合会的产权结构与治理机制

（一）产权结构

联合会的经费来源主要有以下几个部分：（1）会费收入；（2）地方财政资助；（3）单位资助；（4）单位、团体或个人捐赠；（5）在核准的业务范围内开展活动或服务的收入；（6）其他合法收入。联合社的主要经费来源是市财政资助，2014 年向市财政申请的专项经费约为

69 万元，主要预算内容为车辆使用费、日常办公资料费、办公设施维护费、聘用人员工资费、合作社的培训费等。

会费收入每年交一次，主要用于会员开会和经验交流，该项费用只占到联合会每年收入的小部分。联合会章程规定："本联合会按照国家有关规定收取会员会费，本联合会单位会员和个体会员，每年会费下限为 500 元，上限不封顶。本联合会经费必须用于本章程规定的业务范围和事业的发展。"据了解，联合会成立时的会费收入仅为 10000 多元，到 2014 年发展到 25000 多元。

联合会的会员分单位会员和个体会员。申请加入联合会的会员必须具备一定的条件：（1）承认联合会的章程；（2）有自主加入联合会的意愿；（3）具有一定生产经营规模和生产运营经验，从事农业生产、管理、销售等环节的专业合作社；（4）具有独立承担民事责任的能力。据了解，联合会还规定，个体会员在联合会的出资比例不能超过总出资额的 5%，以利于实现联合会的民主管理。

（二）治理机制

联合会内设会员代表大会、理事会、监事会等组织机构，理事会成员 7 人，监事会成员 5 人，分别设会长（理事长）1 人、副理事长会员单位代表 3 人、秘书长 1 人、监事长 1 人。理事会（长）、监事会（长）、秘书长，分别由入会的农民合作社代表选举产生。理事会（长）负责联合会经营管理工作，监事会（长）负责监督理事会经营管理工作，秘书长负责联合会日常事务工作。

会员大会是联合会的最高权力机构，每届 3 年。会员大会的职权是：（1）制定和修改章程；（2）选举和罢免理事；（3）审议理事会的工作报告和财务报告；（4）决定终止事宜；（5）决定其他重大事宜。

理事会是会员大会的执行机构，在闭会期间领导本联合会开展日常工作，对会员大会负责。理事会须有 2/3 以上理事出席方能召开，其决议须经到会理事 2/3 以上表决通过方能生效。理事会每年至少召开两次会议，情况特殊的，也可以采用通讯形式召开。理事会的职权是：（1）执行会员大会的决议；（2）选举和罢免理事长、秘书长；（3）筹备召开会员大会；（4）向会员大会报告工作和财务状况；（5）决议会员的增加或除名；（6）决议设立办事机构、分支机构、代表机构和实

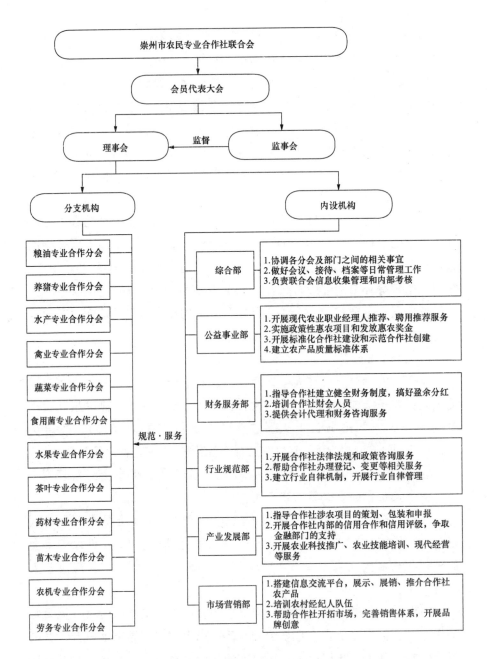

图1　崇州市农民专业合作社联合会构架

体机构；（7）各机构主要负责人的聘任；（8）领导联合会各机构开展工作；（9）制定内部管理制度；（10）决议其他重大事项。

联合会理事长、监事长、秘书长任期3年。因特殊情况需延长任期的，须经会员大会2/3以上会员表决通过，报业务主管单位审查并在社团登记管理机关批准同意后，方可任职。联合会的理事长、监事长、秘书长必须具备下列条件：（1）坚持党的路线、方针、政策，政治素质好；（2）在联合会业务领域内有较大影响；（3）理事长、监事长、秘书长任职时最高年龄不超过70周岁；（4）身体健康，能坚持正常工作；（5）未受过剥夺政治权利的刑事处罚；（6）具有完全民事行为能力。

联合会理事长行使以下职权：（1）召集和主持理事会工作；（2）组织联合会工作人员有序完成本职工作，并督促检查会员大会、理事会决议的落实情况；（3）代表联合会签署有关重要文件；（4）每年度至少应向会员大会作两次工作汇报。

联合会设监事会，成员5人，监事长1人。职责主要是监督财务管理是否规范、开支是否符合财务制度要求，监督理事会及会员运行是否合法、是否符合政策要求。

联合会秘书长行使下列职权：（1）主持办事机构开展日常工作，组织实施年度工作计划。（2）协调各分支机构、代表机构、实体机构开展工作。（3）提交各办事机构、分支机构、代表机构和实体机构主要负责人名单由理事会决议。（4）决定办事机构、分支机构、代表机构和实体机构专职工作人员的聘用。（5）处理其他日常事务。

联合会会员享有以下权利：（1）联合会的选举权、被选举权和表决权；（2）参加联合会组织的有益于合作社发展的各项活动；（3）获得联合会提供服务的优先权；（4）对联合会工作行使批评建议权和监督权；（5）入会自愿，退会自由；（6）对联合会章程提出修改意见的权利。

会员履行下列义务：（1）执行联合会的决议；（2）维护联合会合法权益；（3）完成联合会托办的工作；（4）按规定缴纳会费；（5）向联合会反映情况，提供有关资料；（6）按要求向联合会提供调查、填表等材料。

会员退会要书面通知联合会，并交回会员证。会员如果1年不缴纳会费或不参加本联合会活动的，视为自动退会。

三　联合会的运营模式

（一）主要职能

联合会的主要职能是为成员农民合作社开展行业指导、培训咨询、科技推广、品牌创建、产品营销、投资融资、合作交流和财务代理等服务；争取各级政府政策、项目、资金，集成科技、政策、资金扶持农民合作社加快发展，使之成为引领农民参与市场竞争的现代农业经济组织。

具体职能是：

（1）开展行业自律管理服务。建立自律机制，促进会员生产经营活动规范和诚信，维护行业与会员的形象。

（2）开展信息咨询服务。搭建信息交流平台，为农民合作社的生产经营活动提供产前、产中和产后信息。

（3）开展农业科技推广服务。向合作社推荐和推广国内外农业优良品种、高新技术、先进管理机制等，提高广大合作社的生产经营水平。建立会员与科研部门、营销企业等单位的联系，帮助会员引进技术、引进人才和推销产品，开展经济协作。

（4）开展标准化合作社建设服务。引导会员开展规范化运作、标准化生产、产业化经营，搞好产品质量安全，推进合作社标准化建设。

（5）开展农业技能培训服务。联合会组织会员开展合作社知识、农业科学技术、生产经营等业务知识和经营管理的培训，提高会员的整体素质。

（6）开展合作社经营指导服务。为合作社提供标准制定、产品认证、项目论证、法律咨询、会计代理、智力支持等服务来降低合作社运营成本；通过产品营销、品牌创建等来增加合作社效益。

（7）开展合作社投融资服务。积极争取金融部门的支持，组织合作社开展信用合作、抵押贷款、资金互助、小额贷款、小额担保业务，为农民合作社提供多渠道的资金支持和金融服务。

（8）开展经济技术合作与交流。组织会员之间开展经济技术合作与交流，促进产业整合、优势互补、资源共享、互利互惠。

（9）承接政府支持扶持服务。承接政府的项目资金和物资，保证项目资金和物资的安全性、有效性。

（二）运行机构

联合会内设综合部、公益事业部、财务服务部、行业规范部、产业发展部、市场营销部6个机构。其内设部门的职责为：

（1）综合部。负责联合会日常管理工作，协调部门之间的相关事宜；负责各种会议、接待等；负责联合会目标督察和内部考核。

（2）公益事业部。开展现代农业职业经理人推荐、聘用推荐服务；实施政策性惠农项目和发放惠农资金；开展标准化合作社建设和示范合作社创建；建立农产品质量标准体系。

（3）财务服务部。负责指导各农民专业合作社组织建立财务制度，搞好盈余分红；负责对合作社财会人员的培训；提供会计代理服务；为成员单位编制年度业务报告、盈余分配方案、亏损处理方案以及财务会计报告。

（4）行业规范部。开展合作社法律法规和政策咨询服务；帮助合作社办理登记、变更等相关服务；建立行业自律机制，开展行业自律管理。

（5）产业发展部。指导合作社涉农项目的策划、包装和申报；开展合作社内部的信用合作和信用评级，争取金融部门的支持；开展农业科技推广、农业技能培训、现代经营等服务。

（6）市场营销部。负责建立质量监督系统；负责开拓市场，完善销售体系，打造区域特色；搭建信息交流平台，为农民合作社的生产经营活动提供产前、产中和产后信息；组织会员产品推介和市场营销等活动，帮助合作社农产品进超市、进市场，协助会员创办农产品专营店和市场直销部；开展品牌创建工作，加强品牌的培育、认定、宣传、保护和推广，提高知名度，打造一大批竞争力强的名牌产品。

四　联合会的运行效果

（一）引导土地股份合作社规范运作

联合会帮助当地的土地股份合作社制定章程、完善各项制度，协助土地股份合作社完善注册的相关手续，统一制作公章、吊牌、上墙制度。在其带动下，全市从事水稻规模化种植的土地股份合作社发展到43家，其中2014年新发展39家，入社农户1924户、入社土地面积达6130.58亩、社均经营土地面积142.57亩。

（二）组织开展各类培训

为提高合作社经营管理水平，提升合作社运营能力，促进合作社规范、有序、健康发展，联合会在 2014 年举办了两期土地股份合作社经营管理培训，通过培训，进一步提升了合作社理事长和职业经理人的组织管理、风险防范、成本控制等方面的能力，提升了合作社管理人员的理财能力以及合作社财务公开、民主理财、规范发展的水平，促进合作社人才整体素质的全面提升。

此外，围绕提高土地股份合作社水稻规模化的种植管理水平，联合会结合农时季节，举办水稻育秧、秧苗田间管理、高产栽培、测土配方施肥、水稻病虫害防治 5 次水稻高产关键技术培训，培训人数 600 余人次，受到了合作社理事长、职业经理人（能人）的称赞。

（三）开展全程技术跟踪服务

联合会会同市农技服务中心，成立土地合作社技术小组，按照"大春抓粮、小春抓钱"的思路，在播种、移栽、田管等关键环节对合作社进行技术指导，实行全程技术跟踪服务。针对不同的合作社制订相应的技术方案，重点推广应用良种选择、培育壮秧、规范化栽培、测土配方施肥、科学管水、病虫害绿色防控等高产关键技术，力争使土地股份合作社水稻目标产量达到 600 公斤/亩，发挥好示范带动作用。目前，已印发《水稻栽培技术意见》《机动喷雾器的维护与保养》《水稻育秧苗床管理技术》《植保情报》等资料 1000 余份。

（四）开展标准化合作社建设服务

联合会通过开展标准化合作社建设，引导山川布朗李合作社、土而奇禽业合作社等开展规范化运作、标准化生产、产业化经营，帮助其完善财务管理制度、档案管理制度等，促进合作社规范化建设。

（五）开展合作社会计代理服务

为解决合作社专业会计人才缺乏的问题，联合会聘请了专职人员为会员合作社提供会计集中代理和财务咨询服务。2014 年年底，已为50 余家合作社实行会计集中代理和财务咨询，一方面明显提高了会员合作社会计工作水平，另一方面大大减轻了会员合作社的管理费用负担。

五　问题与启示

如何实现联合会从"官办"走向"民办"？

联合会是否具有法律意义上的独立法人地位值得关注。2011 年 3 月 15 日，崇州市农民专业合作社联合会在崇州市民政局登记，成为社会团体法人。第一届理事长是崇州市农村发展局退休干部。据了解，联合会接受崇州市农村发展局的业务指导，办公地点就设在崇州市农村发展局办公大楼内。崇州市农村发展局有 3 名在岗工作人员同时在联合会里面兼职，从事会计、办公室人员等相关工作，其他则全为聘用人员。按照联合会章程第二十九条"本联合会专职人员的工资和保险、福利待遇参照国家对事业单位的有关规定执行"的规定，联合会给予聘用人员相应的工资。

2014 年年底，联合会出现了"终止"或"变更"的紧急状况。

事情的起因在于 2014 年 11 月中共崇州市委组织部转发了中共成都市委组织部《关于规范退（离）休领导干部在社会团体兼职问题的通知》，11 月 5 日，崇州市农村发展局领导来到联合会，召开全体人员会议，宣布《通知》精神，并宣布从 11 月开始停发在联合会工作的有关退休干部的工资、租车及车补费、值班补贴，同时宣布联合会照常运行。

根据《通知》精神"兼职不得领取社会团体的薪酬、奖金、津贴等报酬"，联合社似乎被"釜底抽薪"，陷入了"终止运作"或"交接运作"的特殊阶段。时任理事长随后也以年龄和身体原因辞去了理事长职务。联合会召开全体会议，决定实现法人变更和"转制"：2015 年联合会的工作重点由"为合作社的主体建设服务"为主，转成"为合作社的规范建设和生产运行服务"为主。

从崇州市农民专业合作社联合会的发展和转制的经过可以看出，联合会独立的社会团体法人地位问题需引起关注。联合会本是农民专业合作社自己的组织，成立的初衷应是实现农民专业合作社成员的共同利益，与政府部门的关系应该是指导和被指导的关系，在业务上是相互配合关系。而从实际运作情况来看，政府过多地干预了联合会的内部事务，从联合会的人事、财务、运作等各个方面都能够找到政府这只"看得见的手"的影子。特别是在财务和人事制度安排方面，联合会90% 以上的资金来源都是政府财政支持，政府（农业发展局）的工作人员在联合会兼职。如果不是成都市委组织部出台了相关规定，联合会极易演变成为政府的附属机构和养老单位。

所以，联合会的发展要实现从"官办"到"民办"的转型，需要政府转变思想、放开手脚，不要过多干预联合会的内部事务，包括财务、人事、组织运作等。真正在市场经济大潮中生存下来的，才是经得起考验、合作社需要的联合组织。

（执笔人：谭智心）

案例18　合作社与农业企业抱团发展：四川省彭州市蔬乡大地菜种植专业合作社联合社

一　联合社的成立背景与发展历程

彭州为中国南方蔬菜之乡。为有效促进农业产业链的整合、实现农工商一体化和产加销专业化，挖掘彭州蔬菜产业潜力，塑造彭州大地蔬菜品牌，在四川省农业厅、成都市农委和彭州市农村发展局的监督指导下，由12家蔬菜专业合作社和2家农业企业共同发起，于2013年5月29日在彭州市工商局注册成立彭州市蔬乡大地菜种植专业合作社联合社，注册资金140万元，农民成员1279户，基地面积7526亩，带动农户14395户，带动农户生产面积21520亩。刚开始到工商局准备注册登记时，由于工商部门不知道农民合作社联合社属于哪一类法人、不了解其运作方式，无法进行注册登记。为此，彭州市农村发展局专门为此做出了一个批复，工商部门才认可联合社的独立法人地位。从准备登记到最终登记，大约用了5个月时间。

联合社成立初期，各合作社成员单位采取现金入股的方式，以利益为连接纽带、蔬菜产业为桥梁，将彭州市知名合作社、农业公司整合起来，通过优势互补、产品整合、服务整合、信息共享，带动彭州大地蔬菜产业的发展，体现规模经济和产品组合效应，实现"组团打天下，创新赢未来"的发展战略。

通过资源整合，联合社各成员共计投入12000万元。经过一段时间的发展，现已建有 3000 亩蔬菜产业科技示范园区和近 10 万亩的规模化、标准化蔬菜基地。正在建设中的有新技术示范高端设施智能化温室一栋（占地 15 亩）、工厂化智能育苗温室车间 3 个、钢架连栋大棚 800亩、简易竹架大棚 5000 亩、5 万吨农产品冷藏气调库、蔬菜加工车间3000 平方米、蔬菜整理配送场所 10 处以上，每个合作社成员均建立了农产品质量安全追溯体系。联合社还注册登记了农机作业服务大队、植保机防大队、农业劳务服务大队三个分支机构，拥有农机手队伍 65 人，各型农机具 69 台套，农业劳务人数近千人。

二　联合社的产权结构与治理机制

（一）产权结构

联合社成立时（2013 年 5 月 29 日）共有 14 家会员单位，其中 12家农民合作社（3 家销售型农民合作社、9 家生产型农民合作社），1 家蔬菜种业公司（四川种都种业公司），1 家农资公司。联合会要求每个成员单位缴纳会费 10000 元作为联合社的启动资金。此外，为支持彭州市第一家联合社的成立和发展，彭州市政府为联合社提供启动经费 10万元，主要用于联合社自身建设、办公条件改善、规章制度建立以及现场会召开等方面。截至 2014 年 4 月，有 2 家成员单位退出了联合社，其中 1 家是销售型农民合作社，1 家是农资公司。退社的原因在于不愿意缴纳联合社的会员出资费用。

（二）治理机制

联合社设有成员大会、理事会、监事会等机构，并聘用职业经理人管理联合社内外部事务。

成员大会是联合社的最高权力机构，由全体成员组成。成员大会须有联合社成员总数的 2/3 以上出席方可召开。每个成员单位书面委派一名代表参加成员大会。成员大会行使下列职权：（1）审议、修改合作联合章程和各项规章制度；（2）选举和罢免理事长、理事、监事长、监事；（3）决定成员入社、退社、继承、除名、奖励、处分等事项；（4）决定成员出资标准及增加或者减少出资；（5）审议联合社的发展规划和年度业务经营计划；（6）审议批准年度财务预算和决算方案；（7）审议批准年度盈余分配方案和亏损处理方案；（8）审议批准理事长、监事长提交的年度业务报告；（9）决定重大财产处置、对外投资、对外担保和生产经营活动中的其他重大事项；（10）对合并、分立、解散、清算和对外联合等做出决议；（11）决定聘用经营管理人员和专业技术人员的数量、资格、报酬和任期；（12）听取理事长关于成员变动情况的报告；（13）决定其他重大事项。

联合社实行一人一票制，每个成员单位各享有一票基本表决权。

联合社理事会设理事长一名，理事长为联合社的法定代表人。理事会由 5 名成员组成。理事长和理事会成员任期 3 年，可连选连任。理事长行使下列职权：（1）主持成员大会，召集并主持理事会会议；（2）签署联合社成员出资证明；（3）签署聘任或者解聘合作联合社经理、财务会计人员和其他专业技术人员聘书；（4）组织实施成员大会和理事会决议，检查决议实施情况；（5）代表联合社签订合同，决定成员加入、退出、继承、除名、奖励、处分等事项；（6）履行成员大会授予的其他职权。

联合社设监事会，监事会是联合社的监察机构，代表全体成员监督检查理事会和工作人员的工作。监事会由 3 名监事组成，设监事长 1 名，任期 3 年，可连选连任。监事会的主要职责是：（1）监督理事长对成员大会决议和本合作联合章程的执行情况；（2）监督监察联合社的生产经营业务情况，负责联合社财务审核监察工作；（3）监督理事长和经理履行职责情况；（4）向成员大会提出年度监察报告；（5）向理事长提出工作质询和改进工作的建议；（6）提议召开临时成员大会；（7）代表联合社负责记录理事长和联合社发生的业务交易量情况。

联合社设职业经理人一名。经理由理事长聘任或者解聘，对理事长负责，执行以下职责：（1）主持联合社的生产经营工作，组织实施理事长决议；（2）组织实施年度生产经营计划和投资方案；（3）拟订经营管理制度；（4）提请聘任或者解聘财务会计人员和其他经营管理人员；（5）聘任或者解聘除应由理事长聘任或者解聘之外的经营管理人员和其他工作人员；（6）理事长授予的其他职权。

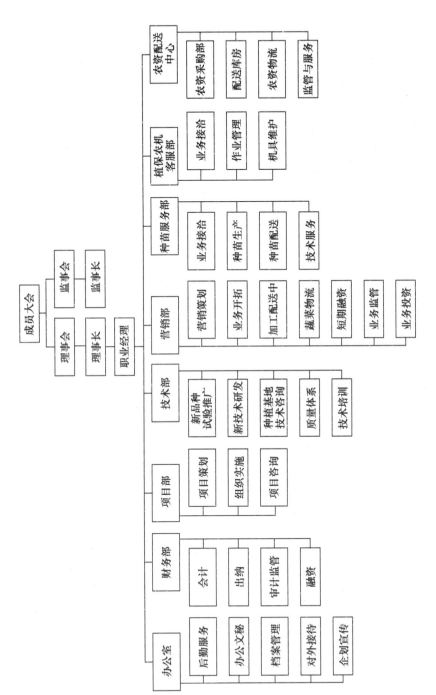

图 1 联合社组织机构

三　联合社的运营模式

(一) 业务范围

联合社的主要业务范围是农作物的种植、仓储、销售；农副产品的收购、销售；农业技术服务与咨询；种子、种苗的销售；货物进出口和技术进出口 (国家法律法规禁止有关专项规定的除外)；农作物机械化耕、种、收服务；土地整理。

(二) 经营模式

联合社采取"联合社 + 合作社 + 农户"的经营模式，联合社负责出资金、人才和技术，政府部门提供政策、奖励和补贴，共同组建农业服务超市，全力打造农业产前、产中、产后"一站式"全程服务平台，构建"六统一"社会化服务新机制，即统一技术指导培训、统一种子种苗供应、统一农资配送和投入品监管、统一农机植保作业、统一搭建产销平台、统一打造"大地菜"品牌，把公益性服务与经营性服务有机结合，为各成员合作社及其农户提供合作式、订单式、托管式服务。

(三) 盈余分配机制

成员与联合社的所有业务交易，实名记载于各成员的个人账户中，作为按交易量进行可分配盈余返还的依据。利用联合社服务的非成员与联合社的所有业务交易，实行单独记账，分别核算。

联合社从当年盈余中提取 1% 的公积金，用于扩大生产经营、弥补亏损或者转为成员出资；从当年盈余中提取 2% 的公益金，用于成员的技术培训、合作社知识教育以及文化、福利事业和生活上的互助互济。

当年扣除生产经营和管理服务成本、弥补亏损、提取公积金和公益金后的可分配盈余，经成员大会决议，按照下列顺序分配：(1) 按成员与联合社的业务交易量比例返还，返还总额不低于可分配盈余的 60%；(2) 按前项规定返还后的剩余部分，以成员账户中记载的出资额和公积金份额，以及联合社接受国家财政直接补助和他人捐赠形成的财产平均量化到成员的份额，按比例分配给本联合社成员，并记载在成员个人账户中。

（四）风险控制机制

蔬菜种植风险大，为保证联合社各成员单位的利益，联合社在风险控制方面创造性地实施了"二次提取"风险基金的管理办法。第一次提取是在成员与联合社进行交易时，从农产品交易额中提取 1% 作为风险基金；第二次提取是在联合社的可分配盈余中提取 10% 作为风险基金。风险基金用于为成员购买农业保险，或进行其他风险损失补偿（见图 2）。如此，联合社成员种植蔬菜更加有保障，成员利益也不会因为外界因素而严重受损。

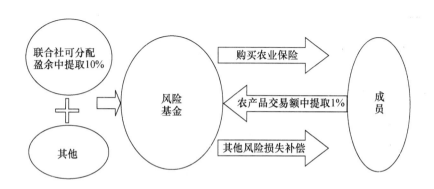

图 2　联合社风险控制机制

四　联合社的运行效果

（一）统一搭建产销平台，打通省内外销售渠道

联合社以成都市场为主攻方向，以外销为主要渠道，整合销售资源，及时启动各成员社蔬菜的统一销售。2014 年先后与四川雨润国际农产品交易中心、成都益民菜市进行了产销对接。在第四届中国四川（彭州）蔬菜博览会上，联合社与青海凯峰农业公司签订了产销对接协议，约定在 3—5 年内，每年外销青海蔬菜 5 万吨，并在青海省建 200 家"菜篮子"直销店，在彭州建设 10 万亩青海蔬菜特供基地。2014 年上半年，联合社又与四川天府菜篮子企业管理公司签订了产销协议，与广汉中国民航飞行学院进行了蔬菜配送谈判。目前，联合社蔬菜营销工作全面启动，全年销售蔬菜达 5 万吨，销售额超 5000 万元。

（二）组建农业服务超市，开展产前、产中、产后全程社会化服务

依托联合社，各类新型农业经营主体相互合作、创新社会化服务模

式，把公益性服务与经营性服务有机结合。联合社在濛阳镇农业综合服务站投资 10 余万元，设立了农业服务超市，并先后向各成员合作社提供农资 120 余吨；提供 10 多个大类 30 多个品种的蔬菜种子 5000 余袋；提供种苗 6 千万株，种植面积上万亩，并开始向宜宾、绵竹、什邡等地供应种苗。2014 年，为支持联合社开展"六统一"社会化服务，彭州市委农村工作领导小组为联合社补助工作经费 10 万元。

（三）开展水稻规模化种植"生产全托管、服务大包干"试点

2014 年，为充分发挥联合社"六统一"服务职能，探索开展农业生产全程社会化服务，创新完善"联合社 + 合作社 + 农户"的基地建设模式，联合社在三界镇丰碑、禾盛、华海、新元、方义五个农民合作社的水稻规模化种植基地中，开展了"生产全托管、服务大包干"试点，整村、整组推进统一育秧、统一机耕、统一栽秧、统一病虫害防治、统一机收和统一稻谷交售。生产全托管服务采取联合社牵头组织、各合作社具体实施、农户自愿参与的方式进行，总面积 6522 亩，涉及总农户 1846 户。联合社成立由理事长唐忠富任组长、监事长钟光辉任副组长、刘光文任总农艺师的水稻规模化种植"生产全托管、服务大包干"试点工作领导小组。其主要措施是统一组建专业化技术指导服务队伍，统一规划建设工厂化育秧场所，统一组建农机作业服务队和绿色防控机防队，统一开展农资配送服务。通过开展托管服务，每亩水稻种植可节约生产成本 150 元（其中供种育秧 20 元、机耕 10 元、机栽 80 元、统防统治 20 元、机收 20 元），加上政府种粮补贴，不仅可以促进农民大幅度增收，而且充分发挥了农民合作社的社会化服务功能，壮大了自身服务的实力和能力。

（四）积极做好开展资金互助和蔬菜农机化试点前期工作

2014 年年初，联合社向彭州市农发局、金融办提交了《关于开展资金互助试点的申请》，随后又向省农工委、金融办上报了《资金互助试点方案》。按照"限于成员内部、用于产业发展、吸股不吸储、分红不分息、风险可掌控"的原则，以资金为黏合剂，促进联合社各种农业生产要素的整合重组，提高各成员合作社及农户的组织化程度，推动联合社和各成员合作社向实体化、规模化、法人制方向发展，切实解决合作社和农户融资难、融资贵的问题。目前此项工作正在等待有关部门审批。经联合社理事会和全体成员大会研究决定，2015 年联合社重点

抓好农机植保专业化服务队建设并主持彭州市蔬菜农机化试点工作，对现有和新购置的各类农机具由联合社农机植保专业化服务队进行统一管理和运营。根据试点要求，联合社计划在濛阳、三界、九尺三镇蔬菜基地落实一定面积和品种，实施育苗、整地、开沟（箱）、机栽、打药、机收等蔬菜农机化示范推广。

（五）大力推进蔬菜基地能力提升建设，开展技术指导培训工作

按照成都市《关于建设标准化常年蔬菜生产基地的实施意见》，联合社协调丰碑、禾盛、黄林、永兴、竹新、伍庙基等专业合作社共上报标准化蔬菜生产基地近2000亩，项目已审批立项，正进入实施阶段。为实施蔬菜标准化生产，实现"三品认证"全覆盖，2014年3月，联合社与成都市晨曙科技有限公司签订土豆、白菜各2万亩无公害产品认证合同书。同时，继续依托种都种业蔬菜新优品种的研发、推广优势，分别在各成员合作社落实一定的面积、品种和点位，确定科技示范户，大力开展蔬菜新优品种示范推广，逐步实现品种的更新换代和蔬菜产业的提档升级，为实施蔬菜品牌战略打好质量基础。

（六）规范运作，加强自身能力建设

筹建之初，联合社积极争取省农业厅、成都市和彭州市各级政府的领导和支持，为联合社组建现场指导、把关。为学习借鉴先进经验，联合社组织成员先后到郫县、崇州、安岳、金堂等地考察学习，开拓了联合社的发展思路。在彭州市农发局和濛阳镇的大力支持下，迅速落实办公场地，购置办公用具，组建内部工作机构，配备专（兼）职人员，建立健全各项规章制度，提出联合社的发展规划和工作重点。2014年以来，联合社及时组建经营管理团队，任命总经理、副总经理，配备专业会计、出纳和相关管理技术人员。同时，按照"严把入口、疏通出口"的原则，不断吐故纳新，做好成员入社、退社工作。联合社坚持每月28日召开全体成员大会1次，理事会、监事会多次，随时接受成员单位质询和监督，充分体现了联合社管理上的民主性。在内部建设的同时，联合社还进一步扩大经营范围，新注册设立农机作业服务大队、植保机防大队、农业劳务大队三个下属机构，迈出联合社向实体化运作的坚实步伐。

五　问题与启示

（一）存在的问题

1. 资金缺乏，实力不够，服务能力有限

农民专业合作组织是农民抱团的互助性经济组织，因农民自身经济实力弱小，不可能筹集大量资金用于农业生产经营活动，更不可能以大量现金入股农民专业合作组织。这就导致合作社在流转土地、聘请人工、购买农资和农机具、发展设施农业、开展农产品购销和各种专业化服务等方面资金严重缺乏。农村融资难、融资贵的矛盾相当突出，这已成为制约合作组织发展壮大的瓶颈。联合社是农民合作社按自愿、平等、互利原则进行的再联合，是提高农业组织化程度、构建新型农业经营体系的内在要求，是做大做强农民合作社、应对市场竞争的现实选择。但是联合社的实体化、规模化、法人化运作，特别是服务功能的增强，迫切需要大量的资金做保障。目前，联合社增资扩股、申请银行信贷资金相当困难，导致开展"六统一"服务缺乏运作资金。

2. 凝聚力不强，组织管理不到位

在联合社运作初期，各社员单位的思想和行为很难统一，"等、靠、要"思想严重，加之联合社运作一时还没有取得明显效果，所以很难增强联合社的凝聚力和向心力。同时，在开展联合社"六统一"服务上，没有及时组建经营管理团队，各项管理服务工作也没有及时到位，各成员合作社参与的主动性、积极性不高，导致各项工作进展缓慢。

3. 争取政府指导帮扶不够，项目资金申报难落实

联合社组建以来，尽管理事会提出了发展规划和年度业务经营计划，但是由于与政府部门汇报对接不够，很多工作单靠联合社自身力量难以落实。在工商、税务等部门业务办理中，尽管各部门不收取费用，但办事难、办事慢的问题仍然存在。近年来，国家对农民专业合作组织的政策扶持力度不断加大，但是由于信息不对称或政策本身限制性条款多，导致项目资金申报少或申报了也难以落实。

（二）启示与建议

企业主导型联合社的内部管理难题如何解决？从彭州市蔬乡大地菜种植专业合作社联合社理事长的基本情况来看，理事长唐忠富为四川种都种业公司副总经理，而该公司属于联合社的成员单位之一。可见，联合社实际上为企业主导型合作社。此外，联合社理事长之前是广汉农业局农业经济管理科干部，对政策较为熟悉，有一定的政府资源。据理事长介绍，当初组建联合社的目的就是实现产业链的整合。

联合社内部的成员单位除 1 家企业之外，其他均为农民合作社，较强的成员异质性导致联合社内的协议较难达成。例如，联合社成立时有 2 家企业（1 家种业公司、1 家农资公司）和 12 家农民合作社（3 家销售型合作社、9 家生产型合作社），成立以后，由于内部成员之间存在猜疑，最后农资公司和 1 家销售型合作社退出了联合社。2014 年，联合社想向市财政申报"水稻种苗补贴"项目，需要各成员单位准备自身的相关材料，但由于有些成员单位运行不太规范，最终导致申报没有成功。2015 年，联合社计划用流转土地建立自己的工厂化育苗中心，需要成员单位每家出资 10 万元，由于前期项目没有申请成功，合作社成员单位存在顾虑，目前也没有达成一致协议。

理事长说，目前联合社内部成员单位人心还不齐，要说服各合作社集体决策非常困难，特别是投资的事情，更是困难。现在已经出现有 3 家联合社成员单位（3 家合作社）只顾自己的经营，对联合社的事情不予考虑。如此发展下去，很有可能出现退社的情况。

企业主导型联合社出现类似问题，仔细分析也属情理之中。联合社应是农民合作社自愿联合、民主管理的组织，其核心功能是实现为各成员单位的服务，各成员单位之间应该有共同的利益诉求。企业组建联合社并在联合社中起主导作用，导致此类型联合社具有较强的成员异质性，必定加大联合社民主决策、民主管理的难度，从上述理事长陈述的事实就能得到印证。

其实，从联合社的发起、组建以及发展过程中，也不难看出政府介入的痕迹。要解决联合社内部民主治理机制问题，首先，政府应摆正自身的位置，让联合社真正成为自愿联合、民主管理的市场主体；其次，联合社内部应建立健全规章制度，理顺各成员之间的利益联结机制，并将其落到实处；最后，联合社应该加强自身能力建设，有效应对市场风险。只有创造价值和分享利益的联合，才是牢固持久的联合。

（执笔人：谭智心）

案例 19　跨省联合，做大做强：山东省寿光市鑫盟果蔬专业合作社联合社

一　成立背景和发展历程

（一）成立背景

山东省寿光市鑫盟果蔬专业合作社联合社（以下简称鑫盟联合社）位于寿光市侯镇崔家村，成立于 2011 年，注册资金 2751 万元，是在寿光市金百果品专业合作社（以下简称金百合作社）的基础上成立起来的蔬菜与水果专业合作社的联合社。

金百合作社是由侯镇崔家村农民崔金德发起成立的。崔金德本来是葡萄种植户，他向超市售卖葡萄时，由于个人产量有限而且没有组织载体，难以与超市对接。这样，崔金德于 2009 年 1 月发起成立了金百合作社，当时注册资本 38 万元，崔金德本人出资 28 万元，有 5 名社员，半年后，社员就发展到 204 人。

2011 年，崔金德接到一个超市的一笔大订单，要他每 5 天提供 10 吨葡萄，而且价格是一般市场价格的两倍。但是，一个金百合作社无法满足客商的需要，这使崔金德失去一个大好的生意机会。这促使崔金德下决心成立联合社。于是，崔金德在网上发出倡议，邀请其他合作社一起成立联合社。他的倡议得到积极响应。2011 年 6 月，以金百合作社为主体，另外 5 家外地市合作社、3 家外县市区合作社、4 家外乡镇（街道）合作社和侯镇 19 家果蔬专业合作社，共 31 家合作社组建了当时山东省唯一一家跨地区联合、合作社数量最多、社员人数最多、果蔬种类最全的联合社。当时联合社中有葡萄合作社 17 个，建有葡萄园区 28 个，面积 2460 亩，年产葡萄 1500 余万斤；苹果合作社 5 个，面积 7600 亩，年产苹果 4600 万斤；蔬菜合作社 9 个，面积 3200 亩，年产黄瓜、西红柿、丝瓜、茄子、五彩椒、小黄瓜等 6000 万斤。

（二）发展历程

鑫盟联合社团结各地的专业合作社，丰富了产品类型，增强了综合竞争力以及与超市谈判合作的话语权，更好地保护了农民合作社成员的利益。此外，各地的成员合作社在地理位置上互补，成为彼此的物流中

转站，例如给济南的超市配货，就由济南长清区和聊城的成员合作社负责。这样，农民合作社看到了再联合的力量。

通过联合提高了市场竞争力，鑫盟联合社的经营规模不断扩大。到2014年年底，鑫盟联合社的注册资本达到700多万元，合作社成员已经达到91家，分布在山东、贵州、甘肃、陕西、山西、内蒙古和吉林等省区，生产经营范围包括葡萄、苹果、桃、梨和樱桃等，注册了商标"圣翔"，获得10个"绿色食品"商标，正在办理"地理标志产品"认证，产品销售到全国各地。崔金德骄傲地说："我们的葡萄能做到三个最，即产量最多、熟的最早、质量最好"。

果树种植需要苗木，为了保证货源、控制成本和确保苗木质量，2012年崔金德又发起成立了富春绿化林木专业合作社（以下简称富春合作社），建立了种苗基地，为联合社成员培育和供应果树种苗，品种包括苹果、梨、葡萄和桃等。至2014年年底，富春合作社已为鑫盟联合社的成员合作社引进和培育了50多个品种。

据崔金德介绍，由于富春合作社是林木育苗的合作社，而鑫盟联合社是果蔬专业合作社的联合社，根据山东省有关规定，富春合作社不能参加鑫盟联合社。这使得崔金德又在鑫盟联合社和富春合作社的基础上，于2013年4月建立了"寿光市侯镇果品协会"（以下简称果品协会）。果品协会的主要功能是负责联合社成员合作社的产品销售和农资采购，崔金德把果品协会看作鑫盟联合社的销售公司，聘用大学生和优秀青年从事销售工作。

为了整合资源，对鑫盟联合社和果品协会的业务进行统一管理，2014年6月崔金德又在鑫盟联合社和果品协会的基础上成立了寿光市鑫瑞果蔬有限公司（以下简称鑫瑞公司），任董事长。至此，崔金德建立的5个合作社、果品协会和鑫瑞公司形成了一个"集团"。

这个"集团"的成员获得了一系列荣誉，被评为潍坊市、山东省和全国示范社，绿色种植果蔬名优产品示范基地，寿光市农产品质量安全先进单位，侯镇农业园区建设先进单位，等等。

二　产权、组织与治理结构

（一）产权结构

金百合作社是崔金德建立"集团"的起点和基础。现注册资本达到380万元，其中现金出资201万元，注册成员204人，出资成员36

人，出资额（含非现金出资）最大的前5名分别出资280万元、18万元、12万元和两个10万元。出资者都是农民，其中出资最多的是崔金德的儿子。目前，金百合作社资产5710万元，其中固定资产3500万元。

（二）组织和治理结构

经过6年的发展，崔金德在金百合作社的基础上建立起一个产、供、销紧密结合的经济联合体，可谓之"崔氏集团"（组织结构与职能如图1所示）。在"崔氏集团"中，鑫瑞公司居于控制地位，而鑫瑞公司的掌门人是崔金德，他同时兼任协会会长和富春合作社理事长，鑫盟联合社理事长是崔金德本家兄弟，金百合作社理事长是崔金德的儿子。所以，崔金德认为"合作社就是一个家庭式企业"，他儿子和本家兄弟做什么决定都要听他的，各项重大投资决策和管理人员的任用都由崔金德来定，他管理着整个"崔氏集团"的运营。

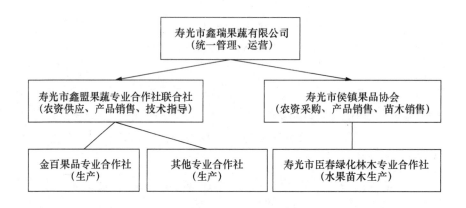

图1　"崔氏集团"组织结构与职能示意

（三）经营范围、运营与盈利模式

从图1可以看到，"崔氏集团"已经形成从果蔬苗木栽培到产品生产、农资供应、技术研发与指导以及产品销售各环节比较完整的果蔬产业链，实现果蔬生产各环节的内部化。"集团"内部各组织彼此独立核算，各司其职，又密切协作。农资采购是联合社统一与厂家联系，各个合作社自己购买，再卖给社员。富春合作社培育果树种苗，农产品和苗木再由协会销售。合作社主要组织生产，提供技术服务，并有专门的农技师对产品进行检验和质量监督。

鑫盟联合社还开展资金互助业务，已累计为社员融资 360 万元，累计得到贷款的农户达到 90 户。同时，金百合作社还为社员从银行贷款提供担保，累计帮助 60 多户社员从银行或者信用社获得 1000 万元贷款，至今只有一笔坏账，是金百合作社帮助一个社员从银行贷款 28 万元，那位社员还了 12 万元，剩下的 16 万元由合作社代还。

从图 1 也可以看到，鑫盟联合社通过农资供应和产品销售盈利。

三　运行效果

（一）联合社更有力地把小农户与大市场衔接起来

专业合作社由于产品单一、生产能力有限，在与有多种农产品需求的大市场进行对接时，仍显力不从心。联合社把多个地区相同或相近农产品的专业合作社联合起来，扩大了生产规模，使产品种类多样化，增强了供给能力，与山东省内外多家超市建立了稳定的供货关系，适应了大市场的需求特点，弥补了专业合作社的不足，增强了专业合作社联合闯市场的力量，有效地把小农户与大市场进行了衔接。

（二）带动广大农民走上致富道路

小农户与大市场的有效衔接，使农民的产品不仅能够卖掉，而且能够卖出好价钱，大大提高了合作社成员的家庭收入。据崔金德介绍，2014 年金百合作社成员的家庭人均纯收入可以达到 8 万元，而同期寿光市农民人均纯收入是 16065 元。

（三）促进了农业产业化和现代化发展

金百合作社、富春合作社和鑫盟联合社的建立，促进了当地葡萄、苹果和桃产业的规模化和标准化生产。鑫瑞公司网站资料显示，"崔氏集团"旗下，包括全国各地成员合作社，共建有大棚葡萄绿色食品基地 238 亩，葡萄生产基地 2218 亩，苹果基地面积 3686 亩，苗木基地 1200 亩，全方位配备了先进育苗、灌溉和加工设备，鑫盟联合社向专业合作社成员传授生产技术、培养人才，并进行品牌经营，联合营销。

四　结论与启示

（一）结论

（1）联合社解决了专业合作社产品单一、规模有限的缺陷，由此也增强了合作社的组织力量和市场谈判力量，从而更好地解决了小农户与大市场的衔接问题。

（2）联合社提供技术培训、人才培养和苗木，扩大了合作社的服务能力、服务范围和服务效应，推动了农业生产和产品质量的标准化水平。

（3）农民合作社需要走联合之路，以在更大范围和更高层次上提高农民合作组织的力量，增加农民的收益。

（二）启示

（1）应该鼓励和促进专业合作社升级合作范围和形式，建立联合社。山东省寿光市已经将合作社联合社作为今后支持农民合作经济组织发展的重点形式之一。

（2）尽快出台有关合作社联合社的相关法律。我国《农民专业合作社法》没有对专业合作社联合社做出相应的规定，一些省份出台了有关联合社的政策文件，如辽宁、江苏、浙江、山东、河北等。其中，山东省2013年实施《山东省农民专业合作联合社登记管理意见》，明确规范了联合社的成立程序。但是，这些规定缺乏国家层面的上位法依据。

（3）企业家人才是稀有的，尤其是在当前农村精英大量外流的情况下，应该采取有效措施保护、支持和引导具有这种素质的人才带领广大农户合作发展，如允许他们在法律和政策的范围内最大限度地获得劳动回报，给予他们相应的嘉奖或身份来提高他们的社会声誉，等等。

（执笔人：孙同全　孙贝贝）

案例20　农业产业结构优化与联合社：山东省临沂市费县鲁兴畜禽专业合作社

一　合作社成立的背景和发展历程

（一）背景

山东省费县上冶镇上冶四村是一个有养殖传统的村子。该村地处沂蒙山区。临沂市费县鲁兴畜禽专业合作社成立于2010年1月。其成立的缘由是为了解决当地养殖户在销售产品时经常被压价的问题。合作社发起人王勇和早年做过很多业务,卖过豆皮、馒头,开过出租车。1995年他开始养猪,当时购进1头母猪和6头仔猪,由于行情不好,赔了一笔钱。2000年,王勇和租了村里的土地,2002年建起养猪基地。还从临沂市兰山区引来30—40只种兔发展养兔业。2006年,由于赶上猪瘟疫,他又赔了一大笔钱。但是经过核算,养兔是有利可图的。2008年年底,每只母兔能带来纯收入800元。到2010年每只母兔能带来纯收入1000元。

2009年,王勇和发现,本村养殖户卖兔子比蒙阴县的养殖户少卖1元/斤。在外面开出租车时他看到有的店面门头上有"合作社"字样。经过打听得知,这是一种国家支持的农民组织。在县畜牧局下派的办事员曹守平和李京斌的大力支持下,费县鲁兴畜禽专业合作社在县工商局登记注册。在合作社带动下,该社社员卖兔子比蒙阴县的养殖户多卖1元/斤。这给合作社的管理者们带来了信心,也增强了合作社的凝聚力。

(二)发展历程

2010年1月费县鲁兴畜禽专业合作社成立,注册资金100万元。2012年9月合作社做了一次变更,注册资金886万元。2014年合作社的总资产达到900万元。合作社养殖6万只兔、800只羊、200头猪、8000只蛋鸡。

该合作社从事购买饲料、畜禽疫病防治等技术服务,也提供信息、销售服务。合作社发展迅速,得益于其理事会选准了主导产业——兔产业。这一产业养殖风险小,市场需求比较稳定,效益也比较稳定。加之其他畜禽品种的养殖优化了合作社的产业结构,降低了市场风险。

二 合作社的产权结构与治理

(一)产权结构

合作社注册时有成员5人,都是出资成员,出资总额为100万元。2012年9月做了一次变更,注册资金和注册成员都有变化,出资总额增加到886万元,实有成员增加到152人。这是因为该合作社技术、信息、销售等服务吸引了大量的养殖户,甚至有的农户改变了以往的农业生产结构,改为养殖畜禽。至2014年年底,合作社出资额最多的是理事长和另外一个社员,各出资300万元。出资额第三位到第五位的各出资30万元、24万元和20万元。合作社出资成员都是养殖户。

（二）治理结构与决策机制

该合作社成员有 152 人。理事会成员 7 人，其中，女性理事 1 人。监事会 5 人，他们懂得一些财务管理知识。该合作社专职管理人员 1 人，兼任理事和监事。合作社重大事项包括理事会监事会选举、管理人员任用、重大投资决策、盈利分配等都由成员（代表）大会决定。该合作社理事会和监事会会议一般是一同召开的。

三　合作社的运营模式

（一）业务范围

合作社业务包含组织采购、供应成员所需饲料；组织收购、销售养殖户上交的农产品；开展成员所需的防疫、销售等服务；引进新技术、新品种，开展技术培训、技术交流和信息服务。主销产品为肉兔、羊肉、猪肉和鸡蛋等。

在合作社理事长的努力、当地政府特别是畜牧局的大力支持下，至 2014 年年底，该合作社建有 15 个基地，占地 84 亩。现在，合作社又流转 240 亩土地，正在准备扩大养殖规模。

（二）营销模式：自营与联合社经营

合作社建立了专营网站，产品主要通过经纪人销出，也有一部分为加工企业所收购。合作社实行基地专职管理和专业技术人员指导。

该合作社加入了当地的一个联合社——费县蒙山连峪红果蔬专业合作社联合社，目的是更好地拓展营销渠道、统购农资节约成本和费用、培育农产品品牌、提升市场竞争力、获取更多的市场和行业信息。该联合社注册了"连峪红"商标，通过了绿色食品认证。这个合作社还是费县富硒农产品行业协会的会员单位。这也是响应政府提升农民组织化程度的号召，与其他成员社共同分担运营成本和费用之举。通过合作社联合社，该合作社的市场竞争力大大提升，当然这也增加了社员的收益。

（三）盈利模式及其盈利分配方式

该合作社是以销售肉兔、羊肉、猪肉和鸡蛋等为主要业务的。其收购社员的产品按成本加服务费用的方式，以高于市场价的价格，分级收购。一般而言，农民销售农产品是随行就市，由于合作社谈判力度大，所以利润来自谈判后获得的价差。2014 年合作社实现销售收入 150 万元，没有进行盈余分配。这种状况是与合作社运行要求相背离的。正常情况下，合作社盈余必须分配。

四　合作社的运行效果

（一）发起人和社员受益情况

合作社理事长王勇和的生产生活发生了重大变化。理事长成立合作社的初衷在于增强谈判力度，特别是为高出蒙阴县收购价格而努力。后来，随着合作社的不断发展壮大，他在合作社内部管理、联合社组建和运行、品牌设计等技能方面都有了很大提升。他成功申请食品流通许可证。当笔者调研合作社时，理事长刚刚拿到该许可证，其喜悦之情难以言表。可见，合作社理事长将获得这一许可证当作自己成长进步的见证物。从此，该合作社走上畜牧产品进入超市的快车道。

2014 年，由于行情较好，当地农民人均收入增加 1 万元，合作社成员家庭人均纯收入达到 5 万元。

（二）对农业及区域经济社会发展的贡献

该合作社成立以来，依托合作社开展技术培训、市场营销、疫病防治和合作社管理等业务活动。该合作社养殖规模逐渐扩大，层次也逐渐提升。特别是食品流通许可证的成功申请使得该合作社采取"农超对接"的发展策略有了坚实的基础。在该合作社的带动下，合作社社员的收入水平大大提升，最重要的是，合作社的 15 个养殖基地的正常运营增强了合作社领导层"能够办好合作社"的信心和决心。当下，合作社领导层缺乏的就是这种信心。该合作社依靠市场实现了发展策略的转变，达到提升自身整体竞争力的目的。

（三）存在的问题

合作社在促进农业标准化生产、提高畜产品优质率、提高产出量、改变养殖户传统生产经营观念、增加农民家庭经营收入、扩大农业生产规模经营、推广新技术新品种、使用安全环保农业生产资料等方面发挥了重要作用。但是该合作社发展过程中面临的问题主要有：

（1）与相关部门沟通较少，减少了项目申报和建设的机会。该合作社理事长已经认识到了这一点，他准备和其他合作社管理者增强开展公共关系的积极性，为合作社发展创造更加良好的外部环境而努力。

（2）合作社技术缺乏，特别是兔粪的深加工及其利用技术缺乏。

（3）还有一个重要问题就是，针对兔子肠道疾病多发，缺乏有效的防治方法。

（4）同时，该合作社没有进行盈余分配，影响了社员参与合作社的热情。在实际工作中，该合作社要致力于解决这一根本性的问题。

五　结论与建议

（一）结论

该合作社着力于发展特色养殖业，为农民收入增加开拓了一条新路。当前，合作社的产业结构相对单一且传统，也就是在传统产业上"打转转"，削弱了合作社盈利能力。在很多情况下，农民社员对合作社的向心力来源于合作社领导层能否给自己带来更多的经济效益。产业结构低级化影响农民入社的积极性，即使加入合作社，也难以增强其参与度。在产业结构上，该合作社走出一条新路。

此外，合作社的发展要与时俱进。该合作社成功申请食品流通许可证本身就是与时俱进的表现。当然，这些成绩的取得还要依靠合作社领导层的自省与进步。对于外部环境的营造与利用，该合作社理事长直言不讳地说，合作社领导层未能很好地主动营造良好的公共关系，致使合作社失去很多进一步发展的机会。痛定思痛以后，该合作社领导层认为，要积极主动营造良好的外部环境。

（二）建议

1. 营造合作社良好的外部关系

当前，该合作社没有主动去和相关部门，特别是畜牧部门进行充分沟通与交流。也就是合作社领导者在观念上没有将内部管理和外部环境营造统一起来。结果是错失一些发展机会。为了确保合作社可持续发展，建议合作社与外部需要建构一种大致相等的"交往半径"。我们暂且称之为"合作社交往半径理论"。这种理论提出的依据是，合作社是一种内部成员诉求高度一致的自组织，同时，合作社又是一种开放的交往环境友好型的多功能组织，所以，需要维持一种可持续的、良好的成员关系和外部关系。实践证明，只有合作社建构了合理的"交往半径"，才能实现作为一种自组织的发展目标。在目前合作社运行中，经常会出现合作社内部或者外部未建构起上述"交往半径"的现象，造成合作社内部成员之间的貌合神离，或者出现合作社对于某些外部支持力量过度依赖的现象。这种状况使得合作社难以建构起有效的支持网络。这必定影响到合作社的可持续发展。

2. 特色农产品专业合作社联合起来，强化其组织效能

我国现有的农民合作社以单体合作社居多，联合组织或者行业协会较少，而农业产业扩张要求农业经济组织的演进。针对这种情况，特色农产品专业合作社必须改变"单打独斗"的局面，积极做好合作社联合组织的组建与运行工作。该合作社积极响应政府的号召，与其他相关联的合作社主动合作成立联合社，实际上是应对市场变化、增强自身竞争力之举，这也符合国际合作社原则中"合作社之间的合作社"的基本要求。

笔者认为，按照国际合作社原则组建各层次的农民合作社联合会（联合社），在成员之间履行推广与应用农业科技成果、收集和发布农业市场信息、利用共同的农业设施、搭建产品销售平台等责任。现实操作中，如果农民合作社联合社组建难度大，则可以利用好传统的组织资源，积极组织相关市场经济主体组建某个产业的行业协会，制定和执行本产业的生产经营规范，监督相关市场经济主体的行为。

3. 加大对合作社扶持力度，正确处理好政府、市场与产业组织之间的关系

政府、市场与产业组织在市场经济条件下都有调节经济运行的功能。现代市场经济理论表明，任何经济主体需要市场机制这只"看不见的手"的同时，也需要政府这只"看得见的手"。实际上，在市场经济运行中还存在着"第三只手"——各种产业经济组织及其联盟，这类主体具有自律性。如同经济主体只是具有"有限理性"而没有"完全理性"一样，政府也只是一个"有限政府"。这就需要政府在扶持农民合作社时行使好"有限政府"的职能，即做到"有所为，有所不为"。当政府应当"有所不为"而"有为"时，就会在浪费政府资源的同时影响到政府的形象。当政府应该"有所为"却"不为"时，就会闲置政府的资源，此时有些纳税人就会以主人的身份批评政府的缺位。按此原理推定，政府对于农民合作社的支持应该适度和适当。

社会其他力量也要扶持合作社，该合作社急需的畜禽疫病防治、肥料、技术等，需要有关部门和主体积极帮助其解决。高等院校、涉农企业、商业企业等要积极主动寻求与合作社合作的机会，以契约经济的形式开展合作，争取合作共赢的良好局面。

（执笔人：王勇）

案例 21　农村经营体制创新的有效载体：四川省崇州市杨柳农村土地承包经营权股份合作社

四川省成都崇州市探索实践了以土地股份合作为核心，新型的农业科技服务、农业社会化服务、农业品牌服务、农村金融服务四大服务体系为支撑的"1＋4"新型农业经营体系，推动了农业规模经营。

一　合作社成立的背景和发展历程

（一）成立背景

成都市作为国家统筹城乡综合配套改革试验区在全国率先开展土地确权登记颁证工作，解决了农户承包地账簿不符、面积不实、四至不清的问题。从农民角度来说，农民对土地的依赖程度较低，许多外出打工农民流转土地的意愿强烈。据统计，随着越来越多农村劳动力转移到非农行业，崇州市外出务工经商办企业的人员已占农村总劳动力的近70%，非农收入约占家庭收入的90%，而农业收入只占10%左右。因此，滞留在农村的劳动力越来越少。土地确权登记颁证让流转土地的农民吃了"定心丸"，不会害怕入股的土地无法收回。从市场角度来说，农业分散经营与大市场之间的供需矛盾日益凸显，低质农产品生产与社会高端农产品需求的矛盾突出。土地股份合作社担负着实现由农业分散经营向规模化集约经营转变的重要任务。从政府角度来说，推进现代农业发展是统筹城乡综合配套改革试验的主要内容之一，其中规模经营耕地面积及合作社发展情况是统筹城乡发展综合评价监测的重要指标。例如，崇州市按照扎实推进都市现代农业"一县一品"的发展规划，需要依托农业经营规模化，实现示范县农业产业结构调整。

成都崇州市杨柳土地承包经营权股份合作社位于崇州市隆兴镇黎坝村，2010 年 5 月由黎坝村 15 组 30 户农户自愿发起，以土地承包经营权入股方式组建成立，实行入社自愿、退社自由、利益共享和风险共担。合作社发起人陈永建是村民小组长。他所在的组共有 98 个人，有近 40 人在外打工，余下的基本都是老年人和孩子。由于种粮收入不高，年轻人更愿意外出打工，每到春耕季节"无人种田"的问题最让人头疼。土地是农民的"命根子"，"撂荒"了实在让人心疼。为了解决这一问题，在崇州市政府的引导下，陈永建在黎坝村成立了第一个农民土地股份合作社——杨柳农村土地承包经营股份合作社。可以看出，合作社成立既受到宏观环境和经济社会形势的影响，又是农民的理性选择，还是当地政府引导扶持的结果。

（二）发展历程

2010 年 11 月，合作社将以农村产权制度改革实测、确权颁证后的面积为依据，成立土地承包经营权股份合作社，实行种子、肥料、农药的"三统购"和机耕、机防、机收、田管的"四统管"。如表 1 所示，成立以来，合作社共发生过三次土地流入。2011 年合作社成员增加到 231 人，流入土地 260 亩。2012 年，合作社经营规模快速扩大，成员增加到 441 人，统一经营面积扩大为 506 亩。2013 年合作社经营规模保持稳定。2014 年合作社实有成员增加到 467 人，经营面积达到 523 亩。

表1　　　　　　　　合作社历年的成员数和土地规模　　　　单位：人、亩

年份	2014	2013	2012	2011	2010（成立时）
成员数	467	441	441	231	97
土地规模	523	506	506	260	101.27

二　杨柳土地股份合作社的产权结构与治理

（一）产权结构

合作社成立之初，以 0.01 亩为 1 股，将 101.27 亩土地承包经营权入股，共计入股 10127 股。入股土地按每亩折价 900 元，共折资 91143 元，作为合作社社员出资额。同时，合作社将入社农民出资的 9557 元作为合作社生产启动资金。合作社成立以来，没有发生过股权结构变动，不设现金股、技术股、设备股等其他股份。

合作社规定，凡隆兴镇黎坝村 15 组集体经济组织成员承认《章程》、自愿以土地承包经营权入股合作社者均为合作社股东，以户为单位。土地入股后，合作社对持股者签发股权证书，采取记名方式，作为股份持有者的股权证明和分红依据。在股权设置方面，全部为农户股，不设集体股、法人股。截至目前，合作社还没有对国家固定资产投入进行股份量化。在股权管理方面，股权可以继承，经合作社同意可以转让、抵押，但在入股协议期内不得退股。

（二）治理结构与决策机制

在民主管理方面，合作社设立了成员（代表）大会、理事会和监事会。2014年9月30日，合作社召开社员大会，进行"三会"换届，选举社员代表23人。同时，选出理事会、监事会成员各3人。成员代表大会是合作社的最高权力机构。成员代表人数为31名，由成员直接选举产生，每届任期3年。成员代表大会每年至少召开4次会议，遇到特殊情况或半数成员代表提议可临时召开成员代表大会。成员代表大会必须有2/3以上的代表出席方可举行，经半数以上到会代表同意方为有效。成员代表大会行使以下职权：通过和修改章程；选举或罢免理事会、监事会人员；听取理事会、监事会工作报告；审议和批准合作社发展规划、土地利用开发规划、财务分配方案等。

成员（代表）大会、理事会和监事会开会都有会议记录，并实行"一人一票"的表决方式。理事会是合作社成员代表大会的常设机构，负责统一组织生产经营，理事会代表全体社员负责决策"种什么"、"谁来种"，公开招聘农业职业经理人。理事长的工作职责还包括：执行社员代表大会决议；召集成员代表大会并报告工作进展情况；制定合作社发展规划、生产投资方案、年度分配方案等报成员代表大会批准；制定财务管理制度等。理事会会议每半年至少召开一次，由理事长召集。

监事会负责监督合作社经营管理和财务收支执行情况。监事长的工作职责包括：日常检查监督理事会执行成员代表大会通过的各类决议情况，如发现未按决议执行，有权提出整改方案，有权临时召集社员代表大会讨论通过整改方案；日常检查监督合作社财务制度执行情况；定期向成员代表大会报告工作情况；如发现有人损害合作社利益时，有权要求整改纠正；有权列席合作社理事会会议。普通成员可以通过成员代表，也可以直接向理事会、监事会反映经营情况。据崇州市农民专业合作经济组织联合会的一次调查显示，社员对合作社事务的知晓率为95%。

在生产管理方面，合作社聘请的农业职业经理人负责"怎么种"、"如何种"，提出具体生产实施意见、生产成本预算、产量指标等，交由理事会讨论通过后执行。2013年，理事会聘请农业技术人员周维松担任生产经理，并与周氏签订了产量指标、生产费用、奖赔合同。2014

年，合作社理事会换届后，重新聘请了王志全担任职业经理人。职业经理人的选聘一般有 3 个候选人入围，在综合考虑诚信情况、经营能力等因素后选出一个人担任。2013 年崇州市《开展农业职业经理资格等级评价管理的实施办法》（试行）规定：对在土地股份合作社实际经营管理 1 年以上并在岗，所服务的土地股份合作社经营面积 100 亩以上，粮油亩产量高出当年当地未入社农户平均亩产量的，其资格可定为初级农户职业经理；对在土地股份合作社实际连续经营 2 年以上并在岗，所服务的土地股份合作社经营面积 300 亩以上，粮油亩产量高出当年当地未入社农户平均亩产量 5% 的，其资格可定为中级农业职业经理；对在土地股份合作社实际连续经营 3 年以上并在岗，所服务的土地股份合作社经营面积 500 亩以上，粮油亩产量高出当年当地未入社农户平均亩产量 10% 的，其资格可定为高级农业职业经理。

在财务管理方面，合作社已实现了独立建账，并为每位成员建立了成员账户。合作社规定，在依法取得收入和需要支付费用时，必须取得合法的原始凭证和票据。财务支出执行"一支笔审批"制度，即合作社理事长审批，并负责日常财务审核监督。现金会计和总账会计审核原始凭证真实性、规范性和合法性。合作社最大的固定资产是土地，实行一年一结算制度，每年年初由合作社与职业经理人重新签订生产合同，年终结算。此外，专业的生产服务组织为合作社提供农机等服务。合作社提取较低比例的公积金和公益金。合作社每年生产所需资金主要来自成员的生产互助金。2014 年 28 户成员共筹集互助金 35 万元。

三　土地股份合作社的运营模式

（一）业务范围及生产模式

成立以来，合作社的业务范围基本没有变化，大春种粮食（富硒水稻）、小春种经济作物（特色蔬菜、食用菌等），进行粮食作物和经济作物标准化、规模化、集约化、品牌化经营。合作社通过与阡陌上善、文井源品牌推广公司签订合同，按照品牌农产品生产标准和质量标准及订单要求组织生产。2014 年，合作社与西蜀巧妹公司签订合同，种植大麦 406 亩，每斤定价 2.25 元。

（二）社会化服务模式

农业服务超市是杨柳农村土地承包经营权股份合作社社会化服务的主要供给方。依托农业服务超市，崇州市构筑了农业科技服务、农业社会化服务、农业品牌服务、农村金融服务四大服务体系。崇州市桤泉镇农业综合服务站免费为成都蜀农昊农业有限公司提供场地,在片区成立了农业服务超市。农业服务超市作为成都蜀农昊农业有限公司的经营门市,根据土地股份合作社及土地规模经营业主的需求,提供农业技术咨询、农业劳务、农业机械化、农资配送、专业育秧、病虫统治、田间运输、粮食代烘代贮、粮食银行等全程农业生产服务。基层农业综合服务站制订农技服务计划,对农业服务超市提供的服务实行登记备案制度,加强业务指导和服务质量监督。农业服务超市的建立,为土地股份合作社及土地规模经营业主提供农业生产环节全程"保姆式"服务。一般而言,农机服务的标价麦类为 65 元/亩、水稻为 70 元/亩,农业劳务服务为 100 元/亩,喷雾喷粉为 12 元/亩。

在金融服务方面,2010 年,杨柳农村土地承包经营权股份合作社凭土地经营权证,以 5 年的土地经营权作抵押,向成都农商银行崇州支行申请贷款,成功获得银行贷款授信 16 万元。2010 年首批贷款 6 万元,发展羊肚菌和小麦良种繁育生产。2011 年贷款 10 万元用于生产羊肚菌、小麦和油菜。为了支持职业经理人开展生产,当地政府还制定了专门的金融扶持措施。例如,崇州市政府印发的《崇州市农业职业经理人担保贷款实施意见》规定:对已取得成都市或崇州市《农业职业经理人资格证书》并在岗的农业职业经理人的贷款额度,初级农业职业经理人不超过 10 万元,中级农业职业经理人不超过 20 万元,高级农业职业经理人不超过 30 万元。贷款期限的规定是:用于购置机械设备等固定资产的期限为 1—3 年,用于种养业流动资金的期限为 1 年。

(三)盈利及分配模式

按照股权平等、风险共担、利益共享、积累共有的原则,合作社制定了较为完善的收益分配制度。《章程》规定,合作社收益在提取 10% 公积金和风险基金后再按股分配,也可全部用于分配。分配方案由成员代表大会审议通过后执行。一般每年年终结算后兑现,股东凭股权证领取红利资金。在具体分配方式上,由农业职业经理人与入社社员共同协商决定,通常采取扣除生产成本后的经营纯收入按 1:2:7 的比例分配(纯收入的 10% 作为公积金、风险金和工作经费,纯收入的 20% 用于职业经理人的佣金,纯收入的 70% 用于社员土地入股分红);再辅以超产分成及保底二次分红等多种分配方式。

2012 年杨柳农村土地承包经营权股份合作社种社员分红的情况是小春种植羊肚菌分红 266 元/亩，小麦和油菜亩均可分红 255 元；大春种植水稻亩产 1051 斤，亩均收入 1534 元，扣除成本 706 元、公积金 20元、职业经理分成 128 元，每亩可分红 680 元。2012 年社员全年每亩分红 1201 元。职业经理周维松的收入主要包括农机农技劳务等专业服务收入、粮食种植超产奖励收入和特色种植利润分成收入。2012 年的情况是在合作社 281.7 亩农田农机农技育秧劳务服务收入 28280 元，小春羊肚菌分红 2600 元，大春分红 35840 元，共计获得收入 66720 元。2013 年合作社大春分红 552 元/亩，小春种植羊肚菌分红 266 元/亩，加上后期的小麦分红，亩均收益预计可达 1060 元。尽管比 2012 年有所下降，但这与一般农户常年 700—800 元/亩的收入相比，能多收入 300元/亩左右。

2014 年合作社小春生产决算单显示，小春种植小麦面积 430 亩、油菜 70 亩，生产成本合计 191162 元，其中种子 18790 元、农药 18520元、肥料 31589 元、人工费 35233 元、机耕费 17150 元、机收费 33550元、其他费用 36870 元。小春总收益 323304 元，纯收益 132142 元，每亩平均收益 261.15 元。在分配方面，社员分配总额 105713.6 元，职业经理人收益 26428.4 元。2014 年合作社大春生产决算单显示，大春种植水稻面积 506 亩，生产成本合计 380287 元，其中种子 26680 元、农药 15180 元、肥料 41500 元、人工费 155192 元、机耕费 35420 元、机收费 35420 元、其他费用 70895 元。大春总收益 658040 元，其中种粮大户补贴 43200 元。在分配方面，社员分配总额 222202.4 元，职业经理人收益 55550.6 元，种粮大户补贴款及生产互助金利息，由职业经理人和社员按照 1:1 的比例分配。

四　土地股份合作社的运行效果

经过了 4 年的发展，杨柳农村土地承包经营权股份合作社取得了明显成效，但也存在一些问题。

（一）促进了土地规模经营

崇州市地处成都郊区，年轻人都进城打工了，留在村里的多是老人和小孩，春耕时节常常无人种田。杨柳农村土地承包经营权股份合作社集中农民的土地后，通过开展良田整治，每块田地的面积达 22.5 亩。目前，崇州市 21 个乡镇 141 个村已经组建土地股份合作社 312 个，入社土地面积 15.02 万亩，入社农户 4.12 万户，初步实现农业生产由分散经营向规模经营、集约经营转变。今年准备实现土地入股 18 万亩，到 2015 年实现土地股份合作经营在粮食种植区全覆盖。杨柳农村土地承包经营权股份合作社统一经营，坚持土地集体所有权，稳定了农户承包权，放活土地经营权，实现"三权"分置，同时保障农民的决策权和收益权，真正做到让农民"离地不失利"。

（二）培育了农业职业经理人

杨柳农村土地承包经营权股份合作社聘请农业职业经理人负责生产、管理，而且生产、管理效益好坏与农业职业经理人收入挂钩。农业职业经理人年收入一般在 6 万—10 万元。合作社获得了稳定的收益，同时又解决了"谁来种田"、"谁来带头"问题。按照"因需而培、培而有为"原则，崇州市培养新型职业农民 6413 人，其中培养农业职业经理人 1588 人，推进了农业生产专业化。同时，合作社经营实现了种子、肥料、农药等"统购"，机耕、机防、机收等"统管"，质量保证、价格便宜，仅此每亩减少成本 50 元。可见现代农业职业经理人制度推动了农业技术进步，搭建了农业科技应用平台，破解了农业科技应用面对一家一户的不利局面，解决了谁来应用科技的问题，提高了农业科技应用水平。

（三）取得了明显的经济社会效益

除种粮补贴之外，2014 年杨柳农村土地承包经营权股份合作社社员总分配额 327916 元，职业经理人年收入 81979 元。社员每亩收益比未入社农户至少增收 200 元。入社农民从单纯的农业劳动中解脱出来，安心外出打工挣钱，每人每月还能挣 3000 元。除此之外，合作社的成立还改善了乡村治理状况。合作社统一经营后，农户之间的用水冲突减少了，耕地面积稳定了。合作社经营迫切需要农业科技、农业生产、农业品牌、农业发展融资等系列服务，为此崇州市探索形成了以土地股份合作社为核心，以新型农业科技、新型农业社会化、农业公共品牌、农村金融四大服务体系为支撑的"1＋4"新型农业经营体系，推动了农业服务的专业化、现代化。

（四）潜在的风险及问题

实践表明，在经济发展水平较高，第二、第三产业发达的地区，组建土地股份合作社是一种促进农业劳动力转移、实现适度规模经营的有效方式。然而，调研发现，杨柳农村土地承包经营权股份合作社实行年度预算制，一年的收成结算后，农民就可退出合作社。同时，《章程》规定，经成员代表大会同意合作社收益可以全部用于分配。这不仅影响合作社的长期积累，还使合作社经营处于一种不稳定的状态。此外，政府补贴在合作社发展中起到重要支撑作用。例如，合作社成员使用生产互助金，每年要支付 7.8% 的资金使用费，目前由财政全额承担。以 2014 年为例，这部分费用达到 27300 元。政府一旦取消这项补助，合作社的经营压力将大大增强。

五 结论与发展启示

（一）结论

（1）土地是合作社最重要的生产资料，而产权明晰是合作社稳定发展的基础。成都市通过土地承包经营权确权登记颁证，不仅稳定了农民的土地承包经营权，保障了农民的基本权益，而且促进了土地要素的自由流动，进一步推动土地股份合作社等各类规模经营主体的快速发展。

（2）农民是合作社的主人，确保社员民主参与是合作社成长壮大的关键。入社社员是土地股份合作社经营主体，从生产决策、农业职业经理人聘用、利益分配方案制订等全程都由社员通过成员代表大会民主协商决定。合作社将农户土地集中起来并没有流转给公司等主体，而是选择聘请职业经理人统一经营，可以减少非农化与非粮化的风险。同时，合作社的民主参与和有效监督可确保合作社不被异化。农民离土不丢地，作为土地主人的地位并没有改变。

（3）多方共赢是合作社的发展动力，配套服务是合作社的有力支撑。土地纯收入的 10% 作为公积金、风险金和工作经费，20% 用于职业经理人的佣金，70% 用于社员土地入股分红。合作社实现了利益共享，社员实现了稳定增收，职业经理实现了创业增收，当地政府也实现了保护耕地、推动土地适度规模经营、保障粮食安全等目标。社会化服务降低了生产投入成本，农业科技服务确保了产品质量安全和产量提高，农村金融服务解决了发展特色产业融资难问题，阡陌上善、文井源等公司的公共品牌服务提高了农产品附加值，这些配套服务是土地股份合作社发展的重要支撑。

（二）发展启示

（1）要完善农业职业经理人或家庭农场主的培育政策和扶持体系。应采取积极措施，吸引大批有创业意愿的务农青年、返乡农民工、农机农技能手等到农业一线创业兴业，使他们成为掌握现代农业科学技术和经营管理方法的新型农民，推动现代农业的发展。

（2）充分运用土地承包经营权确权颁证成果，积极开展抵押融资等各项试点工作。应借鉴崇州市利用土地股份合作社的土地经营权向银行抵押贷款的经验，大力拓展土地承包经营权确权颁证成果，积极开展融资、补贴等多项试点，解决发展生产资金需求。

（3）整合公益性和社会化农业服务资源，提高为农服务能力。借鉴崇州经验，应依托基层农业综合服务站，建立农业服务超市，搭建"一站式"全程农业生产服务平台，满足适度规模经营对耕、种、管、收、卖等环节的多样化服务需求，构建公益性服务与经营性服务相结合的新型农业社会化服务体系。

（执笔人：高强）

案例22　"进退自由"、"风险共担"都很难实现：四川省崇州市桤泉镇千丰土地股份合作社

一　合作社成立背景和发展历程

土地股份合作社在2013年中央一号文件中首次亮相，中央鼓励农户以土地承包经营权入股的方式成立或加入合作组织。在2015年中央一号文件中，中央将"鼓励"修改为"引导"，将土地承包经营权改为土地经营权，一方面说明中央对入股的地方实践给予充分的认可，另一方面通过引入"三权分置"的思想，代之以"土地经营权入股"，在概念上也更为明确，这就排除了部分地区强行让农户将土地作价后入股，导致能进不能退，造成事实性失地的后果。

早在20世纪90年代，土地股份合作组织就在广东南海萌芽，随后江苏、北京、浙江等地也陆续开始探索。较为成熟的模式是南海模式和

苏南模式，但这些模式并不是真正意义上以土地经营权入股的合作组织，而是特殊时期对农村集体建设用地的一种变相利用。近几年，农民通过土地经营权入股合作组织的案例逐渐增多，成立于 2013 年 8 月 26 日的崇州市桤泉镇千丰土地股份合作社，即是借中央政策的"春风"组建起来的。

千丰土地股份合作社由同村 5 位农民发起，于 2013 年 7 月 25 日召开设立大会，8 月 26 日进行工商登记，8 月 27 日，选举产生理事会和监事会、理事长和监事长。创立初期有社员 23 户，入股面积 108.15 亩。该合作社主要从事水稻、小麦、油菜等大田生产，发起人是前任村主任魏久明。为解决政经不分的矛盾，使合作组织更加专业化，该合作社于 2013 年 9 月 5 日公开竞聘职业经理人。此后一年时间内两次增加社员和入股土地面积。2013 年 10 月，该合作社社员发展到 160 户，流入土地增加至 600 多亩，同时确定了 500 元保底、二次分红的盈余分配制度。2014 年 9 月，该合作社社员发展到 216 户，流入土地增加至 730 亩，聘请职业经理人 1 名，雇用职业农民 10 人。

二　合作社的产权结构与治理机制

（一）产权结构

该合作社资金来源包括成员出资、每个会计年度从盈余中提取的公积金和公益金、未分配收益、国家扶持补助资金以及他人捐赠款等。其中，成员出资主要按照"农户入社自愿、退社自由、利益共享、风险共担"的原则，自愿以土地承包经营权折股、作价出资。合作社《章程》规定："成员以非货币方式出资的，由全体成员评估作价。以非货币方式作价出资的成员与以货币方式出资的成员享受同等权利，承担相同义务。经理事长审核，成员大会讨论通过，成员出资可以转让给本社其他成员。为实现合作社及全体成员的发展目标，需要调整成员出资时，经成员大会讨论通过，形成决议，每个成员须按照成员大会决议的方式和金额调整成员出资。"2013 年 8 月 29 日，经全体成员对作价出资到崇州市桤泉镇千丰土地股份合作社的农村土地进行了评估，全体成员一致确认：作价出资到合作社的 132.8 亩农村土地的评估价总额为 265.6 万元。

据了解，该合作社 216 户成员入股的土地在 1 亩至 7 亩不等，其中理事长入股最多，为 7 亩，其余社员入股亩数较为平均。

此外，合作社还组织社员参加资金互助，共有 9 名社员参加，互助资金合计 12.8 万元。其中，职业经理人出资 8 万元，其余 8 名社员出资 2000—10000 元不等。

（二）治理机制

该合作社设有成员大会、成员代表大会、理事会和监事会，并设有职业经理人一职。其中成员大会是本社的最高权力机构；成员代表大会履行成员大会的职权；理事长为法定代表人。理事会为成员大会负责；监事会代表全体成员监督检查理事会和工作人员的工作，执行监事列席理事会会议；引入职业经理人制度。

1. 成员大会

成员大会由全体成员组成，行使下列职权：（1）审议、修改本社章程和各项规章制度；（2）选举和罢免理事长、理事、执行监事或者监事会成员；（3）决定成员入社、退社、继承、除名、奖励、处分等事项；（4）决定成员出资标准及增加或者减少出资；（5）审议本社的发展规划和年度业务经营计划；（6）审议批准年度财务预算和决算方案；（7）审议批准年度盈余分配方案和亏损处理方案；（8）审议批准理事会、执行监事或者监事会提交的年度业务报告；（9）决定重大财产处置、对外投资、对外担保和生产经营活动中的其他重大事项；（10）对合并、分立、解散、清算和对外联合等作出决议；（11）决定聘用经营管理人员和专业技术人员的数量、资格、报酬和任期；（12）听取理事长或者理事会关于成员变动情况的报告。

成员大会须有本社成员总数的 2/3 以上出席方可召开。成员因故不能参加成员大会，可以书面委托其他成员代理。1 名成员最多只能代理 1 名成员表决。成员大会选举或者做出决议，须经本社成员表决权总数过一半以上的票数通过；对修改本社章程，改变成员出资标准，增加或者减少成员出资，合并、分立、解散、清算和对外联合等重大事项做出决议的，须经成员表决权总数 2/3 以上的票数通过。成员代表大会的代表以其受成员书面委托的意见及表决权数，在成员代表大会上行使表决权。有 30% 以上成员提议、执行监事或理事会提议时，须在 20 日内召开临时成员大会。理事长不能履行或者在规定期限内没有正当理由不履行职责召集临时成员大会的，执行监事在 10 日内召集并主持临时成员大会。

2. 成员代表大会

根据《章程》，成员超过 150 人时，每 10 名成员选举产生一名成员代表，组成成员代表大会。千丰土地股份合作社自 2013 年 9 月成立成员代表大会，履行成员大会的职权。成员代表任期 3 年，可以连选连任。成员代表大会每年召开 2 次，由理事长召集，并提前 15 日向全体成员通报会议内容。

3. 理事会与理事长

该合作社设理事长 1 名。理事长为合作社的法定代表人，任期 3 年，可连选连任。理事长行使下列职权：（1）主持成员大会，召集并主持理事会会议；（2）签署本社成员出资证明；（3）签署聘任或者解聘本社经理、财务会计人员和其他专业技术人员聘书；（4）组织实施成员大会和理事会决议，检查决议实施情况；（5）代表本社签订合同等；（6）履行成员大会授予的其他职权。

理事会对成员大会负责，由 3 名成员组成。理事会成员任期 3 年，可连选连任。理事会行使下列职权：（1）组织召开成员大会并报告工作，执行成员大会决议；（2）制订本社发展规划、年度业务经营计划、内部管理规章制度等，提交成员大会审议；（3）制定年度财务预决算、盈余分配和亏损弥补等方案，提交成员大会审议；（4）组织开展成员培训和各种协作活动；（5）管理本社的资产和财务，保障本社的财产安全；（6）接受、答复、处理执行监事或者监事会提出的有关质询和建议；（7）决定成员入社、退社、继承、除名、奖励、处分等事项；（8）决定聘任或者解聘本社经理、财务会计人员和其他专业技术人员；（9）履行成员大会授予的其他职权。

理事会会议的表决，实行一人一票制。重大事项集体讨论，并经 2/3 以上理事同意方可形成决定。理事个人对某项决议有不同意见时，其意见记入会议记录并签名。理事会会议邀请执行监事或者监事长、经理和 21 名成员代表列席，列席者无表决权。

4. 监事会、监事长与执行监事

该合作社设有监事会，由 3 名监事组成，设监事长 1 人，监事长和监事会成员任期 3 年，可连选连任，监事长列席理事会会议。监事会设执行监事 1 名，代表全体成员监督检查理事会和工作人员的工作，执行监事列席理事会会议。现任理事长、理事、经理和财务会计人员不得兼任监事，卸任理事须待卸任 2 年后方能当选监事。

监事会（或者执行监事）行使下列职权：（1）监督理事会对成员大会决议和本社章程的执行情况；（2）监督检查本社的生产经营业务情况，负责本社财务审核监察工作；（3）监督理事长或者理事会成员和经理履行职责情况；（4）向成员大会提出年度监察报告；（5）向理事长或者理事会提出工作质询和改进工作的建议；（6）提议召开临时成员大会；（7）代表本社负责记录理事与本社发生业务交易时的业务交易量（额）情况；（8）履行成员大会授予的其他职责。

监事会会议由监事长召集，会议决议以书面形式通知理事会。理事会在接到通知后 3 日内就有关质询作出答复。监事会会议的表决实行一人一票。监事会会议须有 2/3 以上的监事出席方能召开。重大事项的决议须经 2/3 以上监事同意方能生效。监事个人对某项决议有不同意见时，其意见记入会议记录并签名。

5. 职业经理人

为提高合作社规模化种植和经营管理水平，确保社员持续增收，该合作社聘用职业经理人。职业经理人熟悉现代农业经营管理，具备职业经理人《资格证》。原则上年龄在 55 周岁以下，初中以上学历，身体健康。该合作社现任职业经理人是千功村 4 组村民魏涛，中专毕业后返乡务农。聘用期一般为大小春一个生产周期。

职业经理人主持合作社的生产经营工作，组织实施理事会决议、年度生产经营计划和投资方案，拟订经营管理制度，提请聘任或者解聘财务会计人员和其他经营管理人员，聘任或者解聘除应由理事会聘任或者解聘之外的经营管理人员和其他工作人员，以及理事会授予的其他职权。该合作社理事长或者理事可以兼任经理，职业经理人由理事会聘任或者解聘，对理事会负责。

职业经理人的权利有下列几项：（1）正常生产经营活动，有权拒绝执行理事会的违规指挥；（2）根据生产实际需要，有权要求甲方及时提供生产物资，支付误工费用、机械费用等；（3）有权要求甲方核实服务实际面积、田块的位置等；（4）有权按照协议约定获得报酬。

同时，该合作社职业经理人可优先推荐担任村级农技指导员；优先推荐享受产业扶持、社保扶持、科技扶持、金融扶持等政策。

职业经理人需履行下列义务：（1）根据生产实际，向甲方提供种植计划、生产成本预算等建议，供甲方参考；（2）负责甲方生产基地的农业技术指导，包括务工人员的组织和管理、病虫害防治、田间管理等；（3）因技术问题造成的损失，按照协议给予赔付；（4）出现自然灾害等外在不稳定因素导致减产或绝收等情况时，由乙方自行承担支付农户保底费用（每亩500元）。

根据2014年1月该合作社股东代表大会会议记录，当业主（即职业经理人）经营亏损，则不能继续经营土地。

6. 财务管理

该合作社实行独立的财务管理和会计核算，实行每月20日财务定期公开制度，财会人员持有会计从业资格证书，会计和出纳互不兼任。理事会、监事会成员及其直系亲属不得担任本社的财会人员。

合作社聘请一名报账员负责做好生产物资流水账，所有财务交由镇财务中心代理会会计统一做账，由职业经理人提出所需资金清单，交监事会审批，提交理事会决定，实行理事长、监事长职业经理人审签资金使用制度。

合作社财务票据必须真实有效，相对规范。票据保存时间不少于一个财务年度。财务票据实行由职业经理人或经办人、理事长、监事长审签报销制度。

合作社为每个成员设立个人账户，主要记载该成员的出资额、量化为该成员的公积金份额以及该成员与本社的业务交易量（额）。合作社资金专账专户专人管理，明确经费使用采取申报—审核—支出—会签—公示的形式。本社成员以其个人账户内记载的出资额和公积金份额为限对本社承担责任。

成员与合作社的所有业务交易，实名记载于各成员的个人账户中，作为按交易量（额）进行可分配盈余返还分配的依据。利用合作社提供服务的非成员与合作社的所有业务交易，实行单独记账，分别核算。

会计年度终了时，由理事长按照本社《章程》规定，组织编制本社年度业务报告、盈余分配方案、亏损处理方案以及财务会计报告，经执行监事或者监事会审核后，于成员大会召开15日前，置备于办公地点，供成员查阅并接受成员的质询。

合作社接受的国家财政直接补助和他人捐赠，均按本社《章程》规定的方法确定的金额入账，作为本社的资金（产），按照规定用途和捐赠者意愿用于本社的发展。在解散、破产清算时，由国家财政直接补助形成的财产，不得作为可分配剩余资产分配给成员，处置办法按照国家有关规定执行；接受他人的捐赠，与捐赠者另有约定的，按约定办法处置。

三　土地股份合作社的运营

（一）业务范围

该合作社以成员为主要服务对象，依法为成员提供农业生产资料的购买，农产品的销售、加工、运输、贮藏以及与农业生产经营有关的技术、信息等服务。主要业务范围如下：（1）组织采购、供应成员所需的生产资料；（2）组织收购、销售成员生产的产品；（3）引进新技术、新品种、开展与粮食种植经营有关的技术培训、技术交流和信息咨询服务。

（二）经营模式

合作社将村集体发包给农户的部分土地承包经营权"回收"，并建立起相较于村集体更为合适的村集体经济组织——土地股份合作社。在合作社中每个以土地承包经营权作价入股的农民变成股民，同时成为村集体经济组织的成员。为促进合作社生产经营的科学化、专业化，并有效解决政经不分的问题，合作社特别聘请有种植经验或一定知识水平的职业经理人负责合作社的整体运营。同时引入保底分红、公积金截留、职业经理人领取薪酬的分配机制，实现土地所有权、承包权、经营权的合理分置，并最终形成农民入股—成立合作社—聘请职业经理人的经营模式。

（三）盈余分配

合作社实行保底二次分红。保底金额为 500 元/亩。剩余的纯收益则按 1:3:6 进行二次分红，即 10% 作为合作社公积金，用于扩大生产经营、弥补亏损或者转为成员出资；30% 作为社员二次分红；60% 作为职业经理人收益。2013 年 10 月到 2014 年 10 月，该合作社除去各项成本及成员保底金，盈利 118804 元。按照 1:3:6 的比例，公积金将截留 1.1 万元，216 户成员户均获得二次分红 165 元，职业经理人工资收入 7.1 万多元。

四　土地股份合作社的运行效果

（一）发起人的获益情况

据合作社理事长魏久明介绍，成立合作社之前，该村有过流转失败的经历。外地商人流转该村土地后因经营不善弃地逃跑。因此，该村希望通过创办土地股份合作社，引入本村职业经理人、雇用本村村民为职业农民以实现土地的规模流转，壮大集体经济，带动村民富裕。该合作社理事长为前任村主任，他认为，土地股份合作社与村集体组织的关系既互相独立，又互相依赖。作为理事长，魏久明入股土地最多，也积极参与资金互助组织。由他聘请的职业经理人魏涛，与他有亲戚关系。

（二）社员受益情况

按照保底加二次分红的分配机制，该合作社 216 户农户平均分得 500 元保底金加 165 元二次分红收入。由于这一带土地质量一般，规模相对分散，农户自己出租土地的租金约为 600 元。对比之下，保底分红的收入略高于自己出租土地的收入。

（三）合作社收益

第一，土地股份合作社作为新型农业经营主体的组成部分，凸显了集体所有的优势，相比流转外村租赁人，更容易被本村村民接受。合作社作为村集体经济组织与村集体组织各自独立、互相支撑。村"两委"干部不得兼任合作社理事长和职业经理人，使政治与经济得以分离，受到农户的信任。第二，由村社一级替代政府组织发起的土地股份合作社，将村民的土地集中起来，统一组织生产，在实现规模经营的同时，降低了流转土地的交易成本。这比家庭农场、种粮大户等按户经营的规模经营主体更加高效。第三，引入职业经理人制度，使生产经营更加科学、专业，取得 60% 盈余也激发了职业经理人极大的工作热情。

五　问题与建议

（一）合作社面临的问题

据调查，合作社目前存在的困难和问题相对集中：

第一，由于该合作社从事大田生产，对收储的依赖较大，当地作为晾晒、收储所用的设施农用地审批还存在困难。

第二，当地政府对该合作社基础设施投入力度不够大，截至目前，政府只帮助打了两口机井。合作社希望在资金扶持、农机具扶持和灌溉、修路等基础设施建设上得到相应的帮助。

第三，合作社迫切需要熟悉财务的人才。

（二）股份合作存在的问题

第一，所谓入股"进退自由"的原则难以落实，受土地规模流转后地块经常变更的影响，即便有农户退股，也无法获得自己过去的土地。即便拿到与过去相对等的其他位置的土地，也会受困于水渠、耕道的阻碍，不得已陷入生产上的孤立。

要解决此问题，首先，须确保自愿入社、自愿入股，坚决制止行动式、家长式的强制流转。其次，可将退股的农户的土地调整到流转土地的边缘，使其生产经营不受成片规模经营的影响。

第二，所谓"风险共担"的原则形同虚设。事实上，该合作社在成员代表大会和职业经理人委托书中均表示，若出现亏损则由职业经理人垫付，须负担每个农户 500 元的保底金。这一制度安排既是对农户承包经营权的一种保护，也是对潜在社会风险与隐患的把控。但同时也充分暴露出土地股份合作社的不专业和不彻底。

第三，该合作社尚未设立风险保障金机制，也未购买农业保险。风险不可控等特征给合作社的健康发展带来挑战。

针对以上两个问题，应引导合作社参加农业保险，并设立风险保障金制度。一方面约束土地经营者的经营行为，维护农民土地权益；另一方面可以降低自然风险，为职业经理人减轻压力。

（执笔人：谭智心）

案例 23　土地流转中介：四川省崇州市隆兴镇黎坝土地股份合作社调查报告

一　合作社成立背景和发展历程

当前农村的现状是年轻人不去种地、不愿意种地，而年老农民又很难去发展现代农业。为了解决耕地抛荒、农业"谁来经营"的问题，推进农业经营规模化，释放农村劳动力和增加农民收入，2010 年以来，崇州市充分运用土地承包经营权登记确权颁证成果，放活土地经营权，率先在全国探索成立土地经营权股份合作社。按照"入社自愿、退社自由和利益共享、风险共担"的原则，崇州市政府引导农户以土地经营权折资入股，在工商部门注册成立土地股份合作社。农户作为合作社社员，可直接参与理事会及监事会选举、农业生产计划讨论、职业经理人聘用以及利益分配方案等决策过程，成为经营管理的实际决策者和控制者。

黎坝土地股份合作社由本村村民宁致全、李开学、李宗贵等5人发起，于2012年3月18日召开设立大会，当时仅在崇州市的农村发展局登记，同年10月才进行工商登记。召开设立大会当日，该合作社确立了合作社章程，选举产生理事会和监事会，理事长和监事长。成立之初，合作社的社员共有47人，入社土地面积仅为30多亩；2014年6月底，该合作社社员发展到350余人，入社土地面积增加到1800余亩。合作社在每年的春秋两季生产季节开始之前，允许其他农民申请加入合作社。值得说明的是，该合作社并无归属合作社的固定资产，合作社当前所用的办公场所和设备是从黎坝村委会暂时借用而来。

2012年12月20日，合作社首次公开招聘农业职业经理人，聘用期限为1年，并确定职业经理人和合作社之间的利益联结方式。此后，合作社在当年生产周期结束后，根据职业经理人的经营绩效，确定是否重新组织职业经理人竞聘或继续聘用当期的职业经理人。

二　土地股份合作社的产权结构与治理

（一）产权结构

按《章程》规定，黎坝土地股份合作社的资金来源包括六个方面：成员出资、每个会计年度从盈余中提取的公积金和公益金、未分配收益、国家扶持补助资金、他人捐赠款和其他资金。其中，本社成员出资可以用土地承包经营权作价出资，如果成员以其他非货币方式出资，出资数额由全体成员评估作价。成员认缴的出资额须在1个月内缴清。以非货币方式作价出资的成员与以货币方式出资的成员享受同等权利，承担相同义务。经理事长审核，成员大会讨论通过，成员出资可以转让给本社其他成员。为实现合作社及全体成员的发展目标，需要调整成员出资时，经成员大会讨论通过，形成决议，每个成员须按照成员大会决议的方式和金额调整成员出资。合作社向社员颁发成员证书，并载明成员的出资额。根据规定，合作社从当年盈余中提取5%的公积金，用于扩大生产经营、弥补亏损或者转为成员出资。公积金转为成员出资时，按每个成员的股份比例记载到成员的个人账户中。

但从黎坝土地股份合作社的具体实践来看，该合作社的股权化物资非常单一，均为成员的土地经营权作价出资，并不存在货币资金、机械设备、厂房等物资的作价出资。从土地经营权的作价过程来看，只考虑成员入股土地的面积大小，忽略成员入股土地的地理位置、交通便利性、灌溉及排水设施、土壤质量等因素，换言之，土地经营权的作价完全不考虑土地的级差地租。2012 年 3 月 18 日，在合作社的设立大会上，经全体成员一致同意，成员入社土地以 0.1 亩折为 1 股，每年 12 月 30 日按股领取分红。2012 年 10 月进行工商登记时，全社有土地面积 972 亩，折成 9720 股，入股土地的经营权评估价总额为 1013390 元（因为没有其他出资方式，土地评估价对成员分红并无实际影响，仅仅发挥了对外显示合作社资产总量的作用）。

（二）治理结构与决策机制

名义上说，黎坝土地股份合作社的组织机构设置齐全，设有成员（代表）大会、理事会和监事会，并且民主选举出理事长和监事长，重大事项也经由成员代表大会讨论后决策。但就实际的内部治理而言，多数普通成员并不关心合作社的治理和发展，也基本不参与到合作社的管理工作中。

1. 成员（代表）大会

成员大会是合作社的最高权力机构，由全体成员组成。在黎坝土地股份合作社中，全体成员均为农民身份。按该合作社的规定，成员大会行使如下职权：（1）审议、修改本社章程和各项规章制度；（2）选举和罢免理事长、理事、执行监事或者监事会成员；（3）决定成员入社、退社、继承、除名、奖励、处分等事项；（4）决定成员出资标准及增加或者减少出资；（5）审议本社的发展规划和年度业务经营计划；（6）审议批准年度财务预算和决算方案；（7）审议批准年度盈余分配方案和亏损处理方案；（8）审议批准理事会、执行监事或者监事会提交的年度业务报告；（9）决定重大财产处置、对外投资、对外担保和生产经营活动中的其他重大事项；（10）对合并、分立、解散、清算和对外联合等作出决议；（11）决定聘用经营管理人员和专业技术人员的数量、资格、报酬和任期；（12）听取理事长或者理事会关于成员变动情况的报告。

成员大会选举或者做出决议，须经本社成员表决权总数过半数通过；对修改本社《章程》，改变成员出资标准，增加或者减少成员出资，合并、分立、解散、清算和对外联合等重大事项做出决议的，须经成员表决权总数 2/3 以上的票数通过。成员代表大会的代表以其受成员书面委托的意见及表决权数，在成员代表大会上行使表决权。有 30% 以上成员提议或执行监事、理事会提议时，须在 20 日内召开临时成员大会。理事长不能履行或者在规定期限内没有正当理由不履行职责召集临时成员大会的，执行监事在 10 日内召集并主持临时成员大会。

由于黎坝土地股份合作社的成员人数超过 150 人，原则上每 10 名成员可以选举产生 1 名成员代表，组成成员代表大会，成员代表任期 3 年，可以连选连任。但《章程》中又规定"1 名成员最多只能代表 3 名成员表决"。显然，两条规定存在矛盾之处。而实际上，由于每个生产季节开始之前，合作社允许成员退出或新成员加入，导致成员人数经常处于变动状态。例如，2012 年 12 月，成员代表为 37 人，2013 年 7 月的成员代表为 57 人，2013 年 12 月的成员代表为 34 人。为了操作上简便易行，2013 年 12 月 25 日，该合作社考虑到全社成员由来自黎坝村 18 个村民小组的 322 户农户组成，重新选举出合作社的成员代表，要求各村民小组的成员分别选举出 1 名或 3 名代表，共计 36 名成员代表。成员代表必须由农民自行推荐，选举时参考政治素质、生产能力、责任心、奉献精神、群众工作能力等。从各村民小组的选举情况看，推荐名额为 3 人的小组分别有第 1、2、3、9、14、17、18、19、21 组 9 个小组，共计 27 名成员代表；推荐名额为 1 人的小组分别有第 4、5、6、7、8、11、12、16、20 组 9 个小组，共计 9 名成员代表，合计 36 名成员代表。

《章程》规定，合作社的成员大会由理事长负责召集并提前 15 日向全体成员通报会议内容，每年召开两次成员大会。由于成员人数众多，该合作社一般都是召开成员代表大会。2014 年该合作社只召开了 1 次成员代表大会，主要是商讨职业经理人的聘选。

2. 理事会和监事会

（1）理事会和理事长及其职责。

理事会行使下列职权：①组织召开成员大会并报告工作，执行成员大会决议；②制订本社发展规划、年度业务经营计划、内部管理规章制度等，提交成员大会审议；③制定年度财务预决算、盈余分配和亏损弥补等方案，提交成员大会审议；④组织开展成员培训和各种协作活动；

⑤管理本社的资产和财务，保障本社的财产安全；⑥接受、答复、处理执行监事或者监事会提出的有关质询和建议；⑦决定成员入社、退社、继承、除名、奖励、处分等事项；⑧决定聘任或者解聘本社经理、财务会计人员和其他专业技术人员；⑨履行成员大会授予的其他职权。理事会会议的表决，实行一人一票制。重大事项集体讨论，并经 2/3 以上理事同意方可形成决议。理事个人对某项决议有不同意见时，其意见记入会议记录并签名。理事会会议邀请执行监事或者监事长、经理和 7 名成员代表列席，列席者无表决权。同时，合作社还规定，卸任理事须在卸任 3 年后方能当选监事。

当选的理事长是合作社的法定代表人，任期 3 年，可连选连任，其职权包括：①主持成员大会，召集并主持理事会会议；②签署本社成员出资证明；③签署聘任或者解聘本社经理、财务会计人员和其他专业技术人员聘书；④组织实施成员大会和理事会决议，检查决议实施情况；⑤代表本社签订合同等；⑥履行成员大会授予的其他职权。

（2）监事会和监事长及其职责。

黎坝土地股份合作社的监事会由 5 名监事组成，设监事长 1 人，监事长和监事会成员任期 3 年，可连选连任，监事长列席理事会会议。监事会行使下列职权：①监督理事会对成员大会决议和本社章程的执行情况；②监督检查本社的生产经营业务情况，负责本社财务审核监察工作；③监督理事长或者理事会成员和经理履行职责情况；④向成员大会提出年度监察报告；⑤向理事长或者理事会提出工作质询和改进工作的建议；⑥提议召开临时成员大会；⑦代表本社负责记录理事与本社发生业务交易时的业务交易量（额）情况；⑧履行成员大会授予的其他职责。

监事会会议由监事长召集，会议决议以书面形式通知理事会。理事会在接到通知后 15 日内就有关质询作出答复。监事会会议的表决实行一人一票。监事会会议须有 2/3 以上的监事出席方能召开。重大事项的决议须经 2/3 以上监事同意方能生效。监事个人对某项决议有不同意见时，其意见记入会议记录并签名。

（3）理事会和监事会的实际选举。

从黎坝土地股份合作社的理事会和监事会实际选举情况来看，这两个组织机构存在很大的人员不稳定性，而且跟《章程》的规定严重不符。按《章程》规定，理事会和监事会各成员的一个任期为 3 年，即自该合作社建立并首次选出理事会和监事会成员之日起，第一个任期应到 2015 年 3 月 18 日才算结束。但实际上，2012 年 3 月 18 日至 2014 年 1 月 4 日，在不到两年的时间内，该合作社就进行过 3 次理事会和监事会的选举，并且理事会和监事会的成员变动非常大（见表 1 和表 2）。

第一次选举：根据该合作社的会议记录，2012 年 3 月 18 日成立当天，合作社在黎坝村村委会办公场所举行了首次理事会和监事会选举，共有 47 名成员代表参加，黎坝村村"两委"班子列席，选出李开学任理事长，李宗贵任监事长，任期 3 年。

第二次选举：2013 年 7 月 16 日，黎坝土地股份合作社在黎坝村村委会办公场所召开社员代表大会，再次选举合作社理事会和监事会成员，镇政府黄镇长列席，应参会成员代表 57 人，实到 55 人，共发出 55 张选票，收回 55 张，其中有效票 54 张。采取单票复选方式。从票选结果来看，理事会的 5 名成员中，得票数最少的是李开学，但他仍最终当选理事长；李宗贵的情况亦相同。而且会议记录上言明上述选举结果和人员任职是经公示无异议的。

第三次选举：2014 年 1 月 4 日，黎坝土地股份合作社在黎坝村村委会办公场所召开社员代表大会，又一次选举合作社理事会和监事会成员，崇州市隆兴镇分管"1＋4"办公室负责人列席，应参会成员代表 36 人，实到 33 人，共发出 33 张选票，收回 33 张，其中有效票 32 张。采取单票单选方式。从票选结果来看，理事会的 5 名成员中，李开学得票数最多，在此次选举中再次连任理事长一职；龚万明获得 9 张选票，出任监事长一职。

对理事会和监事会选举的评价：总体而言，该合作社的理事会和监事会形同虚设，实际操作和《章程》规定相悖。具体表现在：①理事会和监事会成员的任期未满 3 年就多次改选，最短的任期不足半年；②民主选举遭到无视，例如在第二次选举中，得票数最低的理事获得连任理事长；③理事卸任后不足 3 年就担任监事，甚至是个别成员卸任理事当监事，不当监事又当理事（如成员杨中林）。该合作社的理事会和监事会的多次选举，给人的感觉是——理事、监事不仅要换着当，还要轮流当。

一般来说，章程是经合作社全体成员（代表）共同商定并多数同意而做出的合作社最高发展纲领，对合作社的具体运营起到规则性的指导意义，即合作社应当在章程的规则内运作。但黎坝土地股份合作社的运行情况恰恰反映出众多农民合作社普遍存在的问题——章程虚设，这可能是如下原因所致：一方面，合作社登记须制定章程，而在地方政府大力推动合作社的大环境下，地方分管部门把为新设立的合作社提供章程模板视为一种服务，而合作社发起人又因各种原因，仅在章程模板上进行了小范围的修改（例如经营范围、成员数量、成员出资额等），由此导致一种章程设计适用万家合作社的现象。另一方面，不少合作社管理层的观念依旧是乡土人情治理的思维，在他们的眼里，合作社章程可能已成了通过工商登记、应付上级考核、满足对外宣传等的"门面工程"，合作社的日常治理依旧是遇到什么样的问题就去想什么样的招数去拆解。

表1　　　　　　　　　合作社的理事会成员选举情况

时间		理事长	理事会成员			
2012.3.18	姓名	李开学	杨中林	陈红群	代廷超	李建军
	得票数	—	—	—	—	—
2013.7.16	姓名	李开学	沈群英	郭文英	董全发	谭学亚
	得票数	47	52	52	53	49
2014.1.4	姓名	李开学	宁文彬	李建	杨中林	宋晓英
	得票数	17	6	4	3	2

资料来源：根据黎坝土地股份合作社的访谈资料整理所得。

表2　　　　　　　　　合作社的监事会成员选举情况

时间		监事长	监事会成员			
2012.3.18	姓名	李宗贵	宁兴元	袁文章	宁晓玲	刘长华
	得票数	—	—	—	—	—
2013.7.16	姓名	李宗贵	王英	李建军	杨中林	郑素清
	得票数	46	50	52	53	51
2014.1.4	姓名	龚万明	张连兴	袁朝东	宁兴池	周启忠
	得票数	9	4	6	6	7

资料来源：根据黎坝土地股份合作社的访谈资料整理所得。

3. 决策机制

黎坝土地股份合作社的重大投资决策坚持由成员代表商议和表决，

其中跟广大成员的利益最为密切的是两项活动：一是对农业职业经理人的选聘进行表决，二是对入股土地的年终分红方案进行表决。除此之外，成员代表的另一项表决权就是对合作社的理事会和监事会成员进行选举。

农业职业经理人的经营绩效直接关系到合作社成员的分红收益，但农业职业经理人受聘之后，其向合作社提供的年度生产计划和成本预算直接由理事会和监事会审核并决策，合作社不再组织成员代表大会进行表决。

总的来说，合作社的成员代表大会主要是选出职业经理人、理事会和监事会并对入股土地的分红方案进行审议，而理事会和监事会则负责合作社的日常管理工作，主要是审议职业经理人提交的生产计划和成本预算的合理性，监督职业经理人严格按所提交的生产计划开展农业生产经营活动。职业经理人虽受聘于合作社，但实际上扮演着土地承包经营者的角色，除了按规定向合作社提交生产计划和成本预算，具体的农业生产经营活动由职业经理人自主安排，但会受到合作社理事会和监事会的监督。

4. 财务管理

按《章程》规定，黎坝土地股份合作社实行独立的财务管理和会计核算，实行每月30日财务定期公开制度，理事会、监事会成员及其直系亲属不得担任本社的财会人员。会计年度终了时，由理事长按照本《章程》规定，组织编制本社年度业务报告、盈余分配方案、亏损处理方案以及财务会计报告，经执行监事或者监事会审核后，于成员大会召开15日前，置备于办公地点，供成员查阅并接受成员的质询。同时，《章程》中还规定了合作社从当年盈余中提取5%的公积金和5%的公益金，明确了公积金、公益金的具体使用方向和按比例量化到成员个人账户。此外，当合作社遇到合并、分立、解散和清算时，《章程》还明确了合作社的财产、负债等的处置办法。

《章程》对合作社财务管理制度的规定是比较完善的，但从黎坝土地股份合作社的实际情况来看，财务管理制度尚未真正建立起来。第一，该合作社没有自己的办公场所和专职财会人员，办公场所是借用黎坝村委会的办公室，合作社日常的会计和出纳工作是由村委会的财会人员义务提供服务完成的。第二，调查发现，该合作社的财务账册只是对理事会和监事会公开，并没有向合作社成员公开或提供查阅便利。

三　土地股份合作社的运营模式

（一）业务范围

根据《章程》记载，黎坝土地股份合作社以成员为主要服务对象，依法为成员提供农业生产资料的购买，农产品的销售、加工、运输、贮藏以及与农业生产经营有关的技术、信息等服务，主要业务范围包括：（1）组织采购、供应成员所需的生产资料；（2）组织收购、销售成员生产的产品；（3）引进新技术新品种、开展与粮食种植经营有关的技术培训、技术交流和信息咨询服务。

从调研情况看，该合作社为成员提供的服务很单一，主要是把入社成员的土地分成几块进行连片集中整理，然后招聘农业职业经理人去经营土地，这一服务的本质跟江浙地区的土地股份合作社提供的服务相类似，都是合作社先对入股土地进行整理，然后发包给农业经营者，不同之处在于崇州地区引入农业职业经理人这一角色，并对农业职业经理人的经营活动进行监督（如提交并执行生产计划），此种监督的意义在于为成员获得保底的土地收益提供一种保障。

（二）盈利模式

据合作社的理事长反映，该合作社虽然成立将近 3 年之久，但合作社至今还没有什么收入，盈利能力非常差。该合作社不以营利为目的，目前的收入来源有两种：一是成员入股土地的租金，但这部分租金是合作社跟农业职业经理人约定的支付给成员的土地固定租金，合作社不会从中扣减，全部支付给成员；二是农业职业经理人支付给合作社管理层的工作经费，每年大约 3 万元，由合作社的理事长和参与日常管理工作的理事或监事领取。例如理事长李开学负责管理合作社，他的年劳动报酬大约在 4500 元。由此可见，该合作社缺少自己的盈利渠道，没有公共积累也就理所当然了。

（三）盈利分配方式

粗略地对黎坝土地股份合作社的利益相关者进行分类，包括三类群体：合作社管理层（理事会和监事会）、农业职业经理人、普通的土地入股成员。由于合作社不形成公有财产，也就不会发生归属于合作社整体的利润分配。当前，这三类利益相关者的利益分配方式如下：

（1）合作社管理层（理事会和监事会）的收益来源于农业职业经

理人提供的管理经费，这笔经费可视为管理层在职业经理人和普通成员之间进行土地租赁的中介服务费。

（2）土地入股成员获得固定租金。聘用的农业职业经理人在当年的生产周期之前，向合作社理事会提交生产计划和成本预算，并约定了每亩土地的固定租金。以2014年度为例，成员的土地入股合作社后，已经过合作社统一整理的田块，每亩地的租金为500斤干黄谷，成员可在年底选择收取实物（干黄谷）或者按当时的市场价格折算成货币租金；未整理的田块直接以现金支付，每亩400元。国家给予的粮食生产直接补贴直接划入农民的"一卡通"账户，由拥有土地承包权的农民获得。

（3）农业职业经理人的收益取决于他的努力程度，按生产计划执行后，田间收益扣减土地租金和其他生产成本，剩余则为职业经理人的个人收益。同时，根据职业经理人与合作社的约定，四川省和崇州市提供的种粮大户补贴及其他国家政策性补贴由职业经理人获得。崇州地区一般一年种植两季，大春种水稻，小春种小麦或油菜。以该社的职业经理人宁致全为例，他提交的2014年水稻种植计划和生产成本预算为：经营356.3亩土地，计划产量为950斤/亩，收购价为1.4元/斤，预计产值为1330元/亩，扣除生产成本730元/亩（未包含土地租金），净利润为600元/亩。小麦种植的产量为500斤/亩，生产成本预计为470元/亩（未包含土地租金），按当年的最低收购价1.18元/斤，净利润为120元/亩。此外，宁致全的经营规模所能享受到的国家种粮大户补贴为水稻200元/亩、小麦100元/亩，两项净利润加上补贴款可达1020元/亩，扣除400—700元/亩的土地租金，他每亩地的净收益达到320—620元。

四　土地股份合作社的运行效果

（一）发起人获益情况

黎坝土地股份合作社的发起人是村干部，初衷是为了响应当地政府的号召，解决耕地抛荒或粗放经营的问题。从理事长李开学的情况看，他入股合作社的土地仅为2亩多，租金跟普通成员的一样，而且他也没有竞聘职业经理人，基本上不会从合作社的发展中获得大的额外收益。其余发起人大多跟李开学相类似。从另一位发起人宁致全的情况看，宁致全自身是黎坝村村民，又顺利竞聘成为该合作社的职业经理人，通过向合作社承租土地经营，不仅获得土地经营收益，更获得了国家种粮大户补贴。

（二）社员受益情况

合作社的成员让渡出土地经营权，获得土地的固定租金收益。根据合作社和职业经理人之间的约定，经过合作社统一整理的田块，每亩地的年租金为500斤干黄谷，成员可在年底选择收取实物（干黄谷）或者按当时的市场价格折算成货币租金；未经整理的田块直接以现金支付，每亩每年400元。成员不再参与职业经理人的田间剩余收益分红。此外，职业经理人一般会提供5—10名农业长工以及诸多临时短工的就业机会，愿意务农的成员也可以给职业经理人提供劳务而获得劳务报酬。总的来说，成员通过合作社出租土地获得的收益加上自主务工的收益，会高于自家经营土地的纯收益。也正是这一原因，越来越多的村民愿意将土地入股到合作社。

（三）对农业及农村社会发展的贡献

农民的土地入股合作社后，合作社通过统一整理并承租给职业经理人经营，有利于职业经理人进行规模化、集约化经营，同时土地的集中也提高了当地的农业机械化水平，农机具购置补贴的对象也从众多小农户逐渐转向职业经理人，节约了该项政策的执行成本。由于土地股份合作社发挥了土地供需双方的中介服务功能，当地的土地抛荒或粗放经营现象已大幅减少。一方面，土地股份合作社跟入股成员之间签订土地入股合同，约定利益联结方式和入股期限，明确双方的权利和责任；另一方面，土地股份合作社与职业经理人之间也有聘用合同，合作社审议职业经理人的生产计划并监督其执行计划，这不仅减少了农村土地流转纠纷，还为成员的土地保底收益提供了保障，有助于农村社会稳定。

（四）存在的问题

根据调查，黎坝土地股份合作社的进一步发展主要面临两大难题：

第一，晾晒、烘储场地非常有限。由于该合作社从事水稻和小麦等粮食作物大田生产，粮食作物的特性就是收获时节非常集中，上千亩的水稻、小麦被集中收割之后，需要较大的晾晒场地或者大量烘干设备和储藏仓库，对烘储的依赖非常大，而当地作为晾晒、收储所用的设施农用地审批又异常困难。目前，该合作社的水稻、小麦生产及后续销售都是由职业经理人自行负担，职业经理人承租的土地规模一般在500亩左右，而职业经理人个人又缺少晾晒场地和烘储设施，以致即使有能力扩大经营规模，也没有能力处理粮食收获后的烘储问题。

第二，农业基础设施投资严重不足。目前，该合作社的入股土地有1800 余亩，经过统一整理的土地较少，而且大部分土地位于山坡上，几乎没有上山道路，也缺少灌溉沟渠，导致这些地块的生产能力较低。据了解，该合作社生产经营水稻和小麦时，只有山下通道路的地块能在栽秧和收割环节实现机械化作业，山上的地块只能依靠人工抛秧、收割和装袋，装袋完成之后还需要雇请短工将粮食扛到山下的道路边装车。该合作社亟须平整、修建田间道路和机耕道的土地大约在600 亩，这需要投入大量资金，而合作社又没有公共积累，向成员集资又不现实，只能依靠政府财政投入。

五　结论与思考

（一）结论

总体而言，黎坝土地股份合作社虽成立近 3 年，但该合作社的运作还处于初步发展阶段。合作社扮演着纯粹的土地流转中介服务角色，在供给土地的农民和农业职业经理人之间发挥着组织协调的作用。由于土地的收益采取了固定租金的方式，生产风险和市场风险完全由职业经理人这一实际经营者去承担，所以农业经营的剩余收益也全部由农业职业经理人所有。合作社不承担风险，也不从土地流转中收取服务费，故而没有收入来源，未能形成公共积累。土地入股成员因为只获取固定租金收益，合作社只要存续下去，不管发展得好与坏，对成员的租金收益不会产生大的影响，所以，普通成员参与合作社的管理的积极性非常低。上述因素将直接制约着合作社的发展壮大。

（二）思考

结合黎坝土地股份合作社的发展现状，笔者有如下几点思考：

第一，合作社的发展必须要有稳定的收入来源，形成必要的公共积累。合作社的生存必须依靠自身的盈利能力，没有盈利，只靠"输血"的合作社是不会持续发展的。以解决农民土地租赁为核心职能的土地股份合作社，如果只为成员提供土地转包服务，只是依靠收取微薄的流转服务费，那么它的收益来源较为单一，发展遇到的障碍也会很大。土地股份合作社应在稳定核心职能的前提下，探索"风险共担，收益共享"的方向转型，将服务或业务延伸至入股土地的多样化经营，通过多样化的收益分配方式实现稳定的收入来源，并提取合作社剩余形成公共积累。否则，成员在缺少利益吸力的环境下会逐渐远离合作社，届时合作社将丧失发展的群众基础。

第二，合作社的内部治理要依规则行事，不可朝令夕改。黎坝土地股份合作社的理事会和监事会成员在短短的两年之内历经 3 次选举换届，管理层人员频繁更换，许多事项不依章程规定行事，极易出现因合作社管理层动荡而阻碍合作社的发展。管理层的频繁更换也使原已制订的发展计划遭遇搁置，甚至正在实施的方案被强行终止。如果股份制企业像黎坝土地股份合作社那样，频繁更换管理层和不依公司规章行事，企业早就经营不下去了。

第三，合作社的领头人除了要有奉献精神，更需要有冲劲和魄力。合作社的发展离不开精英人物，而精英人物带领合作社发展凭的不单单是一腔热血和为民服务的奉献精神，更需要有能提升合作社自我发展能力的个人综合实力。当前黎坝土地股份合作社的理事长 62 岁，曾任黎坝村主任，响应政府号召发起组建土地股份合作社，并负责日常管理工作，但不从合作社里获得收益，是典型的村干部发挥余热的奉献人物，但已无干劲和魄力带领合作社拓展业务领域，而是满足于当前成员从土地获取固定租金的分配格局。短期内，因缺失有抱负的领头人，该合作社可能不会消失，但已失去发展的内源动力。

（执笔人：何安华）

案例 24　从分散到联合的土地股份合作社：四川省崇州市青桥种植专业合作社

一　合作社成立的背景和发展历程

（一）成立背景

近年来，随着青壮年劳动力外出务工人数的增加，而村内又没有企业来租赁土地，也没有大户愿意承包土地，青桥村一度出现"无人种田"的局面。2011 年，在崇州市政府的号召下，青桥村开始仿照杨柳农村土地承包经营权股份合作社的模式，筹备成立合作社。青桥种植专业合作社的前身是青桥土地股份合作社和桥贵土地股份合作社，发起人分别是青桥村村支书罗巡虎和明水村村主任任建中。目前，罗巡虎任青桥种植专业合作社的理事长，任建中受聘为职业经理人。

（二）发展历程

2011 年 6 月，桥贵土地股份合作社经工商注册成立，办公场所设在原合村前的明水村村委会。2012 年 6 月，青桥土地股份合作社在工商部门正式注册成立。成立之初，合作社规模不大，耕地面积只有 100亩左右。秋季收获后，其他村民看到合作社取得了较高的经济效益，纷纷要求加入合作社。当年，青桥村及附近几个村的农民以村民小组为单位组建了 10 个"土地股份合作社"。这些"土地股份合作社"大多没有进行工商注册，而是仿照青桥土地股份合作社的运作模式开展经营。由于新成立的"土地股份合作社"聘请的职业经理人素质参差不齐，监管机制不健全，致使部分合作社出现亏损，影响了成员的积极性。2013 年，这些"土地股份合作社"进行了整合，先后并入青桥土地股份合作社和桥贵土地股份合作社。

在粮食规模经营过程中，青桥土地股份合作社遇到了粮食晾晒难、仓储难等问题。为此，合作社社员自愿筹资、自主参与，建成了日烘干粮食 200 吨、储存粮食 2000 吨的烘储中心。粮食烘储中心总投资 598万元，其中四川省补助 238 万元，成都市补助 150 万元，崇州市补助50 万元，社员自筹 160 万元。为了加强资产经营管理，青桥村按照"利益共享、风险共担"的原则，89 户社员自愿入社，经工商注册成立青桥烘储股份合作社，通过合作社章程，设立理事会、监事会等机构。2014 年，为了提高合作社的竞争力，青桥土地股份合作社和桥贵土地股份合作社合并为青桥种植专业合作社。

二　合作社的基本情况与分配机制

由于青桥土地股份合作社和桥贵土地股份合作社是青桥种植专业合作社的前身，只有对合并之前的两个合作社分别进行分析，才能厘清青桥种植专业合作社的运行机制。

（一）青桥土地股份合作社的基本情况及分配机制

合并之前，青桥土地股份合作社共有社员 251 户，入社面积636.54 亩，其中规模化统一种植面积 411.3 亩。合作社大春生产实现全机插秧，由耘丰农机专业合作社育秧，双流县丰收农机专业合作社负责机插。小春全部种植大麦，亩产 500 多斤，每斤单价 1.05 元。小春收入加大春收入构成合作社的全年收益。

在财务管理及分配方面，合作社建立了较规范的财务账目。一般而言，合作社的重大事项和有关财务均能按规定公示，并留有照片。另外，合作社采取以表代账形式为每位成员设立了成员账户。根据规定，合作社设定 800 斤/亩的目标产量，生产成本按照每亩 700 元的标准由社员垫支。合作社销售收入减去生产成本后的纯收益由职业经理人与社员按 2∶8 的比例分配，即 20% 为职业经理人所得、80% 分配给入社农户。合作社管理人员及雇工报酬实行包干制，由职业经理人在自己的报酬中提出适当份额，按各自的工作量发放。合作社享受的"种粮大户补贴"按兑现后的实际数额，以 1∶2∶3∶4 的比例分配，即 10% 为公积金、20% 为合作社管理人员的报酬、30% 为职业经理人所得、40% 分配给入社农户。2013 年，合作社共筹集生产互助金 28 万元。全年总收入 477119.25 元，收支基本持平，其中生产成本 265333元、社员分配 196648.49 元（亩均收益 478.11 元）、职业经理人报酬15137.76 元。

（二）桥贵土地股份合作社的基本情况及分配机制

合并之前，桥贵土地股份合作社共有社员 179 户、入社面积 578亩，其中规模化统一种植面积 411.3 亩。在生产经营方面，合作社大春种植水稻，生产实现全机插秧，由耘丰农机合作社育秧，双流丰收农机合作社负责机插。小春种植 160 亩大麦，亩产 600 斤，每斤单价 1.05元；种植 370 亩小麦，亩产 600 斤，每斤单价 1 元。此外，合作社还转包给大户 38 亩地种植食用菌，合作社每亩收取租金 400 元。小春收入全部并入全年收益分配。

在财务管理及分配方面，合作社建立了财务账目，但有待进一步规范。一般而言，合作社的重大事项和有关财务均能按规定公示。桥贵土地股份合作社也采取以表代账形式为每位成员设立了成员账户。盈余分配机制也与青桥土地股份合作社相似。2013 年，合作社共筹集生产互助金 20 万元。全年总收入 197250 元，总支出 197244 元，收支基本持平。在盈余分配方面，社员分配 68432 元、职业经理人所得按纯利润的20% 提取报酬 5680 元，另外合作社提取管理费 3460 元。

（三）青桥育秧烘储股份合作社的基本情况及分配机制

为发挥财政补贴资金形成资产的作用，在尊重社员意愿的基础上，青桥育秧烘储股份合作社决定开展财政补贴资金形成资产股权量化试点工作并取得了积极成效。主要做法是：一是锁定股东。凡加入青桥育秧烘储股份合作社并且完成交纳育秧烘储中心项目建设自筹出资任务的社员，确定为合作社股份量化股东，共确认股份量化股东89户。二是资产移交。按照项目立项和建设要求，在项目建设竣工验审后，与市财政局签订《资产移交及管护协议》，建立资产档案，落实管护责任。三是量化发证。对项目形成的经营性资产进行股份量化，主要包括：育秧大棚及其设施设备、烘储中心房屋及烘干设备、2000吨粮油仓储库房等设施，按项目竣工审计投资598万元，其中财政补贴投资438万元、社员自筹160万元。经股东大会讨论通过，股权设置按每1元为1股计算，共设置财政补贴投资形成的资产股438万股、社员自筹投资所形成资产股160万股，登记发放《股权证》。四是股权管理。对持有青桥育秧烘储股份合作社《股权证》的社员，其持《股权证》满1年后，经合作社理事会批准，可以通过转让、抵押、担保、继承和赠予等进行流转交易。五是收益分配。经营期内合作社所有经营纯收入，按股权权重分红。2014年11月30日合作社进行首次分红，入社社员89户户均分红收入达1668元。

（四）青桥种植专业合作社的基本情况及分配机制

2013年青桥土地股份合作社和桥贵土地股份合作社两家合作社收支持平。由于受农机服务供给不足的制约，两家合作社临时在王场村雇用了30多个劳动力插秧。因此，两家合作社都感觉到需要通过联合进一步扩大经营规模，统一购买农机设备，以提高经济效益。目前，青桥种植专业合作社共有收割机1台，年收割面积为200亩；有拖拉机2台，年耕地面积为1200亩；有插秧机5台，年插秧面积为1300亩。

在财务管理及分配方面，合作社有了固定的办公室，财务制度健全。合并之后，合作社仍采取保底分红模式（保产800斤/亩），但分配机制进行了调整，将1:2:7的超产分配比例调整为1:1:8，即10%为公积金，10%为职业经理报酬，80%归入社农户。在盈余分配方面，2014年合作社提取公积金31412元，5名职业经理人报酬共计219884元，社员分配729582元，合作社未分配利润62824元。

三　青桥种植专业合作社的治理结构与决策机制

（一）青桥种植专业合作社的治理结构

青桥种植专业合作社合并成立之后，重新选举产生了成员（代表）大会、理事会和监事会。理事候选人由全体成员提名产生，差额选举。理事会成员5人，全部为农民，其中1名是女性。监事会成员3人，都具备基本财务会计知识。理事长由青桥村党支部书记罗巡虎担任。罗巡虎今年42岁，当过17年的村党支部书记，自身也是种植大户，大专学历。2014年合作社召开理事会4次，成员代表大会2次。一般情况下，理事会和监事会同时召开，每次开会都有会议记录。合作社重大投资决策和盈余分配方案都由成员代表大会决定。

按照《章程》，理事会职责主要有以下9个方面：（1）组织召开成员大会并报告工作，执行成员大会的决议；（2）制订本社发展计划、年度业务经营计划、内部管理规章制度等提交成员大会审议；（3）制订年度预算和决算以及分配和亏损弥补等方案提交成员大会审议；（4）开展成员培训和各种活动；（5）管理本社的资产和财务，保障本社的财产安全；（6）接受、答复处理和执行监事和监事会提出的有关质疑和建议；（7）决定成员入社、退社、继承、奖励、处分等事项；（8）决定聘任或者解聘本社经理、财务会计人员和其他专业技术人员；（9）履行成员大会授予的其他职责。

监事会职责主要有以下7个方面：（1）合作社的成员大会的决议和本社章程执行情况；（2）负责合作社生产经营计划、本社财务审核监察工作；（3）理事长或理事成员和经理人履行职责情况；（4）向理事长或理事会提出工作质疑和改进工作的建议；（5）提议召开临时成员大会；（6）代表本社负责记录理事长与本社所发生的业务交易量（额）情况；（7）履行成员大会授予的其他职责。

（二）青桥种植专业合作社的决策机制

职业经理人负责合作社的日常生产管理。原桥贵土地股份合作社的职业经理人任建中是青桥种植专业合作社的5名职业经理人之一。任建中作为村主任，在当地具有一定的威望。他先后参加了崇州市和成都市举办的职业经理人培训，取得了职业经理人证书，2014年竞聘为青桥合作社职业经理人。调研了解到，担任村干部多年的任建中，显示出了较高的管理能力。例如，2014年合作社种植草莓40亩，收入近70万元，取得了良好的经济效益。同时，他把 40 多亩草莓、140 亩葡萄、93 亩稻田泥鳅分别集中在旅游环线、安仁连接线和稻香旅游环线一带，扩大了合作社的影响力。

在合作社决策机制方面，青桥种植专业合作社职业经理人任建中与合作社理事会、监事会协调一致，表现出较高的团结协作性，推动了合作社发展。合作社的生产计划、阶段性工作安排、生产布局等先由职业经理人提出方案，交由理事会、监事会讨论通过，再组织实施。同时，生产环节中出现的问题或是经理人新的发展计划都会先向理事会、监事会报告，经过同意授权后方才解决或实施。例如，任建中利用 3 家养殖场粪水和废水池搞了 3 个循环种植点，不但解决了 3 个养殖场粪水排放问题，避免了环境污染，还变废为宝，为农作物生产提供了优质有机肥，提高了农业附加值，使稻谷销售价每斤 2 元多。经测算，3 个循环种植点总面积 500 亩，每亩降低生产成本 75 元，每斤提高粮油附加值 0.35 元，直接增加经济收入 202300 元。

（三）关于理事长与职业经理人关系的思考

调研发现，农民或其他个人想应聘合作社职业经理人需要交纳 10 万元保证金，待完成年度目标、收益分配后退还。在管理方面，合作社理事长与职业经理人之间呈现出三种关系：第一种是由村主要干部兼职理事长或综合管理能力较强的人员担任理事长。如青桥土地股份合作社理事长由村支部书记兼任，如桤泉镇千丰合作社理事长曾任多年村生产队长，再如桤泉镇禾鑫合作社理事长曾任多年村生产队长，他们一般具有较高的威望，有利于协调村民关系，取得了较好的成效，但也会对合作社的民主管理带来威胁。第二种是由村主要干部兼职业经理人。如隆兴镇"青桥"合作社职业经理人由村主任兼职。由于同属于村干部，他们一般都能与合作社理事长协调好经营管理过程中的具体问题，同样取得了较好的成效，但也会产生相互串联的隐患。第三种是少数合作社的理事长与职业经理人都具有较强的工作能力，但双方职责不明、沟通协调不足、信任程度不够，影响合作社正常运营。如集贤乡的涌泉土地合作社。

四　土地股份合作社的运行效果

（一）合作社实力不断增强

从 2012 年到 2015 年，合作社耕地由 100 多亩增加到 1646 亩，成员由 100 多户发展到 615 户。同时，原青桥土地股份合作社 509 户社员中的 89 户还出资 160 多万元成立青桥烘储股份合作社。目前，合并之后的青桥种植专业合作社属于省级示范社，注册了自己的品牌，已开展农产品销售、农资购买、农机服务、农产品贮藏、技术服务、信息服务等多种业务，还购买了农产品加工设备。青桥土地股份合作社已从过去单一的粮油种植，发展成为集粮食种植加工、果蔬种植和特种养殖为一体的新型现代农业经营主体。

（二）取得明显的经济社会效益

合作社实行统一经营后，生产水平和经济效益不断提高。2014 年小麦亩产 650 斤，水稻亩产 1156 斤，油菜亩产 350 斤。全年纯收益将近 114 万元。此外，青桥烘储股份合作社财务单独核算，2014 年对外烘储粮食 1250 吨，收入 30 万元。在提高经营效益的同时，合作社还极大地解放了农村劳动力。青桥村外出务工的农民多了，据初步统计，农户仅务工一项就增加收入近 40 万元。

（三）潜在的风险及问题

调查中也发现不少问题，主要是合作社利益联结机制不健全，自控能力弱，遇到生产经营困难时缺乏应对措施等。同时，从合作社财务管理情况看，普遍存在建账不规范现象。成员账户都是以表代账，需进一步加强规范力度。生产资金互助是解决合作社融资困难的有效举措，但存在社员参与不广泛，甚至存在只是少数几个人以集资形式充当生产互助金的现象。

五　结论与发展建议

（一）结论

1. 农村社区是合作社稳定发展的基础，反过来合作社的发展壮大又有助于社区建设

由于合作社的成立、运行及发展根植于所处地域环境，所以合作社的发展和壮大离不开农村社区的支持。正是由于青桥土地股份合作社与桥贵土地股份合作社存在地域相近、文化相通与优势互补等特点，合作社才会自发联合，从而带来合作社的发展壮大。同时，又是由于同一社区成员之间的相互信任，青桥土地股份合作社的 89 名社员才肯出资 160 多万元成立烘储股份合作社。可见，农村社区为农民合作社发展提供资源支撑，是合作社发展的基础与动力。反过来，合作社的壮大也能

带动地区经济发展，改进村庄治理，维持农村社区的稳定。

2. 与农户相比，合作社可以率先采用先进的农业科学技术，增强农产品供给保障能力

农业科技创新和技术推广是促进粮食稳产增产的根本出路。随着生产经营规模的扩大，合作社往往率先注入现代农业生产要素，率先引进新品种与新技术，对保障国家粮食安全和农产品供给发挥重要促进作用。与传统农户相比，合作社拥有更高的科技创新能力与动力，是提高农业科技成果转化率、集成推广成熟技术的重要载体。例如，青桥土地股份合作社通过上马烘储、加工设备，拓展品牌建设、包装储藏、物流配送等环节，延长了产业链，增强了农产品供给保障能力。

（二）发展建议

1. 土地股份合作社应以种粮增收为主题

效益始终是合作社的出发点和落脚点，只有千方百计增加合作社效益才能巩固和发展合作社。合作社在立足粮油产业，在探索优质高效订单农业等方面取得了经验。如楠木合作社立足粮油产业的基础上，成功地探索了一条为客户生产优质稻谷的订单农业发展道路。合作社按客户要求种植的优质稻，不施化肥、不打农药、主动接受客户监督。合作社订单稻谷亩产虽然只有 450 斤，但每斤大米卖价高达 20 元，并且供不应求。与此同时，也有部分合作社由于非粮化导致风险扩大，造成亏损，也严重影响了土地合作社的稳定和发展。因此，土地股份合作社应集中于种粮环节，在提质增效上下功夫，依靠高品质获得高收益。

2. 根据合作社发展水平，优化利益分配模式

目前，合作社盈余分配存在"除本纯利分成"、"目标产量超产分成"和"保底加二次分配"三种模式。除本纯利分成模式由社员出生产成本，经营收益提取公积金后，由职业经理人与社员按约定比例分配。目标产量超产分成模式指由社员出生产成本，依据达到目标产量、超目标产量、未达目标产量三种情况，设立不同奖惩比例的分配方案。保底加二次分配模式由社员出生产成本，经营收益首先必须保证社员基本收益，再进行纯利润二次分配。从调查情况了解到，只有部分合作社按除本纯利分成和目标产量超产分成模式运作，而大多数合作社实行的是保底加二次分配模式，实际上多数合作社只是保底没有分红，这就意味着成员只是"利益共享"，而没有"风险共担"。这种模式中有相当

一部分合作社已演变为"包干经营"或"发包经营"。在实践中，合作社应根据自身经营实力和发展水平，及时调整优化利益分配模式。

3. 需要进一步规范财务和民主管理制度

目前，大多数合作社的规章制度停留在"写在纸上、贴在墙上"的状态。调查中发现，绝大多数合作社的财务账目只设有银行现金账户、收支流水账，社员账户基本上多是以表代账，只有个别合作社是按国家"农财两部"的要求做账。合作社应充分认识到财务会计制度的重要性和必要性，健全和规范财务会计制度，通过成本预算确保资金运作合理、生产有序。此外，大多合作社的民主管理制度没有真正落实到位，主要表现为成员代表大会没有正常运转，理事长、监事长（或执行监事）没有很好履行自己的主要职责。因此，政府需要进一步加强合作社管理人员培训，设立农业职业经理人专项培训经费，进一步规范财务和民主管理制度，提高合作社的规范化水平。

（执笔人：高强）

案例 25　土地入股、利益联结：四川省崇州市江源镇邓公村邓辕土地股份合作社

崇州市地处美丽富饶的川西平原，位于天府之国的腹心，面积1090平方公里，全市常住人口 66.112 万人，辖 25 个乡镇。全市大体形成山地、浅丘加平坝的土地结构，素有"四山一水五分田"之说，是传统农业大县，也是四川省主要产粮区。近两年来，崇州市充分运用农村产权改革成果，积极推进农业发展方式和体制机制的创新，建立并大力实施以土地股份合作为主的经营方式，以综合性农产品公共品牌服务、农业"专家大院"科技服务、"农业服务超市"社会化服务、农村金融服务四大农业服务体系为支撑，探索实践了一个农业经营方式、四大农业服务体系的"1+4"农业发展模式，推动粮食规模生产，加快了农业发展方式转变，开创了粮食和农业生产新局面。从 2010 年起，崇州市开始推行农村土地股份合作社，分别在隆兴镇杨柳村、桤泉镇生

建村开展了土地股份合作社水稻规模种植试点，取得经验后在全市全面推行。

一　合作社成立背景和发展历程

（一）成立背景

近年来，在成都的广大农村，"分红"模式伴随着各式各样的"合作社"出现，正改变着农民传统的生产生活方式。包括土地承包经营权在内，附着在土地上的各种权利，正逐渐转变为"资本"，为农民带来可观的收益。几年前，老实巴交的农民对"分红"这个概念十分陌生，他们的主要精力都用来耕种家里的几亩田，虽然产量不多，卖不了大钱，但撂荒又觉得可惜。抱有这种心态的农民在崇州市占比非常大。2011年，崇州市农村发展局选择崇州市3000户家庭进行过一项问卷调查，结果显示，务农收入在家庭总收入中的占比跌到5%以下，有的家庭不足1%。更严峻的现实是，由于人均耕地面积不足七分，"逃离农业"已成为农村一"景"。在农村，种田人出现严重的断层，大多都是五六十岁的半劳动力，几乎找不到年轻人。另外，随着新型农村社区的不断建设和推进，农村集中居住率不断提升。改变居住环境的同时，也带来了另一个问题——生产半径扩大。曾经就在家门前的土地，距离一下子被拉远，种田变得更费力，这也导致一些撂荒现象的出现。

邓公村位于崇州市江源镇北部，东靠羊马河，南接江源村，西靠崇福村，北接羊马镇泗安村，村域面积366.3公顷，总人口3410人，农业人口3372人，辖21个村民小组，党员108名，有10个党小组。全村土壤肥沃，主产水稻、小麦、油菜等农作物，粮油产量高。耕地面积3597.13亩，其中大春水稻种植面积2531.13亩，流转种植花卉、苗木365亩，种植金针菇85亩，常年种植蔬菜616亩。全村劳动力有一半以上外出务工，过去曾有耕地撂荒现象。为了更好地利用耕地资源，提升村民的收入水平，2012年邓公村注册成立邓辕土地股份合作社。

（二）发展历程

江源镇邓公村从2012年2月26日就组建了合作社，但直到2012年10月29日才注册登记为邓辕土地股份合作社。经过短短3年的时间，现已拥有农机合作社、劳务合作社等多家下属子机构，规范发展经营面积2160亩，年收益200多万元的省级示范社。邓辕土地股份合作社以除本分利加二次分红的方式与社员结算。邓公村2/3以上的农户和土地加入了合作社，形成资源抱团，吸引了各类社会资金参与合作社发展，土地效益大幅提升，管理水平和生产技术大幅提高。2014 年合作社仅土地种植纯收益就达 928 元/亩，劳务收入 120 多万元。

2012 年 2 月 26 日，邓公村成立邓辕土地股份合作社，入社总面积 1200 亩，其中统筹面积 885.77 亩，统一经营面积 314.23 亩。入社统一户数 122 户，入社成员都要求填写入社申请书，由合作社和成员签订了入社协议。经过召开第一次股东会议，该合作社制定了合作社章程、财务管理制度、分配方案、理事会职责和监事会职责等内容。虽然在统计上达到 800 多亩的规模，但统一经营面积只有 300 多亩，有 500 亩土地在商谈流转出租给农业企业经营。

2012 年 9 月，邓公村按市党委政府的要求，加快推进农业土地股份合作社的建设步伐，加大宣传力度，开展合作社的扩面工作。经过扩面后，合作社入社总面积 1582.28 亩，入社总户数 429 户。其中，统一经营面积 460.13 亩，统一入社户数 188 户，统筹面积 1122.15 亩，统筹户数 343 户。经营小组由原来的 16 个压缩到 8 个。同年 10 月 29 日，该合作社进行工商登记。首先以产权改革确定的承包地经营权面积入股，将承包地以 30000 元/亩的方式折价，作为合作社成员的出资额，出资总额为 4754.2 万元；最后进行工商注册、税务登记、对公账号办理等流程，组建了邓公村邓辕土地股份合作社。

2013 年大春种植水稻的季节，该合作社实际统一经营面积达到 532 亩，统一经营入社户数 171 户。2013 年 7 月 22 日，江源镇邓公村村委组织全村 21 个村民小组约 80 名代表在该村邓辕土地股份合作社田块召开现场观摩会，将合作社利用科学方法种出的水稻和农户自己种的水稻进行对比。观摩会的召开与平时反复的宣传很快取得了效果。2014 年的小春小麦种植期。入社的统一经营面积从 532 亩增加到 1039 亩，统一经营入社总户数 439 户。2014 年的大春水稻种植期，合作社统一经营面积达到 1200.88 亩。

合作社经过几年的发展，2013 年通过了市级主管部门的验收，被评为崇州市示范社，2014 年 6 月被评为农民合作社省级示范社。

二　土地股份合作社的产权结构与治理

（一）产权结构

该合作社目前只有土地入股，没有资金、技术、机械等其他入股方式。入社成员以土地承包经营权入股，按 0.01 亩折成一股。按照农户入社自愿、退社自由、利益共享、风险共担的原则，以土地承包经营权折股组建农村土地合作社。2013 年 4—10 月，该合作社在内部发起资金互助，但也没有形成资金入股，而是以按月计息方式向资金供给方发放补偿。

（二）治理结构和决策机制

在合作社成立初期，合作社成立了股东（代表）大会、理事会和监事会，并明确制定了各个组织机构的职责。2012 年 10 月，该合作社进行工商登记，在原有组织机构的基础上健全了管理综合部、生产经营组、销售采购组、财务组，实行分工责任制，合作社重大事项由理事会和监事会以及股东共同研究决定。目前，该合作社除股东（代表）大会、理事会、监事会外，下设生产部（职业经理人）、综合部、财务部。

每年度的粮食目标产量和所有利益联结机制均由合作社召开股东大会讨论制定。

理事会负责合作社的生产经营，决定"种什么"、"如何种"。理事会出面聘请农业技术人员、种植能手等能人为生产经理，并签订产量指标、生产费用、奖赔合同。

监事会监督合作社的财务收支情况并监督理事会的工作开展情况。

生产部负责聘请职业经理人、田间管理、请人工等生产环节。综合部负责核算生产成本、组织采购农资、实施机插秧、大型农机具管理等环节。财务部负责合作社财务管理，结算生产成本和收益。这 3 个部门实行生产报告制度和财务报账制度。生产部（职业经理人）采购农资须向理事会提出申请，填写生产报告单，经合作社监事会、理事会审核同意后由综合部负责采购；生产经营环节中产生的各类费用支出须填写报账单，经监事会、理事会同意后方可报账。

引进生产性公司流程后，合作社内设部门责任明确，理事会相当于公司董事会，有决策权，负责生产指令；职业经理人负责生产管理；财务部负责管理账目。制度和流程的规范，制衡了各自权力，使合作社沿着规范化、标准化、示范化的道路前行。

三　土地股份合作社的运营模式

（一）业务范围

该合作社以成员为主要服务对象，从事现代农业生产、实行粮食

（水稻、小麦）和油菜规模经营。合作社实行统一经营，提供农业生产资料的购买，农产品的销售、加工、运输、贮藏以及与农业生产经营有关的技术、信息等服务。主要业务范围如下：（1）组织采购、供应合作社所需的生产资料；（2）组织收购、销售合作社生产的产品；（3）引进新技术、新品种，开展与粮食种植经营有关的技术培训、技术交流和信息咨询服务。2014年，该合作社添置了农业生产机械，购入2台大型拖拉机、1台收割机、4台小拖拉机、2台除草机。

（二）盈利模式

农民入社后只参与土地经营决策，不直接参加生产劳动。邓辕土地股份合作社的盈利主要有两种：一是合作社对入社土地的统一经营收入，二是合作社将部分土地流转给农业公司的租金收入。

一是合作社的统一经营。目前，合作社统一经营面积为：小春（小麦或油菜）1039亩，大春（水稻）1200.88亩。整个生产环节由合作社下设的生产部负责，主要交由招聘的职业经理人组织完成。职业经理人对外寻找农业生产劳务供给渠道，然后由合作社与农业服务超市签订专业化服务合同，由农业服务超市提供经过技能培训的人员和装备，全面实行机耕、机插、机防、机收等机械化生产，并按照规定的质量标准和订单要求组织标准化生产，实行种子、肥料、农药"三统购"和机耕、机防、机收、管理"四统一"。粮食或油菜收获后，由合作社的综合部组织销售。

二是土地流转收益。邓辕土地股份合作社将500亩土地流转给四川创富高地农业开发有限公司用于葛根的种植。葛根具有很好的药用价值，也是制作保健品的重要原材料，具有很大的市场空间。葛根种植能够保证种植效益，降低风险。该合作社流转面积500亩，租金为800斤大米/每亩，折合货币租金约1600元/亩。这500亩土地与合作社统一经营的1200.88亩土地合起来统一核算，按照股份实行全社统一分配。

（三）利益联结

土地股份合作社利益联结机制和分配方式灵活多样，由农业职业经理人与入社成员共同协商决定。目前，邓辕土地股份合作社采取统一经营、包干管理、除本分利的经营模式。

1. 财务收支情况

2014年，邓辕土地股份合作社的收入支出情况如下：

（1）大春种植水稻面积 1200.88 亩，亩产 1100 斤湿稻谷，湿稻谷总产量 1320968 斤，销售单价按 1 元/斤折算，当年大春销售收入 1320968 元；大春生产成本合计 870450 元，生产成本各项见表 1。当年大春水稻种植纯收益 450518 元，分配给农民（成员）426501 元，分配给职业经理人 24017 元。

表 1　　　　2014 年邓辕土地股份合作社水稻生产成本情况　　单位：元

项目	种子	农药	肥料	人工	机耕	机收	其他
成本	35808	13943	153205	388854	63647	84061	130932

（2）小春种植面积 1039.08 亩，全部种植小麦亩产 630.5 斤湿小麦，湿小麦总产量 655149 斤，按销售单价 1 元/斤折算，当年小春销售收入 655149 元；小春生产成本合计 464425.2 元，生产成本各项见表 2。当年小春种植纯收益 190723.8 元，分配给农民（成员）180333 元，分配给职业经理人 10390.8 元。

表 2　　　　2014 年邓辕土地股份合作社小麦生产成本情况　　单位：元

项目	种子	农药	肥料	人工	机耕	机收	其他
成本	43691	33270	112500	126261	41563	70318	36822.2

（3）流转土地 500 亩，每亩年租金 1600 元，共计 800000 元，全部分配给农民成员。

2. 利益联结方式

2012 年，由于合作社成立不久，还处于摸索阶段，分配方式同时采用了保本分红和除本分红两种方式。其中，保本分红是合作社跟成员承诺每亩以 900 斤湿稻谷为保底租金，但当年经营亏损，每亩亏损额在 200—300 元，当年亏损由合作社和职业经理人承担。2012 年，该合作社大春粮食种植面积 289.92 亩，总产量为 335256 斤，按湿稻谷每斤 1 元销售，总收现金 335256 元，除去生产成本 181006.14 元，纯利润 154249.86 元。按照之前订立的分配方案，有 3 个小组按保本分红应付保底费 21775.4 元，有盈余后再按 2:8 分红，但由于发生亏损，这 3 个小组的农户每亩仅拿到 900 元的保底收入。另外 12 个组采取了除本分红分配方式，入股农户和职业经理人采取 8:2 分红，当年成员总计分红 105979.6 元，15 个职业经理人总计分红 26494.89 元。总体来说，当年入社成员获得了实惠，比自家经营获得更多收益。

2013 年，该合作社的分配方案实行保底 600 斤湿稻谷加除本分红（享受二次分红）的利益联结方式，分红比例按 2:8，入社成员占 20%，职业经理人占 80%。后来，该生产年度内，合作社召开股东大会，决定调整分配方案，利益分配机制改为按签订的全年 600 斤湿稻谷给入社成员，然后除去生产成本和应付职业经理人所得报酬，剩余利润按入社成员 50%、公积金 30%、职业经理人 20% 的比例进行分配。

2014 年 6 月 20 日，合作社对 2014 年年初制定的利益联结方式进行调整，明确 2014 年实行除本分红方式，除去生产成本和应付给职业经理人大小春生产管理费 30 元/亩，剩余利润全部分给成员；种粮大户补贴按农户 20%、职业经理人 40%、公益金 17%、公积金 23% 的比例进行分配；2014 年入社农户（包括合作社流转土地入社的农户）按合作社总体入社面积实行收益统一分配。职业经理人从公益金中提取每亩 5—10 元的奖励。

2015 年的利益联结方式调整了公益金和公积金的比例。2015 年除去生产成本，合作社每亩提取 400 元管理费，剩余利润全部分给社员。种粮大户补贴按农户 20%、职业经理人 40%、公益金 20%、公积金 20% 的比例进行分配。2015 年入社农户（包括合作社流转土地入社的农户）按合作社总体入社面积实行收益统一分配。职业经理人从公益金中提取每亩 5—10 元的奖励。

四　土地股份合作社的运行效果

（一）发起人获益情况

邓辕土地股份合作社的发起人基本上都是邓公村的村"两委"班子和村民小组组长，以自家土地入股，享受跟普通成员一样的分红待遇。合作社不设核心股和非核心股，所有土地入股同等对待，仅以面积为分红依据。发起人当选为理事、监事或者下设部门的成员，负责具体的管理事务后，按月领取工资报酬，其中理事长和监事长每月工资 1800 元，其他管理人员每月 1600 元。由于 2013 年组织大春生产时，为解决合作社的资金困难，合作社发起资金互助，主要由发起人拿出资金，几个发起人共计筹集资金 37.3 万元，资金使用期限为 2013 年 4 月 1 日至 9 月 30 日，按月利息 0.65% 计算。由此可见，合作社发起人并没有从合作社获得额外的经济收益，他们获得更多的是名誉收益。

（二）社员受益情况

对于入股的农户来说，他们的家庭收入有四个方面：一是土地入股收益，二是合作社务工收益，三是种粮大户补贴的 20%，四是外出务工收益。农户入股土地股份合作社后，收益明显增加。据江源镇邓公村 2 组的李某算的一笔账：原来自己种地每亩需投入 1000 多元，收成后除去成本仅剩 200 多元。土地入股合作社后，2013 年每亩地合作社分红 600 多元，2014 年有可能还要增加，比起自己种地每亩多出了几百元的收入。最重要的是，他自己和家人还可以常年外出务工，每月又增加了 4000 多元的收入。2014 年，邓辕土地股份合作社除去生产成本和应付给职业经理人的管理费用，小春盈余 18 万余元，大春盈余 42 万余元，加上土地流转费用 80 万元，全年可分配盈余 140 万余元。按小春 260 元/亩、大春 668 元/亩的标准，大多数入社农户可得 928 元/亩的分红。

对职业经理人来说，收入有三个方面：一是完成生产任务后每亩每年 40 元管理费，二是种粮大户补贴的 22%，三是年终合作社给予的每亩 5—10 元的奖励。

（三）对农业及农村社会发展的贡献

随着外出务工人员的日益增多，土地"谁来种"、"怎么种"的问题日益严重，江源镇也不例外。土地股份合作社的成立，不仅解决了"谁来种地"、"怎样种地"的问题，更重要的是保障了农民的土地收益。邓辕土地股份合作社在经营发展过程中，除实现增值收益、保障群众利益外，还带来了农村面貌的转变。

一是凝聚了邓公村群众人心。农村税费改革后，群众和干部的关系变得淡薄起来，变成了"没事不理你，有事就找你，不办就骂你，办不好就告你"的冷漠关系。邓辕土地股份合作社建立后，全村 2/3 以上群众都参与了合作社的建设与管理，合作社的效益越高群众的参与度就越好；反之亦然。在合作社的发展过程中，干部与群众融合在一起。以开会为例，以前邓公村开群众大会，往往提前就把村民组长和村干部分派下去通知、去请，还要准备误工补贴，即使到会情况也不理想；现在一通知开会，一来就是七八百人。

二是锻炼了干部，改善了干群关系。发展土地股份合作社给邓公村带来了大量的问题和工作，既有管理上的问题也有生产技术上的问题，更有大量的数据统计和对外合作问题，这些都使邓公村干部的工作作风更加务实，工作能力得到了提升。同时村干部跟农户打交道的时间更多，更能够了解他们的想法和需求，加上合作社经营离不开群众的参与和支持，在不知不觉中就形成一种良性互动、相互支持的局面，既很好地锻炼了干部，也有效地改善了干群关系。

三是农村环境得到极大改善。在合作社发展之前，每家每户都在种田，秸秆焚烧现象屡禁不止，农资外包装遍田乱扔，杂草垃圾在路上、沟渠到处乱丢。合作社经营后，由合作社制定统一管理制度，禁止了这些不文明现象，环境得到极大改善。

四是解决了农村留守人员的就业问题。合作社的成立，不仅满足了农业种植大户的劳务需求，也为江源镇剩余劳动力，特别是"五六十岁"人员找到了一条增加收入的路子。邓辕土地股份合作社的主要劳动力是留守在家的"五六十岁"人员，以前这部分人是看家守院，经济大部分靠子女提供，属于家庭的"负累"，容易发生家庭吵闹现象。现在"五六十岁"人员在看家守院的同时，参加合作社务工，一年也能挣几千元甚至上万元，变成了家庭的宝，家庭关系融洽，社会更和谐了。

五是吸引了社会资金投入到邓公村。合作社发展起来了，众多社会资金投入到邓公村，以前为了吸引投资到处找项目，现在是邓公村选项目、选资金，项目不可持续发展的不要。现在邓公村除流转种植蔬菜以外，主要选择了一家具备较强实力的大型公司共同搞现代休闲农业，该公司已为此项目前期投入资金500万元以上。

六是改善了农业基础设施。邓公村全力发展土地股份合作社，得到了各级部门的认同和支持。有江源镇本级投入改善合作社基础设施的，也有争取市级部门支持的。如崇州市农村发展局农业部小麦高产示范项目和麦套稻示范项目、崇州市优秀合作社基础设施建设项目等。这些项目资金的投入都有效地改善了农业基础设施，提高了农业规模经营效益，增加了农民收入。

(四) 存在的问题

据调查，该合作社由于管理规范，制定了公积金和公益金的提取比例，已具有一定的经济积累和较强的自我发展能力，并且聘请了两位大学生村官到合作社参与日常管理和会计统计工作，目前并没有遇到大的发展困难。按合作社的计划，在 2015 年会积极做好宣传工作，将动员邓公村未入社农户加入合作社，争取实现全村整体入社、统一经营。

五　结论与思考

根据调研情况，邓辕土地股份合作社发展较为规范，在发展中逐渐探索出适合自身的一种制度安排，已逐渐走向成熟的制度化管理模式。

合作社的利益联结机制须根据实际情况适时调整。邓辕土地股份合作社的利益联结机制在 2013 年探索保底分红、除本分红相结合的方式，但 2013 年的经营失败导致未能达到承诺的保底租金，随后合作社跟成员的利益联结取消了保底承诺，只保留了除本分红方式。但合作社与职业经理人签订的聘用合同写明了保底产量，并明确超奖减赔，即大春水稻亩产量保底为 1100 斤，由此保障入股成员的土地有稳定的收益。此外，随着合作社积累的增加，公积金提取比例从 2013 年的 23% 下降为 2014年的 20%，将更多利益返还给农户，从而增强了成员对合作社的凝聚力。

合作社内部组织机构分工明确又相互制衡，是杜绝内部人控制的有效手段。邓辕土地股份合作社内设股东代表大会、理事会、监事会，理事会下设生产部、综合部和财务部，各个组织结构的权责明确，又相互监督。例如，生产部的农资采购须填写详细申请单，交由综合部审核，综合部审核之后再由理事会审核，通过两层审核之后才由财务部拨款。这一审核机制大大降低了个别核心管理者利用职务之便以权谋私的"寻租"机会。

整合区域资源并多元化发展是合作社发展壮大的重要机遇。从邓辕土地股份合作社的发展来看，合作社之所以能逐渐扩大规模，一方面是利用了村"两委"班子在村内的政治资源，易于动员村民入社，从而扩大经营规模；另一方面是收入来源渠道多样化，特别是为入社成员的收入创造机会。合作社自身除了农业生产统一经营和流转土地两项重要收入外，还积极摸索创设农机合作社、劳务合作社，充分利用合作社的农机具为江源镇其他地方提供农机服务，实现合作社创收。同时组织邓公村农民到本合作社和其他合作社提供农业劳务，为村民增收提供机会。

（执笔人：何安华）

案例 26　农地流转，农业转型：江西
会昌欧亚提子专业合作社

近些年来，在我国广大农业区，以合作社的组织方式流转土地，引入外部投资者，从事附加值较高的农产品生产，发展适度规模经营，已经成为许多地方政府推进农业产业化发展、优化农业产业结构的一种重要形式。欧亚提子专业合作社就是一个典型代表，其合作社模式颇具争议性，但是已经构成我国农民合作社中的一类重要形式。

一　合作社的成立背景和发起

会昌县地处江西赣南山区，是一个以粮食、脐橙、烟叶、蔬菜、生猪等产业为主的农业县，也是国家级扶贫开发重点县。全县粮食播种面积 45 万亩，瓜果蔬菜播种面积 13.2 万亩。2013 年全县农民人均纯收入 5100 元，其中，农业家庭经营收入占 51%。这几年，在加快土地流转、创新农业经营主体、促进农业发展方式转变的政策导向下，县委县政府高度重视农民合作社的作用，2013 年出台《会昌县加强扶持力度促进农民合作社规范化快速发展的实施方案》，文件规定将按照《农民专业合作社法》的要求，财政部门每年安排 100 万元专项资金，用于省、市、县三级示范社的建设和工作开展。同时，把此项工作纳入了对基层干部农业农村现代化考核的主要内容。县政府的政策引导给各级乡镇政府既带来了压力也增添了动力。

欧亚提子专业合作社的领办人就是经本乡镇政府领导介绍来到麻州镇投资的两个外乡老板，他们原来从事农资销售，其中一人是村支书，另一人还曾从事过脐橙、西瓜等果品的生产，掌握一般的农事技术。通过本乡镇领导的牵线搭桥，他们了解到麻州镇湘江村有一块土地可以用于开发新产业。该地块占地约 170 亩，处在县政府打造的"百里绿色湘江"规划区域，邻近公路和江边绿化带，一侧已经建有一家农家乐院落对外营业，区位优势显著，经过现场考察，他们决定以合作社的方式流转土地，打造一片葡萄园，填补全县果业没有葡萄产业的空白。

2013 年欧亚提子专业合作社在工商部门注册。据社长介绍，注册资本 200 万元，其中现金 160 万元，注册成员 5 人，他们的现金出资情

况依次为 100 万元、40 万元、10 万元和两个 5 万元。

合作社的土地原来是农田，种植粮食和蔬菜，农民入股合作社后，获得租金 500 元/亩，每两年租金增加 10%，双方签订了 15 年的合同。① 据社长介绍，合作社共涉及 26 户农户，其中有 15 户在合作社打工，平均月工资水平在 2600—3000 元，按件计酬。

二　合作社的运行

合作社的日常经营管理由第二大股东负责。葡萄生产实行承包经营制。合作社流转的 172 亩农地被分成了 9 块地，每个地块分别由专人（户）承包经营；承包人有外来出资股东，也有本村农户，合作社统一为产品进行了商标注册，并获得无公害认证。

合作社聘请了广西葡萄种植大户专门负责社员生产技术指导，年薪 10 万元，签约两年。合作社统一选择葡萄品种，目前共种植了 5 个品种。合作社的服务还包括：统一提供农资（按照优惠价提供给社员）；对于资金紧张农户，合作社给予赊账；统一开展产品销售，按照市场价收购社员产品。因为合作社的市场定位是以观光农业为主，游客来合作社自由采摘，价格由合作社统一定价，统一结算。对于合作社没有能力销售的部分产品，则由社员自销。承包户社员对于合作社提供的服务都很满意，认为合作社对增加家庭经营收入作用较大，对降低生产成本也有一些作用。

2014 年合作社销售额 65 万元，由于前期投资规模大，经营还在亏损之中。合作社计划 2015 年能够有纯收益。

成立不足两年，合作社获得县政府的财政补助 13 万元。目前该合作社还不是示范社。

三　合作社治理

按照社长的介绍，合作社设有理事会，由注册的 5 名成员组成，另外还设有 1 名监事。合作社的重大决策，包括投资方向、投资规模等基本由两个发起人大股东控制，日常经营决策如前所述，由第二大股东全面负责，参与合作社经营的三个出资人辅助大股东。合作社的决策模式

---

① 按照社长介绍，入社农户土地 2 亩折成 1 股，每股折价 5 万元，与投资者的现金股同股同价，如 172 亩土地折为 86 股，应折价 430 万元，那么注册资金就远不止 200 万元，从其他来过合作社的县农办有关人员侧面了解到的情况看，目前这个股是"虚构"的。

类似于一般企业。普通成员基本不参与合作社的治理，他们不清楚合作社的理事有多少，也不清楚合作社的盈余分配原则和政府扶持情况，他们认为如果合作社亏损，应由出资成员或管理层承担。同样地，合作社的收益分配也应（主要）按股分红。

合作社与所在村委会建立了良好的合作关系，村委会帮助合作社协调土地流转，做少数有顾虑农户的思想工作，节省了合作社的谈判费用。同时也帮助合作社协调临时用工。但是对于坚决不流转土地的"钉子户"，合作社也只好绕道而行。

四　讨论

欧亚提子专业合作社的发展模式在当地甚至在全国农村具有代表性。据会昌县政府的初步统计，截至 2014 年年底，全县累计流转土地约 5 万亩，占总耕地面积的 20%，其中流入合作社的有 1 万亩。在流入合作社的经营模式中，欧亚提子专业合作社运行范式是其中一种。本课题组在会昌调研的 18 家合作社中，有 3 家是这种农业（合伙）企业类型的合作社。据县农业综合开发办公室的相关负责人介绍，外来投资者领办合作社是近年来出现的新动向，并随着农业劳动力持续向非农产业转移，土地撂荒严重，这类合作社的发展有增长态势。

会昌县的土地资源相对匮乏，全县农业人口 44 万人，农业劳动力 23 万人，耕地面积只有 26.5 万亩，平均每个劳动力 1 亩多，另有山地面积 80 万亩。超小规模的土地无法支撑家庭基本生活，导致大量劳动力外出务工，因此未来农业谁来经营成为问题，于是政府把眼光投向有经营实力、有资金、有才干的先富裕起来的本地企业家群体。

从欧亚提子专业合作社的制度安排看，它形成了一个新的双层经营模式：家庭承包经营仍然是基础，但是这个家庭基础已经从原有天然获得集体土地承包经营权的传统农户成员，变成了承租土地的投资者自我选定的个体经营户，他们以出资的外来家庭经营为主、为先，本地农户为辅、为补充；统一经营的层面是以出资者为群体的"合作社"，它本质是一个农业合伙企业。合作社负责从当地农民手中租赁耕地后，统一进行土地平整和基础设施的建设，而后发包给承包户承包经营，并统一提供生产全程服务。出租土地的农民主要以外出打工为主，这也是他们愿意放弃土地经营权的主要原因。而少量留在本地的在欧亚提子专业合作社里打工的租地农民，与在其他企业打工别无两样：按照当地劳动力市场价格获取报酬。合作社的经营好坏与他们无关，也无权参与决策。他们在合作社中所谓的农民成员所有者身份仅仅体现在获取土地租金，以及在出现劳动力供给过剩的条件下，优先获得打工机会。

因此，对于将土地出租给合作社的农民社员，合作社对于他们而言，不过是一个有名无实的空壳，与他们没有多大的直接经济关系。但是对于出资股东而言，合作社却是一个实实在在的好载体。一方面，他们可以通过合作社来约束出租土地的农户行为，协调双方关系，防止发生悔租要回承包地的行为。另一方面，他们能够争取各级政府的财政项目扶持和政策补助，获得税收优惠，其制度性纯收入全部归出资人，与出租土地的农民社员无关。并且一般经验表明，以合作社的名义开拓市场，其信誉度要优于合伙企业。

客观地讲，外来投资者创办合作社对当地的产业发展等带来了如下好处：第一，开辟当地的新产业，为带动当地农业产业结构优化提供了示范；第二，改善土地基础设施条件，提高土地生产率；第三，促进适度规模经营发展，防止土地撂荒，提高土地利用率；第四，为本地社区提供新的就业机会。但是，它同时也带来了如下不可忽视的问题与潜在风险：第一，粮田非粮化。这也是最为突出的问题。由于土地基础设施投资规模大，土地租金持续上涨，从保障投资回报率看，投资者无法继续从事粮食生产。第二，短期（掠夺性）经营行为。投资者为获得最高投资回报，在租赁期内最大限度地使用土地是理性选择，因此如果租期短，投资者存在竭泽而渔的内在动力。

从合作社帮助传统家庭承包经营农户提升市场竞争力的政策导向视角看，两者存在一定的内在冲突。外来资本冲击传统农户的家庭经营，它促进市场竞争的同时，加速传统农户的分化和非农化，其结果是加速新型农业经营主体的创新步伐。

但是如果撇开传统合作社理论，从发展现代农业的进程看，工商资本的进入有其合理性和必然性。市场经济体制下，生产要素的流动和优化配置是根据市场信号的变化做出的。在人多地少的边远山区，有限的土地产出根本无法支撑农户日益提高的物质生活需求，越来越多的农民外出务工，随之而来是土地抛荒问题日益突出，"谁来种地"已经成为必须要解决的问题。那些在非农领域淘得第一桶金的工商资本，在完成了初期阶段的原始积累后，在扩大再生产规模时，面临着是投资方向的选定问题，这些年从中央到地方政府扶持"三农"政策力度不断加大，吸引了一批企业家回乡创业，发展农业生产。

以当地企业家为群体的工商资本的进入，为本地的农业生产经营注入了新理念、新业态和新商业模式，同时也增加了农业生产经营的人力资本、物质资本投入，加快了新技术、新品种、新方法、新工具的推广应用，促进了农业生产的规模化、专业化、品牌化，以及第一、第二、第三产业的联动发展，从而有利于加速农业现代化建设。但是工商资本在农业领域的高投入农业生产模式，是否最终能够带来高效益？这与其选择的生产经营模式关系密切。不少工商资本沿用工厂化的管理模式，像生产队时期，简单地雇用劳动力打工，支付工资。鉴于农业生产的独特性，其经营风险相对较大。因为打工人员的监督机制没有解决，并且要预付大量的工资，加重流动资金压力和产品质量控制压力。因此，需要探索建立一种有效的生产经营模式。欧亚提子专业合作社恰恰是在这方面进行了积极而有效的努力，投资者首先将土地规模经营确定在200亩以内，以保证管理的有效性和保障当地用工；其次在完成土地的前期投入后，二次转包土地到各户承包经营，解决了生产环节的劳动监督和激励问题，仅保留具有规模经济的社会化服务层面的统一经营。这种模式为外来资本进入农业并建立起有效的生产经营模式做了积极而有益的探索，同时它也使得合作社的制度安排异化。

（执笔人：苑鹏）

案例 27　信用互助：四川省彭州市旭力农村资金互助合作社

一　农村资金互助合作社试点缘起

近年来，农民合作社蓬勃发展和现代农业的持续推进，对农村金融服务提出了新的要求。针对农业发展的新情况、新问题，在强化商业性金融支农责任、加大政策性金融支农力度的基础上，需要进一步深化农村金融改革创新，充分发挥合作性金融的积极作用。党的十八届三中全会明确强调"允许合作社开展信用合作"，2014 年中央一号文件要求在管理民主、运行规范、带动力强的农民合作社基础上，培育发展农村合作金融，发展新型农村合作金融组织。由于我国农民合作社起步较晚，信用合作业务尚处于摸索阶段，再加上法律缺失、监管缺位与无章可循，致使不少地区一度出现打着合作社名义进行高息揽储、变相开展非法集资的乱象。这也使得政府对于支持农民合作社开展信用合作乃至设立农村资金互助合作社处于一种相对保守状态。

早在 2009 年，中国银监会四川省监管局、四川省农业厅发布《关于加强和改进农民合作社金融服务工作的实施意见》，决定"开展试点，支持农民合作社发展信用合作"。该文件明确提出，从 2009 年起选择少数发展基础好、社员多、带动能力强的农民合作社开展组建农村资金互助社的试点工作，并纳入新型农村金融机构试点工作范围内统一推进。在农民合作社基础上组建农村资金互助社，要充分尊重成员的意愿，不得强迫命令；要坚持入股志愿、管理民主、服务成员的原则，谋求成员利益最大化。鼓励农民合作社围绕农业产业化经营和延伸产业链条，借助担保公司、龙头企业等相关农村市场主体的作用，扩大成员融资的担保范围和融资渠道，提高融资效率。然而，由于国家层面相关政策不明朗、监管主体不明确，四川省在农民合作社基础上组建农村资金互助社的工作始终没有正式开展。

2014 年 4 月 16 日，四川省金融办、四川省农工委发布《关于开展农村资金互助组织试点的通知》，要求"选择一批管理民主、运行规范、带动力强的农民合作社或联合社，坚持社员制、封闭性原则，在不对外吸储放贷、不支付固定回报的前提下，自愿开展农村资金互助组织试点，实现农业生产经营与资金互助的有机结合"。通知下发后，四川省各地开始组织试点申报工作。为了推动农村金融服务体系建设，解决农民合作社发展资金瓶颈问题，彭州市（县级市）在成都市的指导和支持下，积极向省农工委、省金融办争取，组建了彭州市旭力农村资金互助合作社。

二　资金互助合作社的产业背景与试点工作

（一）产业背景及组织基础

彭州市位于四川省成都市西北面，距成都市区 25 公里，面积 1420 平方公里，人口 78 万人，其中农业人口 63 万人。境内山、丘、坝俱全，地理构成大体分为"六山一水三分坝"，素有"天然温室"之称，适宜各类蔬菜生长。彭州市是全国五大商品蔬菜生产基地、全国蔬菜产业十强县（市）、全国无公害蔬菜生产示范基地、中国西部蔬菜之乡、中国西部最大无公害蔬菜和绿色食品蔬菜生产销售基地。多年来，彭州蔬菜产业发展迅速，种植面积 67 万亩，14 大类 200 多个品种，产量 16 万多吨，销售鲜菜 12 万多吨，蔬菜制品 7 万多吨。境内有蔬菜产地批发市场 3 个，有完备的县级蔬菜质量检测中心。蔬菜及其加工产品销售遍及全国 30 多个省、区、市，300 多个市（县），并远销日本、韩国、俄罗斯及东南亚等国家和地区。

彭州市蔬菜产销协会于 2000 年 6 月成立，拥有会员 2000 人。协会以"提高农民进入市场的组织化程度"为宗旨，以"促进农村产业结构调整、发展农村经济、增加农民收入"为方针，以"会员得实惠、协会得加强、产业得发展"为目标，由市内外从事蔬菜生产、加工、销售配套服务的经销商等组成。协会业务范围包括宣传推广蔬菜新技术、新产品，交流产销信息，指导蔬菜生产加工和销售，主要致力于通过自身发展开拓市场，从而调节蔬菜价格、提高蔬菜质量、维护营销秩序。协会下属隆丰镇大蒜专业委员会、三界镇莴笋专业委员会、九尺镇大棚蔬菜专业委员会、天彭镇蔬菜协会、葛仙山镇蔬菜产销协会、致和镇蔬菜协会、军乐镇韭菜产销专业委员会 7 个专业委员会，办公地点设在天彭镇白庙村。协会先后荣获"成都市先进民间组织"、"成都市规范化示范协会"、"四川省农村专业技术协会百强协会"、"四川省先进民间组织"、"全国百强农村专业技术协会"、"国家星火计划农村专业技术示范协会"等称号。协会注册的"龙门山"蔬菜商标先后被评为"四川省农产品知名品牌"、"全国三绿工程畅销品牌"、"市民最喜爱的成都味道品牌"。成都中田农业投资有限公司成立于 2012 年，注册资本5000 万元。公司是由彭州市 49 家有一定规模的蔬菜、水果营销大户组建的现代农业产业化企业。公司下有 20 多家农业企业和 124 家合作社，主要从事现代农业产业投资，农副产品收购、仓储、批发，物流信息与电子交易平台建设、营运与管理，货物进出口等。

彭州市旭力农村资金互助合作社理事长陈孝建既是彭州市蔬菜产销协会会长，同时也是成都中田农业投资有限公司董事长。三年前，陈孝建就打算成立资金互助社，但由于银监部门不受理，没有办成。2014

年4月四川省《关于开展农村资金互助组织试点的通知》发布后，彭州市农发局与陈孝建协商，打算让他牵头领办农村资金互助社。5月8日，陈孝建牵头成立彭州汇昌果蔬产销农民专业合作联社，准备将彭州市汇昌果蔬产销农民专业合作联社作为成立资金合作社的母体。联社业务范围包括蔬菜、水果、农作物种植销售，农副产品收购及销售，林木育苗，农业技术推广服务，土地整理与土地流转服务，农副产品仓储服务。

（二）试点主体条件

根据相关文件要求，领办农村资金互助社试点的发起社需要满足以下条件：一是运行规范。合作社或联合社组织机构健全，有固定办公场所，按照《农民专业合作社法》和《农民合作社财务会计制度（试行）》等规定，建有完备的民主决策制度和财务管理制度，并被评为省级以上农民合作社示范社。二是带动能力强。合作社或联合社已经发展成为实体化的合作经济组织，注册资本不低于50万元（现金资本），成员不低于300户，现金入股社员不低于150户，非农民社员股本不超过总股本的30%。三是产业发展好。合作社或联合社主导产业成熟，发展前景好，实现产、加、销一体化经营，连续3年盈利，社员经济基础较好。四是信誉度较高。合作社或联合社及理事会成员无不良经营记录，无不良贷款，社会公信度好。合作社或联合社理事长具有较好的社会认同度，"两代表、一委员"优先。五是资金互助需求旺盛。合作社或联合社社员具有资金互助的愿望，拟筹建的农村资金互助组织自筹资本金不低于100万元（均为货币出资），成员数不低于300户。

（三）资金互助合作社试点开展情况

根据相关文件要求，彭州市金融办、市委统筹办和市农发局经过对全市农民合作社经营状况和理事长的信誉情况的反复考察、调查以及层层筛选，最终经市委市政府同意，推荐彭州市汇昌果蔬产销农民专业合作联社作为主发起社，申报设立农村资金互助合作社。同时，加强对设立彭州市旭力农村资金互助合作社筹备工作的指导。

2014年6月10日，四川省在温江召开首批资金互助社试点项目专家评审会。会上，专家组对14个市（州）报送的24个方案进行了认真细致的评审，通过对报送方案中地方政府支持力度、风险防控和项目可持续性等几大要素进行综合评审，将彭州市汇昌果蔬产销农民专业合作联社等8家列为预选对象。6月30日，四川省宣布包括彭州市汇昌果蔬产销农民专业合作联社在内的8家试点合作社或联合社①进入公示阶段。期间，由于彭州市汇昌果蔬产销农民专业合作联社新成立，不符合试点关于"合作社或联合社主导产业成熟，发展前景好，实现产、加、销一体化经营，连续3年盈利，社员经济基础较好"的要求，彭州市汇昌果蔬产销农民专业合作联社被替换为彭州市聚慧蔬菜产销农民合作社。

8月7日，四川省金融办和省农工委省再次召开会议，要求对主发起社进行资格审查。彭州市随后委托四川天一会计师事务所有限责任公司对彭州市聚慧蔬菜产销农民合作社和成都中田农业投资有限公司连续两年的财务报表进行了审计，并出具了审计报告。同时，为加强对拟设立的彭州市旭力农村资金互助合作社的监管和金融风险防范处置，彭州市还专门建立由市金融办、市委统筹城乡工作委员会办公室为牵头单位，市公安局、市农村发展局、市工商行政管理局、人民银行彭州支行为成员单位的防范农村资金互助合作社金融风险联席会议制度，规定旭力农村资金互助合作社是处置和化解金融风险的责任主体。按照属地管理原则，一旦出现金融风险，市金融办、市委统筹城乡工作委员会办公室、市公安局、市农村发展局、市工商行政管理局、人民银行彭州支行联席会议即刻启动应急预案，并负责代表市政府全面处置和化解风险，维护区域金融环境和社会稳定。

三　资金互助合作社发展情况

（一）合作社发展情况

彭州市旭力农村资金互助合作社成立于2014年12月，由彭州市聚慧蔬菜产销农民合作社发起设立，社员共计234名，注册资本700万元。为了方便成员解决生产资金不足问题、促进合作社农业产业发展，彭州市旭力农村资金互助合作社本着互助、合作的精神，面向农业生产和流通领域提供金融支持，实现"农民自己的钱办自己的事"，为解决农村融资难、融资贵闯出了一条新路。

---

① 其余7家试点合作社分别是大竹县鹏程果业农民合作社、温江区红花紫薇花木专业合作社、自贡市大安区三绿水产专业合作社、青川县新旺竹荪种植专业合作社、内江市江龙水产养殖专业合作社、射洪县金鹤乡才子滩村养猪专业合作社、三台县崭山米枣专业合作社。

资金合作社的业务范围为：向社员发放贷款；为社员从银行融资提供担保；从银行融入资金；经核准吸收社员存款；购买国债；经监管机构核准的其他业务。彭州市旭力农村资金互助合作社完成工商注册后登记，于2014年12月7日试营业，截至调查日，先后向社员发放3笔贷款共计80万元，其中农业生产领域投放1笔10万元，用于彭州市祥绿土地股份合作社扩大种植面积，另外2笔向从事蔬菜流通的社员发放，在解决农村融资难、融资贵问题上做出了初步探索。

（二）合作社的产权结构

按照《四川省试点农村资金互助合作组织监督管理暂行办法》（川府金函〔2014〕108号）要求，发起社出资额不得低于资金合作社股金总额的10%且为资金合作社最大出资人，其他单个社员最高出资额不超过合作社股金总额的10%，即70万元，出资额超过股金总额5%的，应承诺2年内不退股。

彭州市旭力农村资金互助合作社234名社员中，法人社员2名（彭州市聚慧蔬菜产销农民合作社、成都中田农业投资有限公司），分别出资72万元和10万元，占股比例为10.29%和1.43%，自然人社员232名，最低出资额为100元，最高出资额为70万元，自然人出资占88.28%。社员可以退股，但必须提前申请，还要经过70%以上的社员同意。每年年终集中办理退股手续，并报主管部门备案。

四　资金合作社的运营模式

（一）信贷政策

缴纳足够的入股资金是成为农村资金互助合作社社员的基本条件。合作社对于投入资金互助的资金提供保底收益，月收益率0.6%，比银行部门高10%—20%。同时，参与资金互助的社员每年还能从合作社获得相应的分红。调查中，合作社发起人陈孝建强调，合作社实行低息、微息制度，贷款主要用于帮助社员扩大产业规模，盈利在生产流通环节。

目前，合作社尚处于试运行阶段，虽然已经获得了银监部门批准，但还没有拿到营业执照。因此，合作社还不愿意发放贷款，也没有最终确定贷款利率。为了响应彭州市农村资金互助合作社发展领导小组的号召，合作社发放了3笔贷款。虽然合作社不情愿，但市里领导认为，"合作社既然是试点就要敢于尝试"。访谈了解到，现阶段合作社主要根据贷款额度确定贷款利率，放款多利率就低些，放款少利率就高些，主要是为了能把管理成本收回，不在于盈利。

（二）风险管理

在风险管理方面，合作社制定专门的规章制度，聘请专门的财会人员管理资金业务。合作社成员都可以向合作社借款，但必须满足一定的资格条件。这些条件主要包括入股资金互助、提供抵押物、成员互保或联保等信用条件。

在具体审查方式上，合作社由 5 名理事成立了风险防控小组，专门负责信贷审查。风险防控小组会综合考虑借款人的人际关系、债务历史、产业规模以及借款用途等因素，最终确定贷款额度和时期。关于贷款额度，合作社采取双重标准控制：一是社员贷款不得超过入股金额的 10 倍；二是单个社员的贷款额度不得超过合作社总资本金的 15%。贷款期限一般不超过半年。根据蔬菜行业的特点，资金合作社主要起到错峰借款的作用，并不能满足社员整个生产链条的用款需求。贷款数额较大的还必须提供抵押或担保。抵押物一般为土地合同、房产或库存单。担保仅限于社员之间，用股权提供担保。访谈了解到，一般贷款的社员都是从事蔬菜生产流通的生产者或经销商，彼此知根知底，也提高了安全系数。

（三）功能定位

据调查，合作社社员高峰期的用款需求达到 4000 万元。合作社700 万元的资金难以满足所有社员的用款需求。陈孝建表示，"这一方面要求严格管理，将钱用在刀刃上；另一方面说明了彭州市旭力农村资金互助合作社主要是起到示范作用，为其他资金互助组织的成立蹚路子"。在未来发展方面，合作社在试行一年之后将按规定进行行业评估和财务审计。如果审计通过的话，合作社将会进行增资扩股，扩大资金规模。借鉴日韩农协模式，陈孝建将合作社的功能定位集中在三个方面：一是常规资金信贷业务；二是实体经济投资；三是保险业务。其中，合作社的实体投资是谨慎的，必须在农业范围内，依托于现有产业，并且要带有公益性特点，满足集体决策的条件。

五　结论与建议

（一）结论

（1）在资金互助政策不明朗的情况下，资金互助合作社试点工作是一种有益探索。

自党的十七届三中全会以来，尽管中央多次强调允许合作社开展信用合作，但政府部门并未及时出台具体政策，以至于信用合作应具备什么条件、是否需要审批以及应遵循怎样的行为规范等都没有明确。相关政策的不明确、不完善，造成农民合作社无章可循，致使信用合作业务开展受到制约。四川省金融办、四川省农工委选择一批管理民主、运行规范、带动力强的农民合作社或联合社开展农村资金互助组织试点，是一种有益尝试。调查表明，彭州市旭力农村资金互助合作社坚持社员制、封闭性原则，符合不对外吸储放贷、不支付固定回报的试点要求，建立了风险管理制度，为其他地区积累了经验。

（2）政府引导和支持是资金互助合作社健康发展的重要条件。

农民既具有实践创新性，又具有盲目随从性。从各地反映的情况看，有的合作社放弃主导产业，变相非法集资，逐渐偏离正常的运营轨道。由于缺乏宣传引导，合作社正常的发展空间被挤占，个别地区一度出现"劣社驱逐良社"的现象。四川省针对试点合作社提出，根据每个试点主体资金互助资本金规模大小，省财政拟给予一定的专项补助，补助资金用于充实资本金、开办补助、基础设施建设等。同时，要求试点市（州）、县（区、市）政府安排必要的风险补偿基金，增强农村资金互助组织风险抵抗能力，化解试点风险。同时，要求试点市（州）金融办要加大指导服务力度，引导商业金融机构提供批发贷款等经营性服务，通过资金互助组织服务农村市场。这说明，现阶段资金互助社的发展离不开政府的引导和扶持。

（3）专业人才缺乏是制约资金互助合作社发展的重要因素。

资金互助涉及资金筹集、使用、管理等各个环节，对于风险控制、资金流动具有较高的要求。从调研的情况来看，合作社尤其缺乏专业的财会人员。大多数合作社的资金互助业务由原有的经营管理人员代管。由于缺乏必要的金融及风险管理知识，管理人员决策失误极易引发财务风险。调查发现，彭州市旭力农村资金互助合作社不仅财务管理人员不足，而且会计账簿、财务管理等制度也不健全，给合作社正常运营带来风险。

（二）建议

（1）强化监管管理，构建资金互助合作社风险防范体系。

首先，要明确政府的监管责任。中央政府要出台监督管理办法，地方政府要统一协调，农业、银监会、工商等有关职能部门要分工协作。其次，要积极培育农民合作社联合社或联合会，增强行业组织的自律能力，摊薄单个合作社的运行风险。最后，还要充分发挥信息技术优势，建立统一的信息平台。依托信息平台，构建合作社信用合作风险防范体系，对合作社的资金规模、贷款流向、股权结构、借款比例等内容进行实时监测。在具体监测过程中，可以结合地区发展水平、行业属性与经营领域，针对不同生产环节、不同类型的合作社设定不同的预警标准。当合作社的资金流动超出预警值后，银行部门可以对合作社的资金账户进行临时冻结，由农业、金融与工商部门组成联合工作组对合作社的违规行为进行联合纠查。

（2）与产业相融合，夯实合作社发展基础。

合作社法规定，农民合作社是在农村家庭承包经营基础上，同类农产品的生产经营者或者同类农业生产经营服务的提供者、利用者，自愿联合、民主管理的互助性经济组织。可见，农业产业是合作社赖以生存发展的基础。农民合作社要以其成员为主要服务对象，提供农业生产资料的购买，农产品的销售、加工、运输、贮藏以及与农业生产经营有关的技术、信息等服务。因此，农村资金互助社也要以促进产业发展、满足成员生产经营需求为根本目的，要依据产业需求定资金规模，围绕产业环节定资金流向。从目前的经验来看，与当地特色产业关联度越高，合作社竞争力越强，也越有利于合作社内部生产合作、资金互助等综合优势的发挥。

（3）加强业务培训，提高合作社自我管控能力。

业务培训要围绕健全会计账簿、开展财会人员培训和规范财务管理三个方面展开。第一，要按照尽快健全合作社财务会计制度，设立专门会计账簿，规范会计核算，并根据信用合作业务需求设计统一的财务报表种类、格式和填写要求；第二，要通过培训普及金融及风险管理知识，提高合作社管理人员的政策水平和业务素质，逐步实行财会人员培训上岗，培养一支高素质的财会人员队伍；第三，要依托试点稳妥推进，逐步规范合作社财务管理，通过积极推进合作社会计核算电算化，依靠技术、制度，降低合作社运营风险。

（执笔人：高强）

案例28　大学生回乡创业，探索合作社发展新模式：江西省会昌县磊石菌业专业合作社

一　发展历程

江西省会昌县磊石菌业专业合作社由回乡大学生高云富创办。小高是新中国成立以后全村的第一个大学生，靠助学贷款完成学业。读书期间，他就立下志愿，要创业回报社会，改变家乡贫困面貌。2004年，他从江西农业大学生物工程专业毕业。走上社会之初并不顺利，他曾换了几份工作，最后在上海的一家饲料厂站稳脚跟，年薪6万元。老板还曾要赠予他股份。但是他觉得饲料行业竞争激烈，前景不看好。他开始考虑应用自己的专业知识，发展绿色食品。为了积累创业经验，他到福建省古田县某家食用菌加工企业打工，虽然月薪只有1500元，但是他觉得可以发现商机，积攒人脉。在古田食用菌批发市场，小高发现了让他眼前一亮的竹荪。当时竹荪的市场价格一斤数百元不等，还供不应求，并且出口东南亚地区。虽然竹荪种植技术难度不高，但对生产地的条件要求相对苛刻，一是不能复种，二是需要竹屑等原材料，而这些条件恰恰是小高家乡的优势。小高把想种竹荪的想法告诉当地的经销商，他们都表示愿意全部收购，这坚定了小高利用自己的专长回乡创业的决心。

2008年他回乡，顶住家人和亲友的反对，利用3万元贷款和从亲朋那里借来的钱，共投资15万元，成立磊石菌业公司。村委会和村支部"两委"的领导都全力支持小高，提供废弃的旧厂房供他使用，同时投入2000元帮他修好门前的小路。

公司成立后，小高从福建引母种，自己生产原种，试种30亩竹荪，2009年就盈利3万元，第二年突破20万元。这使他成为赣南地区第一个成功种植竹荪的典型，并开始得到周边人的关注。会昌县劳动就业局因势利导，将小高的基地作为大学生创业孵化基地，小高负责现场教学。学员学成后，可独立生产经营，也可与小高公司合作，由磊石公司提供种子和技术并包销，可以享受当地劳动就业部门的小额担保贴息贷款。小高也因此成为当地的创业明星。各地取经的人开始络绎不绝，当

地领导不断前来考察，这为小高积累了丰富的社会资本。

2010年，小高的食用菌基地扩大到两个乡镇，以"基地＋农户"的模式，发展竹荪菌栽培100多亩，带动10多户农民参与，解决了上百人就业。他的创业事迹也在当地广泛流传，他先后获得县科技示范户、县首届青年创业标兵、市青年创业自强奖等荣誉称号。

2011年新年过后，在政府的倡导下，小高注册了磊石食用菌专业合作社，注册资金100万元，其中现金20万元，全部来自他一人。注册成员21人，实有成员7人。合作社的基地扩大到200余亩，合作社的业务范围与磊石公司相同，包括为成员提供菌种、信息、技术、产品销售等服务。同年6月，小高当选为会昌县政协委员。

2012年，合作社注册资金增加到300万元，其中现金100万元，注册成员不变，但是实际成员增加到40人，其中出资成员也扩大到10人，主要集中在三大股东。最大股东仍旧是小高，出资120万元；第二大股东出资75万元，第三大股东出资45万元，其余成员的出资额均为2万元及以下。

2013年，磊石食用菌专业合作社被评为江西省省级示范社，打造的竹荪专业品牌"竹姑娘"参加江西省第二届"赢在江西"创业大赛进入半决赛，再次提升小高的声望。

2014年夏，小高的故事作为创业致富项目在CCTV-7《致富经》栏目播出。从此每天咨询电话不断，高峰期小高每天接听电话上千次，已经无法正常工作，甚至因说话太多而失语。

2014年，小高的合作社全年经营收入150万元，其中销售竹荪的收入为120万元。合作社资产总额达到310万元，其中固定资产240万元。生产基地面积扩大到400亩。带动外地成员30余人。

二　合作社的服务功能和运行模式

合作社主要从事竹荪菌、茶树菇菌种的培养，以合作的形式培训和指导农户栽培竹荪和茶树菇，并负责回收产品。按照合作社的规定，只要种植规模在4亩以上，承诺购买合作社的菌种，接受合作社的技术服务，通过合作社销售产品，就可以加入合作社。

在带动农户种植竹荪过程中，小高可谓一波三折。他说，创业后才发现农民的心态是不放心跟着一个孩子走，同时遇到利益冲突时往往个人利益至上。① 经过这五六年的磨合后，双方的信任才逐步建立起来。期间有一个故事很典型。为调动当地农户生产竹荪的积极性，小高曾与村里一个可以做示范户的农户合作，小高投资，该农户负责种植和管理，每亩有保底收入。该农户同意后，租了15亩地，可半个月后就反悔，不干了，小高只好自己接过来种植，结果年底赚了10多万元，买了一辆车。而那个农户改种芋头因行情不好，血本无归。看到小高赚了钱，第二年，那个农户主动找到小高要求合作，这一次他租了3亩多地，小高免费提供菌种。可遮阳棚刚刚搭起来，他骑车摔伤了腿，再一次反悔，不做了。但腿伤好了后，他再次找到小高，想接手其中的两亩竹荪，小高又答应了。当年，他的两亩竹荪纯收入达到1.7万元。这件事，让村里人对小高的人品赞赏有加，主动找小高学习竹荪种植技术、加入合作社的人开始多起来。

经过和农户不断的磨合，小高设计出了一种企业与农户合作经营的运作模式。以种植一亩竹荪为例，一亩竹荪的生产成本大约在9000元，其中由合作社向社员免费提供种子和原材料，亩均投入约1000元，折为15%的股份；其余的生产原料、人工、肥料、烘干机设备、水管、遮阳网等物质和人力开支由生产户社员负责，亩均投入约8000元，折为股份85%。合作社同时负责提供全程技术服务和产品销售。最后产生的纯收益由公司和农户双方按约定的股份比例分红。这使合作社与农户生产者形成利益共同体。一方面可以消除生产户对产品销路的顾虑和对合作社的不信任；另一方面解决了公司菌种的销路，满足了公司的加工能力。由于竹荪产品具有特殊生物属性，从田里采摘的鲜品保持时间短，基本无法直接销售，需要机械烘干制成干品，而普通农户没有加工能力，周边也无其他加工企业，因此不存在农户违约问题。

合作社成立后，小高决定改变营销模式，不再像自己当初创业时那样把竹荪直接批发给福建经销商以赚取微薄利润，而是打造礼盒推销到土特产超市进行销售。2014年，他在县城里还办起了自己的直营店。

---

① 创业之初，小高最早是找了两个大户共同种植，他是26亩，其他两户分别是22亩和8亩，结果土地被周围的一家企业污染，小高一个人垫资打赢了官司，获得每亩赔偿金4000元。但分割赔偿款时，三人意见不一致，其他两人只认车马费，其他的开支一律不认，让小高一下子赔了2万多元，合作也无法继续下去。

三　合作社的治理与经营管理

按照合作社的制度设计，合作社成立理事会和监事会。其中理事会成员 5 人，全部是竹荪生产者，其中女性 1 人，监事会成员 2 人。但是在实际运行中，如小高所介绍的，基本就是他一人说了算，其他人都是挂名的。所谓的社员大会—理事会—监事会的治理架构基本是摆设，合作社的经营决策、分配方案都是由小高一个人来负责，合作社的盈亏也是由小高一个人来承担。这一点从社员访谈中得到了佐证。一名理事社员（其名字出现在合作社办公室墙上理事会名单中）还不知理事为何。

小高介绍，2014 年合作社召开过 3 次理事会会议，成员大会召开过 2 次，会议的机制不确定。小高认为有必要了，就招呼大家过来商量一下，会议没有记录，理事、监事的候选人也是由小高提名，他们都是来自小高家族的成员。合作社经营人员的聘任也是由小高负责，目前有 8 名专职人员。

在起步阶段，合作社制度还不健全，面临的最大问题是人才短缺。小高已经认识到，缺乏懂经营、懂技术的专业人才队伍使他的各种发展思路无法落实。但是合作社经济实力差，无法用高薪吸引人才。于是他提出凡工作满 3 年的专业经营管理人员，合作社给他赠送股份。此外，他还在社会上招聘人才，包括在"赶集网"等大的就业网上打广告。他的努力已经初见成效，目前已经有 5 名经营管理人员落户合作社。他们有的来自广西，有的来自山东。但是小高对此并不乐观，他认为最后能够在边远村庄留下来的只能是本地人。

合作社的财务管理制度也在起步阶段，很不规范。财务人员现在是在社会上招聘的兼职人员，每月来合作社一次，每次半天时间，月工资 200 元，只能达到简单记账的水平，无法达到示范社的要求水平。合作社目前获得政府扶持资金共计 10 万元，其中县、市各 5 万元，但是还没有像《农民专业合作社法》规定的那样建立成员账户并量化到成员名下。因此，小高建议，为避免以合作社名义套取国家资金，国家应当把扶持资金像农户直补一样，直接打到农户个人账户上，而不是合作社的账户，成员壮大了，合作社发展才有根基。同时也避免合作社资金的无奈流失，造成成员与合作社的矛盾。

四　小结

这个案例其实是大学生成功创业的故事。目前，该合作社实质还是小高一个人创办的私人企业，但是基于它的农业产业化龙头企业性质，特别是创新了企业有效带动周边农户发展新产业、实现农户增收的良好合作机制，使得这个案例具有较大的社会价值，尤其是在那些经济欠发达、规避风险的农户占主体的传统农区。预计这种农户与公司的合作机制创新经过一段时期的发展后，不仅可能带动更多的农户直接参与市场竞争、分享新产业的收益，而且会创新合作社发展模式。

从国际合作社运动看，近些年来日益高度重视青年在其中的作用。2011 年国际合作社日的主题就定位为"青年，合作社的未来"，倡导青年选择合作社模式创业；2012 年国际合作社日是以颁布"国际合作社青年声明"（International Cooperative Youth Statement）而落幕，该声明强调青年参与合作社建设对于青年自身、社会以及合作社的重要性（ICA，2012）。我国政府在推动农村合作组织发展中，对吸纳青年群体也日益重视，农业部和团中央很早就出台相关政策和奖励措施，鼓励和推动大学生村官领办、参与发展合作社。大学生领办合作社，不仅可以为大众创业中的青年群体创业提供一个好的领域，而且对于缓解城市化进程中农业劳动力老龄化、农业后继无人的问题有着积极的社会意义。

从该案例中可以得到三点启示：第一，领办人除需要有一种社会责任感和理想以外，还需要有内生的动力机制带动农民，使领办人的利益与农户的利益一致起来，实现"我为人人、人人为我"。小高的事业处在成长扩张期，只有不断扩大产品的生产基地，达到规模化生产后，产品的品牌效应才能发挥出来，也才能形成一个从田头到餐桌的有效的纵向产品增值链条。而这一目标靠小高自己的力量是无法快速实现的，需要广大农户的共同参与，农户通过参与生产，能够以低风险方式实现了生产转型和收入增长。第二，有市场冒险精神的群体只能是企业家群体，农户是理性选择的风险规避者，因此，不能将合作社的模式理想化。第三，政府、媒体的社会宣传作用要远远高于企业的商业广告，它帮助企业快速建立商誉以及广泛的社会网络资源。但是它的负效应也往往始料不及，发展的原有轨道被破坏、原有平衡被打破后，需要建立新的平衡机制，否则将增加企业发展的不确定性。

（执笔人：苑鹏）

案例 29　胶东半岛城郊的"菜篮子"：青岛郝家蔬菜专业合作社

一　合作社成立的背景和发展历程

（一）背景

青岛市城阳区郝家营村是一个典型的近郊村。20 世纪 90 年代中后期，该合作社理事长郝建鹏看到城市居民蔬菜消费的巨大前景，率先在该村做起了经纪人，帮助菜农销售城阳本地的蔬菜。为了响应政府号召，解决生产经营中遇到的问题，发展新产业，扩大现有生产经营规模，2008 年建立了青岛郝家蔬菜专业合作社，该合作社拥有"菜盛源"品牌。

（二）发展历程

青岛郝家蔬菜专业合作社成立于 2008 年 7 月，各项手续齐全。该社注册资金 85 万元。2014 年合作社的总资产达到 600 万元。合作社现建有蔬菜基地 121.2 亩。

该合作社从事农资购买、蔬菜销售、技术以及蔬菜市场信息等服务。合作社紧紧围绕城市"菜篮子"，积极开拓市场，取得了较好的效益。蔬菜产业消费市场比较稳定，加之合作社优化了蔬菜产业结构、降低了市场风险，社员的效益也比较稳定。

合作社成立伊始，就致力于无公害蔬菜的种植和销售，坚持科技领先。合作社基地开始建有 130 个冬暖棚，2008 年向市区超市、宾馆、饭店等高端市场供货 800 余万公斤。理事长认为，加强品牌建设是合作社赢得市场的根本。该合作社基地生产的蔬菜已由无公害、绿色蔬菜向有机蔬菜过渡。目前，青岛郝家蔬菜专业合作社建有自己的网站，还推行了"体验农业"发展模式，合作社取得了较好的经济效益、社会效益和生态效益。

二　合作社的产权结构与治理

（一）产权结构

该合作社注册时有成员 7 人，实有成员 101 人，都是出资成员，出资总额为 85 万元。该合作社依托蔬菜种植技术、信息、销售等服务吸引了大量的菜农入社。目前，合作社出资额最多的是理事长，出资 50 万元，出资额第二位的出资 10 万元，第三位到第五位的出资均为 5 万元。合作社规定，社员最低出资额为 4 万元。合作社出资成员都是菜农。

（二）治理结构与决策机制

该合作社会员代表大会有 101 人。理事会 7 人，其中女性理事 1 人。理事会成员均为农业生产者。执行监事 1 人，他懂得一些财务管理知识。该合作社专职管理人员 7 人，他们担任理事或者监事。该合作社重大事项包括理事会监事会选举、重大投资决策、盈利分配等由理事长决定。管理人员任用由理事会决定。该合作社理事会和监事会是独立召开的。

三　合作社的运营模式

（一）业务范围

合作社业务包含组织采购、供应成员所需生产资料；组织收购、销售蔬菜产品；开展成员所需的新技术、新品种引进，开展技术培训、技术交流和信息服务。主销产品为杠六九西红柿、樱桃番茄、F—12 及 F—4 黄瓜、玻璃脆芹菜、樱桃萝卜、绿叶生菜、青油菜、无底叶茼蒿等蔬菜。

（二）营销模式

合作社共拥有冬暖大棚 300 余个，合作社在管理上实行五个统一，即统一种植、统一施肥、统一销售、统一管理、统一品牌。2014 年开展技术培训 7—8 次，推广新技术、新品种各 3 个。为确保用肥、用药、用种等的安全，2008 年又建立了"蔬菜生产资料供应点"，既方便了市民需求，又保证了蔬菜质量安全。

该合作社向市区超市、宾馆、机关、餐饮店等高端市场供货。该合作社也直接和消费者交易。合作社建立了蔬菜专营网站。

合作社建立了二维码质量安全追溯系统。该合作社所种植的蔬菜严格按照无公害农产品种植规范操作。该合作社配备一名农业部农产品质量安全中心认可的无公害农产品内检员，确保生产的蔬菜安全放心。

该合作社还借助"夏庄蔬菜"的影响力开展采摘等体验农业相关业务。合作社 2013 年在新民村承包 45 亩地，建设 23 个冬暖式温室，其中种植葡萄、西瓜和草莓的大棚各 1 个。这为城市居民的休闲提供了好的去处，也增加了菜农的收益。

（三）盈利模式及其盈利分配方式

该合作社是以销售蔬菜等为主要业务的。其收购社员的产品按市场价分级收购，没有拒收过合作社社员的产品。一般而言，农民销售农产品时随行就市，由于合作社谈判力度大，利润来自谈判后获得的价差。2014年合作社实现销售收入300万元，与成员交易占30%。该合作社没有盈余分配。

四　合作社的运行效果

（一）发起人和社员受益情况

创办合作社给理事长郝建鹏的人生轨迹带来重大变化。他当初成立合作社的目的只是为增强谈判力度、为菜农争得更多的收益。但在实现这一目标的过程中，郝建鹏不仅增加了经济效益，而且提高了自身的社会地位。

合作社成立后获得城阳区的财政补贴14万元。

普通菜农加入合作社后获益良多。2014年，由于蔬菜行情较好，当地农民人均收入增加到2万元，合作社成员家庭人均纯收入达到七八万元。

（二）对农业及区域经济社会发展的贡献

合作社成立以来，依托合作社开展技术培训、市场营销、蔬菜初级加工和合作社管理等业务活动。该合作社蔬菜种植规模逐渐扩大，层次也逐渐提升，也适当向水果种植与销售等领域发展。特别是合作社专门从农业科研部门引进多个新品种，进行有机蔬菜种植，得到了社员和周边菜农的认可。由于合作社种植的蔬菜口感好、价格合理，受到收购商的青睐。在郝建鹏的带动下，周边许多菜农开始种植有机蔬菜。目前，社员家里的蔬菜大棚种上樱桃番茄、杠六九西红柿、食用菌等高效益的有机蔬菜。该合作社于2011年被评为国家级示范社。

实践证明，城市的发展离不开农业的支持。政策在工业化、城镇化、信息化和农业现代化同步推进中发挥的作用不可低估。以消费环境优化为例，农民合作社的产品或者服务进入城镇的规模和效益状况在一定意义上取决于城镇消费政策。例如，如果批发市场、零售市场等公共品能够有效供给的话，城镇消费者理性的、组织化消费行为就能够得到加强，农民合作社产品和服务进城的效果就能够增强。

有效的"产消对接"需要农民合作社、政府和城镇消费主体的共同努力。"小毛驴"市民农园、农民合作社开展的公平贸易活动、休闲农业等就是例证。其结果是促进城乡社会生产和生活方式的巨大改进，即不断走向现代化。有效的农业政策（包括合作社政策）为城镇化和农民合作社"产消对接"能够做出较好的制度安排。在这一对接过程中，农民合作社和城镇居民的互动方式能有改进，双方在"双赢"目标激励下能够开展合作。

（三）存在的问题

合作社在促进农业标准化生产、提高畜产品优质率、提高产出量、改变养殖户传统生产经营观念、增加农民家庭经营收入、扩大农业生产规模经营、推广新技术新品种、使用安全环保农业生产资料等方面发挥了重要作用。

但是该合作社发展过程中面临的问题主要有：一是社员对合作社情况了解太少，很多方面不清楚。二是合作社市场开拓能力弱，主要是合作社联合体缺乏。三是合作社经营范围被限定，放不开手脚开展更多业务。四是组织机构不健全。国际合作社运动表明，完善的组织体系建设是保证合作社健康运行的基本条件。其领导班子也应该由全体成员参加的成员大会或者成员代表大会选举产生。有些合作社在发展中忽视了组织机构设计或者是各个组织及从业人员并没有认真履行好职责，结果就是合作社组织体系不健全，或者是组织运行效率极其低下，甚至合作社走向消亡。原因何在？主要就是合作社相关的制度设计不科学或者执行不力。五是支持合作社发展的政策不明朗，导致合作社缺乏方向感。

五　结论与建议

（一）结论

具有比较优势，包括特色产业优势、区位优势的合作社，需要进一步整合资源，提升合作社的综合竞争力。要做到这一点，需要一个强有力的合作社领导团队。重要的是一个具有新型职业农民特征的合作社理事长。合作社理事长之所以能够成为合作社社员的"主心骨"，原因有三个方面：首先，合作社理事长紧紧把握着国家发展现代农业、促进农业经济组织创新的政策脉搏。其次，合作社理事长依靠自己在农村社区和其他社会关系网络，积极争取相关部门、组织或者个人的支持，在促进自身收入增加的同时，也增加了所在社区居民的福祉。最后，合作社理事长本人具有的吃苦耐劳、不断进取、勇于担当的社会角色特征也是保证他们"扮演"好农民合作社"带头羊"这一社会角色的重要方面。

（二）建议

1. 营造合作社良好的内外部关系

在调研时发现，一些社员对合作社了解程度较低。建议该合作社内部加强彼此之间的交流，增强合作社凝聚力。实践证明，只有社员与合作社领导层拧成一股绳，才能确保合作社更上一层楼。由于合作社的目标顾客是中高端消费者，建议合作社领导层加强消费者调查，针对消费者现实需求，供应价格合理、质量优的蔬菜。同时，要结合郊区农业发展形势好、支持力度大等优势，积极争取政府的项目扶持，增强合作社的市场美誉度和竞争力。

2. 建立一套好用、管用的综合管理制度

该合作社在运行过程中，积极推进管理创新。在管理创新过程中，强调民主管理的重要性，执行了一些技术管理制度。但是，其他制度，例如成员（代表）大会制度、理事会工作制度、监事会工作制度、议事规则制度、社员管理联系制度、生产销售管理制度、资产财务管理制度、盈余分配制度、项目投资管理制度、档案管理制度、学习培训制度、社务公开制度等仍然欠缺。其结果是重视技术，轻视管理。实践证明，这样的合作社是难以走得更远的。也就是说"技术决定论"在合作社发展战略中是不可取的。

3. 政府要引导城郊的合作社建成城市的"菜篮子"、"米袋子"、"果盘子"和"后花园"

要树立一种"能发展好就发展好"的合作社政策观。这需要加强合作社辅导员队伍、合作社带头人队伍、合作社管理队伍、合作社职工队伍等建设。而要保证这些团队的战斗力不断提升，政府就要开展以合作社需求和政府长远发展为导向的教育和培训工作，同时引导农民合作社开展自我教育和培训，促进其可持续发展。

政府要针对郊区型农民合作社制定出系列政策，安排一定资金，重点培育一批规模较大、质量优、价格合理、运作规范、带动农民增收能力强的农民合作组织。促进其开展"四化"（生产标准化、产品品牌化、经营规模化、管理规范化）建设。通过政策驱动、产业拉动、工作推动、重点培育等多种方式，使合作社向服务社员、满足市民有效需求的方向发展。

更为重要的是，这使郊区型农民合作社及其社员了解和把握政府发展郊区农业的政策导向。政府相应的配套政策措施将使郊区型农民合作社获得进一步创新与发展的持久动力。当然，在该类型合作社发展过程中还面临着一些不确定性因素和风险，需要合作社及其社员的集体智慧予以有效克服，逐渐实现合作社发展的目标。

（执笔人：王勇）

案例 30　稳定粮食生产，保障粮食安全：四川省安岳县金谷粮食专业合作社

一　成立背景与发展

金谷粮食专业合作社成立于 2007 年 11 月，由当地粮油加工龙头企业安岳县政鑫粮油贸易有限公司牵头发起。从企业角度看，发起成立合作社是为了促进当地粮食生产，稳定自身所需原料的供给。由于劳动力流出与劳动力成本上升等原因，当地已经出现了比较多的耕地抛荒现象。根据合作社理事长何世杰的判断，当地耕地抛荒比例平均能达到 30%（乡镇干部并不认同这个数字），有些地方甚至能达到 45%。因此，企业主动找到村干部洽谈成立合作社事宜，就是为了稳定自己的原料用粮生产基地。建立合作社以后，耕地抛荒的情况有所减少。

合作社成立时注册资本 155 万元，其中现金出资 15.5 万元，占 10%，另外 90% 以稻谷折价出资。注册成员 21 人，实有成员包括 1 个龙头企业与 112 名个人成员，成员分布于周边 11 个乡镇 21 个村 51 个村民小组。龙头企业出资 43 万元，个人社员均出资 1 万元，所有出资都是 10% 的现金加上 90% 的稻谷折价。另外，要求入社社员粮食种植面积不少于 5 亩。目前，合作社有总资产 210 万元，其中固定资产 60 万元。

目前，金谷粮食专业合作社是省级示范社，并且还有农户想加入，但是合作社暂时不打算扩大规模。2010 年由当地的国家粮食储备库发

起，以金谷粮食专业合作社为主体成立了安岳县鑫粮仓联合社。

二　服务内容与生产经营

目前，合作社实有粮食生产面积 10142.9 亩，其中包括总面积达 4500 亩的 4 个示范基地。示范基地的耕地承包给 14 个大户耕种，统一种子、耕地、播种、用肥、收购等。另外，合作社协调社员流转 400 亩耕地，每亩年租金 250 元左右。合作社还为社员提供包括农产品（粮食）销售、机械作业与技术等在内的服务。

1. 农机作业

根据理事长何世杰的介绍，合作社提供的机耕作业服务每亩收费比市场价格低 20 元。但是通过对社员的访谈得知，合作社农机太小、太少，所以他的机械作业都是自己通过市场解决的。

2. 粮食收购

合作社与社员签订收购协议，承诺按每斤比市价高 2—4 分的价格收购社员粮食，迄今也没有发生过拒收的情况。2014 年，何知礼销售给合作社的稻谷平均价格为 1.22 元/斤，市场平均价格则是 1.18 元/斤。合作社原则上不收非社员的产品，但是通过社员介绍也会收，总体上社员产品占收购总量的 80% 左右。

3. 仓储服务

合作社提供粮食仓储服务，实际则是存在企业库里，基于每斤比市场高 2 分的承诺，给社员一个存折，当社员觉得价格合适的时候再结算。调查时，社员存在库里的粮食有 8 万斤左右，最多时能达到 50 万斤。

4. 贷款担保

合作社会给社员提供一些贷款担保服务，但非常少，累计只帮助 8 户社员获得 24 万元贷款。

5. 免费良种

合作社每年从农业局申请单独的良种扶持，为社员发放免费种子。以何知礼家为例，2014 年种植稻谷 12 亩，每亩 1 斤稻种，每斤 25 元；种植玉米 7.5 亩，共 8 斤种子，每斤 20 元。两项种子成本合计 460 元。种子数量由社员自己按种植面积申报，片区有组长经常走访，监督农民申报，一般不会多报。另外，良种的获得并不妨碍社员继续获得政府的良种补贴。

　　理事长表示，合作社给示范基地的承包户建立单独的生产管理档案，不给其他社员建生产管理档案，但给每个成员建个人账户，记录社员出资、收益分配等情况。不过何知礼表示，合作社并没有给他家建立单独的成员账户。他认为，合作社的作用主要体现在产品销售、技术培训与指导、订单生产、农产品仓储等方面，其他如农资采购、土地流转、机械作用等都要靠自己解决。理事长则给予合作社更高评价。他认为合作社提高了科技种粮水平和农民参与市场的能力。目前，靠单家独户已不能完成种粮事情，通过合作社可以把大家联合起来，共同经营种好粮食，成为现代化的新型农民。

　　三　合作社治理

　　合作社理事会共有 7 人，其中农民生产者 4 人，全部是男性。监事会有 3 人。根据理事长介绍，理事候选人由龙头企业与参加合作社的退休党员干部提名。2014 年，合作社召开了 11 次理事会，还开了 2 次成员大会。何知礼表示 2 次成员大会都参加了，会议内容包括全年生产经营情况、年底收益分配方案、下一年合作社发展计划、种植大户奖励等。

　　理事长现年 60 岁，高中文化，是村干部。合作社另有两名专职管理人员，分别是会计和出纳（家属是合作社社员）。专职管理人员的聘用由理事会决定。理事长与 2 名管理人员在合作社都领取一点工资（补贴），理事长每年 2000 元，会计 4800 元，出纳 1200 元。

　　四　收益与盈余分配

　　除了种子、收割机和旋耕机等实物补助，金谷粮食专业合作社获得很少的现金财政补助，累计只有 10 万元。金谷的主要收益来自加工企业（安岳县政鑫粮油贸易有限公司）收购粮食的差价。金谷目前有 1 个注册商标，但是自己不开展加工，从社员那里收购的粮食都直接销售给加工企业。在合作社收购农户粮食的价格的基础上，企业每斤再给合作社加 4 分钱。2014 年，合作社总经营收入（粮食销售）820 万元，可分配盈余 12 万元，其中公积金占 14%，公益金占 16%，风险金占 10%，60% 用于按股分红，平均每股可以分红 16 元。需要指出的是，企业虽然是最大的出资人，但是并不参与分红。盈余分配方案由理事会与监事会共同决定。为了吸引农户，分红时要举行现场会。另外，合作社还为农户颁奖，一等奖 2—3 人，每人奖励 300 元；二等奖 3—4 人，每人奖励 200 元；三等奖 6—7 人，每人奖励 100 元。何知礼本人曾获得一等奖。

五　启示

保障粮食安全是中国农业发展的最基本任务。但是，在刘易斯拐点后，农业劳动成本快速上升，劳动密集的传统家庭农业面临巨大挑战，耕地抛荒、粗放经营现象普遍，严重威胁口粮自给这一粮食安全战略的实现。内外农产品价格倒挂进一步凸显粮食安全形势的紧迫性。在此背景下，转变农业生产方式是提高农业生产效率、保障粮食安全的必然要求，促进土地流转、发展农业适度规模经营是转变农业生产方式的基本内容。从金谷粮食专业合作社的案例来看，合作社在保障中小农户利益与转变农业生产方式、发展农业规模经营之间可以发挥积极作用，成为国家农业扶持政策落实的载体。

首先，入股合作社的农民无须面对长期流转耕地时在土地权利与权益方面可能面临的风险，可以更加快速地实现机械化、规模化经营。

其次，以合作社为媒介实现农户与加工企业、市场的直接对接，可以缩短产业链条，降低交易成本，将产业增值的收益更多地留给农户。合作社发展对于加工企业来说，由于更加有利于初级农产品稳定供给与质量提高，所以有利于其加工产品质量提升与品牌建设，加工企业也更愿意将产业增值收益向产业链前端转移。

最后，以合作社为载体可以提高农业扶持政策的瞄准性，促进粮食生产和新型主体培育，改变过去普惠性、"撒胡椒面"式扶持政策在促进农业生产方面收效甚微的问题。

（执笔人：刘长全）

案例 31　新型农机服务主体——四川省崇州市耘丰农机专业合作社

一　合作社的成立背景与发展历程

崇州市是农业大市，水稻种植面积稳定在 40 万亩左右。近年来，以土地股份合作社、家庭农场、种粮大户为代表形式的适度规模经营发展迅速。为推动农业全程机械化，按照"入社自愿、退社自由、利益共享、风险共担"的原则，崇州市耘丰农机专业合作社于2011年11月7日注册成立，主要从事粮油生产全程机械化服务、土地适度规模种植（粮油种植、水稻制繁种）和产业化育秧供秧。

崇州市耘丰农机专业合作社的历史可以追溯到2006年，当时崇州市桤泉乡中和社区的农民罗通，流转了33亩土地开展土地适度规模经营。2008年，罗通进入农机行业。2009年成立"崇州市耘丰农场"，土地经营面积330亩，并在全国率先提出"5到10年后，谁来种田"的重大社会命题。为适应规模经营需求，2010年4月，他建立农机服务队，除满足自有基地耕作外，还积极对外服务，减少机具闲置。2011年4月，耘丰农场大量添置高性能耕整、收获和植保机具，服务能力大为提升，还领衔创建崇州市农业服务超市平台。2011年11月，由5名成员发起，注册成立"崇州市耘丰农机专业合作社"，耘丰农场成为其机构成员。2012年耘丰农机专业合作社首度提出"农业机构经理人"理念，认为农机力量最具优势和潜力成为新型农业经营主体。2013年，合作社成员总数增至27人，共开展机耕（犁、耕、耙、平田、秸秆粉碎）、机插、机收、机防作业9万余亩次，实现作业服务收入567万元，加上种田及育秧收入，累计营业收入984万元，实现利润255万元，社员人均收入9.4万元。2014年1月被四川省农业厅评为省级示范社。2014年2—6月，共为崇州市25个土地股份合作社、种田大户提供小春收获、秸秆粉碎还田、水田耕整、平田、机插、机防等作业服务5.2万亩次；开展商品化育秧供秧9200亩。耘丰农机专业合作社是农机农艺整合发展型的新型农业经营主体。

截至2014年年底，合作社经营耕地面积1505亩，入社成员109人，辐射带动农户710户。目前，合作社共拥有各类农机具96台，各类机具资产总值430万元，其中大马力拖拉机17台、收获机械9台、插秧机9台、播种机5台，配套农具一应俱全；建有机具棚房两处共1350平方米，办公室、会议培训室和工具配件房100平方米；建有装备化机插育秧中心，拥有碎土筛土、播种制盘生产线1套，育秧硬盘近8万张。

通过实施农机农艺高度整合和全程机械化发展策略，无论在机具装备的"硬"条件，还是在市场生存能力、发展模式、内控管理、收益分配、从业人员素质、社会责任等"软"条件，耘丰农机专业合作社都已成为崇州市一流的农机专业合作组织。

二　合作社的产权结构与治理机制

（一）产权结构

合作社由5户农民发起成立，注册资本50万元，每户出资10万元。2014年12月，合作社在工商局进行了资产变更登记，登记资产为500万元。此时合作社的核心社员（即出资社员）已经发展到10户。这10户中，出资额最大的是理事长及其家庭成员，出资200万元，占合作社登记资产的40%，其余9户共同出资300万元。

截至2014年12月底，合作社共发展社员109户，除上述10户核心社员外，还有99户非核心成员。非核心社员入社的要素包括机具（即带机入社）、资金、劳务、信息、技术和土地等各类资源。

核心社员和非核心社员的差别体现在合作社的管理、决策、利益分配等各个方面。

（二）治理机制

合作社设立了成员大会、理事会、监事会。

成员大会是合作社的最高权力机构，由全体成员组成。《章程》规定："成员大会须有合作社成员总数的2/3以上出席方可召开。成员大会行使下列职权：1.审议、修改合作社章程和各项规章制度；2.选举和罢免理事长、理事、执行监事或者监事会成员；3.决定成员入社、退社、继承、除名、奖励、处分等事项；4.决定成员出资标准及增加或者减少出资；5.审议本社的发展规划和年度业务经营计划；6.审议批准年度财务预算和决算方案；7.审议批准年度盈余分配方案和亏损处理方案；8.审议批准理事会、执行监事或者监事会提交的年度业务报告；9.决定重大财产处置、对外投资、对外担保和生产经营活动中的其他重大事项；10.对合并、分立、解散、清算和对外联合等作出决议；11.决定聘用经营管理人员和专业技术人员的数量、资格、报酬和任期；12.听取理事长或者理事会关于成员变动情况的报告。"事实上，该合作社的10户核心社员对合作社内部事务具有绝对的话语权，合作社的成员大会实际上是这10户核心社员的内部会议，其他非核心社员只是与合作社发生业务上的往来，并不参与合作社的内部事务。一户一票也仅局限于核心成员内部。

合作社理事会由5名成员组成，即1名理事长和4名理事。理事长是生产大户、技术能手，也是合作社中出资额最大的成员。监事会由1人组成，即监事长。合作社理事会和监事会成员由核心社员提名、选举产生。理事会没有规定每年的开会次数。由于核心社员仅10户，人数较少，较容易形成决策。据合作社理事长介绍，2014年理事会没有正式召开过会议，合作社有什么事情需要决策，理事长便召集核心社员在一起吃顿饭，饭桌上说一说，大家议一议，基本都能形成一致的意见。所以，理事会和监事会也没有形成相应的会议记录。合作社的重大投资决策、盈余分配方案均由核心社员决定。

在财务管理上，合作社为每户核心社员都专门建有成员账户，对于非核心社员则没有建专门的成员账户，只是为有交易的社员建立生产管理档案。合作社的核心社员和非核心社员在分配上也是分别核算。

三　合作社的运营模式

（一）业务范围

合作社的主要业务范围是：为成员提供组织采购、供应成员所需的农业生产资料；组织成员进行水稻机械化插秧、犁田、旋耕、开沟、起垄、浇灌、农作物的播种、机收服务、秸秆灭茬还田服务；引进新技术、新品种，开展与农业生产经营有关的技术培训、技术交流和信息咨询服务。

（二）经营模式

目前，合作社共经营1505亩土地，其中200亩是合作社社员加入合作社时带入社的，其他的1300多亩地均是直接流转附近村庄农民的土地。流转租金每年约为800元/亩。合作社对新社员入社采取开放式的方式，只设定最低门槛，即土地至少50亩，要求尽量成片，而且要求交通便利、适合机械化耕作。

在经营模式上，合作社推动全程农机化服务，由旗下的大地农机服务公司机防队负责具体操作，不仅解决了自身农场（1505亩）的耕、播、管、收问题，还能为周边近2万亩的规模经营主体提供专业的农机服务支撑，减少了经营者的机具硬件投入。此外，合作社还成立了育秧中心。作为崇州市唯一的农业职业培训基地，目前该中心正在努力构建的"育插分离"新型秧苗制度，将从根本上突破规模稻作全程机械化中的机插"瓶颈"环节，大大降低规模经营主体的用秧成本，有效盘活目前同质、无序的市场农机作业资源，以全程化提升农机的总体价值。

（三）盈余分配机制

在合作社的分配制度上，非核心社员和核心社员有着明显区别。非核心社员是合作社的惠顾者，按照社员入社提供的资源要素与合作社的交易量进行分配，具体来说，即按照机具、资金、劳务、技术、信息或土地等农机社的资源要素分类进行分配：机具，按作业量直接返还85%作业额，15%作为公积金和发展基金；劳务，按作业营业额的12%—15%提取；资金入股的，年化收益分红率为12%—15%；提供信息，为每亩3—5元；土地入股的，对入股田块进行单独核算，一般为保底500元/亩，（除本利润＋规模经营补贴）×50%用于土地入社成员的分配；技术入股，则为每年3万—5万元，一般每年度仅聘请1人。

核心社员作为合作社的出资者，在合作社年终盈余扣除公积金后，实行按股分红。2014年，合作社盈余约40万元，提取20万元的公积金后，剩下的20万元在10户核心社员之间按股分配。

四　合作社的运行效果

（一）农机农艺结合发展

农机农艺高效整合是耘丰农机专业合作社一直坚持的发展模式。经过数年的发展，耘丰农机专业合作社逐渐走上一条农机与农艺高效整合、互促互补的发展道路。

1. 全程农机化

耘丰农机专业合作社现已具备垦植任何田地及针对主要粮油作物——水稻、小麦、油菜全程机械作业的能力。作业环节涵盖育秧、机耕、机插、机防、油菜机播机收、田间运输、烘干晒储等各个环节，在农田拉平、荒闲地开垦、筑埂、粮食收晒等方面更具行业领先优势。2014年，耘丰农机专业合作社是崇州市10万亩粮食高产高效核心示范区、国家粮食储备库、四川农业大学和成都颐和农业公司（花果山）生产基地、金盆地集团现代种植园，以及14家土地股份合作社的全程农机作业者，提供育秧、水田拉平、耕整、机插、收割、秸秆粉碎、开沟、油菜机播等服务。

2. 种地规模化

2014 年，耘丰农机专业合作社经营流转土地面积 1505 亩，分布于桤泉、道明、隆兴和燎原 4 个乡镇。合作社与润丰、兴达和泰隆 3 家种业企业及天瑞园米业公司合作，全部种植水稻制种及优质稻米。另外，合作社还进入隆兴顺江土地股份合作社 100 亩地的经营。"耘丰好香米"为自主种植、包装、直销。目前，耘丰农机专业合作社正着手探索中高端稻米产业链经营。

3. 育秧专业化

耘丰农机专业合作社是崇州最大的专业育秧提供者，具备 14 年大规模专业育秧经验。2013 年，连同道明双杨和桤泉群安两个育秧基地，共为土地股份合作社、种植大户和广大农民群众提供商品化育秧近4000 亩，实施机插 3960 亩。

（二）协力农机培训和推广

2013 年，耘丰农机专业合作社承建隆兴顺江水稻育秧中心暨职业农民实训基地，同时还全力参与崇州市级农技（农机）培训工作。3—9 月，合作社共为全市农业职业经理人培训主讲"机械化育插秧技术"9 课时，提供实训操作机具支持，现场讲解"机插育秧实际操作"、"拖拉机操作与安全"和"插秧机操作与安全"6 课时，培训人数约 800人。另外，耘丰农机专业合作社在 2012 年编写的《水稻机插（育）秧介绍》、《农作物病虫专业化防治》两本农业职业经理人培训教材，在全市职业农民和农机培训中广泛使用。

五　问题与启示

（一）存在的问题

耘丰农机专业合作社存在的主要问题有：

1. 土地流转（租赁或入股）期限太短

目前，合作社与农民签订的土地流转期限太短，有 3—5 年签的，甚至有 1 年签的，经营预期不稳定，影响了投入决策。即使考虑出让土地农户的利益，由于其他非农经营或同业无序出价的影响，土地流转合同真正的效力还需要加强。

2. 机棚和烘仓房建设等关键性农业设施用地不能有效落实

配套设施用地不解决，将造成农机具日晒雨淋、无序停放，大量的粮食只能田中贱卖，甚至遭遇腐烂霉变。落实农业设施用地是农机合作社最亟须解决的问题。

3. 生产资金阶段性缺乏，政府的资金贴息范围不能"关照"

目前，县级政府仅对土地股份合作社的生产互助金进行贴息，对农机社生产、机具购置等大额费用的筹融资未能"关照"。

（二）启示与建议

如何理解合作社的"中心—外围"结构？

由于中国农民群体的分化和中国农村的快速发展，农村精英群体逐渐成为引领农村经济发展和改革的重要力量。在农民合作社得到国家法律的认可和支持以后，我国的农民合作社迅猛发展，现已成为新型农业经营体系的重要组成部分，是建设现代农业的重要组织载体。基层的实践表明，农民合作社中的现代农业生产要素已经形成集聚效应，并且推动着农业农村的快速发展。

本案例讨论的耘丰农机专业合作社，拥有水稻耕、种、收的全程机械化服务机械，理事长从事水稻种植行业多年、经验丰富，现在又建立了全程机械化育秧中心，增强了水稻机械化育秧最薄弱环节的实力，可以说，该合作社在农业社会化服务方面的创新和在发展现代农业方面所起到的作用，已经成为全国典范。然而，仔细分析耘丰农机专业合作社内部的产权安排和治理机制，可以发现该合作社的运作并非按照农民合作社法的相关规定，如社员入社自由、民主管理、一人一票等。该合作社与中国的绝大多数农民合作社一样，有着典型的"中心—外围"结构，即合作社的核心社员层拥有合作社的决策、经营、管理和盈余分配等权利，而合作社外围的非核心社员只享受合作社的相关服务，并没有成为合作社的所有者，换句话说，合作社的决策与他们无关。

从决策效率的角度看，的确组织人数越少越容易达成一致的意见，但农民合作社的基本原则之一就是一人一票、民主管理。如此看来，耘丰农机专业合作社并不是典型意义上的农民合作社。然而，从服务的角度看，合作社为社员及其他农户提供的专业化服务，的确起到了提高效率、促进生产的作用，而且合作社在机械育秧方面的研究创新和技术推广，为水稻规模化种植在关键技术上实现了突破，有可能改变整个中国的农业现代化进程。

国际合作社的基本原则在中国应该有一个本土化的磨合和适应过程，而且目前在欧美国家日益发展的新一代合作社，也并非完全符合国际合作社的一般准则。应该看到，我国的农民合作社事业才刚刚起步。在起步阶段，应该更多地鼓励和支持合作社在发展生产、提高农民收入方面的积极作用。效率和公平，从来就是天平的两端，要使双方兼顾，必须有非常好的外部条件和内部制约，这就需要政府发挥"看得见的手"的作用，引导其逐步规范，逐渐向着国际合作社确定的准则靠拢，而不应靠行政推动，下指标、搞政绩会使世人在背后诟病合作社，为中国的合作社事业蒙上一层阴影。

所以，对于目前中国合作社发展过程中形成的"中心—外围"结构，应该辩证地看待。从本案例讨论的合作社来看，合作社核心社员和非核心社员通过各种契约，形成了一种均衡状态，这种均衡状态是所有合作社社员都能够接受的，而且从某种程度上来看，也是合理的。如果严格按照合作社法的规定来处理合作社内部的事务或是建立分配机制，反而让人觉得不合理。存在即是合理。市场经济需要兼顾效率与公平，但首先是效率。合作社亦是如此。

（执笔人：谭智心）

案例32　职业农机人，利益最大化——广汉市连山镇惠民农机专业合作社案例

广汉市连山镇惠民农机专业合作社是国家级示范社，由廖兴华等7位农机大户发起，2009年3月成立。合作社的经营范围和服务内容主要为本地及外地农民提供以机械化播种和机械化收割为重点的农机服务。随着发展需要，经过两次转型，到2014年年底，惠民农机专业合作社已经成为拥有农机大户、种田大户、普通农户等152个社员，涵盖农机、种植、加工等一整套农业经营服务的综合型合作社。

一　合作社发展过程

1. 成立合作社的动因

在成立农机合作社以前，廖兴华等7位农机大户已经从事了十多年农机服务。1989年廖兴华买了一辆拖拉机，农闲时当个体户跑运输，

农忙时种田。1997 年货运市场萎缩，平原地区开始了收割机跨区作业，廖兴华果断放弃货运，买了一台收割机，在四川完成农田耕作和收割后就到陕西去作业。跨区作业路途远、时间长，廖兴华就与朋友同行，除生活上互相照应外，也能多带些机器配件，以备不时之需。彼时机器耕作属卖方市场，廖兴华他们根本不担心找不到活干，每年每台机器收入 2 万—3 万元，2003 年收入达到 4 万元。2004 年，国家出台农机购置补贴，从事跨区收割作业的专业农机数量呈现爆发式增长，卖方市场变成了买方市场，形成低价恶性竞争局面，加上人力成本和油价的上涨，廖兴华他们的利润持续下滑。

2. 惠民农机专业合作社成立

2009 年，廖兴华他们意识到要想最大化职业农机人收益，必须要稳定收入，防止恶性竞争。于是当年 3 月，7 个农机大户在连山镇成立了广汉市第一家农机专业合作社，20 余台农机入股。合作社成立当年，就产生了多方面的效益：一是通过统一签订作业合同、统一作业质量、统一作业价格、统一购买配件，避免了同行恶性竞争，稳定了收入。二是固定成本下降。与过去单家独户购买农机相比，合作社与农机生产厂家谈判能力大幅增强，农机价格达到之前的 9 折，厂家为合作社提供零配件供给、上门维修、培训技术等多项服务。三是与农户签订作业合同，农忙时期不涨价，且优先保障合同农户的农机使用。四是合作后资金实力增强，能够提供的农机服务内容扩充，服务质量提高，农户从播种到烘干都不需担心，满意度较高。

3. 第一次转型：农机合作 + 种植合作

随着国家对农机补贴力度逐渐加大，在经历了近两年合作社经营后，廖兴华他们依然被外来农机的低价竞争所困扰——在更低的作业价格面前，小农户们往往会忽视与合作社的合同。2011 年合作社转型，7 个种田大户和 100 多户小农户以土地入股，合作社为种田大户提供 9 折优惠的各种农机服务，确保其在需要的时候能得到农机服务；给予小农户每亩每年 800 斤水稻保底，按照盈利情况二次返利。转型后的合作社拥有 190 多台套农机、2400 亩连片规模经营的耕地。2014 年实现亩产水稻 1100 斤、小麦 900 斤，给小农户每亩 30—50 元分红。

4. 第二次转型：农机合作 + 种植合作 + 加工合作

2014 年，加入粮食种植品类的惠民农机专业合作社已经成功经营两年，但廖兴华他们发现，柴油价格的上涨和作业市场竞争的加剧，农机作业的利润越来越低；同时水稻收购价格从 1989 年的 0.8 元/斤到 2014 年的 1.38 元/斤，每斤仅上涨 0.58 元，种粮食的利润同样偏低。"农机服务 + 粮食种植"的盈利模式并不可靠，合作社开始探索第二次转型。2014 年，合作社与连山镇锦花粮食种植合作社签订商标和厂房使用协议，将当年所生产的 20% 粮食（约 3 万斤）使用种植合作社商标，租用其厂房进行加工生产，实现了利润的再次增长。同时，合作社也与当地农资合作社形成了稳定的合作关系，由农资合作社提供优质优价的农资。

5. 未来发展思路

2015 年，合作社在条件允许的范围内将扩大大米加工规模，计划创建大米品牌，与市农业局植保站、农科院等机构合作，加强农药、化肥的使用管理，先完成食品生产认证，再努力获得绿色认证。

从长远看，廖兴华强调，农机服务和土地经营还是要分开，专业化、规范化是发展方向，当前这种含农机、种植、加工甚至市场品牌营销等诸多服务的模式使他的精力难以顾及，就像一些"小而全的种田大户，精力不够"，反而会耽误农机服务的拓展，影响农机服务的竞争力。

二 合作社制度及财政补助情况

1. 合作社成员制度

2009 年，合作社由 7 名农机大户以农机折价入社，现在这 7 名成员为合作社核心成员；2011 年第一次转型后，合作社新增 7 名种田大户社员，每户经营耕地 50 亩到上千亩不等，新增 100 多户普通农户社员，户均耕地 10 亩左右。当前合作社对一般农户入社没有最低家庭生产经营规模要求，农民以土地折股入社不需出资，且与合作社签订服务合同。合作社核心成员管理是封闭式的，其进退社需经过严格的程序，迄今为止是固定不变的；一般成员为开放式，以一年为期自由进社或退社，目前尚未发生退社情况。

2. 合作社治理结构与决策

廖兴华是当地职业农机人，年龄 50 岁左右，2009 年成立合作社时由社员选举担任合作社理事长至今，他不在合作社领取工资。2014 年合作社理事 8 人、监事 3 人，理事和监事都由社员代表大会差额选举产生。每年召开2—3次成员代表大会，农机核心成员、入社农民所在小组的组长（一般农民社员土地入股时为整村流转）必须到会，讨论并决定重大投资决策事项，如经营方向（是否要建加工厂等）、利润分配等。合作社给每位成员都建立了个人账户，记载成员出资额、公积金份额、按股平均的财政补助份额等。合作社无专职经营管理人员。

3. 财政补助情况

近年来，惠民农机专业合作社得到了国家、省、市、县累计超过1000万元的补贴，购买的农机折价按股量化到户，但社员退社时不能带走这部分股份。一是国家财政直接补贴200万元左右，包括机具、建机库、作业补贴等；二是农机购置补贴约800万元（中央50%、省市合计30%）；三是省农业厅连续3年以奖代补，每年机库20万元、烘干设备30万元、农机具累加补贴20万—30万元；四是种粮大户补贴，每年每亩150元（省以上100元，广汉市50元）。

三　思考

从成立时间看，惠民农机专业合作社还处在成长期；从发展历程看，经历了两次转型，还在不断摸索；从发展内容看，涵盖农机、种植、加工等多个领域；发起人和核心成员是农机大户和种植大户，这些大户引导合作社的发展方向；利益联结机制建立在创造利润和利益分配上。当前，合作社虽然面临燃油价格不确定、人工成本持续上涨等困难，但基本是良性运转。惠民农机专业合作社是否具备了合作社的特征呢？是否具备持续发展的动力呢？合作社理事长廖兴华的6句话也许可以回答上述两个问题。

1. "做什么都要有利益，才有动力"

惠民农机专业合作社的根本动力在于核心成员对利益最大化的追求，成立合作社的动因在于低价恶性竞争导致收益下降，在无法主导市场价格的情况下，转而追求降低成本。第一次转型的原因，一方面在于小农户的不确定性导致收入的不稳定；另一方面也是日益增长的国家对种粮大户的补贴额度——2400亩统一经营的耕地使合作社可获得每亩150元规模种粮补贴。第二次转型也是因为追求更高的粮食生产附加值。对于普通社员而言，积极入社且无退社情况的根本原因在于加入合作社有非常明确的收益预期：种田大户可以获得稳定的农机服务和降低农机经营成本，普通农户能够获得保底收入。

2. 核心成员和普通社员都能实现"收入稳定"基础上的"最大利益"

收入稳定是惠民农机专业合作社成立、发展的主要原因。在一些其他合作社里听到过不少类似于"农民只能利益共享，不能风险共担"的抱怨，但是不能认为中国农民势利，而是在降低风险的成本和收益的权衡过程中，大多数小农户是风险厌恶的，稳定的收入对成员的吸引力至关重要。成立合作社，不单是核心成员的收入更加稳定，种田大户也不用担心农忙时请不到农机，小农户也不担心得不到保底收入。惠民农机专业合作社以粮食生产和服务为主要业务，生产风险、市场风险、政策风险等较小，加上大力度的政府奖补，至今未出现过亏损。"收入稳定"基础上的"最大利益"是惠民农机专业合作社运行的核心。

3. "只要是合作社需要的，农机、土地或者资金都可以入股"

围绕前述两个核心，惠民农机专业合作社的合作方式不拘一格。在成员构成上，从最初的农机大户7人，到现在的几乎涵盖整个粮食生产过程的152个社员；在入股形式上，农机、土地或者资金都可以折价入股；在经营内容上，除了最初的农机服务"四统一"，合作社根据发展需要选择合作伙伴，但再无更多设定标准。

4. "都是职业农民，主要收入来源是农业，没有政府扶持也要走这条路"

惠民农机专业合作社的核心成员都是职业农民，农业经营收入是其主要收入来源，2009年至今廖兴华共投入合作社100余万元，现在年收入达到30万元以上。廖兴华他们具有多年从业经验，并掌握专业技能，能够通过农业经营获取稳定收入，而专业化、合作化是降低成本、抵御各类风险的关键路径，政府扶持使他们距离目标更加接近。而且，廖兴华他们将合作社作为一项终身事业在经营，"每年农忙时看到粮食堆成十几米高时最有成就感"，"儿子在成都大学机械学院，学机械跟我干农机有很大关系"。收入较高加上内心满足使廖兴华他们坚定地走合作发展之路。

5. "没有引入专业管理人才，因为管理成本高"

相对于企业，合作社的优势在于管理成本低。即便发展到现在拥有近200台农机，进行全产业链经营，惠民农机专业合作社也并未引入专业管理人才，并不是专业管理人才不重要，而是管理成本高。除需额外支付一笔人工费用外，一方面，当前的合作社建立在信任基础上，小到作业范围、大到建大米加工厂，核心成员讨论后与社员商议几乎无阻力，交易成本极低；另一方面，能够把握农业运行规律、掌握经营技术，同时又具有较高管理水平和职业素养且对当地各种情况十分了解的专业人才十分稀缺。

6.“始终在这个地方生活工作，大家都比较认可”

廖兴华和社员们都是广汉连山镇普通农民，在当地建立了较为广泛的威信，群众基础很好，这是惠民农机专业合作社得以存在和发展的人文基础。一方面固然是合作社主要成员以诚待人、努力工作的结果，另一方面也离不开外部条件的催化作用。政府奖补和银行信贷除显性的资金支持外，实际上也形成一种外部认可的荣誉，每个社员账户上都有国家补贴，催化形成社员的集体荣誉感。

（执笔人：张鸣鸣）

案例 33　绿水青山就是金山银山：江西省会昌县紫云山休闲观光农业专业合作社

江西省赣州市会昌县紫云山休闲观光农业专业合作社（以下简称紫云山合作社）创立于 2011 年 5 月，是江西省第一家以休闲观光农业为主的农民合作社，从决策机制、财务管理、盈余分配等几个方面来看，这是一个较为规范的合作社。

一　合作社发展历程

会昌县周田镇岗脑村和大坑村在 2011 年合并成为一个村，张华玉和张文发分别担任大岗新村的村支书和村主任。岗脑村和大坑村都存在年轻劳动力大量外出务工以及老弱妇幼留守农村、留守农业的现象，存在土地抛荒现象。村支书和村主任都认为，农民不能让耕地荒芜着，因此，决定将耕地流转后实行统一耕种。岗脑村和大坑村还拥有丰富的旅游资源，辖区内的紫云山是会昌县四大名山之一，张氏宗祠、祖武克绳、客家门楼也颇具特色，但目前还未深入开发。为了充分利用现有的资源，岗脑村和大坑村村支书等村干部提议成立休闲观光农业合作社，一方面依托紫云山风景区鼓励村民发展农家乐；另一方面对流转的土地实行统一规划，发展观光农业。

2011 年 5 月，周田镇岗脑村、大坑村召开第八届村民代表大会，村民代表一致通过成立紫云合作社。2011 年 7 月合作社办理了工商执照、税务登记和机构代码，开设了基本账户。合作社在工商部门注册为其他企业，注册成员 60 人，实有成员 111 人，注册成员需缴纳 2000 元作为股金，注册资本 340 万元，其中现金出资 12 万元。

2012 年紫云山合作社基本上处于探索和调整阶段，发展速度较慢。经过一年多的调整后，紫云山合作社完善了决策机制和盈余分配机制，规范了财务管理制度，并提出了"我为人人，人人为我"的口号，合作社成员数量快速增加。2013 年合作社社员发展到 220 人，全部为出资社员，合作社资产达到 512 万元。2013 年 8 月还被江西省农业厅评为省级示范合作社。

2014 年，合作社社员发展到 309 人，合作社总资产达到 547 万元，其中固定资产 65 万元。合作社实有山地面积 31000 亩，开发果业面积4700 亩，养猪 10000 头，吸纳当地农村劳动力 1308 人，是会昌县乃至周边县（市、区）规模最大、生态环境美、观光休闲配套全，集种植、养殖、旅游、休闲为一体的综合型现代农业生态观光示范点。

二　合作社的产权结构与治理

（一）产权结构

紫云山合作社社员以个人为单位，一户农户中可多人入社，入社时成员需签订诚信承诺书。合作社现有成员 309 人，全部为出资成员，最高出资额为 4797.8 元，最低出资额为 10 元。

除 2011 年入社的社员需缴纳固定金额（2000 元）外，之后的入股金额不再固定，虽然原则上最低缴纳 1 元即可入股成为社员，在实际操作中为方便做账要求社员 10 元以上入股，但最高不能超过原始股金额、社员公积金积累、分红积累之和。即 2011 年年底，合作社人均分红100 元，公积金量化额人均为 55 元，持有原始股的社员个人账户中股金增至 2155 元，那么，2012 年新社员入社时缴纳的入股金额不得超过2155 元。2013 年最高入股金额为 2240.7 元，2014 年为 3339.4 元。2014 年年底合作社人均分红 170 元，公积金量化额为人均 1288.4 元，合作社社员个人账户最高金额为 4797.8 元。2015 年新社员入社时缴纳的入股金额不得超过 4797.8 元。岗脑村、大坑村两村村民的入社股金标准最低为 1 元，但非岗脑、大坑村两村的村民，入股需足额缴纳入股资金，所有足额入股的社员，入股资金均直接打入合作社账户中，合作社财务人员和管理人员不得收取现金，合作社开收据单和发放社员证。合作社为每个社员建立个人账户，目前账户中记载的内容包括出资额、分红和公积金量化额。每年的 10 月 15 日合作社进行分红，分红额直接计入社员个人账户中，作为社员股金。

（二）治理结构与决策机制

1. 决策机制

紫云山合作社实行成员大会领导下的理事会负责制。成员大会是紫云山合作社最高的权力机构；理事会是合作社的决策执行和管理机构，负责管理合作社运营；监事会是合作社的监督机构，负责合作社运营和财务的监督。合作社下设两个分社，分别是农资服务合作社和石斛种植合作社。

按照紫云山合作社《章程》，凡具有一定的生产经营服务能力、能够利用和接受合作社服务的岗脑村和大坑村村民以及其他社会人士、社会团体都可加入合作社，但申请入社的人年龄需满 18 周岁，因此，紫云山合作社除发展岗脑村和大坑村村民外，还提倡发展周田镇籍的外村农民社员和适当发展本县范围内的非农社员。紫云山合作社现有社员 309 人，其中，岗脑村村民 74 人，占合作社社员总数的 23.9%；大坑村村民 88 人，占 28.5%；会昌县其他乡镇或居委会农民 98 人，占 31.7%（见表1）。

表1　　　　　　　　　　紫云山合作社社员构成　　　　　单位：人、%

区　域	社员数	比例
岗脑村	74	23.9
大坑村	88	28.5
周田镇其他村	43	13.9
其中：周田镇镇政府员工	12	3.7

续表

区　域	社员数（人）	比例
会昌县其他乡镇或居委会	98	31.7
其中：农粮局员工	5	1.5
社保局员工	1	0.3
信用社员工	4	1.2
江西省其他县	2	0.6
其他省	4	1.3
合计	309	100

按照《章程》，紫云山合作社社员大会选举和表决时实行一人一票制，即一张身份证只能有一个表决权，成员各享有一票基本表决权，当合作社成员超过150人时，每十户选举产生一名成员代表，组成成员代表大会。成员代表任期一年，可以连选连任。合作社的重大投资决定和盈余分配方案均由成员（代表）大会决定，但日常经营管理由合作社理事会成员商量决定。2014年紫云山合作社举行过两次成员代表大会，每次会议均有专门的记录人员记录。

合作社理事会现有成员12人，其中农民生产者理事8人，女性理事1人。岗脑村和大坑村村支书和村主任分别担任合作社的理事长和理事。监事会现有成员3人，理事长、理事、经理和财务会计人员不得兼任监事。合作社理事会和监事会候选人由全体社员（代表）提名，实行差额选举，理事会和监事会成员任期均为两年，可连选连任。合作社现有管理人员12人，均来自理事会，除理事长主持合作社的全面工作外，其他理事分别负责不同的工作内容（见表2）。理事长和财务总监领取200元/月的补贴，其他管理人员补贴标准为120元/月。若无特殊事件，每月第一个星期六和最后一个星期日合作社召开管理人员会议，均有会议记录。会议开始前，管理人员需进行半个小时的合作社理论知识学习，包括合作社概念、合作社原则、合作社治理等。

表 2　　　　　　　　　　紫云山合作社管理人员名单

性别	职务	职责	备注
男	理事长	主持合作社全面工作	岗脑村和大坑村村支书
男	经理	土地流转	岗脑村和大坑村村主任
男	经理	历史文化、公益事业	—
男	经理	休闲农业建设	—
男	经理	山林流转	—
女	经理	土地流转	—
男	经理	山林流转	—
男	经理	社员发展、河道治理	—
男	经理	基础建设、河道治理	—
男	办公室主任	办公室日常事务	—
男	技术总监	规划设计、休闲农业	—
男	财务总监	财务管理	—

2. 日常管理

紫云山合作社的日常管理与企业极为相似，理事会理事都有具体的指标任务，在每月月底的理事会例会中，理事需向理事会汇报本月的工作进度，理事长根据本月的工作完成情况安排下个月的工作目标。以发展社员为例，理事长和理事每人每月都需要发展一定数量的新社员，未完成任务累积到下月继续完成。其中，理事长和主管技术和财务的 2 个理事负责发展非农社员，其他 8 个理事负责每人每月发展 5 名以上的岗脑村和大坑村村民社员。这主要是因为理事长和主管技术和财务的 2 个理事交际范围广，认识很多公职人员，而其他理事都是岗脑村和大坑村的村民，对这两个村的情况比较了解，有一定的群众基础，所以比较容易说服村民加入合作社。每月办公室会对各管理人员的工作目标完成情况进行排位，并印制每月工作简报分发至各个管理人员。

由于是村"两委"牵头成立的合作社，许多工作并未严格明确究竟是以合作社的名义开展还是以村"两委"的名义开展。例如，在合作社理事会的会议记录中发现，原则上应该由村"两委"负责的新农村建设、石坝及防洪堤建设、公路建设也由合作社理事负责。基础设施建设采用招标的方式进行，合作社给出预算和建设要求，让社员和其他人员投标，若无人应标，则合作社指派理事负责施工，合作社提供经费。目前合作社经费来源较少,管理人员每月还需落实 200 元以上的捐款。

3. 财务管理

合作社的财务管理较为规范,合作社配有专门的财务总监,合作社每一笔资金往来都详细列出,社员可随时查看账目,合作社还请专门的审计机构对合作社的财务进行审计。2014 年合作社可分配盈余 3.5 万元,其中公积金占 1.25%,按股分红占 98.75%,平均每 100 元股金分红 7.6 元。合作社目前获得政府财政补贴 11 万元,其中省项目经费 9 万元,县项目经费 2 万元,但对于发展观光的农业合作社来说,政府补贴只能说是杯水车薪。合作社取得的各项收入主要用于紫云山风景区的规划设计、基础设施建设、理事会成员外出培训费以及各种认证支出等。

三　合作社的运营模式

紫云山风景区还处于开发阶段,观光农业和农家乐还未正式运营。因此,目前合作社的主要工作是土地流转。紫云山合作社将农户的耕地统一流转到合作社内,实行标准化粮田建设。合作社理事(同时也是村主任)介绍,合作社最辛苦的阶段就是把农户的耕地流转过来搞标准粮田建设,1210 亩耕地涉及的农户还是比较多的,要说服这么多农户还需要做很多工作。合作社与农户签订土地流转合同,一般来说流转时间是 15 年,最长不超过 30 年,合作社每年支付农户最低 400 元/亩的流转费。需要注意的是,并不是所有耕地的流转费都是 400 元/亩,耕地的流转费主要取决于耕地再次转包出去的租赁费的高低,合作社根据耕地的质量和位置决定耕地适宜种植的作物类型,采用公开招标的方式决定租赁给谁,竞标人员都是本村村民或社员。租赁费的提取方式是:以每年 400 元/亩的标准起标,出价高的中标,中标的经营业主直接将土地租金打入合作社账户中。租金中超出 400 元的部分,60% 支付给农户,剩下的 40% 作为合作社的风险基金和公积金。例如,经营业主以 500 元/亩的价格竞标租入耕地,合作社首先需要支付 400 元给农户,额外的 100 元分为两个部分,其中 60 元返给农户,40 元作为合作社的风险基金和公积金。如果经营主以 400 元/亩的价格竞标租入耕地,那么这 400 元便全部支付给农户,合作社无法获得任何收入。为了防止腐败,整个过程不得用现金交易,管理人员个人也无法动用合作社账户里的资金。为了保证土壤质量，合作社实行轮作，即今年种植西瓜的耕地明年种植蔬菜，以保持土壤活性，所以，经营业主需每年的1月竞标一次。土地流转出去的农户可到种植大户那里打工，日工资为50—65元/天，超过8小时另收加班费，基本上是2.5元/小时。经营业主种植的水果和蔬菜可使用合作社的注册商标"紫云山"。

四　启示

作为村"两委"领办的合作社，紫云山合作社从决策机制、财务管理和盈余分配方式来看都是比较规范的。这个合作社对于保护农民权益、促进农民规模化经营、转变农民生产观念都发挥着积极作用。通过这个案例，我们可以发现：

（1）发起人的发展理念对合作社是否能成为为全体社员服务和谋福利的经济组织至关重要。紫云山合作社在成立初始，发起人就倡导"人人为我，才有我；我为人人，才是人，在别人需要中找寻自己的责任，并能把责任发挥到淋漓尽致"的发展理念，只有坚持这种理念，在合作社的内部治理中才能防止合作社成为为个别社员谋福利的工具。

（2）休闲观光农业能有效带动农民就业，增加农民收入，但观光农业前期需投入大量的资金，而农民最缺乏的恰恰是资金。紫云山合作社为了防止大股东对小股东权益的侵占，限制工商资本进入，但资金不足使合作社发展缓慢，无法快速地进行基础设施建设。

（3）虽然《章程》规定社员享有一人一票的基本表决权，并且合作社也鼓励社员积极参与到合作社治理中，但是由于社员分布范围较广，除了分布在岗脑村和大坑村，部分社员还分布在会昌县其他乡镇甚至是其他县区，社员参与合作社治理的机会成本较大。因此，这使每个社员都真正参与到合作社的治理中难度较大。

（4）休闲观光农业是未来的一个发展趋势。但发展休闲观光农业涉及很多政策问题，需要协调多方面，受村民信任的村"两委"牵头建设可能更有优势。

（执笔人：王真）

案例34　延伸产业链，增加农民收入：江西省泰和县丰颖稻业专业合作社

江西省泰和县是一个水稻种植大县，2014年水稻播种面积131.76万亩，总产量达11.4亿斤。长期以来，水稻种植以分散的家庭经营为主，近几年，当地政府对农民合作社等新型经营主体的支持力度逐渐增加，推动了水稻种植合作社的快速发展。从当地水稻种植合作社的发展情况来看，只有那些能够为农户提供便宜的农资、价格优惠的农机服务、帮助农户销售稻谷等服务的合作社，才能够持续健康发展。以泰和县丰颖稻业合作社为代表的合作社就是紧紧围绕农民的需求开展各项业务，得到了农民的认可。

一　合作社成立的背景和发展历程

合作社的领办人刘丰春2003年下岗后，开始做起稻谷收购和销售生意，并在工商部门登记注册成为个体工商户，收购当地稻农的稻谷，然后卖给广东和福建的一些客户。通过多年从事粮食经营，他发现随着国家政策的扶持力度加大，种粮能够获得一定收益且经营风险较低，于是他开始流转当地农户的土地种植水稻，2008年流转规模为200亩。

《农民专业合作社法》颁布实施后，刘丰春通过媒体宣传了解了农民合作社，认为通过组建合作社可以扩大稻谷的经营规模，在与客户谈判时能够拥有较多的话语权，并且合作社还能够享受一些政策上的优惠或者有可能得到相关的项目支持，特别是相比个体工商户而言可以免收相关的税。于是，刘丰春就萌发了组建合作社的念头，他动员自己的亲戚出资入股，组建了丰颖稻业专业合作社。2008年9月合作社在工商部门登记注册，当时共有24个水稻种植户成为社员，注册资金102.6万元，其中现金出资98万元，农机具折价入股4.6万元。

经过几年的发展，合作社确实能够为稻农带来实惠，加入合作社的农户数量逐渐增多。至2014年年底，合作社共有社员221户，耕地面积1.1万亩，拥有大小农机具120多台，资产1000多万元，成员出资约1000多万元，前五位成员出资约500万元，最少的出资50元，最多的出资100万元。调查时，合作社正在办理工商变更手续。

二　合作社的产权结构与治理

1. 产权结构

合作社组建之初的 24 位成员全部为刘丰春的亲戚。鉴于刘丰春长期从事稻谷收购，有时也从亲戚那里借钱周转资金，于是这些亲戚就把本来要借给他的钱当作合作社的出资。合作社前五位成员的出资额共计 70 万元，分别为 20 万元、20 万元、20 万元、5 万元和 5 万元，全部为现金出资，占出资总额的 68.2%，出资最高的占总出资的 19.5%。合作社的出资主要用于购买肥料、机械、收购稻谷等。

2. 治理结构与决策机制

合作社设立了成员代表大会、理事会和监事会，理事会成员 5 名，监事会成员 3 名。合作社的发起人共同召开成员大会选举产生理事会和监事会，选举没有正式的程序，主要由发起人根据出资额的多少以及成员个人能力提名，由全体成员共同推荐选举，没有反对意见就视为通过。截至目前，合作社还没有进行重新选举。合作社每年召开一次成员代表大会，主要是讨论稻谷新品种的种植技术。而合作社的重大决策基本上都由理事会讨论决定，特别是 3 个出资大户有绝对的发言权。

3. 合作社的运营模式

合作社成立后，帮助成员统一购买化肥和农药、统一引进新品种和新技术、利用刘丰春原有的销售渠道统一销售成员的稻谷。在统一农资供应方面，刘丰春与农资企业洽谈，提前支付部分货款购买淡季储存肥料，价格比用肥期市场价低 15% 左右，为成员节省了一笔费用。在新品种和新技术应用方面，为了提高成员的收益，刘丰春与广东省农业科学院合作引进优质水稻，并从当地遴选了三四个优良品种，带头试种，每亩产量比普通品种要高 60 多斤，带动了广大成员及周边农户种植优质水稻 20 多万亩。在产品销售方面，刘丰春提前与江西、广东、福建等地客户签订订单，保障成员的稻谷销售，成员的大米可以通过合作社销售，普通品种的稻谷基本按市场价收购，优质品种的稻谷比普通稻谷市场价高出 30% 左右。

此外，合作社成功申请农业部无公害农产品认证，注册"丰颖"牌大米商标，建立 4 个无公害水稻种植基地共计 4425 亩。合作社与成员签订无公害大米种植协议，根据协议要求，合作社要对成员进行技术培训、统一供应化肥及农药、统一技术服务、统一收购。合作社在水稻收割前对成员的稻谷进行相关的质量检测，并对优质稻谷给予价格优惠。合作社90%的稻谷直接销售给流通加工企业，10%的稻谷委托当地加工企业加工成大米，使用"丰颖"商标在市场推广销售。2012年，合作社在泰和县开设一家大米经营的直销店，店铺经营面积约50平方米，每月销售丰颖牌大米40—50吨，目前由合作社成员承包经营。

4. 合作社的盈余分配

合作社的盈利主要来自农资和粮食购销的差额以及部分农机服务收费。合作社2014年销售稻谷2700万元，按普通稻谷每斤1.35元计算，折合稻谷近1万吨，据了解，稻谷每斤可盈利0.03—0.5元，合作社至少盈利60万—100万元，合作社采购农资总额近100万元，由于进价便宜，此项利润也有将近5万元，这两项利润合计80万元。

2013年年底，合作社共实现可分配盈余23万元。在盈余分配方面，合作社提取10%的公积金，根据出资额和累积的公积金份额平均量化到个人账户上，剩余的60%按交易额分配、40%按股金分红。需要注意的是，合作社收购非成员稻谷以及向非成员提供农资等服务获得的收益主要在几个大股东之间进行分配，不计入合作社的账户，从而调动投资者的积极性。

三　合作社的运行效果

刘丰春通过组建合作社，解决了流动资金短缺的难题，他可以集中力量发展自己的农场。2014年10月，他将自己经营的200多亩稻田登记注册了丰颖家庭农场，稻谷全部通过合作社进行销售。成员账户的记录显示，2013年，刘丰春的交易额为751220元，交易额返还7697元，盈余公积金累计5041元（上年结余795元），股金分红15308元，平均每100元分红7.7元。根据当地种植稻谷的成本收益分析，刘丰春种植稻谷纯收入有20多万元。此外，作为稻谷经纪人，买卖稻谷的经营性收益由于要在成员间按交易额和按股分配，他获得的这部分收益会降低，但他能够集中部分资金种植水稻，而种地的收益要比稻谷买卖的收益高，因此，他获得的收益要比之前增加很多。

普通成员种植优质水稻品种，不仅提高了每亩稻谷产量，稻谷的销售价格也比普通稻谷价格提高近30%，并且还获得优惠价格的农资，成员每亩可增收400—500元。合作社成立6年来，累计生产稻谷5万多吨，成员生产的稻谷90%以上由合作社统一销售。带动周边群众种植合作社推广的优质水稻品种 20 多万亩，产量 20 多万吨，促农增收近1000 万元。

四　合作社存在的问题

1. 合作社产业链条短

合作社的主要业务领域局限在产前的农资供应和产后的稻谷销售，产业链条较短。合作社成员股金大部分被用于稻谷的收购，且难以获得银行贷款支持。合作社的产后储藏加工能力明显不足，目前合作社的仓储能力只有 1000 吨，并且只能委托第三方稻米加工企业加工稻谷。此外，鉴于合作社的品牌知名度还不高，稻米的销售范围还只在泰和县，其辐射带动能力相对较弱。

2. 合作社专业管理人才短缺

合作社生产的无公害大米品质优良，但由于营销类人才短缺，稻米的价格和销量一直上不去，想开拓网上销售渠道，但合作社没有人懂网上销售。另外，合作社财务管理人才短缺，日常的账务都由理事长的妻子记账，年终聘请会计做相关的会计报表，缺乏对财务数据的分析。合作社理事长表示，合作社很难吸引专业人才的加入，他在网站上发布招聘信息，几个月过去了，连咨询的人都没有。

3. 成员参与合作社治理的积极性偏低

通过几年的发展，合作社成员数量、经营规模和盈利水平都有所提升，但总体而言，合作社盈利水平仍然偏低，特别是普通成员的交易额和股金都比较少，平均到成员账户的收益更低，这就很难调动成员参与合作社治理的积极性。另外，普通成员对合作社缺乏认识，民主意识不强，他们参加合作社是为了获得实实在在的利益，而忽视合作社相关制度问题。

五　启示

合作社必须能够为成员提供实实在在的服务才能够获得发展。合作社可以看作是由一个技术、信息、渠道等多种资源聚合的网络组织，农户通过加入合作社来解决自身解决不了或成本较高的服务问题。因此，合作社能否取得成功，关键在于合作社能够提供什么样的服务，提供的服务是否与农户的需求对接。本案例中的合作社能够围绕市场需求，开展符合农民需求的服务是其成功的关键。一方面，由于我国农户的家庭经营规模较小，参与合作社带来的收益增加也较少，所以参与的动力不足；另一方面，农户的家庭经营规模小，种地更多的是为了口粮而不是家庭经营收益的增加，这也不利于合作社的发展。丰颖稻业专业合作社在理事长的带领下，围绕稻谷产业，向成员提供优质稻谷品种、无公害认证、注册产品商标、与稻米加工企业签订订单、在城区开设直营门店等服务，实现了合作社与农户之间的供需对接，给小规模经营的农户带来实实在在的利益。

延伸产业链条才能实现成员收入的增加，这是国外农业合作社发展的基本经验。该合作社在这方面也做了一些探索。但由于资金缺乏、人才短缺等原因，合作社的发展较慢。因此，为了推动合作社的发展，要在以下三个方面着力：一是要加强对合作社成员的业务培训，在财务制度、民主意识等管理方面加大培训力度，让广大成员了解合作社的真正内涵。要在新品种新技术的推广、品牌化经营等业务方面加大培训，提高合作社带动农户增收致富的能力，吸引更多的农户加入合作社。二是当地政府部门要积极引导同类合作社建立联合社，汇集更多的同类需求，提高稻农的市场话语权。在此基础上引导合作社成员共同出资购置烘干设备和加工设备，围绕产后环节的烘干、储藏、加工和营销为稻农提供增值服务。三是财政和金融部门要加大对合作社的项目支持和资金支持。

稻农自发组建合作社的动力不足，因此政府的推动是合作社发展必不可少的因素。一方面，由于泰和县农村稻谷市场充分竞争，并且国家对稻谷实行最低保护价收购，稻农种植的稻谷不愁卖不出去。另一方面，稻农的家庭经营规模小，平均耕地面积仅为1.96亩，种地更多的是为了口粮而不是家庭经营收益的增加，即使稻农合作起来采购便宜的农资或统一销售稻谷，亩均收入增加也不足百元，因此稻农参与组建合作社的动力不足。在内部合作动力不足的情况下，泰和县稻谷种植农民合作社的发展主要是外部力量驱动的，主要是政府部门的扶持政策调动了领办人创办合作社的积极性。政府的资金支持是促进合作社发展的重要因素。由于合作社发展数量被纳入了县政府的绩效考核指标，农业局对发展合作社具有很高的热情，泰和县农业局对新成立的合作社奖励1000元，弥补开办合作社的成本，各业务主管部门还通过项目形式对合作社进行资金扶持，这也是推动当地合作社发展的重要因素。

（执笔人：王军）

参考文献

[1] 陈婉玲:《主体认知与合作社法律文化的构建——从民国时期〈合作社法〉的绩效看〈农民合作社法〉之施行》,《江西社会科学》2010 年第 7 期。

[2] 崔宝玉:《农民合作社中的委托代理关系及其治理》,《财经问题研究》2011 年第 2 期。

[3] 崔宝玉:《农民合作社治理结构与资本控制》,《改革》2010 年第 10 期。

[4] 崔宝玉、陈强:《资本控制必然导致农民合作社功能弱化吗?》,《农业经济问题》2011 年第 2 期。

[5] 崔宝玉、李晓明:《资本控制下的合作社功能与运行的实证分析》,《农业经济问题》2008 年第 1 期。

[6] 崔宝玉、刘峰、杨模荣:《内部人控制下的农民合作社治理——现实图景、政府规制与制度选择》,《经济学家》2012 年第 6 期。

[7] 崔宝玉、张忠根、李晓明:《资本控制型合作社合作演进中的均衡——基于农户合作程度与退出的研究视角》,《中国农村经济》2008 年第 9 期。

[8] 杜吟棠:《〈农民合作社法〉的立法背景、基本特色及其实施问题》,《青岛农业大学学报》(社会科学版)2008 年第 2 期。

[9] 高海:《土地承包经营权入股合作社法律制度研究》,法律出版社2014 年版。

[10] 高海:《农地入股合作社的组织属性与立法模式——从土地股份合作社的名实不符谈起》,《南京农业大学学报》(社会科学版)2014 年第 1 期。

[11] 高海、刘红:《合作社终止时对债权人社会责任的立法完善》,《大连理工大学学报》(社会科学版)2011 年第 2 期。

［12］郭富青：《西方国家合作社公司化趋向与我国农民合作社法的回应》，《农业经济问题》2007 年第 6 期。

［13］郭红东、蒋文华：《"行业协会 + 公司 + 合作社 + 专业农户"订单模式的实践与启示》，《中国农村经济》2007 年第 4 期。

［14］郭晓鸣、任永昌、廖祖君：《中新模式：现代农业发展的重要探索——基于四川蒲江县猕猴桃产业发展的实证分析》，《中国农村经济》2009 年第 11 期。

［15］郭晓鸣、廖祖君：《公司领办型合作社的形成机理与制度特征——以四川省邛崃市金利猪业合作社为例》，《中国农村观察》2010 年第 5 期。

［16］景富生：《略论农民合作社法的经济法属性》，《现代财经》2008 年第 8 期。

［17］黄胜忠：《以地入股农民合作社的运行机制及产权分析》，《中国农村观察》2013 年第 3 期。

［18］黄祖辉、邵科：《合作社的本质规定性及其漂移》，《浙江大学学报》（人文社会科学版）2009 年第 4 期。

［19］黄祖辉、徐旭初：《基于能力和关系的合作治理——对浙江省农民合作社治理结构的解释》，《浙江社会科学》2006 年第 1 期。

［20］孔祥智、周振：《分配理论与农民合作社盈余分配原则——兼谈〈中华人民共和国农民合作社法〉的修改》，《东岳论丛》2014 年第 4 期。

［21］孔祥智、蒋忱忱：《成员异质性对合作社治理机制的影响分析——以四川省井研县联合水果合作社为例》，《农村经济》2010 年第 9 期。

［22］李继生：《论中国农民合作社的社员主体资格——以〈农民合作社法〉的相关规定为分析对象》，《中南财经政法大学研究生学报》2010 年第 1 期。

［23］李胜利：《合作社反垄断豁免制度研究》，《财贸经济》2007 年第 12 期。

［24］林坚、黄胜忠：《成员异质性与农民合作社的所有权分析》，《农业经济问题》2007 年第 10 期。

［25］林坚、王宁：《公平与效率：合作社组织的思想宗旨及其制度安

排》，《农业经济问题》2002 年第 9 期。

[26] 刘水林：《农民组织法律问题研究》，《法商研究》2010 年第 3 期。

[27] 刘小红：《论〈农民合作社法〉的立法完善——以经济法的干预方式为进路》，《农业经济问题》2009 年第 7 期。

[28] 马彦丽：《论中国农民合作社的识别和判定》，《中国农村观察》2013 年第 3 期。

[29] 马彦丽、孟彩英：《我国农民合作社的双重委托—代理关系——兼论存在的问题及改进思路》，《农业经济问题》2008 年第 5 期。

[30] 马跃进：《合作社的法律属性》，《法学研究》2007 年第 6 期。

[31] 马跃进、孙晓红：《中国合作社立法——向着本来意义的合作社回归》，《法学家》2008 年第 6 期。

[32] 米新丽等：《我国农业合作社法律问题研究》，对外经济贸易大学出版社 2013 年版。

[33] 米新丽：《论农民合作社的盈余分配制度——兼评我国〈农民合作社法〉相关规定》，《法律科学》2008 年第 6 期。

[34] 欧阳仁根、陈岷等：《合作社主体法律制度研究》，人民出版社 2008 年版。

[35] 潘劲：《中国农民合作社：数据背后的解读》，《中国农村观察》2011 年第 6 期。

[36] 任大鹏：《合作社法修订的几个问题》，《农村经营管理》2014 年第 4 期。

[37] 任大鹏、张颖：《农民合作社责任制度的完善——合作社成员承诺责任的引入》，《河北法学》2009 年第 7 期。

[38] 生秀东：《订单农业的契约困境和组织形式的演进》，《中国农村经济》2007 年第 12 期。

[39] 唐宗焜：《合作社真谛》，知识产权出版社 2012 年版。

[40] 宋刚、马俊驹：《农业专业合作社若干问题研究——兼评我国〈农民合作社法〉》，《浙江社会科学》2007 年第 9 期。

[41] 仝志辉、温铁军：《资本和部门下乡与小农户经济的组织化道路——兼对专业合作社道路提出质疑》，《开放时代》2009 年第 4 期。

[42] 仝志辉、楼栋：《农民合作社"大农吃小农"逻辑的形成与延

续》，《中国合作经济》2010 年第 4 期。

[43] 王军：《中国农民合作社变异的经济逻辑》，《经济与管理研究》2015 年第 1 期。

[44] 吴彬、徐旭初：《合作社的状态特性对治理结构类型的影响研究——基于中国 3 省 80 县 266 家农民合作社的调查》，《农业技术经济》2013 年第 1 期。

[45] 吴义茂：《土地承包经营权入股与农民合作社的法律兼容性》，《中国土地科学》2011 年第 7 期。

[46] 向勇：《驳合作社法人所有权》，《政治与法律》2008 年第 9 期。

[47] 徐旭初：《农民专业合作：基于组织能力的产权安排——对浙江省农民合作社产权安排的一种解释》，《浙江学刊》2006 年第 3 期。

[48] 徐旭初：《农民合作社发展辨析：一个基于国内文献的讨论》，《中国农村观察》2012 年第 5 期。

[49] 应瑞瑶：《论农业合作社的演进趋势与现代合作社的制度内核》，《南京社会科学》2004 年第 1 期。

[50] 于会娟、韩立民：《要素禀赋差异、成员异质性与农民合作社治理》，《山东大学学报》（哲学社会科学版）2013 年第 2 期。

[51] 苑鹏：《关于修订〈农民合作社法〉的几点思考》，《湖南农业大学学报》（社会科学版）2013 年第 8 期。

[52] 苑鹏：《对公司领办的农民合作社的探讨——以北京圣泽林梨专业合作社为例》，《管理世界》2008 年第 7 期。

[53] 苑鹏：《试论合作社的本质属性及中国农民专业合作经济组织发展的基本条件》，《农村经营管理》2006 年第 8 期。

[54] 苑鹏：《中国特色的农民合作社制度的变异现象研究》，《中国农村观察》2013 年第 3 期。

[55] 苑鹏：《"公司＋合作社＋农户"下的四种农业产业化经营模式探析——从农户福利改善的视角》，《中国农村经济》2013 年第 4 期。

[56] 苑鹏：《利益相关群体在合作社治理中的参与》（英文），载《合作社创新：中国与西方合作社比较》，麦克米伦出版社 2014 年版。

[57] 苑鹏：《中国农民专业合作社的多元化发展探析》，《东岳论丛》

2014 年第 7 期。

［58］张晓山：《农民合作社的发展趋势探析》，《管理世界》2009 年第
　　　5 期。

［59］张晓山：《农民合作社发展需要关注的一些问题》，《农村经营管
　　　理》2011 年第 1 期。

［60］张晓山：《为合作社多元化发展提供法律支撑》，《中国合作经
　　　济》2015 年第 3 期。

［61］张晓山：《大户和龙头企业领办合作社是当前中国合作社发展的
　　　现实选择》，《中国合作经济》2012 年第 4 期。

［62］张晓山：《促进以农产品生产专业户为主体的合作社的发展——
　　　以浙江省农民专业合作社的发展为例》，《中国农村经济》2004
　　　年第 11 期。

［63］张晓山、苑鹏：《合作经济理论与中国农民合作社的实践》，首都
　　　经济贸易大学出版社 2009 年版。

［64］赵泉民：《政府·合作社·乡村社会》，上海社会科学院出版社
　　　2007 年版。

［65］赵新龙：《法理与机理：合作社法律支持体系的机制分析》，《财
　　　贸研究》2008 年第 4 期。

［66］曾文革、王热：《〈农民合作社法〉关于社员权相关规定的缺失及
　　　其完善》，《法治研究》2010 年第 6 期。

［67］郑鹏、李崇光：《"农超对接"中合作社的盈余分配及规制——基
　　　于中西部五省市参与"农超对接"合作社的调查数据》，《农业
　　　经济问题》2012 年第 9 期。

［68］周春芳、包宗顺：《农民合作社产权结构实证研究——以江苏省
　　　为例》，《西北农林科技大学学报》（社会科学版）2010 年第
　　　6 期。

［69］周应恒、王爱芝：《我国农民合作社股份化成因分析——基于企
　　　业家人力资本稀缺性视角》，《经济体制改革》2011 年第 5 期。

［70］中国社会科学院农村发展研究所合作经济研究中心、四川省社会
　　　科学院农村发展研究所主编：《中国农民专业合作社发展新走向：
　　　理论研究、实践探索》，四川出版集团、四川科学技术出版社
　　　2009 年版。

后 记

　　本书是中国社会科学院创新工程项目"中国农村组织研究"和国家自然科学基金项目"农业产业组织体系与农民合作社发展：以农民合作组织发展为中心的农业产业组织体系创新与优化研究"（项目号：71333011）的研究成果，主要由中国社会科学院农村发展研究所和农业部农村经济研究中心的研究人员合作完成。

　　课题参与人员包括：

　　课题顾问：张晓山、Murray Fulton；

　　课题主持人：孙同全、苑鹏、崔红志、陈洁；

　　课题成员：宫哲元、曹斌、刘长全、王军、刘同山、王真、刘亚辉、张鸣鸣、王勇、孙冰、谭智心、何安华、高强。

　　参与问卷和案例调查的其他人员：孙贝贝、赵静、熊雪、赵磊、陈雷、陈元园、何志龙、陶朝安、李月凝、刘思兰、吴译之。

　　本书各章节的执笔人是：第一章，孙同全；第二章，宫哲元、苑鹏；第三章，苑鹏；第四章至第七章，孙同全、崔红志、刘同山；第八章，陈洁；案例报告，执笔人在各报告结尾已注明，此处不再赘述。刘长全、王真和刘亚辉参与了调研数据的初步整理和分析。英文摘要由赵黎翻译，全书由孙同全统稿。

　　本项课题研究得到了国内外机构及其专家学者的热情帮助，他们包括王超英（全国人大常委会法制工作委员会副主任）、门炜（全国人大常委会农委法案室副处长）、严淑芬（国务院法制办副处长）、赵铁桥（农业部农村合作经济经营管理总站副站长）、王兰英（财政部农业综合开发办公室处长）、朱铁辉（财政部综合开发办公室处长）、孔祥智（中国人民大学农业与农村发展学院教授）、任大鹏（中国农业大学人文与发展学院教授）、王微（国务院发展研究中心市场所副所长）、潘劲（中国社会科学院农村发展研究所研究员）、陈志钢（国际食物政策研究所北京办事处主任）、张兰英（北京梁漱溟乡村建设中心主任）、世界银行农村发展问题专家 Paavo Eliste 博士、Steven Jaffee 博士、赵钧博士和周梅香博士。课题组全体成员对这些领导、专家和学者及其机构的大力支持和宝贵意见深表谢意！

本项课题研究还得到了江西省泰和县与会昌县，四川省崇州市、彭州市、广汉市和安岳县，山东省青岛市、寿光市、临沂市，以及当地乡镇有关党政部门和机构，尤其是江西省农村社会事业发展局，四川省社会科学院城市研究中心，山东省潍坊市委党校、寿光市党委、寿光市委党校、寿光市农业局，山东省金银花协会等机构领导和人员的大力协助，直接支持或协助实地调研的人员包括吴植、张鸣鸣、丁志伟、裴红、孙爱云、颜三汉、金树亮、李春芝、褚俊东、刘延水、傅翔、杨全花、刘昱君、赵娜娜、付晓等。问卷调查也得到了所到村和合作社的理事长和成员的积极配合，由于人数众多，在此不一一具名。没有这么多热心人士的支持，本项研究是不可能完成的，课题组全体成员感谢他们的有力支持与配合，并对他们辛勤而富有创造性的工作表示由衷的钦佩！

课题组成员还特别感谢张晓山研究员和 Murray Fulton 教授，他们的宝贵意见对本项研究的完成发挥了重要指导作用。但书中存在的问题和不足由课题主持人负责。

本书在出版过程中，中国社会科学出版社的侯苗苗老师和谢欣露老师等编辑人员进行了严谨而专业的编辑工作。对于她们的有力支持和热情帮助，我代表课题组成员向她们致以由衷的谢意和敬意！

孙同全
2016 年 3 月